Claus Leggewie
Erik Meyer

»Ein Ort, an den man gerne geht«

Das Holocaust-Mahnmal und
die deutsche Geschichtspolitik
nach 1989

Carl Hanser Verlag

1 2 3 4 5   09 08 07 06 05

ISBN 3-446-20586-1
Alle Rechte vorbehalten
© Carl Hanser Verlag München Wien 2005
Satz: Filmsatz Schröter, München
Druck und Bindung: Ebner & Spiegel, Ulm
Printed in Germany

Inhalt

Einleitung 9

Ein Ort, an dem man gerne ist? 9 – Mahnmalstreit 11 – Von den Erinnerungskulturen zur Geschichtspolitik 12 – Zum Aufbau des Buches 20

Kapitel I: Personen und Positionen 25

1. Von der Vergangenheitsbewältigung zur Geschichtspolitik 30
   Die Rede: Richard von Weizsäckers Summe der Vergangenheitsbewältigung 30 – Der Historikerstreit: Scheitern einer Revision 32 – Generationswechsel: Von Bonn nach Berlin 34 – Neue Weltordnung: Transnationales Gedächtnis? 43 – Drei Anstöße für ein Mahnmal 46

2. Berliner Szene: Geschichtspolitik von oben und unten 47
   Neue Wache: Die alte Schule des Gedenkens 47 – Topographie des Terrors: Das erfolgreich gescheiterte Mahnmal 49 – Perspektive Berlin: Bürgerinitiative, Egotrip oder Geschichtslobby? 53

3. Eine These nimmt Gestalt an: Die »Singularität des Holocaust« 58
   Auschwitz: Ein deutscher Erinnerungsort 58 – Die Einzigartigkeit des Judenmordes: Eine Hierarchie der Opfer? 63 – Mehr als eine Frage der Widmung: Sinti und Roma (und andere) 66

4. Doppelte Vergangenheit und geteilte Erinnerung? 69
   Ungehörige Vergleiche? 69 – Das Beispiel Buchenwald 74 – Kein Denkmal für die Opfer des Stalinismus? 82

Kapitel II: Projekte und Prozesse 89

1. Der erste Wettbewerb 91
   Die Ausschreibung 91 – Die Entscheidungsfindung 96 – Die Entwürfe 99 – Das Ergebnis 103

2. Denkpause statt Denkmal 107
   Konzertierte Kritik 107 – Ungebetene Einmischung: Die Wehrmachtsausstellung 113 – Im Land der Täter: Goldhagen und Finkelstein 119

3. Das Denkmal in der Verhandlungsdemokratie 121
   Parlamentarische Initiative und neuer Anlauf der Auslober 121 – Die Debatte im Bundestag 123 – Zwischen Zivilgesellschaft und Gremienpolitik 126

4. Beratung ohne Beschluss? Die Kolloquien 128
   Erinnerungsexperten und Politikprofis: Die Auserwählten 128 – Kontroverse Kolloquien 130 – Zurück zum Start? 141

5. Das Mahnmal zwischen Deliberation und Dezision 144
   Ein neuer Wettbewerb 144 – Die Entwürfe im Entscheidungsprozess 150 – (K)ein Ergebnis 153

6. Im Wartezimmer der Berliner Republik 160
   Der (un)umstrittene Favorit 160 – Mahnmalkrampf im Wahlkampf 165 – Walser in der Paulskirche: Zweierlei Erinnerung? 171

7. Kulturpolitik(er) ohne Konzept 176
   Die Demontage des Denkmals 177 – Gedenken mit Gebrauchsanweisung 183 – Eisenman III in der Verfahrensfalle 190

8. Geschichtspolitik als Interessenvertretung 193
   Die Kritik der Gedenkstätten 193 – Anhörungen & Ausschusssitzungen: Die parlamentarische Routine 197

9. Highnoon oder Highlight? 209
   Die Entscheidung des Souveräns 209 – Die Anträge im parlamentarischen Prozess 212 – Die Debatte im Hohen Haus 222

10. Sinn: Stiftung – Ein Bauherrenmodell 234
    Die Stiftung – Eine fragile politische Konstruktion 234 – Zwischen Sandkasten und Symbolischer Politik: Bauen in Berlin 245 – Kampf gegen rechts: Der Aufstand der Anständigen 250 – Kosten & Konzepte: Der »Ort der Information« im Konflikt 253

11. Auf dem Weg zur Realisierung? Zwischen
    Kampagnenpolitik und Krisenmanagement 264
    »den holocaust hat es nie gegeben« – Eine Provokation und ihre Folgen 265 – Intellektuelles Intermezzo 271 – Die Politik der Pause – Was passiert, wenn nichts passiert 278

12. Das Denkmal gewinnt Gestalt 285
    Am Ende der Ankündigungen: Der Bau beginnt (wirklich) 285 – Causa Degussa 287 – Die deutsche Erinnerungskultur als Dauer-Baustelle 300 – Der »Ort der Information« 304

Kapitel III: Paradoxien und Perspektiven 311

1. Lokal denken ... 311
   Deutsche (auch) als Opfer 311 – Der Holocaust als Familiengeschichte 315 – Hitler als Mensch 318

2. ... und global handeln 322
   Gegen Vertreibung: Deutsches Zentrum oder europäisches Netzwerk? 322 – Renationalisierung der Geschichtspolitik? 327 – Ruanda als Menetekel 333

3. Die Zukunft der Erinnerung 338
   Gedenken transnational 338 – Agenda 2005 – Geschichtspolitik
   von Kohl zu Schröder 343 – Zeitgenossenschaft 350

Anhang

Anmerkungen 357

Literaturverzeichnis 383

Einleitung

Ein Ort, an dem man gerne ist?

Debatten sind keine Mahnmale, und ein Mahnmal ist kein Diskurs. Wer künftige Generationen an die Ermordung von Millionen europäischer Juden durch Deutsche erinnern will, setzt auf die physische Präsenz und materielle Provokation eines Mahn- oder Denkmals, das den Diskurs eine Zeit lang zum Schweigen bringt, um ihn vielleicht gerade dadurch am Leben zu halten.

Das immer umstrittene und bis zuletzt umkämpfte Denkmal für die ermordeten europäischen Juden ist nach über zehnjähriger Planungs- und Bauzeit fertig gestellt, es ist »da«: Man wird zwischen den Stelen[1] hindurchwandeln, man kann sie berühren, und man blickt nicht mehr auf eine Abbildung oder ein Modell, sondern auf eine wirkliche Stadtlandschaft in der Berliner Mitte. Wie werden kommende Generationen, sechzig und mehr Jahre nach der Befreiung der Konzentrations- und Vernichtungslager Geborene, das Mahnmal begehen und begreifen? Werden sie daran Anstoß nehmen oder es ignorieren, werden sie das verstörende Ereignis der *Shoah* (an)erkennen oder, wie es Relativierer und Revisionisten seit langem wünschen, als »Fußnote der Geschichte« abtun und das Denkmal zur Demonstration einer solchen Einstellung benutzen?[2]

Das Stelenfeld mitten in der deutschen Hauptstadt ragt als künstliches Zeichen des Massenmordes heraus. Es muss seinen Platz finden neben Dachau und Bergen-Belsen, der »Topographie des Terrors« und Buchenwald, den so genannten authentischen Orten des Gedenkens auf den Ruinen der Konzentrations- und Vernichtungslager oder an den Kerkern und Folterstätten der Nationalsozialisten, auch neben dem, was im Schulunterricht über das »Dritte Reich« gelehrt und, wichtiger noch, in Massenmedien überliefert wird. Besteht das Mahnmal im Strom des *Histotainment*, dieser nicht immer geglückten Verknüpfung von historischer Aufklärung und Unterhaltung?

Erdacht wurde das Berliner Mahnmal 1988, in einer Zeit, als Hitlerdeutschland noch gegenwärtiger schien, aber gebaut ist es für die Zeit, wenn auch die letzten Augenzeugen und Zeitgenossen verstorben sein werden, wenn es keine NS-Prozesse mehr geben wird[3] und somit eine unmittelbare, existenzielle Beziehung zum Geschehen nicht mehr besteht. Dann muss sich erweisen, ob das Berliner Mahnmal zu der von Spöttern vorhergesagten »Kranzabwurfstelle« wird, eine Gelegenheit für öde Rituale und eine unbebaute Immobilie auf teurem Berliner Baugrund, oder, wie Initiatoren, Bauherren und Unterstützer erhofft haben, ein »Stolperstein«[4] in der politischen Architektur und Routine einer Republik, die ihre Identität wesentlich auf der Erinnerung an den Holocaust aufgebaut hat.

Diese Fragen sind heute noch nicht zu beantworten, aber sie sollen die folgende Darstellung leiten und begleiten. Als Leser unseres Buches stellen wir uns beispielsweise eine Abiturientin des Jahrgangs 2005 oder einen Besucher vor, der das Mahnmal während eines Betriebsausfluges nach Berlin besichtigt und sich für seine Entstehung und Begründung interessiert, oder eine ausländische Touristin, die es in ihrem Reiseführer als »must« gefunden hat, oder Einwanderer der dritten Generation, die mit nun auch *ihrer* deutschen Geschichte konfrontiert sind.

Den erbitterten Streit um das »Denkmal für die ermordeten Juden Europas«, wie der offizielle Titel lautet, wollen wir nicht fortführen und nehmen das Denkmal, für das sich der Kurztitel »Holocaust-Mahnmal« eingebürgert hat, als das, was es dem Willen seiner Stifter nach sein soll: als wichtigstes Geschichtsmonument des vereinten Deutschland und Resultat einer geistigen Anstrengung der 1990er Jahre. Die damit verbundenen Absichten werden wir einer kritischen Prüfung unterziehen, die bis zum Schluss spürbaren Verkrampfungen und Peinlichkeiten können wir nicht verschweigen. Was das betrifft, kann man die Beteiligten sogar in Schutz nehmen: Kein Denkmal entsteht heute ohne Streit, und bei genauem Hinsehen zeigt sich, dass das früher nicht anders war und andernorts nicht anders ist.[5] Dissens ist das Lebenselixier pluralistischer Gesellschaften, öffentlicher Streit ist seine Austragungsform, und dabei geht es selten ausschließlich rational und gesittet zu.

Mahnmalstreit

Wie das Denkmal von Passanten, Besuchern und speziell Interessierten »angenommen« werden wird, entscheidet über dann vielleicht scheinbar verjährte Streitfragen, welche die Idee von Beginn an begleitet haben:
- War die Konzentration auf eine (ohne Zweifel herausragende) Gruppe von Opfern des nationalsozialistischen Regimes, nämlich auf die verfolgten und ermordeten Juden, richtig gewesen?
- Ist die ästhetische und architektonische Gestaltung des Ortes angemessen, passen die Dimensionen des Mahnmals zum Anlass?
- Steht und wirkt das Denkmal für sich, oder benötigt es die angehängte Stätte der Information, eine didaktische Aufbereitung, damit es »verstanden« wird?
- Erweist sich der Platz neben dem Brandenburger Tor, auf den Ruinen der Machtzentralen des »Dritten Reiches« und mitten im Regierungsviertel der Berliner Republik, als der richtige Standort?
- Und lenkt es in dieser zentralen Position und ob seiner Größe von anderen, weniger auffälligen Gedenkstätten in Deutschland ab, verdrängt es diese in der öffentlichen Aufmerksamkeit und Finanzierung?
- Steht das Endergebnis in Übereinstimmung mit der Entscheidung des Souveräns im Deutschen Bundestag im Juni 1999, ist es also demokratisch legitimiert oder Produkt einer Anordnung von oben?

Eine Frage, welche die meisten Publikationen zum Holocaust-Mahnmal bestimmt, wird von uns also nicht gestellt: ob es per se eine gute oder schlechte Idee war. Mehr als normative und ästhetische Fragen interessierten uns politische Entscheidungen und Prozeduren, die zu dem aktuellen Resultat geführt haben. Wir bezeichnen dies als die politische Geschichte des Holocaust-Mahnmals, und diese Akzentsetzung soll einleitend in der gebotenen Kürze erläutert werden.

Von den Erinnerungskulturen zur Geschichtspolitik

Entstanden ist das Buch im Zusammenhang eines Sonderforschungsbereichs der Deutschen Forschungsgemeinschaft an der Justus-Liebig-Universität Gießen, der den mittlerweile gebräuchlichen Titel »Erinnerungskulturen« trägt.[6] Von der Antike bis in die Gegenwart werden Formen und Funktionen des Erinnerns, Sich-Erinnerns und Erinnertwerdens analysiert, wobei die Erinnerung an den Nationalsozialismus auch für frühere Epochen und andere Erinnerungsorte stilbildend geworden ist.[7] So fruchtbar dieser Forschungszweig war (manche sprechen von einer »Forschungsindustrie«), so sehr fehlt vielen geistes- und kulturwissenschaftlichen Ansätzen die notwendige »Erdung«. Nicht nur mangelt es so mancher ominös aus dem kollektiven Gedächtnis abgeleiteten Identitätsbehauptung an der Faktengrundlage, übergangen werden auch die *politischen Entscheidungsprozesse*, die Gedächtnisstrukturen und Erinnerungsleistungen mitbestimmen, vor allem in modernen, pluralistischen Gesellschaften, in denen Gedenken und Erinnern nicht von oben verordnet werden kann und reflexiv (selbstbezüglich) geworden ist.

Die Frage, wie öffentliche Diskussion (oder Deliberation[8]) in politisch-administrative Entscheidung (Dezision) umgemünzt wurde, entspringt nicht allein dem fachlichen Interesse von Politikwissenschaftlern am Denkmalsprozess, den wir im folgenden als Lehrstück der »Geschichtspolitik« behandeln möchten und damit wie jede andere *Policy* (Politikfeld).[9] Manche wollen damit den instrumentellen Umgang mit Geschichte (und Geschichtswissenschaft) zur Beeinflussung von Gegenwart und »das strategische Operieren mit Geschichtsdeutungen zur Legitimierung politischer Projekte« anprangern (Kohlstruck 2004, S. 176). Geschichtspolitische Initiativen erschöpfen sich aber nicht in der Inszenierung »symbolischer Politik« und politischen Bildungsveranstaltungen, sie schließen materiale Entscheidungen ein (Verwaltungshandeln und Gesetzgebung) sowie staatliche und zivilgesellschaftliche Mobilisierungskampagnen, und schlagen durch auf die Außen- und Sicherheitspolitik der Nationen.

Politiken	Dimension	Aspekte	Adressaten
Vergangenheitsbewältigung *Vergangenheitspolitik*	politisch-justiziell	Rechtsfrieden Rechtssicherheit	Täter/Opfer
institutionalisiertes Gedenken	politisch-kulturell	Einstellungen	Gesellschaft
Bildung *Holocaust Education*	politisch-didaktisch	Verhalten	Jugend
Geschichtspolitik (1) *Erinnerungspolitik*	politisch-instrumentell	Legitimation Diskurshegemonie Deutungshoheit Symbolische Politik	politische Öffentlichkeit
Geschichtspolitik (2) *Erinnerungskultur als Politikfeld*	politisch-administrativ	Dezision Implementation Evaluation Integration	Gesamtheit der Akteure im Politikfeld

Schaubild 1: Erinnerungskultur: Politikwissenschaftliche Perspektiven

Die politische Dimension von Erinnerung und Gedenken ist für die dauerhafte *Legitimität* des Berliner Denkmals und anderer Gedenkstätten ganz entscheidend, da der Souverän über die Art und Weise öffentlicher Kommemoration immer neu befinden muss und wird. Insofern war die parlamentarische Entscheidung (im Juni 1999) eine wichtige Etappe in einem *Politikzyklus,* der, wie in Gesetzgebungsprozessen üblich, vom Agenda-Setting, dem Setzen der Tagesordnung, über die Beratung und Entscheidung durch Exekutive und Legislative bis zur Umsetzung (Implementation) und möglichen Um- und Neuformulierung reicht und deshalb mit der offiziellen Eröffnung des Denkmals keineswegs beendet ist.[10]

In den meisten Darstellungen wird dieser politisch-administrative Zyklus nur am Rande behandelt, als würden ästhetische Prinzipien, architektonische Gestaltungsvorschläge und diskursive Verständigung unter Experten eins zu eins in das gewünschte Resultat einfließen. Im Bezug auf NS-Verbrechen werden meist vier Dimensionen vergangenheitsbezogenen Räsonnements unterschieden:

- die *moralische* Bewertung der Taten (→ Verantwortung);
- die *kognitive* Bewertung von Ereignissen und Zusammenhängen (→ Wahrheit);
- die *ästhetische* Darstellung der Vergangenheit (→ audiovisuelle Repräsentation);
- die *pädagogischen* Schlussfolgerungen für Bildungsprozesse (→ Lernziele).

In allen Bereichen finden Deutungskonflikte statt, die nach eigenen Regeln »codiert« sind: Wer moralisch argumentiert, unterscheidet gut und böse (oder richtig/falsch, schuldig/unschuldig), in der wissenschaftlichen Forschung geht es um wahr oder falsch (oder neues vs. veraltetes Wissen), ästhetisch wird nach schön und hässlich (oder angemessen/unangemessen) gefragt, und in pädagogischer Hinsicht zählt Wirksamkeit oder Unwirksamkeit. Unsere Studie soll zeigen, wie Politik in diesen verschachtelten Zusammenhang eingreift.[11] Politik wird üblicherweise definiert als die verbindliche Durchsetzung kollektiver Entscheidungen. Ob das gelingt, hängt wesentlich davon ab, ob die politische Instanz überhaupt für zuständig erachtet wird, was wiederum voraussetzt, dass politisch Handelnde über ausreichend (institutionelle) Macht verfügen, um »verbindlich« agieren zu können (Nullmeier 2004). Politik ist also nach Macht und Ohnmacht codiert, was in liberalen Demokratien nach Mehrheit vs. Minderheit beziehungsweise Regierung vs. Opposition zu verfeinern ist.

Als Geschichtspolitik bezeichnen wir nun jedes politische

Handeln, das sich deutend auf die (vor allem jüngere) Geschichte eines politischen Gemeinwesens bezieht und dazu verbindliche Entscheidungen trifft; sie kann näher unterteilt werden in die Bereiche politische Kommunikation, staatliches Handeln und soziale Mobilisierung. Mit einem Mahnmal werden Zeichen gesetzt, aber es müssen auch Gesetze beachtet oder erlassen werden und, last but not least, Geldmittel zur Verfügung stehen. Zur jeweils ästhetischen, historiographischen und moralischen Argumentation treten Kriterien, die aus der Verfasstheit des politischen Systems resultieren. Dabei sind in der Bundesrepublik nicht nur wechselhafte Mehrheitsverhältnisse zu berücksichtigen, sondern immer auch Aspekte der *Politikverflechtung*; vor allem in kulturpolitischen Fragen zeigt sich regelmäßig die konflikthafte Kooperation von Bund und Ländern, die Rechtslage und Verteilungsaspekte beeinflusst und die Umsetzung (Implementation) administrativer Maßnahmen oft erschwert. Bei all dem soll der Gesetzgeber konfliktschlichtend wirken, also sensible Minderheiten berücksichtigen und tragfähige Kompromisse herbeiführen.

Noch eine letzte begriffliche Klärung: Geschichtspolitik wird in der Literatur häufig synonym gebraucht mit Erinnerungskultur, Erinnerungspolitik, Vergangenheitsbewältigung, Vergangenheitspolitik und dergleichen. Eine Vereinheitlichung ist weder möglich noch notwendig, allerdings kann man einige Akzente setzen:

Vergangenheitsbewältigung ist, im Anschluss an die kritische (und in vieler Hinsicht beispielhafte) Aufarbeitung von NS-Verbrechen in Deutschland, die Art und Weise, wie postdiktatorische Regime beim Übergang in eine pluralistische Demokratie die Hypothek von Untaten und Verbrechen aufdecken, deuten und bearbeiten. In beiden deutschen Staaten ging es um die Vergegenwärtigung der NS-Verbrechen und ihre nachhaltige Ächtung, wobei man lange (begründet oder nicht) von Verdrängung, Vergessen und Relativierung ausging; ungeachtet dessen haben beide deutsche Staaten eine klare Negation des NS-Regimes vorgenommen. Das belegen fiktive und dokumentarische Literatur, Spielfilme und TV-Serien, öffentliche Debatten und Erinnerungs- oder Gedächtnisorte aller Art, darunter Gedenkstätten, in zweiter Linie die Beiträge der Geschichtswissenschaft und die kritische Reflexion der Bewältigung selbst, die wiederum in Gedenkstätten stattfindet. Nicht zu vernachlässigen sind bei dieser Aufarbeitung der Vergangenheit die *non-dits*, die unausgesprochen oder unbewusst bleibenden Anteile des Vergangenen, und es blieb ein Spannungsverhältnis zwischen der öffentlichen (und offiziellen) Kommemoration und den privaten Familiengeschichten. Diese kognitive Dissonanz zwischen Offizialkultur und Privatlegenden, die über Generationen tradiert werden, wird neuerdings stärker thematisiert; offenbar hat das umfangreiche Wissen über die NS-Vergangenheit nicht die apologetische Grundhaltung zur eigenen Familie gestört oder, wie es ein Schriftsteller für sich ausgedrückt hat: »ich kann meine Erinnerungen nicht belehren« (Martin Walser).

Timothy Garton Ash hat in einer Zusammenschau europäischer Geschichtspolitiken als Hauptmuster *Amnesie* festgestellt, ein gewolltes, durch Redeverbote gestütztes Vergessen, das bis ins 20. Jahrhundert durchgängig als »heilsam« empfohlen wurde (Weinrich 2000), heute aber als untragbar erscheint. Als opportun, ja obligatorisch gilt nicht nur in Deutschland die Konfrontation mit der eigenen Geschichte, auch wenn diese voller Untaten und Verbrechen ist (Giesen u. a. 2004). Ash hat aber auch vor »Hypermnesie« gewarnt, der krampfhaften Fixierung auf vergangene Untaten, die in negativen Nationalismus münden kann, und von daher zu einem »mittleren Erinnern« (Mesomnesie) geraten, einer subtilen Mischung aus Erinnern und Vergessen (Garton Ash 2002).

In diesem Zusammenhang ist der Terminus *Vergangenheitspolitik* einzuführen, der die politisch-moralische und justizförmige »Bewältigung« durch Institutionen des politischen Systems, der Rechtspflege, der Wissenschaft, des Bildungssystems und nicht zuletzt die Wirtschaftsunternehmen bezeichnet (Frei 1996). Auch hier ist eine vergleichende Perspektive angebracht, die Vorgänge strafrechtlicher Verfolgung und Sühne, symbolische Versöhnungsakte, Entschuldigungen und materielle Wiedergutmachung, die Säuberung in Verwaltungen und im Lehrkörper von Schulen und Universitäten, aber auch Amnestien und Rehabilitierungen in Deutschland nach 1945 (und nach 1989!) einordnet und dabei den Beitrag würdigt, den die Herausbildung internationalen Rechts seit den Nürnberger Prozessen leistet. Vergangenheitspolitik, die in Deutschland bis zur Kriminalisierung der Leugnung von NS-Verbrechen führte (»Auschwitz-Lüge«), ist wiederum keine Marginalie, sondern Kernbestandteil des Systemwechsels von der Diktatur zur Demokratie, die, wie aktuelle Beispiele im Mittleren Osten zeigen, freien Wahlen und der Parteienkonkurrenz vorangehen muss.

Vergangenheits- oder Geschichtspolitik läuft damit stets auf die Stabilisierung von Gesellschaften in krisenhaften Übergängen hinaus. Aber auch in ruhigeren Perioden stehen Gemeinwesen in einem Prozess dauernder Selbstdeutung, das heißt: ihre Gründung und Geltung wird durch Mythen und »Große Erzählungen« erinnert und durch Rituale bekräftigt, stets mit dem Ziel, ein Wir-Gefühl zu schaffen und innere Zerrissenheit abzumildern. Das wird, etwa im serbischen Fall, mit der Sakralisierung des ethnischen Kollektivs versucht, die Regel sind jedoch zivilreligiöse Narrative, bei denen man wiederum generell beobachten kann, dass positive Gründungsereignisse und Gründerfiguren durch traumatische und katastrophale Kollektiverfahrungen abgelöst werden (Giesen 2005). Im deutschen Fall ist dies der Völkermord an den Juden, der radikal negiert wird und die strikte Selbstverpflichtung nach sich zieht, eine Wiederholung der Tat oder einen Rückfall in das alte Regime zu vermeiden.

Solche Mythen und Erzählungen können als dominante Geschichtsbilder breite Verbindlichkeit erlangen und als Leitbilder kulturelle Integration verbürgen, allerdings wird man in pluralistischen Gesellschaften von unstillbaren Deutungskonflikten ausgehen müssen und Integration vor allem durch die diskursive Austragung dieses Streits erwarten dürfen, also vor allem durch politische Integration. Besonders im Gedächtnis haften bleiben (inszenierte) Rituale wie der Kniefall von Bundeskanzler Willy Brandt 1970 in Warschau oder die Versöhnungsgeste von Bundeskanzler Helmut Kohl mit dem französischen Staatspräsidenten François Mitterrand 1984. Hat man es dabei mit symbolischer Kommunikation zu tun, die viele Autoren kritisch als »Funktionalisierung« der Vergangenheit zur Beschaffung von Legitimation und zur Stiftung von Identität bewerten, oder neutraler mit einem Vorgang des »Framing«, mit symbolischen Rahmungen, streichen wir im folgenden stärker den materiellen Aspekt von Geschichtspolitik heraus und rücken staatliche Politik *(public policy)* unter Einschluss nicht-staatlicher Akteure und Netzwerke ins Zentrum. Damit unterstreichen wir, dass Erinnerung *(collective memory)* eingebettet ist in materiale, kollektiv verbindliche Entscheidungen, das heißt: in Prozesse der Verwaltung und Gesetzgebung, der Regulierung und Finanzierung. Insofern ist ein Mahnmal kein Diskurs, sondern primär ein Standort, der ausgewählt und erworben und dann auf vielfältige Weise unterhalten und verwaltet werden muss. Geschichtspolitik erfolgt hier in genau dem Sinne, wie Entscheidungen bezüglich der Volksgesundheit oder des Arbeitsmarktes Sozialpolitik heißen, auch wenn die symbolische Komponente dort (möglicherweise zu Unrecht!) nicht so stark hervorsticht. Zum üblichen Entscheidungshandeln *(decision-making)* in einem für die Policy-Analyse ungewohnten Feld gehört die zivilgesellschaftliche Mobilisierung. Bürgerinitiativen spielen seit den 1970er Jahren auch bei der Vergangenheitsbewältigung eine wichtige Rolle, und sie sind eingemündet in Kampagnen wie den »Aufstand der Anständigen« gegen rechtsradikale und fremdenfeindliche Umtriebe.

Haben wir das Politikfeld damit grob abgesteckt, müssen wir auch seine Dynamik einkalkulieren. Die Formen der Aufarbeitung der Vergangenheit haben sich nämlich in den vergangenen Jahrzehnten erheblich verändert, was wir mit den Begriffen *Historisierung, Mediatisierung, Relationierung und Aktualisierung* überschreiben möchten:

- *Historisch* wird der Nationalsozialismus, wenn die Erinnerung qua Generationswechsel aus der kommunikativen Domäne der Zeitgenossen und ihren unmittelbaren Nachfahren in objektivere Gefilde des kulturellen Gedächtnisses der Nachlebenden abwandert – so vergeht Vergangenheit und wird selbst das »Dritte Reich« zum normalen Gegenstand der Geschichtswissenschaft.
- Damit wird die Erinnerung an den Holocaust den *Medien* übergeben, also nicht mehr über direkte Mitteilung von Beteiligten vermittelt, sondern über sekundäre Quellen und hier nicht zuletzt über (bewegte) Bilder.
- Mit dieser Entfernung zum historischen Geschehen verbunden ist seine bewusst oder implizit *vergleichende Einordnung*. Man könnte dies als Relativierung bezeichnen, da dieser Begriff aber synonym für publizistische Entlastungsmanöver steht, bevorzugen wir den Terminus *Relationierung*. Da auf diese Weise Distanz nicht nur zur historischen Zeit, sondern auch zum Ort eines Geschehens hergestellt wird, kann man im Bezug auf den Holocaust, beginnend mit diesem in den 1970er Jahren eingeführten Begriff, auch von seiner Transnationalisierung sprechen. Die Judenvernichtung löst sich aus dem speziellen deutsch-jüdischen Verhältnis und indiziert globale, nicht mehr an bestimmte Nationen geknüpfte Völkermordverbrechen.
- Damit verbunden ist schließlich die *Aktualisierung* des Erinnerns im Blick auf laufende Phänomene von Vertreibung und Völkermord, die stets an dem Postulat gemessen werden, dass »Auschwitz« sich nicht wiederholen dürfe; die Katastrophe des Holocaust wird den Heutigen als Richtschnur ihres Handelns vermittelt und in dieser Weise politisch und pädagogisch aufbereitet.

Zum Aufbau des Buches

Im *ersten Kapitel* werden wir »Personen und Positionen« Revue passieren lassen, die bei der Konzeption und Errichtung des Holocaust-Mahnmals eine wichtige Rolle gespielt haben. Das wichtigste Beispiel für eine solche *Position* ist die These von der Singularität (das heißt: der historischen Einzigartigkeit) des Mordes an den europäischen Juden, die in einer gewissen Pfadabhängigkeit Hierarchien und »Alleinstellungsmerkmale« in der Geschichtspolitik hervorgerufen hat. In der *Personen*-Rubrik versammeln wir Stifter, Bauherren, versuchte Verhinderer, graue Eminenzen, Katalysatoren und Makler des Mahnmals, zum Beispiel Lea Rosh und Eberhard Jäckel, aber auch Helmut Kohl und Ignatz Bubis sowie Persönlichkeiten wie Eberhard Diepgen und Martin Walser, die mit ihrem zähen Widerstand durchaus zum Gelingen des Projektes beigetragen haben.

Dieses Kapitel führt die Leser zugleich »von Bonn nach Berlin« und damit von der Geschichtspolitik der Ära Kohl in die mit der deutschen Einheit eröffneten Chancen und sich herauskristallisierenden Geschichtspolitik der rot-grünen Regierung. Dabei wird eine wichtige Rolle spielen, dass nach 1990 nicht mehr zwei deutsche Staaten auf ihre Weise »die« Vergangenheit des Nationalsozialismus thematisieren, sondern das vereinte Deutschland nun mit zwei (und man beachte: verschiedenen) Vergangenheiten umgehen muss. Dazu gesellt sich gewissermaßen eine dritte Vergangenheit. Zur Aufarbeitung der NS- und SED-Diktatur und ihrem (verhaltenen) Vergleich tritt nämlich die »Aufarbeitung der Aufarbeitung«, also die reflexive Vergegenwärtigung der Moden und Methoden, mit denen man nach 1945 in Ost und West der NS-Vergangenheit gedacht hat (oder ihr ausgewichen ist). Auf dem Prüfstand stehen damit die (so deklarierte) Erfolgsgeschichte der Bundesrepublik Deutschland und das (unbestreitbare) Scheitern der Deutschen Demokratischen Republik. Und die deutsche Gesellschaft wurde nach 1990 besonders kritisch daraufhin befragt, ob das Tabu hält oder neonationalsozialistische Tendenzen erkennbar werden. Insofern ist die Planung, Beratung und Errichtung des Mahnmals stets vor dem Hintergrund erstens rechtsradikaler und fremdenfeindlicher Aktivitäten, zweitens eines impliziten oder ausdrücklichen Vergleichs der Diktaturen auf deutschem Boden zu betrachten.

Im *zweiten Kapitel* behandeln wir ausführlich *Projekte und Prozesse*, die das Berliner Mahnmal zu einem, wenn nicht *dem* zentralen geschichtspolitischen Vorhaben des vereinten Deutschland gemacht haben.[12] An Gestaltungsvorschlägen herrschte kein Mangel, erst die politische Erörterung und Entscheidung (Deliberation und Dezision) gaben ihnen eine »vorläufig endgültige« Form. In diesem Hauptteil des Buches erzählen wir die politische Geschichte, die Irrungen und Wirrungen des Mahnmalsprojektes mit seinen Etappen und Wendepunkten, wobei man grob folgende Phasen unterscheiden kann: Nach der Inkubationsphase 1988/89 werden bis 1994 wichtige Vorentscheidungen getroffen, dann gerät das Mahnmalsprojekt in eine Krise, bevor die Diskussion 1996 wieder aufgenommen wird. Mit der Bundestagsentscheidung 1999 setzt die wiederholt unterbrochene und schon vor dem Scheitern stehende Bauphase ein, die erst 2005 zu Ende gegangen ist – gut zehn Jahre nach dem Termin, den die Initiatoren einmal anvisiert hatten und zu erheblich höheren Kosten, als ursprünglich veranschlagt wurden.

In kurzen Exkursen werden wir in diesem Kapitel einen Blick auf »Parallelaktionen« und »Nebenschauplätze« werfen, die auf die Mahnmaldebatte direkten oder indirekten Einfluss hatten. Da war zum Beispiel die vom Hamburger Institut für Sozialforschung initiierte (und zweimal gestartete) »Wehrmachtsausstellung«. Ferner wurden Bestseller der US-amerikanischen Autoren Daniel Goldhagen und Norman Finkelstein heiß diskutiert, ebenso die Reden von Martin Walser und Martin Hohmann. Schließlich haben scheinbar weit entfernt liegende Fragen wie der Völkermord in Zentralafrika und der mit humanitären Gründen, nämlich der Vermeidung eines Völkermordes, legitimierte Militäreinsatz der Bundeswehr im Kosovo die Mahnmaldebatte beeinflusst bzw. eingerahmt.

Schon diese vor 1989 noch ganz unwahrscheinlichen Kontexte haben ein anderes Mahnmal geschaffen, und das leitet über in das *dritte Kapitel*, das wir (man verzeihe die erneute Alliteration) mit *Paradoxien und Perspektiven* überschrieben haben. Wie alle Denkmale ist auch das Holocaust-Mahnmal in Berlin weniger der Gestalt gewordene politische Wille einzelner Protagonisten, es materialisieren sich darin vor allem die nicht-intendierten Folgen ihres Handelns. Solche unbeabsichtigten Nebenwirkungen sind politischer Alltag und kein Spezialthema von Politologen, die allerdings ein gutes Gespür dafür haben, wie die tatsächlichen Resultate politischen Handelns so gut wie nie mit den intendierten Folgen übereinstimmen, von deren Richtigkeit und Stimmigkeit gleichwohl jeder politisch Handelnde immer wieder ausgeht und auch ausgehen muss. So verhält es sich auch in der Geschichtspolitik: Nachlebende halten sich nicht an Masterpläne und Skripte der offiziellen oder offiziösen Vergangenheitsbewältigung, folglich werden sie an diesem Erinnerungsort eine Art von »Konsumentensouveränität« üben – und übrigens genau damit das Mahnmal seiner Bestimmung übergeben.

Eine der Paradoxien des Holocaust-Mahnmal besteht darin, dass seit den 1950er Jahren öffentlich wohl nie mehr so intensiv von »Deutschen als Opfern« gesprochen und geschrieben wird, und das auffälligste Projekt im Gefolge des Holocaust-Mahnmals ist ein vom Bund der Vertriebenen geplantes »Zentrum gegen Vertreibung« in Berlin (oder anderswo). Auch daran sieht man: Das Berliner Denkmal für die ermordeten Juden Europas ragt aus einer anderen Zeit, der Spätphase des geteilten Deutschland, in die Gegenwart hinein, in eine tatsächlich »andere Republik«, für die sich das Etikett *Berliner Republik* verbreitet hat. Die Bezüge zu ihrer Außenpolitik liegen hier auf der Hand. Von Berlin aus präsentiert sich Deutschland auf der internationalen Bühne erheblich selbstbewusster, während die Eckpfeiler des so genannten DM-Nationalismus, Wohlfahrt und Wohlstand, bedroht und fraglich scheinen. Verbunden damit ist eine Zeitgenossenschaft, die sich, gesättigt von Vergangenheit und mit unsicherer Zukunft, weit stärker an Problemen der Gegenwart abarbeiten muss als an ihren historischen Voraussetzungen.

Damit kommen wir zum Titelzitat dieses Buches. György Konrád, der damalige Präsident der Berliner Akademie der Künste, hat 1998 einen »jüdischen Garten für alle« gefordert und das Mahnmal damit als einen Ort ausgemalt, den man mit angenehmen Gefühlen verlässt. Diesen verstörenden, als politisch inkorrekt empfundenen Gedanken nahm Bundeskanzler Gerhard Schröder in einer schnoddrigen Interviewbemerkung auf, indem er das Mahnmal als einen Ort titulierte, »an den man gerne geht«. Schröders Bemerkung galt als deplaziert, auch wenn sie weder in den Massenmedien noch im anspruchsvollen Feuilleton groß skandalisiert wurde: Wie kann man dorthin, wo an einen Massenmord erinnert wird, gerne gehen wollen, also nicht mit der gehörigen Beklemmung und einem gewissen Widerwillen? Wenn man damit nicht den bei Freizeitparks üblichen Unterhaltungs- und Spaßfaktor im Sinn hat, den beispielsweise der in Sichtweite des Mahnmals auf- und niedersteigende Passagierballon eines Privatsenders am Potsdamer Platz verkörpert, sondern eine freiwillige Bereitschaft, sich durch die erinnerten Taten irritieren und verunsichern zu lassen, erscheint die Terminologie weniger fragwürdig, auch wenn der Schrecken der Erinnerung nicht durch eine Art *locus amoenus* konterkariert wird, wie sich Konrád das vorgestellt hat.

Das Berliner Mahnmal ist in seiner Formensprache alles andere als lieblich, doch nimmt man seine vermutliche Massennutzung aus Anlass von Wochenendurlauben, Betriebsausflügen, Schulexkursionen beim Gang durch das Berliner Regierungsviertel vorweg, leuchtet die Charakterisierung durchaus ein. Genau das hatten die Initiatoren, vielleicht unbeabsichtigt oder ohne Wissen um mögliche Folgen, eingeplant, wenn sie einen »Stolperstein« ins Berliner Regierungsviertel legten und damit ganz zwangsläufig eine Touristenattraktion im Sinn hatten. Deren effektiver Gebrauch ist durch Manuale, Erinnerungsvirtuosen und eine noch so ausgefeilte Gedenkstättenpädagogik nicht zu steuern, er muss sich vielmehr durch Präferenzen und Prioritäten der populären Massenkultur weitgehend selbst regeln. Mit anderen Worten: Das Mahnmal *muss* ein Ort sein, an welchen man im erläuterten Sinn gerne geht, andernfalls würde es seinen Zweck verfehlen und großräumig umgangen werden. Die Stifter des Mahnmals hatten sich vehement gegen alle Tendenzen zur Wehr gesetzt, die deutsche Geschichte zu normalisieren und die berüchtigten zwölf Jahren Nationalsozialismus zu »entsorgen« (Habermas 1985). Doch ohne eine positive Motivierung wird ein Mahnmal in einer medialen Erlebnisgesellschaft kaum die Resonanz finden, die sie sich gewünscht hatten, denn die Jahrgänge 1970, 1990, 2010 und alle weiteren Nachgeborenen können nicht über einen von oben verordneten Bußgang erreicht werden.

Auf die Frage, ob sich künftige Generationen noch mit dem Holocaust beschäftigen werden, antworteten die Autoren eines Buches zum Mahnmal: »Ja, wenn sie es mögen« (*FAZ* 29.1.2003 zu Pyper 2002). Vielleicht kann auch dieses Buch ein wenig dazu beitragen, dass man dieses Mahnmal im beschriebenen Sinne gerne aufsucht. Es erinnert an ungeheure Verbrechen, soll aber selbst kein Ort des Schreckens sein.

Kapitel I
Personen und Positionen

Die Vorgeschichte des Berliner Mahnmals reicht bis in die 1950er Jahre zurück, als man darüber nachdachte, wie der Nachfolgestaat des »Dritten Reiches«, die teil-souveräne Bundesrepublik Deutschland, der Opfer des Zweiten Weltkriegs gedenken sollte. Gedacht war dabei vornehmlich an die eigenen Toten, an *unsere* gefallenen Soldaten. Ihnen waren nationale Feiertage, wie der Volkstrauertag, und Orte gewidmet, an denen kollektive Trauer mit der üblichen Zeremonie von Ansprache, Kranzniederlegung und stillem Gedenken begangen wurde. Was manchen fehlte, war ein zentraler, repräsentativer Ort, an dem die Spitzen von Staat und Gesellschaft ein Trauerritual vollziehen konnten und auch ausländische Staatsoberhäupter, wie andernorts am Grab des unbekannten Soldaten, symbolisch Reverenz erweisen konnten.

Der Grund für dieses Fehlen, wenn man es als solches empfand, lag auf der Hand: Deutschland konnte seiner Kriegsopfer offiziell kaum in der gleichen Weise gedenken wie die Nachbarländer, denn Deutsche waren die Urheber der Verwüstung des gesamten Kontinents und seiner Nachbargebiete, und Millionen ermordeter Juden konnte man kaum in einem Atemzug mit den gefallenen deutschen Soldaten erwähnen, darunter Angehörige von SS und Waffen-SS, die als »ganz normale Männer« am monströsen Vernichtungsakt mitgewirkt hatten.[1] Man suchte in Bonn oder Berlin (die Teilung Deutschlands war ein zusätzliches Hemmnis) gleichwohl nach einem zentralen Ort, den manche damals despektierlich »Kranzabwurfstelle« nannten. Das Holocaust-Mahnmal, das gut fünfzig Jahre später in ·Berlin eröffnet wurde, ist ein sehr langfristiges und auch paradoxes Endresultat dieser frühen und vergeblichen Suche: Es ist ausdrücklich den Opfern des Holocaust gewidmet und dürfte gleichwohl ein symbolischer Ort der kollektiven Identität des postfaschistischen, unterdessen wieder vereinten Deutschland werden, zu dem es auch ausländische Staatsoberhäupter ziehen wird. In einem Land, das ohne ausdrückliches Nationaldenkmal auskommen muss, könnte das Holocaust-Mahnmal diese Funktion indirekt übernehmen.

Die selten thematisierte Vorgeschichte können auch wir hier nur erwähnen. Unsere Darstellung setzt mit der Inkubationsphase des Holocaust-Mahnmals Mitte der 1980er Jahre ein und zeigt die Voraussetzungen seiner Errichtung, die wir als Übergang von einer älteren, in der Bundesrepublik (alias Bonner Republik) geübten Vergangenheitsbewältigung in die Geschichtspolitik des vereinten Deutschland interpretieren. Viele ursprüngliche Intentionen, namentlich die harsche Kritik an der halbherzigen Aufarbeitung der Vergangenheit, haben sich mittlerweile erledigt, vor allem aber haben sich mit dem Ende des Ost-West-Konflikts, mit der Vereinigung der deutschen Teilstaaten und durch die politische Dynamik einer multipolaren Welt während der 1990er Jahre die Kontexte gründlich verschoben, was auf die innenpolitischen Grundlagen der Geschichtspolitik zurückwirkt. Man mag am Label »Berliner Republik« Anstoß nehmen, doch unbestreitbar hat 1989/1990 eine Zeitenwende stattgefunden, die nicht nur die DDR auf den sprichwörtlichen Müllhaufen der Geschichte beförderte, sondern auch die alte Bundesrepublik in ihren Grundfesten erschütterte.

Mit »Personen und Positionen« überschreiben wir den im folgenden nachgezeichneten Wettbewerb der Ideen – ein Wettbewerb, der übrigens jeder Mahnmal- oder Denkmalinitiative in pluralistischen Gesellschaften eigen ist und für so gut wie jeden öffentlichen Bau gilt, dem eine repräsentative Ausstrahlung zugedacht ist, und bei jedweder »Kunst am Bau« stattfindet. Viele Künstler und Architekten wollen bewusst provozieren, und meist stößt sich das »gesunde Volksempfinden« am Stand der Avantgarde; im populistischen Diskurs gilt oft schon die Verwendung von einem Bruchteil der Bausumme für künstlerische Zwecke als überzogen.

In dieses allfällige Streitszenario gehört das Berliner Mahnmal als Kunst- und Bauwerk, wobei öffentliche Kommemorationen vergangenen Unrechts und umstrittener Geschichtsepochen stets besonders umstritten sind – von der kleinsten Applikation, zum Beispiel an einem Rathausportal (Leggewie u.a. 1990), bis zum großflächigen Monument. Hier mischt sich der Affekt gegen die Avantgarde mit Aversionen gegen Vergangenheitsbewältigung allgemein. Mahnmal- und Denkmalbauten sind insofern Teil des brisanten Komplexes »Demokratie als Bauherr« (Adolf Arndt), das heißt: der Souverän darf und will sich einerseits nicht in die ästhetische und architektonische Spezialkompetenz der Fachleute einmischen und soll seinen fragwürdigen Kunstsachverstand nicht als öffentlichen Geschmack dekretieren, andererseits muss er brisante Entscheidungen bezüglich des Standortes und baurechtlicher Fragen treffen, womit er *nolens volens* doch in künstlerische Projekte eingreift.[2] Im Berliner Fall war auch die brisante Kernfrage der Widmung (exklusiv für die ermordeten Juden oder generell für alle Opfer des Nationalsozialismus) zu beantworten.

Widmung, Standort und Gestalt des Mahnmals blieben praktisch bis zur Eröffnung umstritten, und die damit verbundene öffentliche Erregung fügt sich in den kontroversen Ausbau des Berliner Regierungsviertels als Ganzem ein.[3] In unmittelbarer Nachbarschaft des Mahnmals, in den ehemaligen »Ministergärten«, liegen die Landesvertretungen, gegenüber entsteht die US-Botschaft, um die ebenfalls ein zäher Streit zwischen Berliner Senat und dem Geschäftsträger der Vereinigten Staaten entbrannte, vor allem um die nach dem 11. September 2001 noch verschärften Sicherheitsvorkehrungen, die in die konkrete Bauplanung des Mahnmals eingriffen.[4]

Wir werden den Streit um die Positionen im nächsten Kapitel genauer nachvollziehen und dabei die erwähnte Pfadabhängigkeit erläutern, die von der exklusiven Widmung, der beabsichtigten Größe und der zurückhaltenden Musealisierung oder Didaktisierung ausging. Dabei fällt die Bedeutung einzelner Personen ins Gewicht, die das entstandene Mahnmal bewirkt haben, die einen zielstrebig, die anderen *contre cœur*. Wer hat das Berliner Mahnmal zu verantworten? In dieser Ahnengalerie finden sich ausdrückliche Stifter und Bauherren, versuchte Verhinderer und graue Eminenzen, Widersacher und Kritiker, Zaungäste und ehrliche Makler. Als *Stifter* zu nennen sind vor allem die Fernsehjournalistin Lea Rosh und der Historiker Eberhard Jäckel als Initiatoren des ungewöhnlichen, am Ende (und nach vielen Wendungen und Wirren) mit Erfolg betriebenen Bürgerbegehrens, aber auch entschiedene *Widersacher* wie der Schriftsteller Martin Walser, dessen Paulskirchen-Rede im Jahr 1998 gegen die »Monumentalisierung unserer Schande« dem Projekt ungewollt den letzten Anstoß zum Gelingen gegeben hat – so kann der intellektuelle Diskurs laufen. *Bauherr* im engeren Sinne (als Schöpfer) war der New Yorker Stararchitekt *Peter Eisenman*, der dem Mahnmal eine persönliche Handschrift und eindringliche Note verlieh. *Bauherren* im weiteren Sinne waren politische Führungspersönlichkeiten, vor allem Bundeskanzler a. D. *Helmut Kohl*, obwohl er anfangs wegen seiner angeblichen Neigung, die deutsche Geschichte zu »normalisieren«, die Zielscheibe der Denkmalsstifter war. Beim Berliner Senator *Peter Radunski* kann man ebenfalls fragen, ob er das Mahnmal ehrlich gewollt hat, was erklärtermaßen nicht für den Regierenden Bürgermeister a. D. *Eberhard Diepgen* gilt, der sich bis zum Be-Schluß energisch und fintenreich dagegen gewehrt hat, Berlin zur, wie er es nannte: »Hauptstadt der Schande«[5] werden zu lassen. Auch das dilatorische Vorgehen der Berliner Bürokratie und der deklarierte Widerwille der politischen Spitze haben – so läuft der politische Prozess – zum späten Gelingen des Denkmal-Projektes beigetragen. Auch sie waren Katalysatoren genau wie Martin Walser, zu dessen Rede ein ausdrücklich nicht beteiligter Politiker, Kohls Nachfolger *Gerhard Schröder*, als *Zaungast* erklärte, nun könne man das Mahnmal kaum noch aufhalten. Ist daran eher Desinteresse erkennbar geworden, hat sich Kulturstaatsminister *Michael Naumann* noch kurz vor seiner Bestellung mit Entschiedenheit gegen das projektierte Mahnmal geäußert – und es dann gleichwohl forciert betrieben und sich damit noch spät zu den *Bauherren* gesellt, genau wie seine Nachfolgerin Christina Weiss.

Eine von Beginn an treibende Rolle als *graue Eminenz* hatte der 2003 verstorbene Vorsitzende des Zentralrats der Juden in Deutschland, *Ignatz Bubis*, übernommen. Obwohl er dezidiert der Auffassung war, das Mahnmal sei ein Projekt der nichtjüdischen Deutschen (als Nachfahren der Täter), waren seine Fingerzeige und Meinungsäußerungen ohne Zweifel relevant – noch ein Beteiligter also, der »eigentlich« nicht beteiligt und seinem eigenen Bekunden nach weder dafür noch dagegen war! Ein meist vergessener *Inspirator* war hingegen *Harald Szeemann*, dessen Mahnmalsentwurf von 1991 wegweisend war, wie sich so deutlich erst heute zeigt. Eine Rolle als *ehrlicher Makler*, bei dem die Sorge um eine demokratisch legitimierte Entscheidungsprozedur im Vordergrund stand, spielte der Architekt und SPD-Bundestagsabgeordnete *Peter Conradi*, der auf parlamentarische Beratung und Entscheidung drang, die durch weitere Abgeordnete, vor allem aus dem Präsidium und Kulturausschuss des Bundestages, vorangetrieben wurde. Immerhin haben diese eine ganz klare Option für dieses oder jenes Vorhaben entwickeln müssen (und sind dafür gescholten worden), ähnlich wie die Kunst- und Architektur*kritiker*, die Richtlinien für die Holocaust-Kommemoration gaben (stellvertretend der amerikanische Judaist und Mahnmalexperte James E. Young) oder ein kategorisches »Baut Serra! Baut Eisenman!« in die Debatte warfen (wie Eduard Beaucamp, der Kunstkritiker der *Frankfurter Allgemeinen*).[6] Auch hier muss man wieder die energischen Gegner als ungewollte Katalysatoren herausstreichen, darunter den Architekten Salomon Korn (Korn 2001), den Historiker Reinhart Koselleck, den Publizisten Henryk M. Broder, den schon erwähnten Akademie-Präsidenten György Konrád und den Theologen Richard Schröder, die mit ihrem Dissens die öffentliche Erörterung des Mahnmals förderten und der dilatorischen Behandlung der Sache ein Ende setzten.

Da selbst Lea Rosh ein anderes Denkmal bekommen hat, als sie im Sinn hatte (Rosh 1999), kann man unsere zentrale

Hypothese (und einen Leitsatz jeder Politikanalyse) für die Geschichtspolitik bestätigt finden: Im politischen Prozess spielen ungewollte Effekte eine maßgebliche, wenn nicht entscheidende Rolle[7], die in unserem Fall auch die Grenzen von Bau-Herrschaft wie der Personalisierung allgemein ziehen. In einer Demokratie entscheidet bekanntlich nicht einer allein, es kann immer nur einen mühsamen (von vielen als »faul« angesehenen) Kompromiss geben. Das Berliner Mahnmal ist ein typisches Kompromissergebnis, auf dessen Weg von den ersten Ideen und Beratungen an in einem gewundenen Erörterungs- und Entscheidungsprozess eine zurechenbare Autorschaft verloren ging. Urheber des Mahnmals sind damit auch noch der frühere Bundespräsident Richard von Weizsäcker mit seiner als epochal empfundenen Rede zur vierzigsten Wiederkehr des 8. Mai 1945, der »non-konformistische« Geschichtsphilosoph Ernst Nolte mit seinem Startschuss zum so genannten »Historikerstreit« sowie Anton Pfeifer und Oscar Schneider, Amtschef bzw. Bauminister der Regierung Kohl. In deren erste Amtsperiode gehen wir nun zurück, als eine »geistig-moralische Wende« auf die Kabinettsagenda gesetzt wurde (Seuthe 2001 und Moller 1998).

1. Von der Vergangenheitsbewältigung zur Geschichtspolitik

Die Rede: Richard von Weizsäckers Summe der Vergangenheitsbewältigung

1985 hielt Bundespräsident Richard von Weizsäcker im Deutschen Bundestag eine sogleich als historisch bezeichnete Rede, die viele Unsicherheiten bei der Einordnung der nationalsozialistischen Vergangenheit im Inland wie im Ausland beendete und die trotz des auch darum geführten Streits als gültige Bilanz einer vierzig Jahre währenden Aufarbeitung angesehen werden darf.⁸ Weizsäcker legte die Verantwortung der deutschen Zeitgenossen für den Nationalsozialismus unmissverständlich dar, und er reklamierte auch die Verpflichtung der Nachgeborenen, diese Verantwortung aufzugreifen und zur Selbstverpflichtung der deutschen Gesellschaft, Politik und Kultur zu erheben. Hier hatte der oberste Repräsentant der Bundesrepublik Deutschland mit der öffentlichen Rede, dem einzigen Machtmittel, das ihm das Grundgesetz an die Hand gibt, eine autoritative Bilanz gezogen und das Postulat von führenden Intellektuellen aufgegriffen, den Holocaust als negativen Gründungsimpuls der Bundesrepublik anzuerkennen. Der Bundespräsident erteilte jenen eine Absage, die deutsche Verantwortung für den millionenfachen Mord an den Juden und anderen Minderheiten sowie das kapitale Verbrechen des Angriffskrieges leugnen oder ignorieren und einen Schlussstrich unter die Vergangenheit ziehen wollten – eine Forderung, die gleich nach der Kapitulation aufkam, sich in den 1960er Jahren verstärkte und in den 1980er Jahren erneut deutlich zu vernehmen war.

Richard von Weizsäckers Rede hat einen nachhaltigen Konsens geschaffen, ist aber 1985 nicht unumstritten gewesen, am wenigsten bei Parteifreunden des CDU-Politikers, der – vor seiner Wahl zum Bundespräsidenten – ein populärer Regierender Bürgermeister West-Berlins gewesen war und vor allem in der Programmarbeit der Union wie der Evangelischen Kirche Deutschlands gewirkt hatte. Der rechte Flügel von CDU/CSU war regelrecht empört, wie hier einer der ihren (aber war er es das überhaupt noch?) einen Diskurs aufnahm, der in ihren Augen doch eigentlich links angesiedelt war. Sie konnten sich mit ihrem Murren und Aufbegehren aber nicht durchsetzen. Der Bundespräsident hatte eine Plattform geschaffen, die von der überwiegenden Mehrheit der Deutschen (auch in der DDR) akzeptiert wurde. Er formulierte keine deutsche Kollektivschuld, schon gar nicht für die nach 1930 Geborenen, wohl aber reklamierte er, dass die Erinnerung an den von Deutschen begangenen Völkermord und die Kriegsverbrechen konstitutiv sei für die Nation, ja, dass die Scham darüber eine solide Grundlage für einen Patriotismus abgeben könne, der wesentlich auf der gegen den Nationalsozialismus formulierten Verfassung beruhte. Ein Schlussstrich war nicht nur deswegen unangebracht, weil er die Übernahme individueller Verantwortung noch immer ungesühnter NS-Verbrechen verhindert hätte, sondern auch, weil sich ein postnationales, aus der Katastrophe gewachsenes Kollektivbewusstsein im deutschen Alltag als Universalie verinnerlicht hatte (Westle 1999).

Der Historikerstreit: Scheitern einer Revision

Es war absehbar, dass sich gegen dieses 1985 nicht mehr so kühne, eher die vorherige Meinungsbildung resümierende Vorhaben intellektueller und politischer Widerstand regen würde. Zu nennen ist hier der so genannte Historikerstreit, der durch eine Kritik des Sozialphilosophen Jürgen Habermas an einem Beitrag Ernst Noltes im Jahr 1986 ausgelöst wurde.[9] Nolte, ein in der Historikerzunft randständiger Ideengeschichtler, hatte schon an entlegener Stelle die Auffassung vertreten, der NS-Völkermord habe aus einem Ideen- und Praxisrepertoire des Bolschewismus geschöpft – dieser sei also ein »historisches Prius« und jener eine im Ursprung »asiatische Tat« und keineswegs einzigartig, wie es sich damals zur herrschenden Meinung verfestigt hatte. Den komplizierten Vorstoß hätte niemand recht verstanden und die gezielte Provokation wäre verblieben, wo Ernst Nolte im Verlauf der Kontroverse auch selber landete: im rechtsradikalen Geschichtsrevisionismus (Nolte 1993 und 2002), hätte der eigensinnige Mann nicht für eine (gar nicht gehaltene) Römerberg-Rede den eingängigen Titel gewählt »Vergangenheit, die nicht vergehen will« und wäre diese nicht im liberalkonservativen Renommierblatt *FAZ* zum Abdruck gekommen. Jürgen Habermas, eine Autorität der Zeitdiagnose, besprach Noltes Apologetik in der *Zeit*, dem linksliberalen Flagschiff, wobei er auch konservative Historiker wie Klaus Hildebrand, Andreas Hillgruber und Michael Stürmer attackierte, von denen sich besonders letzterer gern als »Kohl-Berater« ansprechen ließ.

Wir wollen diesen schon nach zwanzig Jahren bizarr wirkenden Streit, der übrigens unter zünftigen Historikern kaum geführt wurde, nicht rekapitulieren, wohl aber sein paradoxes Doppelresultat hervorheben: Der Vorstoß gegen die Singularitätsthese und, bei Andreas Hillgruber, für die Einnahme der Opfer-Perspektive deutscher Soldaten an der Ostfront[10] zur Beurteilung des Holocaust sowie der Anspruch, die deutsche Geschichte nicht auf die bewussten zwölf Jahre einzudampfen und diese in die gesamte Verbrechensgeschichte des 20. Jahrhunderts (vom Genozid an den Armeniern bis zu Pol Pot) einzuordnen, bewirkte das genaue Gegenteil. Öffentlichkeit, Publizistik und Wissenschaft beschäftigten sich nun erst recht mit dem Holocaust als für die deutsche und Weltgeschichte zentralem Geschichtsereignis, und alle Versuche, die NS-Verbrechen in tausend Jahren deutscher Geschichte einzuklammern, waren mit einem Odium der versuchten »Entsorgung« belegt. Diese hätte nämlich Nicht-Befassung vorausgesetzt, also einen echten diskursiven Schlussstrich.

Der erhoffte Paradigmenwechsel blieb aus und das heißt: Weizsäckers Bilanz hielt stand und wurde Gemeingut. Aber heute könnte man sagen, dass *sowohl* das negative Gründungsereignis des Holocaust *als auch* die wieder gewonnene Normal-Perspektive auf die deutsche Geschichte Kernbestandteil deutscher Erinnerungskultur und Geschäftsgrundlage der Geschichtspolitik der Berliner Republik sind. Überspitzt formuliert: Man skandalisierte den dicken Schlussstrich, um ihn feiner ziehen zu können. Logisch oder historiographisch mag das eine Unmöglichkeit sein, aber faktisch koexistiert das besondere Augenmerk auf dem Mord an den europäischen Juden heute mit der Hervorhebung deutscher Leiden und Opfer in einer Gesamtperspektive, die – wiederum paradox – den deutschen Sonderweg symbolisch beteuert, ihn aber faktisch für beendet erklärt. Der gordische Knoten, der sich exemplarisch im Historikerstreit verschlungen hatte, wurde durchgehauen, nicht durch Exkulpation oder eine Revision der Revision, sondern durch die Zeitläufe, die historische Dynamik nach 1990.

»Trotz« oder »wegen« Auschwitz wird heute keine Innen- und Außenpolitik mehr ausgeführt oder unterlassen, und niemand hat diese Normalisierung so deutlich betrieben wie die rot-grüne Bundesregierung seit 1998. Noltes oder Stürmers Absagen an den »negativen Nationalismus« sind in der Ära Schröder Gemeingut, und die Globalisierung des Holocaust als Metapher hat dazu geführt, dass ständig Vergleiche zu anderen Völkermorden (und auch weniger schwer wiegenden Ereignissen) gezogen werden. Sogar die Wehrmachtsausstellung, noch ganz gegen Geschichtsrevision und Täterverharmlosung auf Tour geschickt, hat das Verständnis für die Deutschen als Opfer erleichtert.

Generationswechsel: Von Bonn nach Berlin

Das Holocaust-Mahnmal ist ein herausragender Meilenstein auf diesem »dialektischen« Weg von Bonn nach Berlin: Es wurde nach dem Historikerstreit angeregt, um die von Nolte, Stürmer und vor allem Helmut Kohl selbst erwarteten Anstrengungen der Relativierung und Normalisierung abzuwehren, ist nun aber der in den 1950er Jahren noch unmögliche Ort geworden, an welchem die »Staatsräson« (*NZZ* 2.7.1999) des vereinten Deutschland in Stein gehauen ist. Dazu gehört, dass der ehemalige Bundeskanzler, dessen »geistig-moralische Wende« den Initiatoren des Mahnmals suspekt war, einer der wichtigsten Promotoren des Unternehmens werden konnte. Seine geschichtspolitischen Ambitionen und Aktionen seien deswegen noch einmal in Erinnerung gerufen und aus der Distanz bewertet.

Sprichwörtlich ist Helmut Kohls Rede von der »Gnade der späten Geburt«, die er im Januar 1984 während einer Israel-Reise, den Publizisten Günter Gaus zitierend, formulierte. Gemeint war, in aller Harmlosigkeit ohne Zweifel zutreffend, Angehörige des Jahrgangs 1930 und später dürften dankbar sein, ob ihres Geburtsdatums nicht mehr in die unsäglichen Taten »im Namen Deutschlands« verwickelt worden zu sein. Kohl zog hier nur eine Jahrgangsgrenze, die der Staat Israel beim Verlangen von Visa für Deutsche zieht, die vor 1928 geboren und damit schuldfähig sind. Die Unschuldsvermutung für Minderjährige gilt (nur) in Demokratien, aber Argwohn erregte, dass sie vom amtierenden Bundeskanzler an diesem Ort artikuliert und im übrigen durch unangebrachte Randbemerkungen aus seiner weit nach rechts ausholenden Delegation unterlegt wurde. Lockerte er ausgerechnet in Israel die dauerhafte Verantwortlichkeit für Auschwitz und redete einer Normalisierung der Innen- und Außenpolitik das Wort? Helmut Kohls diverse geschichtspolitische Aktivitäten, die bisher kaum systematisch untersucht sind, verstärkten das Misstrauen. Suspekt waren vielen seine museumspolitischen Initiativen, das 1983 per Regierungserklärung angekündigte Deutsche Historische Museum in West-Berlin und das 1988 beschlossene Museum der Geschichte der Bundesrepublik in Bonn (Seuthe 2001).

Letzteres zeigt eine mit dem Unrechtsstaat DDR kontrastierte Erfolgsgeschichte, ersteres widmet sich auch den glücklicheren und identifikationsfähigeren Perioden deutscher Geschichte. Beides ist per se weder anstößig, noch läuft es automatisch auf Geschichtsklitterung hinaus, allerdings erregten wiederum Kontexte und Begleitumstände Verdacht. Unionspolitiker wollten ein Strafgesetz gegen das schriftliche Leugnen des NS-Völkermords (»Auschwitz-Lüge«) im Juni 1985 nur akzeptieren, wenn auch das Leugnen von Vertreibungsverbrechen strafbar wurde, ein Vorgang, der im Rückblick unter zweierlei Gesichtspunkten verwundert: wegen des in der Tat geschmacklosen Kuhhandels und wegen der rechtspolitischen Konstruktion eines solchen Gesetzes, das die Diskriminierung bestimmter Gruppen gesondert hervorhebt, während es ein generelles Diskriminierungsverbot bis heute nicht gibt. Und da war weiterhin die Hinhaltetaktik der Regierung gegenüber der vor allem von den Grünen geforderten Verbesserung und Erweiterung der Entschädigung von NS-Opfern, und schließlich die Tatsache, dass in diesem Zusammenhang Hinterbänkler der Union unverbrämt antisemitische Töne anschlugen. Ein Abgeordneter der CSU erklärte im Zusammenhang mit der Überweisung von fünf Millionen Mark der Deutschen Bank als Neu-Eigentümerin des Flick-Konzerns an die Claims-Konferenz, »dass Juden sich schnell zu Wort melden, wenn irgendwo in deutschen Kassen Geld klimpert«. Übertroffen wurde dies noch durch die Bemerkung eines Provinzbürgermeisters vom Niederrhein, wer in Zeiten knapper Kassen Geldforderungen erfüllt haben möchte, der müsse vorher »schon ein paar reiche Juden erschlagen«.[11]

Solche Bemerkungen können kaum als leichtfertiges Geplapper abgetan werden, sie waren Ausdruck tief sitzender Ressentiments oder gegenüber rechtsorientierten Wählern gefallen, die seinerzeit vor allem gegen die sprunghaft steigende Zahl von Asylbewerbern Sturm liefen. Innerhalb der Union verschärfte sich der Konflikt zwischen dem »Modernisiererflügel«, den Helmut Kohl einmal angeführt hatte, und nationalkonservativen Kreisen. Der Hintergrund war die nicht mehr zu ignorierende Einwanderung und die immer wieder auf die lange Bank geschobene Grundsatzentscheidung, ob man künftig eine ethnische oder eine republikanische Definition des Staatsvolkes vornehmen wollte.[12]

Deutsche Juden galten in diesem Klima auch leicht als »Fremde«, wie es in einer Aussage des Frankfurter CDU-Oberbürgermeisters Brück schlagend zum Ausdruck kam. Im Zusammenhang mit der geplanten Überbauung von eben entdeckten Überresten des jüdischen Ghettos am Frankfurter Börne-Platz und Protesten nicht nur jüdischer Bürger erklärte der Repräsentant der durch Einwanderung geprägten Banken- und Messestadt, er verstehe »die Betroffenheit eines Juden, die zum Nichtverständnis mit meiner Wertung führt. Das ist selbstverständlich. Er wertet aus dem Schicksal seines Volkes, seiner Religion, und ich werte aus dem Schicksal unseres Volkes und komme deshalb möglicherweise zu einem anderen Ergebnis« (zit. nach Funke 1988, S. 224) Antisemitische Tendenzen, deren

Gefährlichkeit die Union und der von ihr gestellte Bundeskanzler verneinten, zeigten aber nicht nur »flapsige Bemerkungen« und rhetorische Ausfälle von Unionsmitgliedern; auch eine Delegation der Grünen hatte 1984 bei einer Nahostreise (unter anderem nach Israel) zu erkennen gegeben, dass man die Politik Israels gegenüber den Palästinensern nicht mehr hinzunehmen bereit war, und die durch Proteste vereitelte Aufführung des Theaterstücks von Rainer Werner Fassbinder »Der Müll, die Stadt und der Tod« am Frankfurter Schauspielhaus setzte auch im linken Milieu Protestmotive gegen »Plutokraten« mit deutlich antisemitischen Anklängen frei. Die Debatte um das Holocaust-Mahnmal ist vor diesem Hintergrund eines messbar gewachsenen Ressentiments zu sehen, in welchem christlicher Antijudaismus, klassischer Antisemitismus und ein als Israel-Kritik getarnter Antizionismus eine Verbindung eingehen, die heute erst ihre ganze Brisanz zeigt (Rensmann 2004).

Bundeskanzler Kohl kann man antisemitische und xenophobe Tendenzen nicht vorwerfen, ihm allerdings ankreiden, dass er dagegen nicht seine ganze Autorität in die Wagschale warf. Diese Laxheit, von vielen Kritikern als heimliches Einverständnis gedeutet, war ein wesentlicher Impuls der Bürgerinitiativen für die Errichtung eines Holocaust-Mahnmals in Berlin. Sie wollten Kohls erklärte Ambitionen kontern, eine »geistig-moralische Wende« einzuleiten und als Geschichtskanzler selbst in die Geschichte einzugehen, wobei man festhalten muss, dass die Initiative für ein wie auch immer definiertes Nationaldenkmal genau in diese Zeit fiel. Ein Vorschlag seitens des »Volksbundes deutsche Kriegsgräberfürsorge« und anderer Organisationen zielte exklusiv auf die gefallenen und vermissten Soldaten; die Bundesregierung trat diesem Gedanken zunächst nahe, rückte 1985 aber davon ab, als Pläne für eine Gedenkstätte an die Opfer des Nationalsozialismus in den Mittelpunkt rückten und die Rolle der Wehrmacht, einschließlich der »einfachen Soldaten« im antijüdischen und antislawischen Vernichtungskrieg deutlicher wurde.[13] 1986 erklärte der zuständige Bundesbau-Minister Oscar Schneider, der auch als einer der

Väter des Holocaust-Mahnmals gelten kann, es gebe darüber noch keinen Konsens. Der listige Vorschlag der SPD-Fraktion, als Motto der künftigen nationalen Gedenkstätte eine zentrale Passage aus der Weizsäcker-Rede zu verwenden, wurde von der Unionsfraktion seinerzeit abgelehnt, Spuren davon finden sich heute auf einer Tafel am Eingang an der Neuen Wache in Berlin.

Die Episode verweist auf die zunehmende Entfremdung und politische Distanz zwischen Bundespräsident und Bundeskanzler. »Die Rede«, wie sie nun allgemein hieß und in massenhafter Auflage multimedial verbreitet wurde, galt vielen Beobachtern als gezielte Reaktion auf den seit Monaten betriebenen und am 5. Mai 1985 realisierten Versuch Helmut Kohls, mit dem US-Präsidenten Reagan gemeinsam einen Kranz auf dem Soldatenfriedhof in Bitburg niederzulegen. Ein Jahr zuvor war der deutsche Bundeskanzler, sehr zu seinem Verdruss, von der Teilnahme an der Zeremonie des 40. Jahrestags der alliierten Landung (D-Day) in der Normandie ausgeschlossen geblieben, nun versuchte er die vergebene Möglichkeit der »Aussöhnung über den Gräbern« mit den ehemaligen Feinden des Deutschen Reiches bilateral nachzuholen. Im September 1984 hatte er François Mitterrand in einer ikonisch gewordenen Inszenierung die Hand auf dem Schlachtfeld von Verdun gereicht, der von Kohl angeregte Bitburg-Besuch sollte dieses Ritual mit dem Hauptverbündeten USA wiederholen. Massive Proteste in den USA und Europa wurden durch zwei Umstände ausgelöst: Erstens war bekannt geworden, dass auf dem vorgesehenen Friedhof Kolmeshöhe nicht nur deutsche Landser und amerikanische GI's begraben lagen, sondern auch Angehörige der Waffen-SS, darunter nach einem Bericht der *New York Times* Mitglieder eben jener SS-Panzerdivision, die für das Massaker im französischen Oradour-sur-Glane verantwortlich war. Zweitens sollte der Reagan-Besuch – aufgrund der massiven Proteste der Friedensbewegung ohnehin ein Politikum – ohne parallelen Besuch einer NS-Gedenkstätte ablaufen. Immerhin das wurde nach Protesten des US-Kongresses korrigiert, und am 5. Mai

1985 legten Reagan und Kohl Kränze an der KZ-Gedenkstätte Bergen-Belsen und auf dem bewussten Soldatenfriedhof nieder, allerdings ohne weitere symbolische Verbrüderung.

Man kann in dieser unbeirrt verfolgten Aktion, die letztlich sogar dem Weißen Haus aufgezwungen wurde, ein wesentliches Moment der Kohlschen Außenpolitik erkennen: das in der Tradition Konrad Adenauers stehende Bemühen, durch die politische, kulturelle und militärische Westbindung politische Souveränität zurück zu gewinnen und allmählich mit den Verbündeten »auf Augenhöhe« zu verkehren. Die deutsche Vergangenheit war das wesentliche Hindernis. Sie zu leugnen, war zwecklos und lag auch nicht in der Absicht des Kanzlers. So musste er symbolisch-ikonische Gesten erfinden, die mit der fraglosen Anerkennung dieser Vergangenheit zugleich ihre Entdramatisierung für den aktuellen Politikbetrieb bewirkten und Deutschland nicht mehr in der Demuts- oder Büßerpose (wie Brandts Kniefall in Warschau) verharren ließen, sondern in Versöhnungssymmetrie Gleichrangigkeit bestätigten.

Kohls Bemühungen nehmen den Warschauer Kniefall von Willy Brandt nicht zurück, und, um jetzt einen großen Sprung in die Gegenwart zu wagen, die kaum noch hinterfragte Teilnahme Gerhard Schröders an den D-Day-Feierlichkeiten im Jahr 2004 zeigt, dass auch sozialdemokratische Kanzler – der erste ein Vertreter des antifaschistischen Exils, der zweite ein Repräsentant der antifaschistischen Generation von 1967/68 – letztlich um eine Restitution Deutschlands als politische Macht und um »gleiche Augenhöhe« bemüht waren, vor allem mit Frankreich und den USA. Auch hier hat die Kohlsche Geschichtspolitik, zu welcher Sozialdemokraten und Grüne-Alternative entschieden Widerspruch anmeldeten und Gegenentwürfe vorlegten, die Geschichtspolitik der Berliner Republik wenigstens teilweise vorweggenommen. Das Holocaust-Mahnmal ist Ausdruck dieser erst durch den Fall der Mauer sichtbar gewordenen Kontinuität, zugleich hat es mit seiner vorgesehenen Platzierung im damals noch geteilten Berlin die Überwindung der Teilung symbolisch vorweggenommen.

Blenden wir also noch einmal die Vorgeschichte der Berliner Mahnmal-Initiative ein: Seit 1964 hatte Bonn das im Jahrzehnt zuvor noch unmögliche »Ehrenmal«, eine schlichte und kaum bemerkte Bronzetafel auf einem Gedenkstein im Hofgarten nahe der Universität. Es schloss andere Kriegsopfer, die Opfer des Naziterrors, nicht aus, aber auch nicht ausdrücklich ein. 1980 wurde das Ehrenmal stillschweigend auf den Bonner Nordfriedhof verlegt und eingeweiht aus Anlass eines Staatsbesuchs des französischen Präsidenten Valéry Giscard d'Estaing, nun aufgeladen mit christlichen Motiven und immer noch höchstens eine Verlegenheitslösung. Die Neugestaltung des Bonner Regierungsviertels, die der Gang der Geschichte kurz vor Vollendung erledigen sollte, gab neuen Ideen Raum, darunter dem erwähnten Aide-mémoire des Volksbundes deutsche Kriegsgräberfürsorge, das gemeinsam mit dem Deutschen Roten Kreuz, dem Bund der Vertriebenen, dem Zentralverband demokratischer Widerstandskämpfer und dem Reichsbund der Kriegsopfer vorgelegt wurde (Jeismann 1999, S. 16 ff.). Es war den Kriegstoten des deutschen Volkes gewidmet und schloss »Opfer der Gewalt« sehr allgemein ein – der Zentralrat der Juden in Deutschland war beispielsweise nicht um Rat oder Mitwirkung gebeten worden. Vorgesehen war eine monumentale, »vier Fußballfelder umfassende« Gedenkstätte, nach allgemeiner Auffassung eine mit christlich-nationalen Bezügen gespickte Geschmacklosigkeit, die gleichwohl beim Bundeskanzler und beim konservativen Hardliner der Regierungsmannschaft, Innenminister Friedrich Zimmermann, Zustimmung gefunden haben soll. Ein aus den genannten Verbänden gebildetes Kuratorium verfolgte den Plan beharrlich weiter, doch blieben solche Aktivitäten hinter den Kulissen erfolglos.

Der Vorstoß des Kartells der Opfer-Verbände war übrigens der letzte Versuch, in enger Fühlung mit der Ministerialbürokratie ein Schema der Geschichtspolitik durchzusetzen, das man analog zu anderen Politikbereichen neokorporatistisch nennen kann, weil die Kompromisse zwischen Beamten und Interessenvertretern nach dem Muster von Tarifverträgen und Sozialgesetzgebung hinter verschlossenen Türen ausgehandelt wurden. Mitte der 1980er Jahre funktionierte das nicht mehr, als nicht nur ein allgemeiner Museumsboom (mit eher konservativen Zügen) das Land ergriff, sondern auch Geschichtswerkstätten aufblühten, die eine egalitäre Form der Geschichtspolitik von unten nahe legten.

Ende der 1980er Jahre tauchten aber auch andere Probleme auf: Am rechten Rand war der Union in Gestalt der »Republikaner« (REP) eine in Süddeutschland beachtliche Kleinkonkurrenz erwachsen, die geschichtspolitische Beweglichkeit verbot. Sie verhinderte auch, dass 1988 die Union gegen den Widerstand ihres »Stahlhelm-Flügels«, wie beabsichtigt, das Wiedervereinigungsgebot aus ihrem Programm strich, während der Bundeskanzler den SED-Chef und Staatsratsvorsitzenden der DDR, Erich Honecker, mit allen Ehren empfing und die Zweistaatlichkeit damit de facto anerkannte. Und es mehrten sich Affären, Zeichen von Machtverschleiß und Anflüge von Palastrevolten in der Union, die Kohls ganze Aufmerksamkeit erforderten.

Aber nicht nur solche kurzen Ausschläge der politischen Konjunktur, auch Faktoren langer Dauer beeinflussten die Mahnmalidee in Deutschland. Die Kriegsgeneration, zu der so markante Figuren wie Helmut Schmidt und Alfred Dregger gehörten, stand im Renten- und Pensionsalter, während die ältere Generation der Nazizeit, die zwischen 1890 und 1920 Geborenen, allmählich verstarb. Damit entfiel ihre unmittelbare Zeitzeugenschaft, die in der Öffentlichkeit und selbst in den eignen vier Wänden zwar oft durch »Beschweigen der Vergangenheit« (Lübbe 1983) getrübt oder verzerrt war, gleichwohl die Generation der Täter und Mitläufer repräsentierte, die Institutionen und Geschick der frühen Bundesrepublik bestimmt hatte. Diese Alterskohorte schied nun aus dem öffentlichen Diskurs aus, übrigens auch aus dem Bundestag, in den zugleich eine bunt-alternative Kleingruppe einzog, die sich nicht unwesentlich aus der Generation der 68er und danach rekrutierte und von einem geschichtspolitischen *ceterum censeo* bewegt war: Dass Auschwitz sich nicht wiederholen dürfe.

Damit war ein anderer Ton im Hohen Hause angeschlagen, der sich weniger aus dem kommunikativen als aus dem kulturellen Gedächtnis der deutschen Gesellschaft speiste. Mit dieser Unterscheidung (Assmann 1992) ist vereinfacht gesagt, dass historische Ereignisse in wachsender Distanz zu den in Rede stehenden Ereignissen nicht mehr aus der direkten Kommunikation der Erlebnisse von Zeitgenossen und Mitlebenden tradiert werden können, sondern via Dokumentation, Archivierung und sekundäre Aufbereitung weitergegeben werden müssen, darunter Quellen und Interpretationen der Geschichtswissenschaft und die mediale Vermittlung in Schul- und Fachbüchern, Zeitungen und elektronischen Medien. Verbunden ist damit eine Objektivierung im doppelten Sinne: Zum einen verblasst das Moment existenzieller Betroffenheit und werden emotionale Auseinandersetzungen seltener; zum anderen werden subjektive Wertungen und allfällige Irrtümer der Augenzeugen korrigierbar und haltlose Entschuldigungen in Frage gestellt.

Jüngere Studien zeigen, dass der öffentliche Diskurs über den Nationalsozialismus, wie er sich gewissermaßen offiziell in der Weizsäcker-Rede manifestierte, mit den »privaten« Erzählungen im Widerspruch stand, in denen »politisch-korrekte« Redewendungen der offiziellen Kommemoration vermieden und eigene Leidenserfahrungen in den Vordergrund gestellt wurden. Ähnliches gilt übrigens für die Seite der Opfer: Auch die Überlebenden des Holocaust pflegten ein ähnliches Schweigen und bauten so eine analoge Spannung zwischen sich und ihren Kindern und Enkeln auf. Das Dahinscheiden der Älteren verändert die Erinnerungsbilder, zugleich wächst das Bedürfnis nach Aufbewahrung der Erinnerung und Auffrischung der aus dem Holocaust gezogenen Lehren. Spürbar war das bei den vielfach lange stumm gebliebenen Wehrmachtssoldaten, die ihre »Ehre« retten wollten, wie bei Überlebenden, die erfahren mussten, wie ihre traumatische Erfahrung durch einen Neofaschisten zur »Fußnote der Geschichte« (Le Pen) herabgewürdigt wurde.

Neue Weltordnung: Transnationales Gedächtnis?

Solche stets ambivalenten Vergegenwärtigungsprozesse werden durch politisch-historische Zäsuren und Großereignisse eingerahmt und bestimmt. Das Berliner Mahnmal ist im Verlauf eines tief greifenden Wandels der internationalen und deutschen Politik erdacht und erstritten, konzipiert und diskutiert, verworfen und verwirklicht worden, so dass sich selbst bei strikter Beachtung eines Drehbuches (das ja nie erkennbar war) am Ende auf jeden Fall ein anderes Denkmal ergeben hätte, da sämtliche Koordinaten verändert, ja umgestürzt waren. Für die Innenpolitik haben wir das bereits angedeutet: Neue Mehrheiten, Regierungswechsel und der Umzug der politischen Klasse nach Berlin haben 1998/1999 das Etikett »Berliner Republik« hervorgebracht, und die damit bezeichneten Veränderungen in Inhalt, Form und Stil der deutschen Politik waren für die Mahnmalskonstruktion bedeutsam. Aber während in innenpolitischer Sicht zwischen »Bonn« und »Berlin« die Kontinuitäten hervorstechen, stellt die historische Zäsur von 1989/90 weltpolitisch einen radikalen Bruch dar (Leggewie 1999).

Das Ende des Ost-West-Konflikts und der bipolaren Weltordnung eröffnete die Chance vollständiger politischer Souveränität, immer natürlich im Rahmen der kontinentalen und globalen Interdependenzen und Bündnisse, in die Deutschland zuverlässig eingespannt blieb. Befürchtungen im In- und Ausland, die Deutschen könnten ihre Distanzierung von der NS-Vergangenheit aufgeben oder gar in Richtung »Viertes Reich« marschieren, erwiesen sich als unbegründet. Doch war die Geschichtspolitik jetzt dem Prokrustesbett des Ost-West-Konfliktes entstiegen, und das bei Helmut Kohl spürbar gewordene Streben nach Gleichbehandlung konnte ein vereintes Deutschland mit mehr Nachdruck und Erfolgsaussicht vertreten.

Dieser weltpolitische Möglichkeitsraum (man spricht hier

von der »Großwetterlage«) wurde auch für die Initiatoren und Förderer des Mahnmals akut: Es war ja ein gewaltiger Unterschied, ob man es im geteilten West-Berlin, im Schatten der Mauer, errichtete oder in unmittelbarer Nähe des wieder frei passierbaren Brandenburger Tores, am Wahrzeichen deutscher Politik in guten wie schlechten Zeiten. Die Bonner Mahnmalplanung war immer auf das stabile Provisorium des geteilten Deutschland bezogen, nun war Berlin nicht mehr nur nominell die Hauptstadt (und man erinnert sich, welcher Widerstand sich dagegen auch von deutscher Seite erhob). An der deutschen Vergangenheit hatte sich mit anderen Worten kein Jota verändert, aber es fiel doch ein anderes Licht auf sie.

Parallel vollzog sich ein Prozess, den man »Globalisierung des Holocaust« nennen könnte (Bauer 2001). Auch diese Entgrenzung war in der Mahnmalskonstruktion angelegt, sie erreichte nun aber in Verbindung mit der Machtentfaltung des vereinten Deutschland eine größere Wirkung. Die Anregung zu einem zentralen Denkmal für die ermordeten Juden lieferte Yad Vashem, das Holocaust-Mahnmal in Jerusalem; auch andere herausragende Gedenkstätten wie das Holocaust-Memorial in der US-Hauptstadt Washington wurden im Verlauf der Debatte herangezogen, und nicht zufällig überließ man eine Art Obergutachten dem weltweit ausgewiesenen Kenner dieses transnationalen Mahnmalkonglomerats, James E. Young. Dabei war die Ausgangsposition vor allem von Yad Vashem natürlich denkbar verschieden. Dort hatten Überlebende im Staat Israel, dessen wehrhafte Existenz eine Wiederholung von Auschwitz und Treblinka unmöglich machen sollte, eine Stätte der Trauer und der Bekräftigung der zionistischen Identität errichtet, hier ging es um die Bekundung von Scham und die Übernahme von Verantwortlichkeit im »Land der Täter«. Aber das Referenzbeispiel demonstrierte, salopp gesagt, in welcher Liga man in Berlin zu spielen gedachte, und, bei aller Unterschiedlichkeit der Ansätze, gibt es heute einen »internationalen Stil« des Holocaust-Gedenkens, der wesentlich durch die genannten Gedenkstätten geprägt ist und sich via *Holocaust Edu-*

cation in alle Regionen der Welt ausbreitet. Der grundlegende Unterschied zwischen Tätern und Opfern wird subjektiv wie objektiv niemals eingeebnet, aber diese Internationalisierung der Gedenkarchitektur, ausgehend vom Terminus Holocaust selbst und seiner speziellen Bedeutung in der politischen Kultur der Vereinigten Staaten, zeitigt stilistische wie inhaltliche Konvergenzen, die den konkreten Ortsbezug einer Gedenkstätte und ihren realhistorischen Hintergrund zurücktreten und gewissermaßen virtuell werden lassen.

Die »Globalisierung des Holocaust« hat weitere Facetten und Konsequenzen. Eine ist die Anwendung dieser Formel auf vergangene Völkermorde, eine andere das auf ständige Aktualisierung angelegte Postulat, Lehren für laufende ethnische Konflikte zu ziehen und künftigen Völkermorden vorzubeugen. Damit wird die These von der Singularität des Judenmordes, die Yad Vashem, dem Memorial in Washington D.C. und prononciert auch der Berliner Initiative zugrunde lag, faktisch ein Stück zurückgenommen. Denn die rhetorische und formale Anschlussfähigkeit eines Mahnmals ist enorm, wie die rasch gezogenen Lehren für die Bekämpfung auch banaler Erscheinungen von Rechtsextremismus und Fremdenfeindlichkeit demonstriert.[14]

Die Verwendung der Holocaust-Metapher als Passepartout für die Lösung aktueller sozialer Spannungen ist in der Fundierung eines universalistischen Menschenrechtsdiskurses in der Shoah begründet, in dem es ganz allgemein um die Verantwortung des Einzelnen in einer Diktatur, um die Verfügbarkeit bürokratischer und die Verführbarkeit intellektueller Eliten oder um die Ächtung ethnischer und rassistischer Vorurteile geht. In diesem Sinne ist die aktuelle Thematisierung und Präsentation, bis zum jüngsten Unterfangen Steven Spielbergs, Tausende von Überlebenden-Zeugnissen zu archivieren, stark auf amerikanische Quellen und Sichtweisen bezogen, und auch damit löst sich das Thema faktisch (und ganz ohne apologetische Absicht) aus dem Rahmen des deutsch-jüdischen Verhältnisses und wird zu einem (eminenten) Erinnerungsposten im universalen Menschheitsgedächtnis. Dies ist ein typischer Vorgang kultureller Globalisierung: Während sich Bilder und Berichte von anderen Völkermorden vor »Auschwitz« geschoben haben, soll dieser Ortsname weiter seine verstörende und beschämende Wirkung entfalten. Transnationale Kommunikation und internationale Menschenrechtsgerichtshöfe haben dem gezielt oder unbewusst Nachdruck verliehen, doch wird der *historische* Holocaust künftig auch in Israel und der jüdischen Diaspora und ebenso wenig in Deutschland weiter in der Weise handlungsleitend und identitätsstiftend sein können wie noch in den 1970er und 1980er Jahren.

Drei Anstöße für ein Mahnmal

Auf dem Weg von Bonn nach Berlin haben sich drei prominente Begründungen für ein Holocaust-Mahnmal herausgeschält. *Erstens* findet mit der Geschichtspolitik Helmut Kohls eine vermeintlich regressive Politisierung der NS-bezogenen Erinnerungskultur statt, die eine demonstrative Sicherung der bisher geleisteten Vergangenheitsbewältigung provoziert. Unterstrichen wird diese Tendenz *zweitens* durch den Generationswechsel, mit dem eine Mediatisierung des Erinnerungsprozesses verbunden ist. *Drittens* verlässt der Erinnerungsdiskurs seine national-staatliche Rahmung und wird transnational. Mit allen drei Tendenzen verbunden ist eine gewisse Entstaatlichung der Geschichtspolitik, die nun in der Regel von mehreren sozialen Akteuren getragen wird.

2. Berliner Szene:
Geschichtspolitik von oben und unten

Neue Wache: Die alte Schule des Gedenkens

Wer vom Holocaust-Mahnmal einen etwa zehnminütigen Spaziergang über Unter den Linden nach Osten unternimmt, findet auf der linken Straßenseite zwischen Friedrichstrasse und Deutschem Historischen Museum jenes Denkmal, das Bundeskanzler Kohl ursprünglich als »zentrale Gedenkstätte der Bundesrepublik Deutschland« nutzen wollte: Schinkels *Neue Wache*. Des Kanzlers Lieblingsprojekt im Jahr 1992/93 griff die in der Frühgeschichte der Bundesrepublik gescheiterte und in den 1980er Jahren aktualisierte Idee auf, eine »nationale Gedenkstätte für die Kriegstoten des deutschen Volkes« zu errichten, und verband dies nun mit dem Vorhaben einer zentralen Gedenkstätte des geeinten Deutschland im ungeteilten Berlin. Als solche wird sie heute auch genutzt, aber ins allgemeine Bewusstsein ist sie kaum vorgedrungen.

Der um die Neue Wache entstandene Konflikt hat aber wesentliche Impulse und Entscheidungsanstöße für das Holocaust-Mahnmal gegeben (Fessmann 1993, Schmidt 1995, Moller 1998), denn er bewirkte einen gewissen Gesinnungs- und Strategiewandel des Geschichtspolitikers Kohl, der vom feindlichen Adressaten des Denkmals zu dessen wichtigstem Sponsor wird. Die Neue Wache ist ein preußisch-deutscher Erinnerungsort, der es in sich hat und exemplarisch zeigt (Stölzl 1993), wie man vor allem in Berlin allerorts auf sich überlagernde Überreste einer wechselhaften Katastrophengeschichte der Deutschen stößt: Von Karl Friedrich Schinkel als Wachlokal der Berliner Garnison 1816-1818 erbaut und bis zum Ende des Kaiserreiches für die zeremonielle Wachparade genutzt, wurde sie 1930/31 zu einem Ehrenmal für die im Ersten Weltkrieg gefallenen deutschen Soldaten umgestaltet und so von den Nationalsozialisten übernommen. Im Krieg stark beschädigt, wurde die Neue Wache durch die DDR-Regierung 1956 zu einer

»Gedenkstätte für die Opfer des Faschismus« umgewidmet und in diesem Sinne weiterhin für Demonstrationen der Wehrhaftigkeit und militaristische Rituale genutzt.

An diesen von gleich mehreren Hypotheken – preußischer Militarismus, NS-Nutzung als Ehrenmal, Monument des DDR-Antifaschismus – belasteten Ort setzte das Bundeskabinett durch Beschluss vom 21.1.1993 die erste zentrale Gedenkstätte des vereinten Deutschland, hier sollte das bis dahin provisorisch gehaltene Gedenken souverän werden. Konzeptionell greift diese Idee auf die Formel des Volkstrauertages zurück, der generell »den Opfern von Krieg und Gewaltherrschaft« gewidmet ist, faktisch aber die Erinnerung an die im Ersten und Zweiten Weltkrieg gefallenen deutschen Soldaten wach halten soll. Wie unglücklich eine solche Generalisierung und implizite Fokussierung wirkt, war schon an der missratenen Zeremonie von Bundeskanzler Kohl mit dem US-Präsidenten Ronald Reagan auf dem Soldatenfriedhof Bitburg im Mai 1985 zu erkennen. Die dort begrabenen Angehörigen der Waffen-SS würdigte Präsident Reagan so:

»... diese jungen Männer, auch wenn sie in deutscher Uniform kämpften ... waren Opfer, so sicher wie die Opfer in den Konzentrationslagern.« (zitiert nach Moller 1998, S. 23, unsere Übersetzung)

Auch die Neue Wache vermengt das Gedenken an die deutschen Gefallenen des Zweiten Weltkrieges, die ungeachtet ihrer persönlichen Einstellungen und unbestreitbaren Leidenserfahrungen an einem Vernichtungskrieg beteiligt waren, mit jenen, die durch diesen zu Tode gekommen sind – die Soldaten der Armeen, die ihr Leben im Kampf gegen Hitlerdeutschland hergegeben und das deutsche Volk am Ende befreit hatten, genau wie die »Opfer in den Konzentrationslagern«, die nicht einmal als solche erwähnt und auf eine Stufe gestellt wurden mit den Widerstandskämpfern des 20. Juli 1944, die man in Deutschland lange als erste und vornehmste »Opfer der Gewaltherrschaft« assoziiert hat.

Der zweite Fauxpas ist die in solchen Gedenkstätten vorherrschende christliche Trauersymbolik. Der Volksbund hatte in seinem Aide-mémoire von 1983 eine Gedenkhalle mit einer überdimensionalen Dornenkrone angeregt, für die Neue Wache hatte Kohl die vergrößerte Nachbildung einer Skulptur von Käthe Kollwitz »Mutter mit totem Sohn« in Auftrag gegeben, die eindeutig an eine Pietà erinnert und «antisemitische Untertöne» aufweist (Christian Meier, *FAZ* 25. 7. 1997, Heimrod u. a. 1999, S. 142). Der energische Widerstand von Ignatz Bubis und der jüdischen Gemeinden gegen die nivellierende Symbolik schien zunächst den Plan des Bundeskanzlers zu durchkreuzen, der Wert legte auf den engen Schulterschluss mit dem Zentralrat der Juden in Deutschland. Nach einem Gespräch zwischen Bubis und Anton Pfeifer, Staatsminister im Bundeskanzleramt, wurde eine die jüdischen Opfer einbeziehende Widmung – auf Grundlage der (allerdings verstümmelten) Weizsäcker-Rede – am Eingangsportal der Neuen Wache vereinbart. Zugleich wurde grünes Licht gegeben für die Errichtung des Denkmals für die ermordeten Juden Europas, unter Ausschluss anderer Opfergruppen und auf seinem heutigen Platz. Der offiziellen Einweihung der Neuen Wache am 14. 11. 1993 (Volkstrauertag) stand nun nichts mehr im Wege, Deutschland sollte seine »Kranzabwurfstelle« haben. Gegen Form und Inhalt dieser Geschichtspolitik entwickelten sich in den 1980er Jahren geschichtspolitische Initiativen von unten, die wir jetzt näher beleuchten wollen.

Topographie des Terrors:
Das erfolgreich gescheiterte Mahnmal

Eine Ironie der Geschichte wollte, dass genau zum Zeitpunkt des Richtfestes am Holocaust-Mahnmal, als man von der Spekulation zur Anschauung des so lange umstrittenen Objektes übergehen konnte, die Verwirklichung der anderen, nicht weit entfernt liegenden Gedenkstätte »Topographie des Terrors« wieder in große Ferne rückte. Ironisch daran ist, dass die Nutzung des Geländes am ehemaligen Prinz-Albrecht-Palais an der Wilhelmstraße, kurz »Gestapo-Gelände« genannt, ursprünglich als Standort für das Holocaust-Mahnmal in Aussicht genommen worden war. Das war 1988, gut ein Jahr vor dem von so gut wie niemandem erwarteten Fall der Mauer, nachdem Monate zuvor ein Wettbewerb zur Gestaltung des Geländes abgebrochen und zur 750-Jahr-Feier Berlins im Jahr 1987 als Zwischenlösung eine Ausstellung unter dem Titel »Topographie des Terrors« eröffnet worden war.

Diese (erweiterte) Ausstellung kann man heute noch besuchen. Es handelt sich um eine Dokumentation der Staatsverbrechen, die zwischen 1933 und 1945 in dem auf der Prinz-Albrecht-Straße 8 gelegenen Gestapo-Hauptquartier verübt und im Nachbarhaus, dem Prinz-Albrecht-Palais und Dienstsitz der SS-Führung und des Reichssicherheitshauptamtes (RSHA), geplant und befohlen worden waren. SS und Gestapo bildeten den Kern des Terrorsystems, so dass man bei diesen (Anfang der 1960er Jahre vollständig abgerissenen) Räumlichkeiten mit Recht von einer Terror-Zentrale sprechen konnte. Nachdem an einer Nutzung dieser »toten Ecke« an der Mauer zwischen Ost und West zunächst kaum jemand interessiert war (sie diente zeitweilig als Übungsgelände für Fahrschüler, die Bahnen des »Autodroms« sind heute noch sichtbar), man die Vergangenheit dort also im Wortsinne ruhen ließ, eröffnete die allseitige Historisierung im Licht des Stadtjubiläums und somit eines großen Fragezeichens hinter der urbanen Zukunft West-Berlins eine stadthistorische, eben »topographische« Erkundung des Geländes, die unter den meterhoch gewachsenen Bäumen ein »Geschichtsgrab« (Tilman Fichter) entbarg.

Daraus erwuchs der Titel der Ausstellung und die Idee, daraus einen permanenten »Denkort« zu entwickeln, der, geschichtspolitisch neu, den Akzent auf die Täter legte, die an dieser Stelle den monströsen Judenmord ausgeheckt und Regimegegner misshandelt und getötet hatten. Hier standen die Schreibtische von Himmler und Heydrich, aber wichtiger noch waren die lange anonym gebliebenen Schreibtischtäter, für die sich die Forschung erst spät interessierte.[15] Dort einen Denk- und Lernort zu errichten, wünschte sich die Berliner Initiative »Aktives Museum« aus Stadthistorikern und Museumspädagogen, Publizisten und interessierten Bürgern, die 1986 die Folterzellen aushoben und in darüber aufgestellten Baracken die unterdessen erheblich perfektionierte Ausstellung einrichteten. Sie zieht heute rund 300 000 Besucher pro Jahr an, außerdem wurde eine Bibliothek mit 20 000 Titeln aufgebaut, das Gelände ist als »etablierter Ort in der bundesdeutschen Gedenkstättenlandschaft« (*SZ* 12. 7. 2004) weit über Deutschlands Grenzen hinaus bekannt und anerkannt.

Dieses Lob wurde der »Topographie« am Tag nach dem Richtfest am Stelenfeld ausgestellt, und in der Tat ist das Projekt dem »Lernort« nahe gekommen, den die Initiatoren gewünscht hatten – und zwar gegen das Denkmal-Konzept der anderen Bürgerinitiative von 1988, die an der planierten Stelle der Verwaltungszentrale der Vernichtung, einem »authentischen Ort« der Täter, ein Denkmal für die Opfer installieren wollten. In dem damals mit harten Bandagen ausgetragenen Konkurrenzkampf thematisch verwandter Initiativen war bereits die ganze Dramaturgie des Konflikts um das Holocaust-Mahnmal vorgezeichnet – Lernort oder Denkmal, Täter- oder Opferbezug, eine der Aufklärung dienende, sich selbst zurücknehmende Architektur oder monumentale Demonstration guten Willens. »Gesiegt« hat bekanntlich das große Denkmal Peter Eisenmans für die Opfer des Holocaust, auf der Strecke blieb die 1990 skizzierte und 1993 dem Schweizer Architekten Peter Zumthor übertragene Gestaltung des »authentischen Ortes«.

Der renommierte Schweizer Architekt Peter Zumthor war für seine exquisiten, schwierig zu bauenden Entwürfe bekannt. Er entwarf eine filigrane Stabwerkskonstruktion aus Beton und Industrieglas, die der Künstler als »reine Struktur« verstanden wissen wollte. Kostenschätzungen beliefen sich 1993 auf 43 Millionen DM, die Fertigstellung war für 1995 avisiert; der Senat beauftragte Zumthor, forderte aber auch Überarbeitungen und legte eine Obergrenze von 36 Millionen DM Baukosten fest.

Greifen wir der weiteren Entwicklung hier schon vor: Am 8. Mai 1995 wurde der Baubeginn symbolisch gefeiert. Vom Herbst 1995 an stiegen die prognostizierten Baukosten immer wieder an; der Baubeginn wurde mehrfach verschoben, beteiligte Baufirmen meldeten Bankrott an, diverse Bausenatoren verloren die Kontrolle über das Projekt, während auch der »ruhende Bau« bereits die Hälfte der ursprünglichen Kostenprojektion verschlungen hat. Im Juli 1999 wurden drei Treppentürme fertig gestellt, dabei blieb es bis 2004. Nach dem jahrelangen Verzug und in allseitiger Frustration wurde der Architekt zum Sündenbock gestempelt und ihm die Bauherrenschaft entzogen. Auch trat Reinhard Rürup zurück, der Präsident der Stiftung, die genau wie der Berliner Senat Mitverantwortung trägt für dieses Scheitern und nun wieder fast von vorn (und bitte billig!) beginnen muss. Ende 2004 ist mit dem Abriss der Zumthor-Türme begonnen worden, nicht einmal ihre Integration in ein neues Konzept erwies sich als durchführbar.

Zwar ist die Ausstellung fester Bestandteil des geschichtspolitischen Tour-Programms geworden, das Berlin-Besucher absolvieren, insofern kann man in der Terminologie der Organisationssoziologie von einem »erfolgreichen Scheitern« sprechen (Seibel 1996). Diethelm Hoffmann-Axthelm, der das Gelände seinerzeit entdeckt und den Zeitgenossen erklärt hat, argwöhnte in einem Zeitungsbeitrag aber (*Zeit* 3.6.2004), die ganze Konstruktion könne sich mittlerweile überlebt haben. Und er zog Vergleiche:

»Es gibt inzwischen das Jüdische Museum, die Wannsee-Villa, dem unseligen Mahnmal wird ein Untergrund institutionalisierter Forschung unterlegt – wo ist die Lücke für eine weitere Einrichtung?«

Diese Frage ist besonders hart für eine Einrichtung, die mit dem Gedenken frühzeitig begonnen und mit konzisen Konzepten Wegweisendes geleistet hat. Aber sie zeigt auch, dass von Beginn an ein »hauptstädtischer Konkurrenzkampf der symbolischen Orte« (*FAZ* 6.5.2004) entbrannt war. Hoffmann-Axthelm schlägt deswegen eine schlichte, puristische Lösung vor: »Man sollte sich wieder jenes Provisoriums überdachter Gräben erinnern, das dem Gelände so hervorragend gedient hat. Es vermittelte das wesentliche, ohne sich belehrend zwischen Besucher und Gelände zu schieben.« Ein derartig ruhiges, besonnenes Konzept war um 1990 bekanntlich zum Scheitern verurteilt:

> »Ich verlange von diesem Land der Täter ein Mahnmal!« (Perspektive Berlin 1995, S. 9),

posaunte die Journalistin Lea Rosh als Vorsitzende der »Perspektive Berlin« im August 1988, und sie deutete bald auch gebieterisch auf die Brachfläche in Berlin-Kreuzberg:

> »Die Errichtung dieses Mahnmals ist eine Verpflichtung für die Deutschen in Ost und West« (*FR* 30. 1. 1989).

1990 lehnte eine vom (unterdessen SPD-geführten) Berliner Senat eingesetzte Kommission diesen Standort ab, doch die zum »Förderkreis« avancierte Perspektiven-Gruppe hatte nach dem Fall der Mauer längst ein ihr noch geeigneter scheinendes Baugelände ausgemacht – auf dem ehemaligen Todesstreifen und näher bei Hitlers Reichskanzlei. Dort sollte das Berliner Holocaust-Mahnmal entstehen.

Perspektive Berlin:
Bürgerinitiative, Egotrip oder Geschichtslobby?

Wie unglücklich dieser Wettbewerb zwischen zwei Bürgerinitiativen auch verlaufen ist, bemerkenswert ist, dass Geschichtspolitik damit von anderen Akteuren gemacht wird, die sich in ihrer Selbstwahrnehmung »unten« ansiedeln und als intellektuelle und politische Opposition zur herkömmlichen »Geschichtspolitik von oben« begreifen. Die Verdienste dieser außerparlamentarischen Initiative wurden auch vom Bundestag mit verbalen Verbeugungen vor den Initiatoren Rosh und

Jäckel ausdrücklich anerkannt; die Genese des Mahnmals wurde als politisch-kulturelle Volksbewegung gewürdigt, welche »die Republik in ihrem Selbstverständnis und auch in ihrer historischen Verortung nicht unverändert« lasse. So drückte sich im Juni 1999 die zur Vizepräsidentin des Deutschen Bundestages avancierte Grünen-Politikerin Antje Vollmer aus[16], die selbst den Aufstieg einer Bürgerinitiativ-Bewegung in die politische Elite des vereinten Deutschland verkörpert.

Dass in Berlin eine geschichtspolitische Bürgerinitiative an die Öffentlichkeit trat, war vielleicht thematisch eine Besonderheit, es lag aber im Trend der Zeit. Zum einen beanspruchten soziale Bewegungen wie die Ökologie- und Friedensgruppen, das sich herauskristallisierende »bunt-alternative Spektrum«, in der Anfangszeit auch die seit 1983 im Bundestag vertretene Partei der Grünen und eine kaum zu übersehende Palette von Bürgerinitiativen, Selbsthilfegruppen, Nicht-Regierungs-Organisationen und dergleichen eine »andere Politik«, die außerhalb der herkömmlichen politischen Institutionen (Parlamente, Parteien, Ministerial- und Kommunalverwaltungen, Interessenverbände) konzipiert und realisiert wurde. Zum anderen hatte sich in den 1970er Jahren eine »Geschichtsschreibung von unten« etabliert, die den gleichen anti-institutionellen und oppositionellen Zug hatte und die inhaltlich die Geschichte der »einfachen Leute« zum Thema machte und methodisch vom Mainstream der Geschichtswissenschaft abwich.

Vor diesem doppelten Hintergrund einer Ausfächerung des politisch-administrativen Systems wie einer kulturwissenschaftlichen Öffnung des historischen Diskurses ist die Präsenz und Aktivität der äußerst selbstbewussten Bürgerinitiative »Perspektive Berlin e.V.« zu sehen, die im Sommer 1988 ins Leben gerufen wurde und zirka 100 aktive Mitglieder zählte. Der ursprüngliche Ziel- und Themenkatalog des links-liberal gesonnenen Vereins war weiter, es ging um ganz verschiedene Probleme der damals nicht sehr lichtvollen Zukunft der Bundeshauptstadt und eine sinnvolle Stadtgestaltung generell. Die bekannte, scharfzüngige und durchsetzungsstarke TV-Journalistin Lea Rosh legte den Akzent aber rasch auf die Errichtung eines zentralen Denkmals für die ermordeten Juden Deutschlands, und im Auftreten dieser Initiative – mit Presseaufrufen, Unterschriftenlisten, Straßendiskussionen, Spendensammlungen und weiteren öffentlichen Aktionen – verband sich die Form der Bürgerinitiative mit dem inhaltlichen Ansatz von »Geschichtswerkstätten«, die auf der Grundlage von Aussagen von Zeitzeugen und mündlicher Geschichtsschreibung die »Aufarbeitung der Vergangenheit« auf eine breitere und dezentrale Laien-Basis gestellt hatten.

Der entschiedene, oft ultimative Ton der »Perspektive« zeigt, dass man in den 1980er Jahren noch von einem Mangel an Auseinandersetzung mit der NS-Vergangenheit sowohl bei den Eliten wie in der breiten Bevölkerung überzeugt war, dass man also ganz im Stil anderer Bürgerinitiativen Defizite der öffentlichen Politik und des allgemeinen Bewusstseins anprangerte. Dieser Ansatz entsprach der üblichen Inszenierung politischer Skandale, die im Resonanzraum einer aufklärungswilligen Öffentlichkeit Versäumnisse, Machenschaften und Mängel einer skandalisierten Person oder Gruppe offen legten – hier zum einen die Schande der Regierungen von Bund und Ländern, die eben kein zentrales Mahnmal errichtet hatten, das an den einmaligen Völkermord an den Juden erinnerte, zum anderen die Nachkommen der Täter, die mit diesem Versäumnis eine Art »zweite Schuld« (Ralph Giordano) auf sich geladen hätten.

Unterschriften, darunter von so prominenten (und überwiegend der SPD angehörigen oder nahe stehenden) Persönlichkeiten wie Willy Brandt, Günter Grass, Otto Schily, Klaus Bednarz u. a. sowie Geldspenden zeigten, dass diese Initiative auf Resonanz stieß. Sie wurde zu einem Gegenstand jedenfalls der Medienöffentlichkeit, und mit dem im Januar 1989 erfolgten Regierungswechsel in Berlin auch zu einem Thema der (Berliner) Politik. Nachdem auf Anregung der »Perspektive Berlin« eingeladene wie nicht-berufene Künstler Entwürfe für ein derartiges, damals erst schemenhaft vorstellbares Mahnmal eingereicht hatten, hob eine ganze Serie von Diskussions- und Podiumsveranstaltungen an, die den Entstehungsprozess des Holocaust-Mahnmals bis in die Gegenwart begleiten sollten.

Dieser Ideenwettbewerb und Diskursmarathon begründet die oft geäußerte, vom Bundestag bekräftigte Sichtweise, die Initiative für das Holocaust-Mahnmal sei von »unten«, von den Bürgern der (alten) Bundesrepublik und vom deutschen Volk selbst ausgegangen, woraus sich a priori eine gewisse plebiszitäre Komponente und Legitimation ergibt. Allerdings war der Charakter der »Perspektive Berlin« als BI von Anfang an umstritten; der Verein »Aktives Museum Faschismus und Widerstand« markierte nicht nur inhaltliche Differenzen – das Manko sah man weniger im fehlenden Denkmal für die Opfer als im fehlenden Wissen über die Täter und die Strukturen, in denen sie gearbeitet hatten –, sondern bemängelte auch »(d)iese Form des Lobbyismus, durch teure Anzeigen eine über den Diskussionsstand nicht aufgeklärte Öffentlichkeit für sich einzunehmen und durch persönliche Beziehungen Druck auf die verantwortlichen Politiker auszuüben«, ferner den »Mangel an demokratischer Kultur«, der darin bestehe, »jedes Gespräch mit den seit Jahren in der Auseinandersetzung um das Gestapo-Gelände engagierten Gruppen und Bürgerinitiativen zu verweigern« (zit. nach Stavginski 2002, S. 34).

Man mag das für Eifersucht weniger erfolgreicher Basisgruppen halten, aber in der Tat trifft die Charakterisierung als Lobby-Gruppe eher zu als die einer Graswurzel-Initiative. Zwar adressiert auch letztere regelmäßig Forderungen an das politisch-administrative System, aber im Fall der Perspektive fehlte doch ganz eindeutig der Unterbau, der sozialen Bewegungen und auch den Geschichts-Werkstätten und ähnlichen Initiativen eigen ist. Von Berlin aus startete Ende der 1980er Jahre also eher eine Medienkampagne als eine echte geschichtspolitische Bürgerinitiative.

Noch ein weiteres Odium haftete der Mahnmal-Initiative, die mit dem Fall der Mauer nun eindeutig besser und näher am »Ohr der Macht« platziert war, von Beginn an: die zentrale

Rolle, die Lea Rosh in ihr gespielt hat. Zwar gilt sie heute auch bei Kritikern als die maßgebliche Person, die das Mahnmal an- und in schwierigen Zeiten weiter geschoben hat, doch zugleich hat diese Personalisierung der Initiative auch Sympathien gekostet, zumal Frau Rosh ihr unverhohlen großes Ego stets in die Waagschale geworfen und streckenweise mit schiefen Pathosformeln und geschmacklosen Kampagnengags operiert hat, die ihr berechtigte Kritik und einigen Spott eingebracht haben. Vorgeworfen wurde der heute 69jährigen, sie habe mit ihrem gelegentlich herausgestrichenen, auf den Großvater mütterlicherseits zurückgeführtem »Vierteljudentum« eine infantile Identifikation mit den Opfern der Shoah zu einem Lebensthema gemacht, sie habe dieses Lebensthema egozentrisch und mit ausgesprochen kontraproduktiven Wirkungen in die Öffentlichkeit gebracht. Diese Egomanie (Lebensmotto: »Ein großer Baum fängt viel Wind«) habe in der wesentlich von Frau Rosh gewünschten Monumentalität des Mahnmals seinen Ausdruck gefunden, herrisch und manipulativ habe sie alle berechtigten Einwände gegen Größe, Gestalt, Standort und Widmung des Mahnmals beiseite gefegt, opportunistisch habe sie sich mit jedem verbündet, der ihrem Lebenswerk zur Realisierung verhelfen konnte, usw. usf.

Der apodiktische Ton, mit dem Rosh und ihr Mitstreiter Eberhard Jäckel das Mahnmal begründeten, entspricht der in Mediengesellschaften üblichen Übertreibungs- und Skandalisierungsstrategie, nicht aber Interessen und Methoden der historischen Wahrheitsfindung und auch nicht der Differenziertheit, mit der man gerade dem Thema des Judenmordes begegnen muss. Es gibt aber auch andere Stimmen, die der unbequemen Mahnmal-Stifterin Gerechtigkeit widerfahren lassen wollen: »Diese Frau ist kämpferisch bis zur Herrschsüchtigkeit, leidenschaftlich bis zum Fanatismus, eloquent bis zur Einschüchterung. (…) Und doch: In einer Welt voller Jasager und stromlinienförmiger Mitschwimmer sind die Roshsche Hingabe und dieser kompromisslose Kampfgeist auch bewundernswert. ›Wenn man die Sache freundlicher und geschmei-

diger gemacht hätte‹, sagt sie und lehnt sich kurz zurück, ›hätten wir bis heute kein Denkmal.‹ Da hat sie zweifellos Recht.«
(Susanne Stiefel, *taz* 18. 2. 2004)

Bürgerinitiative oder Geschichtslobby, es zeigt sich jedenfalls *zusammenfassend* die Stärke des bürgerschaftlichen Engagements (als «Dritten Sektors» neben Markt und Staat) auch in der Geschichtspolitik. So positiv man diesen und andere Vorstöße sehen kann, so sehr sind andererseits mit der demokratisch nicht legitimierten Vor-Entscheidung durch diese Initiative eine Reihe von zentralen Problemen verbunden, die von Beginn an ungelöst waren und dem Mahnmal bis heute eine Reihe von Schwierigkeiten aufgeladen haben: Die Vermengung von Denkmal (an die Opfer) und Mahnmal (an die Tat und für die Nachkommen der Täter), die exklusive Widmung und die darin zum Ausdruck kommenden Aporien der Singularitätsthese, die Form (Memorial) und Inhalt (Education) auseinanderklaffen lassen.

3. Eine These nimmt Gestalt an: Die »Singularität des Holocaust«

Auschwitz: Ein deutscher Erinnerungsort

Die Berliner Installation wird von ihren Initiatoren und in der Entscheidung des Deutschen Bundestages als *Denkmal für die ermordeten Juden Europas* bezeichnet, in der Presse und umgangssprachlich meist aber als *Holocaust-Mahnmal* tituliert. Dieser Name dürfte sich letztlich durchsetzen, dabei ist die Differenz zwischen einem Denkmal und einem Mahnmal nicht gering. Der SPD-Politiker Richard Schröder beschrieb als bibelfester Theologe den Unterschied: »Ein Denkmal sagt: Abel wurde erschlagen, denkt an ihn. Ein Mahnmal sagt: Kain erschlug seinen Bruder Abel, vergesst das nicht.« (*Zeit* 21. 1. 1999)

Ein Denkmal erinnert demnach an die Opfer einer Tat, beim

Mahnmal werden Täter genannt und angeklagt; einmal wird Klage und Trauer um die Toten evoziert, das andere Mal Scham hervorgerufen und eventuell Wiedergutmachung versprochen. Auf den ersten Blick ist das Berliner Mahnmal ein Denkmal: es erinnert an die ermordeten europäischen Juden. Doch der gesamte Hergang und der Kontext seiner Errichtung zielen auf das deutsche »Tätervolk« und die kollektive Verantwortlichkeit auch der Nachlebenden für den Massenmord. Das Mahnmal ist der Stein gewordene kategorische Imperativ der Deutschen, dass Auschwitz sich nicht wiederholen solle. Das war eine Selbstverpflichtung beider deutscher Staaten und Gesellschaften. Die DDR machte sich den (stilisierten) »Schwur von Buchenwald« der Widerstandskämpfer für eine antifaschistische Staatsdoktrin zu eigen, die Bundesrepublik nahm die »negative Identität« an, die Denker wie Theodor W. Adorno und Jürgen Habermas ihr verliehen. Wir wurden, was wir sind, in der Verneinung eines abominablen Verbrechens.[17]

Denkmäler wie Mahnmale sind keine Überreste vergangener Zeiten, sondern eigens errichtete materielle Objekte, die in der Regel mit einem Erläuterungstext oder -zeichen versehen sind. So werden vergangene Ereignisse in der Gegenwart präsent gemacht und für die Zukunft aufbereitet. Der wesentliche Unterschied zwischen der Berliner *Gedenkstätte* (als Oberbegriff für Denk- und Mahnmale) und Monumenten früherer Zeiten besteht darin, dass diese noch als Repräsentationen von Herrschaft fungierten, die aus der Vergangenheit heraus legitimiert wurde. Exemplarisch ist das *Nationaldenkmal*, das große militärische Siege und nationale Gründungsmythen in Triumphbögen, Siegessäulen, Mausoleen und dergleichen zur Anschauung bringt und verherrlicht (Nipperdey 1968). Die Kriege des 20. Jahrhunderts brachten das *Kriegerdenkmal* hervor, womit das »sinnlose Sterben« nachträglich Sinn zugewiesen bekam (Koselleck/Jeismann 1994). Hier findet bereits der Wandel vom Helden- zum Opfermal statt, der für das vergangene Jahrhundert typisch ist. Triumphale Denkmal-Inszenierungen waren nach 1945 ganz besonders in Deutschland unmöglich, ins Zentrum der Erinnerung traten die Opfer, und dabei vornehmlich jene, deren Sterben auf das Konto der eigenen Nation oder Gemeinschaft gehen. Kein Land der Welt, sagen viele in- und ausländische Kommentatoren der Mahnmal-Debatte verwundert oder anerkennend, habe sich so intensiv mit seiner Vergangenheit auseinandergesetzt und eine gewaltige Mordtat ausgestellt. Lässt man die Untertöne einmal beiseite, hat Martin Walser in seiner Paulskirchen-Rede 1998 durchaus zutreffend von einem »Monument unserer Schande« gesprochen – genau das wollten die Stifter des Denkmals.

Öffentlich gedacht wurde hier zu Lande nach 1945 also Menschen, die »im deutschen Namen«, genauer: durch die Vorfahren und Zeitgenossen der heutigen Betrachter willentlich zu Tode gebracht worden waren. Das Denkmal für die ermordeten Juden Europas wurde deshalb schon vor der Eröffnung als »Quintessenz einer bundesdeutschen Gedenkpraxis« (Neumann 2001, S. 624) bewertet. Das muss sich noch erweisen, jedenfalls steht es am *Ende eines Erinnerungszyklus*, resümiert also eine große Zahl von Gedenkstätten, die seit 1950 an die NS-Verbrechen und ihre Opfer erinnert haben (Lehrke 1988, Puvogel 1995).

Die *Diversität* der Gedenktafeln und Gedenkstätten, Denkmäler und Namengebungen von Straßen und Plätzen ist beachtlich, alle möglichen *Formen und Stile* öffentlicher Kommemoration sind vertreten: Manche weisen auf die Leiden der Opfer hin und bitten um Vergebung, andere bekunden Schuld und Scham der Täter, wieder andere erinnern an den Widerstand gegen Gewaltakte und dessen Repression. An dem einen Ort werden bestimmte Taten als exemplarische Aspekte der Gewaltherrschaft hervorgehoben, an einem anderen wird der Terror als Ganzer angeklagt. Man findet Mahnungen an die Nachlebenden, eine Wiederholung der Taten zu verhindern, und Appelle zu einem Neuanfang, aber auch diffuse Hinweise, zu welchem Schrecken »der Mensch« im allgemeinen fähig ist. Generell gilt, wie Koselleck Totenmale im 20. Jahrhundert überschrieben hat: »Zeigen heißt verschweigen« (2002, S. 69), das heißt: jede Visualisierung von Vergangenem verdeckt andere Möglichkeiten, es zu zeigen und zu vergegenwärtigen.

Auch bei der *Ansiedlung* der Gedenkstätten herrscht große Verschiedenheit. Zum Teil liegen sie an Orten der Verfolgung und Ermordung (zum Beispiel an der Stelle einer niedergebrannten Synagoge, auf ehemaligen Lagerkomplexen, an Bahnsteigen, von denen Deportationen starteten), diese werden »authentische Orte« genannt. Zum Teil liegen sie auch an Orten, die für Gedenken und Gedenkrituale besonders geeignet erscheinen (wie Friedhöfe) bzw. an repräsentativen, viel frequentierten Plätzen. Manche erfordern, dass man sie gezielt aufsucht, manche bieten sich Passanten für ungeplante Besuche an; manche sind ohne spezielle Hinweise unsichtbar oder entziehen sich dem spontanen Verstehen durch eine abstrakte Symbolik. Die meisten Gedenkstätten sind fest installiert und präsentieren sich in einer endgültigen Form, es gibt aber auch mobile Gedenkstätten und solche, die bewusst auf Veränderung und Erweiterung angelegt sind oder ganz ephemeren Charakter haben.

Eine weitere Entwicklung ist interessant: So wie sich das geschichtswissenschaftliche Interesse von den Taten, an die erinnert werden soll (die Gewaltverbrechen des »Dritten Reiches«) zunehmend auf die Entstehungsgeschichte von Gedenkstätten, auf die damit verbundenen Konflikte und die effektive Nutzung verlagert hat, nehmen auch die Gedenkstätten selbst die Schwächen und Krisen der Bewältigung von Vergangenheit in den Blick und dokumentieren diese. Erinnerungsorte werden damit *selbstreflexiv*.

Ebenso unterschiedlich wie Formen und Orte sind die Initiatoren und *Sponsoren* der Gedenkstätten: Einige wurden durch Überlebende und Hinterbliebene errichtet, die meisten jedoch auf staatlich-hoheitliche Veranlassung (und Finanzierung), während in den letzten Jahrzehnten Gedenkstätten vermehrt durch Bürgerinitiativen angeregt und in eigener Regie und Finanzierung erstellt wurden. Daran ist eine Art Privatisierung des Gedenkmodus erkennbar, wobei Gedenkstätten vermehrt um (mediale) Aufmerksamkeit kämpfen müssen und untereinander bzw. mit anderen »Touristenattraktionen« im Wettbewerb stehen. Waren »Sport, Spiel und Spannung« als Veranstaltungen der populären Massenkultur früher von Gedenkstätten getrennt, so gehört deren Besuch heute, wie man an den Vorkehrungen des Fremdenverkehrs und der Kulturanimation sieht, zum Programm eines durchschnittlichen Tagesausflugs, einer Ferienreise, eines Wochenendtrips.

Allen Gedenkstätten gemeinsam ist somit das Problem ihrer *Inszenierung*. Keine politisch-kulturelle Intention kann ohne »In-Szene-Setzung« realisiert werden, und von der Qualität eben dieser Inszenierung hängen Performanz und Nutzeffekt einer Gedenkstätte ab. Die Aufgabe von Gedenkstätten besteht darin, Vergangenes sichtbar zu machen und als Monumente kollektiven Gedächtnisses aufzutreten, in denen individuelle und kollektive Erinnerung zur Deckung gebracht werden sollen. Dieser intendierten Nutzung, die bei öffentlichen Gedenkritualen und in geführten Durchgängen den Besuchern nahe gebracht wird, steht – was meist übersehen wird und zu Enttäuschungen führt – eine nicht-intendierte Verwendung oder Nutzung entgegen. Diese setzt mit schlichtem Ignorieren ein und reicht über völlig eigensinnige Betrachtungen bis zur gezielten Schändung, Zerstörung und Zweckentfremdung. Gedenkstätten stecken voller Paradoxien: Ein Denkmal, das Vergangenes emphatisch dem Vergessen entreißen soll, erlaubt bisweilen geradezu, die Vergangenheit »ad acta zu legen« und damit ihre Abgeschlossenheit und Inaktualität zu unterstreichen. Und indem es sich an alle anderen – also alle außer mir, den Initiator, Künstler oder Bauherrn – richtet, wird es einer Protestinszenierung ähnlich, die bei den Adressaten Unwillen, Trotzreaktionen und Widerstand auslösen kann.

Die Einzigartigkeit des Judenmordes:
Eine Hierarchie der Opfer?

Der Mord an den europäischen Juden ist eine historisch singuläre Tat, die sich weder vorher noch nachher in der Geschichte ereignet hat. Das ist keine Verlegenheitsphrase des Historismus, für den jede Epoche »unmittelbar zu Gott« (Ranke) und dem kritischen Vergleich entzogen war, sondern Resultat genau eines solchen komparativen Zugriffs, der allein die Besonderheit eines historischen Vorgangs oder Prozesses erhellen kann. Die Ungeheuerlichkeit des Mordes an den Juden liegt spontan wie auch nach vertiefter historischer Beschäftigung auf der Hand, und darauf bauen alle Initiativen auf, die an dieses historische Ereignis künstlerisch oder eben in Gestalt einer Gedenkstätte mahnend und trauernd erinnern sollen – freilich mit dem häufigen Ergebnis, dass die Präsentationsform am Ereignis zu scheitern droht. Versuche, »Auschwitz« zu verstehen, werden immer wieder gemacht und immer neu verworfen; man flüchtet in quantitative Aussagen und Einzelnarrative, in monumentale wie minimalistische Dimensionen. Nicht zufällig haben auch die Stifter des Holocaust-Mahnmals stets in »großen Dimensionen« gedacht und die exklusive Widmung an die ermordeten Juden Europas gegen alle Widerstände und Gegenargumente verteidigt. Monumentalität und Exklusivität sind operationale Übersetzungen der Singularitätsthese, die man aus diesem Grund näher betrachten muss.

Mit dem Begriff der Singularität wurde in den 1980er Jahren in Reaktion auf die Thesen von Ernst Nolte und Andreas Hillgruber im »Historikerstreit« der Versuch bezeichnet, »Auschwitz« intellektuell erklärbar und begreiflich zu machen.[18] Die Schwierigkeit dieses Unterfangens bestand und besteht darin, einen Völkermord zu erklären, der in der Gesamtsicht unerklärlich monströs wirkt, in der Nahsicht jedoch völlig banal und von daher zur Erklärung der Shoah wenig beizutragen hat. Ebenso steril war die Kontroverse zwischen »intentionalistisch« und »funktionalistisch« argumentierenden Historikern. Die einen stellten einen direkten, kausalen Zusammenhang zwischen der rassistischen Weltanschauung des Antisemitismus – hier womöglich *des* Antisemiten Adolf Hitler als Befehlsgeber und/oder des antisemitisch geprägten deutschen Volkes als Kollektivakteur – und dem Mord an den Juden her. Die anderen erklärten diesen als Resultat eines arbeitsteiligen und insofern anonymen, sich wechselseitig radikalisierenden Zusammenhangs vieler und am Ende selbstläufiger Teilentscheidungen, bei denen ständig bisher gültige Grenzen und Tabus überschritten wurden (Browning 2003). Jedes einzelne Glied der Kette – z. B. die Anordnung eines bestimmten Eisenbahntransports – ist banal, aber auch die individuelle Erfahrung der Opfer, die in Berichten von Deportationen oder aus den Vernichtungslagern überliefert ist, kann den gerade für die Betroffenen unfassbaren Gesamtzusammenhang auch rückblickend schwer begreiflich machen. Die Aporie der Intentionalisten liegt darin, dass es am Ende keine konkreten Täter gibt außer dem »Führer« und seinem Volk, und die Aporie der Funktionalisten ist ganz ähnlich gelagert, dass am Ende niemand (oder alle) für die »Endlösung« haftbar gemacht werden kann.

Dan Diner rekonstruierte die Singularität des Holocaust aus der Opferperspektive, also vom absoluten Extremfall aus. Kern dieser Erfahrung ist die – vor dem Hintergrund westlicher (i. e. technisch-wissenschaftlicher und bürokratisch rationaler) Zivilisation – Sinn- und Zwecklosigkeit des millionenfachen Mordes. »Auschwitz« war Vernichtung um ihrer selbst willen, also nicht zu einem bestimmten Zweck (Gewinnung von Lebensraum, militärische Gründe o. ä.), sie diente auch nicht der Befriedigung von Mordlust und Sadismus Einzelner – und sie geschah sogar ohne Rücksicht auf die Selbsterhaltung der Täter, die im aussichtslosen Kampf an mehreren Fronten Ressourcen für die Vernichtungsmaschinerie einsetzten. Diner hat dies als »Zivilisationsbruch« gekennzeichnet:

»Jedes Denken, das auf ein interessegeleitetes, zumindest auf Selbsterhaltungsmotive des anderen gerichtetes Handeln spekuliert und sie im eigenen Handeln aufnimmt, wird durch die Sinnlosigkeit der Vernichtung dementiert.« (Diner 1987, S. 72)

Diese aus der partikularen Perspektive der Opfer erfahrbare Gegenrationalität der Vernichtungspolitik ist eine Zumutung für alle Erklärungsversuche, die den Holocaust als Ausdruck systemischer Logiken (Kapitalismus, Moderne etc.) oder individueller Motive (Hitler, Eichmann etc.) darstellen und, wie Diner zu recht behauptet hat, entweder in Aporie oder in Apologie münden.

Die Auffassung von der Einzigartigkeit des Mordes an den Juden wird in der Regel weit trivialer begründet – mit der großen Zahl der Opfer, mit der Brutalität oder Gefühlskälte der Schreibtischtäter und Lagerschergen, mit der Auflösung der angeblich bestehenden deutsch-jüdischen Kultursymbiose. Keine dieser Alltagshypothesen hält in sich kritischer Überprüfung stand, noch rechtfertigen sie die Besonderheit des Gedenkens an jüdische Opfer durch andere, speziell durch die Nachkommen der Täter. Je stärker mit anderen Worten der explizit außerhistorische Deutungsversuch, der mit dem Terminus Zivilisationsbruch angezeigt wird, historisiert und emotionalisiert wird, desto weniger überzeugend wird er.

Merkmale	Konsequenzen	Problematik	Paradox	Aktualisierung
Dimension (Ausrottung des gesamten jüdischen Volkes)	Vergleichstabu	Einzigartigkeit nur im Vergleich ermittelbar	Relativierung, Trivialisierung	Kritik des Eurozentrismus, retroaktiver Vergleich
Ausführung (bürokratische Planung, industrielle Methoden)	Lange Verantwortungskette, »Schuldstolz«	Rhetorische Monumentalisierung	Ablehnung von kollektiver Haftung oder forcierte Prävention	Universalisierung von Strafrecht und globale Menschenrechtspolitik
Kontext (moderne, zweckrationale Gesellschaft)	Scheu vor Historisierung, Holocaust als Metapher	Außerhistorischer Sachverhalt jenseits von Verstehen und Erklären	Ritualisierung und Sakralisierung des Gedenkens	Transnationale Geschichtsschreibung

Schaubild 2: Die Singularitätsthese

Das Schaubild demonstriert die unaufgelöste Problematik und folglich das kommunikative Dilemma des Holocaust-Mahnmals. Denn so wie die Alleinstellung der jüdischen Opfer begründet wird, impliziert sie in der Tat eine fatale »Hierarchie der Opfer« – fatal vor allem, weil sie eine Selektion nachvollzieht, die Deutsche schon einmal durchgeführt haben, wovor viele Beiträge der Mahnmal-Debatte vergeblich gewarnt haben.

Mehr als eine Frage der Widmung: Sinti und Roma (und andere)

Die vom Förderkreis mit Verve betriebene Hervorhebung der Juden, die aus der großen Zahl der Opfer, aber auch aus der spezifischen Präsenz der jüdischen Gemeinden in Westdeutschland zu erklären ist, löste von Beginn an Zweifel und Protest aus. Schon im April 1989, wenige Wochen nach dem ersten öffentlichen Auftritt der Bürgerinitiative »Perspektive Berlin«, warnte der Zentralrat Deutscher Sinti und Roma vor einer Hierarchisierung der Opfer (*Tagesspiegel* 11. 4. 1989). Statt die Juden und die anderen Verfolgten des NS-Regimes auseinanderzudividieren, wie es einige Sprecher der Bürgerinitiative höchst ungeschickt getan hätten, sollte ein Denkmal die ermordeten Sinti und Roma gleichberechtigt einbeziehen. Deren Sprecher wollten den Begriff des Holocaust oder Genozids nicht für eine Gruppe reserviert wissen, und mittlerweile war auch ins Bewusstsein der Öffentlichkeit gedrungen, dass »Zigeuner« identischen Diskriminierungen und Verfolgungen ausgesetzt waren.[19] Dennoch entbrannte ein würdeloser Streit darum, wer den größeren Blutzoll erbracht habe. Eberhard Jäckel bestritt, dass die Verfolgung von Zigeunern so zentral (»Kernstück«, *Tagesspiegel* 8. 3. 1991) für den Nationalsozialismus gewesen sei wie die durch einen Jahrzehnte langen Antisemitismus vorbereitete Judenverfolgung. Der Vorsitzende des Zentralrats, Romani Rose, hingegen plädierte in offenen Briefen, bei Anhörungen und in Meinungsbeiträgen vehement für ein »Gedenken ohne Ausgrenzung« (*Zeit* 17. 12. 1993). Auch jüdische Kommentatoren unterstützten ihn darin und setzten sich für ein Gedenken ein, das alle Opfer (also ebenso Geisteskranke, religiöse und sexuelle Minderheiten) im Respekt für das gemeinsame, nicht nach »Gründen« in der NS-Ideologie gestuften Leiden einbezog (Brumlik 2000, S. 176), was im Endeffekt auf ein »Mahnmal für alle Vergasten, Erschossenen, Gehenkten und zu Tode Gequälten des NS-Terrors« (Gerhard Schoenberner) hinauslief. Ein energischer Opponent der mit der (ohne Zweifel »gut gemeinten«) Heraushebung der Juden verbundenen Hierarchie der Opfer war auch der Historiker Reinhart Koselleck, ein anderer der Architekt Salomon Korn.

Eine Änderung der Denkmals-Konzeption war so bekanntlich nicht zu erreichen, aber die problematische Privilegierung der jüdischen Opfer konnte, wie 1989 bereits abzusehen war, auch nicht durchgehalten werden. Im Koalitionsvertrag der rot-grünen Bunderegierung vom Oktober 2002 wurde festgehalten, parallel zum »Denkmal für die ermordeten Juden Europas« solle es auch ein »Denkmal für die ermordeten Sinti und Roma« geben – eine Gleichstellung, die ihrerseits nun keineswegs mehr exklusiv war. Denn im Koalitionsvertrag wurde außerdem ein Gedenkort für die homosexuellen Opfer des Nationalsozialismus »an zentraler Stelle in Berlin« in Aussicht gestellt. Für das Denkmal für die ermordeten Sinti und Roma lag bereits ein Entwurf des israelischen Künstlers Daniel Karavan vor (»See der Trauer« mit einer versenkbaren Stele), und im Frühjahr 2003 sicherte der Bund zwei Millionen Euro für den Bau auf einer Lichtung im Tiergarten, südlich des Reichtages, zu, nur wenige hundert Meter vom Holocaust-Mahnmal entfernt, also auch am Rande des Regierungsviertels.

Streit gab es im Jahr 2003 noch einmal um die Inschrift an der Gedenkstätte. Ein Zitat des damaligen Bundespräsidenten Roman Herzog: »Der Völkermord an den Sinti und Roma ist aus dem gleichen Motiv des Rassenwahns, mit dem gleichen Vorsatz und dem gleichen Willen zur planmäßigen und endgültigen Vernichtung durchgeführt worden wie der an den Juden. Sie wurden im gesamten Einflussbereich der Nationalsozialisten systematisch und familienweise vom Kleinkind bis zum Greis ermordet«, wurde als ungeeignet kritisiert, doch Vorschläge für alternative Inschriften, welche etwa die Kulturstaatsministerin Christine Weiss im Herbst 2003 vorlegte, lehnte der Zentralrat der Sinti und Roma kategorisch ab. Dieser Streit demonstriert zweierlei: *Erstens* zeigt der namentliche Bezug auf die Juden, dass es bei der Errichtung von Gedenkstätten durch Überlebende und Hinterbliebene nicht zuletzt um Anerkennung geht, wobei an einer vermeintlich privilegierten Gruppe Maß genommen wird. Die erstrebte Gleichstellung hat erhebliche Konsequenzen für das Selbstbewusstsein, die Reputation und für die Behandlung der betreffenden Gruppe, nicht zuletzt auch in finanzieller Hinsicht, denn Sinti und Roma fühlen sich auch bei der Zuweisung von Entschädigungen als Opfer zweiter Klasse. Eine solche Interessenvertretung führt *zweitens* regelmäßig zu internen Konflikten und Abspaltungen innerhalb der Interessengruppe, in diesem Fall in Gestalt der Sinti Allianz Deutschland mit Sitz in Köln.

Der Fall zeigt exemplarisch, in welche Aporien die These von der Singularität (Einzigartigkeit) führte. Formuliert war sie als Gegenstück zu einer nivellierenden Sicht auf »alle Opfer«, die in den 1980er Jahren keine Unterschiede zwischen Deutschen und ihren Opfern machte, in Verwendung (geschichts-) wissenschaftlichen Wissens über die Besonderheit dieses mit bürokratisch-industriellen Methoden durchgeführten Völkermordes und im Vergleich zu früheren und späteren, darunter gegen Juden gerichteten Mordaktionen und Pogromen. Die These von der Einzigartigkeit des Mordes an den Juden richtete sich auch gegen eine Sichtweise, die ethnische Säuberungen und »Bevölkerungspolitik« als ubiquitäre Strategie aller möglichen, darunter demokratischer Herrschaftsregime ansah. Werden in diesem Licht tatsächlich alle Opfer gleich und wesentliche Unterschiede verwischt, unterscheidet das Berliner Mahnmal Opfer erster und zweiter Ordnung und wiederholt, sicher unbeabsichtigt, das divide und impera der Verwalter und

Aufseher in Konzentrationslagern, die Opfergruppen gegeneinander ausspielten. Im Bezug auf die Opfer können Unterschiede, die analytisch relevant sind, nicht aufrechterhalten werden; auch kann ihre Hervorhebung den Blick auf die Totalität des Vernichtungswillens der Nationalsozialisten verstellen (Reinhart Koselleck, *FAZ* 3. 3. 1999). Zu erwähnen ist, dass auch die Gedenkstätte in Auschwitz seit 2001 eine ständige Ausstellung enthält, die der dort vernichteten Zigeuner gedenkt und den Anspruch erhebt, dies nicht nur in der deutschen, sondern auch in der europäischen Erinnerung zu verankern.

Im Vergleich dazu hatte die Mahnmal-Idee in Deutschland höchst provinzielle und ethnozentrische Züge. Zur Kopfgeburt der Opferhierarchie kam noch die geschmacklose Begründung, »eine 1000jährige Kultur (sei) aus dem Herzen Europas« gerissen worden und das Verbrechen habe einen »enormen Verlust und Leere« hinterlassen. Dieser Opferidentifikation hat Henryk M. Broder die passende Antwort gegeben: »Was haben wir uns angetan, dass wir die Juden umgebracht haben.«[20] Geschichtspolitik blieb bis weit in die 1990er Jahre hinein, eine westdeutsche Veranstaltung, geprägt von den Vorlieben und Obsessionen der Meinungsführer und Vordenker der »alten Bundesrepublik«. Doch unaufhaltsam drängte nun eine »zweite Vergangenheit«, die SED-Diktatur und der verordnete Antifaschismus, auf die Tagesordnung, und dabei wurde noch eine andere Hierarchie der Opfer reklamiert und diskutiert.

4. Doppelte Vergangenheit und geteilte Erinnerung?

Ungehörige Vergleiche?

Die Geschichtspolitik beider deutscher Staaten war auf die Verbrechen des Nationalsozialismus fixiert, womit auch in der alten Bundesrepublik (und trotz ihrer primär *antikommunistischen* Be-Gründung) die Staatsverbrechen der DDR und die

Verfolgung der dortigen Opposition mehr und mehr in den Hintergrund traten. Bis heute werden Verbrechen der SED-Diktatur an der NS-Diktatur gemessen und in der Summe (mit guten Gründen!) für geringer befunden, doch zum Missfallen derjenigen, die der Staats- und Regierungskriminalität der DDR zum Opfer gefallen sind und ihr Leid durch abstrakte Diktatur-Vergleiche herabgesetzt sehen. Der Imperativ der friedlichen Koexistenz zwischen den Staaten und Systemen und die rituelle Daueranklage der »faschistischen Verbrechen« durch die DDR-Führung wurden als eine Variante des kollektiven Beschweigens wahrgenommen; nach 1990 konnte sich ein aufgestautes Bedürfnis nach Anerkennung und Bearbeitung der beschwiegenen Untaten frei artikulieren.[21]

An Orten wie der Gedenkstätte Buchenwald führte dies zu einer höchst misslichen Opferkonkurrenz. Die Nationalsozialisten seien lange tot, frisch hingegen die Wunden, die das SED-Regime und seine allgegenwärtige Geheimpolizei Stasi geschlagen haben – dieser oft zu hörende Vorwurf klang wie ein fernes Echo auf die frühe Bundesrepublik, als man argumentiert hatte, die braune Diktatur sei überwunden, nicht aber das »Pankow-Regime«. Solche Vergleiche verboten sich scheinbar, vor allem nach der Provokation Ernst Noltes, der den Bolschewismus zum Hauptübel des revolutionären Zeitalters erklärt hatte; sie sind gleichwohl unumgänglich, denn nur Vergleichen erlaubt eine präzise Charakterisierung und angemessene Differenzierung der beiden Diktaturtypen und verhindert falsche Gleichsetzungen ebenso wie wechselseitige Relativierungen. Das war nun möglich, da die bestimmende Logik des Ost-West-Konfliktes mitsamt den Leitideologien Antikommunismus und Antifaschismus obsolet war und man »Beifall von der falschen Seite« nicht mehr fürchten musste. Möglich war hingegen ein synoptischer Blick auf das »Jahrhundert der Extreme« (Eric Hobsbawm), und gegen Versuche, zwei Vergangenheiten gegeneinander auszuspielen, setzte sich in der Geschichtswissenschaft wie in der seriösen Publizistik das Bestreben durch, beide jeweils im eigenen Licht zu betrachten.

Bestimmte Abhängigkeiten und Asymmetrien sind allerdings geblieben: Die SED-Vergangenheit wird durch das Prisma der »Aufarbeitung des Nationalsozialismus« gesehen, das heißt: die zweite Vergangenheit im Lichte der ersten bearbeitet. Das erklärt die starke Offizialisierung des Erinnerns und Durcharbeitens, die radikale Publizität und die Schaffung einer eigenen Institution, der Gauck/Birthler-Behörde. Diese als typisch deutsch eingestufte Gründlichkeit und Transparenz sind natürlich Folge der Vertuschungsmanöver in der Frühgeschichte der Bundesrepublik und des ubiquitären Vowurfs, die Vergangenheit »verdrängt« zu haben, und sie kontrastiert stark mit der Aufarbeitung der Vergangenheit in anderen Ländern des sowjetischen Machtbereichs, etwa in Polen mit einer expliziten Politik des Schlussstrichs. Der vergangenheitspolitische Eifer erschwerte politische Rücksichtnahmen, die in anderen Transformationsgesellschaften Lateinamerikas, Süd- und Ostmitteleuropas und speziell in Russland an der Tagesordnung waren und sind.

Die Asymmetrie zeigt sich daran, dass Publikationen über die NS-Zeit weiterhin eine erheblich breitere Medienaufmerksamkeit genießen, während Enthüllungen über westliche Stasi-Mitarbeiter in Parteien, Verbänden und Medien hingegen kaum die erwartete Skandalwirkung entfalten und auch die Selbstaufklärung über die Tätigkeit des Ministeriums für Staatssicherheit (MfS) und anderer Repressionsorgane des SED-Regimes nur noch mäßiges Interesse erregen. Das gilt trotz (oder wegen?) der 1992 eingesetzten Enquete-Kommission des Deutschen Bundestages zur »Aufarbeitung von Geschichte und Folgen der SED-Diktatur in Deutschland«, die nach dem Ausbleiben schlagzeilenträchtiger Enthüllungen ein eher spezialistisches und akademisches Publikum fand. Dabei ist die Einrichtung des speziellen, der Aufarbeitung gewidmeten Institution im internationalen Vergleich geradezu spektakulär, nachdem zunächst die Idee lanciert worden war, nach dem Muster der »Runden Tische« Tribunale mit moralischer und kathartischer Aufgabe einzusetzen. Die Enquete-Kommission, ein Organ des

Deutschen Bundestages und doch vom täglichen Parteienstreit enthoben, sollte nach den Worten ihres Initiators Markus Meckel bei den Ostdeutschen »einem Hang zum Verdrängen und Wegwischen wehren und das Vertrauen in Rechtstaatlichkeit und Demokratie« stärken. Parallel dazu hob die justitielle Aufarbeitung der Regierungs- und Staatskriminalität der untergegangenen DDR an, auf der Grundlage des so genannten Stasi-Unterlagengesetzes, das Akten des MfS der Öffentlichkeit breit zugänglich machte und die minutiöse Rekonstruktion von Verfolgungen wie Verstrickungen erlaubte. In den frühen 1990er Jahren begannen die (wenigen) Prozesse gegen Angehörige des SED-Politbüros, vor allem wegen des Schießbefehls und der staatlichen Morde an der Staatsgrenze der DDR, auch wurden zwei so genannte SED-Unrechtsbereinigungsgesetze erlassen. Auf Grund des Rückwirkungsverbots fiel die Strafverfolgung und Strafzumessung in den Augen betroffener Bürgerrechtler enttäuschend aus – »wir wollten Gerechtigkeit und bekamen den Rechtsstaat«, lautete ein bekannter Kommentar von Bärbel Bohley zur Frustration der früheren DDR-Opposition.

Die Brisanz der vergangenheitspolitischen Parallelaktion während der 1990er Jahre bestand nicht allein in der Zurückhaltung der Strafgerichtsbarkeit. In Ostdeutschland, den »neuen Ländern«, mobilisierte eine postkommunistische, aus der SED (samt ihrem Vermögen) hervorgegangene »Partei des demokratischen Sozialismus« (PDS) Widerstand gegen die pauschale Charakterisierung der DDR als »Unrechtsstaat«, auch schürte sie Aversionen gegen die vermeintliche »Kolonisierung« der DDR durch westdeutsche Interessen und Fremdheitsgefühle gegenüber »Wessis«, was wiederum in eine retrospektive Idealisierung der DDR und eine Herunterspielung ihrer Staatsverbrechen mündete. Im Hintergrund stand ein offiziell tabuisiertes Unrecht, das die sowjetische Besatzungsmacht in der SBZ und DDR verübt hatte. Dies führte im Verlauf des Jahrzehnts zum nachträglichen Widerstand gegen die Nicht-Antastung der Bodenreform und der Enteignungen zwischen 1945 und

1949 im Zwei-plus-vier-Abkommen und im Einigungsvertrag und löste Restitutionsforderungen aus. Auch wenn man die DDR, mit Ausnahme der ersten Jahre, nicht als originär stalinistisch charakterisieren kann, blieb diese totalitäre Praxis im Hintergrund und floss kaum in die Bewertung des DDR-Regimes ein. Zu verweisen ist auf die in Deutschland nur am Rande geführte Debatte um das in Frankreich erschienene »Schwarzbuch Kommunismus«[22] und die unabgeschlossene Aufarbeitung des deutschen Stalinismus von den 1920er Jahren bis zur frühen SED.

Man sieht, welche Fragen und Probleme Ostdeutsche vornehmlich umtrieben, während man im Westen über die Modalitäten der kollektiven Erinnerung an den Nationalsozialismus und ein mehr oder weniger großes Mahnmal stritt. Die erwähnte Enquete-Kommission, der in der Legislaturperiode 1994-1998 eine weitere zur »Überwindung der Folgen der SED-Diktatur im Prozess der deutschen Einheit« folgte, legte umfassendes Material aus der Quelle von Politikern und Bürgerrechtlern, Wissenschaftlern und Zeitzeugen vor, das – in Dutzende von Bänden und Zigtausende von Seiten gegossen – sicher auch kein Mahnmal ergab, wohl aber eine imposante Reflexion der vielschichtigen Aspekte der SED-Diktatur darstellt. Dieses kollektive Wissen verblieb jedoch im Kreis der Experten und Insider, Leidenschaft erzeugte einzig die Frage, wie man (auch im Westen) mit Kadern und informellen Mitarbeitern (auch aus dem Westen) in diversen Funktionsbereichen umgehen sollte – im Stil einer konsequenten Säuberung oder im Sinne einer »kalten Amnestie«? Eine gewisse Aufmerksamkeit erhielt eine Zeit lang die rückwirkende Kritik der auf die kommunistischen Regierungen fixierten Ost- und Deutschlandpolitik der SPD(-Regierungen), die zu den Oppositionen in Ostmitteleuropa kein Verhältnis gewannen, ferner die stillschweigende Übernahme von Angehörigen der DDR-Blockparteien (»Blockflöten«) in die bürgerlichen Parteien und in die politische Elite des vereinten Deutschland.

Die damit verbundenen Diskussionen zeigen die vergangenheitspolitische Atmosphäre in den (frühen) 1990er Jahren: Die Bekräftigung der politischen Identität des vereinten Deutschland in der prägenden Erfahrung des Holocaust, noch getragen von der Unterstellung, diesbezüglich sei nicht genug getan worden, erfolgte vor dem Hintergrund einer SED-Vergangenheit, die man keinesfalls als sekundäres Spezial- oder Regionalproblem abtun konnte und deren Analogien mit der NS-Vergangenheit (bei aller Unterschiedlichkeit der Regimetypen und Diktaturerfahrungen) nicht zu unübersehen waren. Und bei der Bewertung dieser zweiten Vergangenheit und ihrer justitiellen, politischen und nicht zuletzt moralischen Bearbeitung ging es den ostdeutschen Akteuren stets auch um die Anerkennung ihrer speziellen Erfahrungen und damit um die politisch-soziale Integration von Ost und West.

Das Beispiel Buchenwald

Ein exemplarischer Konflikt entzündete sich nicht zufällig dort, wo sich beide Diktaturen am nächsten gekommen waren und Kontinuität sozusagen mit Händen greifbar wurde. Im Konzentrationslager Buchenwald und an anderen Orten der NS-Verfolgung hatte die sowjetische Besatzungsmacht 1945 bis 1949 so genannte »Speziallager« eingerichtet, zur Internierung von NS-Tätern, aber auch zur Verfolgung der politischen Opposition. Zigtausende waren dabei in das Räderwerk einer brutalen Entnazifizierung geraten, Tausende waren in den Lagern unter elenden Bedingungen verstorben, und es gab sogar Fälle, wo NS-Verfolgte durch die Sowjetmacht erneut verfolgt wurden und sich dann im gleichen Lager wieder fanden. Eine ausdrückliche Rehabilitation dieser Willküropfer hatte in der DDR nie stattgefunden. Offiziell wurde der stalinistische Exzess aus der Vor- und Frühgeschichte der DDR verschwiegen, zumal an den Orten der Verfolgung, die als Paradestücke antifaschistischer Geschichtspolitik ausstaffiert wurden. Subkutan wurde dieses »private« Wissen darüber aber tradiert und kam gleich nach der Vereinigung hoch und verlangte nach gehöriger Würdigung. Damit war auch klar, dass die DDR-Gedenkstätten der gründlichen Revision bedurften, und spätestens hier, bei der Abwicklung des DDR-»Nationaldenkmals« und der Notwendigkeit einer gemeinsamen Gedenkstättenpolitik, wird die geschichtspolitische Konvergenz (und Konfrontation) mit dem Berliner Mahnmal sichtbar.

Die Signifikanz der Gedenkstätte Buchenwald für die gesamtdeutsche Erinnerungskultur resultiert aus den drei Bedeutungen des historischen Ortes[23]: 1937 war auf dem Ettersberg bei Weimar das nationalsozialistische Konzentrationslager errichtet worden, in dem bis März 1945 etwa 240 000 Menschen (einschließlich der Außenlager) inhaftiert waren, von denen etwa 56 000 umgebracht wurden. Die Häftlinge kamen aus über 30 verschiedenen Ländern und bildeten eine heterogene, in sich hierarchisierte Häftlingsgesellschaft inklusive »privilegierter« Positionen so genannter Funktionshäftlinge. Im September 1945 wurde auf dem Gelände des ehemaligen Konzentrationslagers, wie in anderen Besatzungszonen auch, ein Internierungslager errichtet, das seitens der sowjetischen Dienststellen die Bezeichnung »Speziallager Nr. 2« erhielt. Hier entstand durch die willkürliche Internierungspraxis wieder eine heterogene Häftlingsgesellschaft, die NS-Funktionäre wie tatsächliche und vermeintliche Gegner der sowjetischen Neuordnungspolitik umfasste. Im Februar 1950 wurde das Speziallager aufgelöst. Insgesamt waren dort nach offiziellen Angaben etwa 28 500 Menschen interniert, von denen über 7000 auf Grund der katastrophalen Haftbedingungen verstarben.

Die dritte Bedeutungsebene (man könnte auch sagen: die »dritte Vergangenheit«) ergibt sich daraus, dass Gräber der dort umgekommenen Personen ungekennzeichnet blieben und die Existenz von Speziallagern in der DDR generell nicht öffentlich thematisiert wurde, ganz anders als die Erinnerung an die Toten und Überlebenden des nationalsozialistischen Lagers. Nach der Übergabe des Lagergeländes an die Behörden der DDR Mitte 1951 wurde eine Gedenkstätte geschaffen, die auf Initiative ehemaliger kommunistischer Häftlinge zur nationalen Aufgabe erklärt wurde. Die Gestaltung der Gedenkstätte begann 1952 mit der Reduzierung der baulichen Relikte: Vom vollständig erhaltenen Lagerkomplex blieben vor allem der inzwischen ikonische Eingangsbereich mit Lagertor und Wachtürmen sowie das Krematorium und die Effektenkammer erhalten. Die eigentliche historische Sinnstiftung wurde durch die Errichtung einer monumentalen Mahnmalsanlage an der Südseite des Ettersbergs erreicht, die als Nationaldenkmal der DDR konzipiert war (Knigge/Pietsch/Seidel 1997). Es erfolgte eine Homogenisierung und Heroisierung der Opfer. Im Mittelpunkt der Erinnerung standen der kommunistische Widerstand und seine Bedeutung als Vermächtnis für die sozialistische DDR. Diese Funktionalisierung des Gedenkens manifestierte sich bereits kurz nach der Befreiung des Lagers im so genannten »Schwur von Buchenwald« als Verpflichtung für die Gestaltung der Zukunft.[24] Insgesamt wurde durch die im September 1958 eingeweihte »Nationale Mahn- und Gedenkstätte Buchenwald« (NMG Buchenwald) ein Geschichtsbild vermittelt, das der politisch-moralischen Legitimation der DDR aus dem Geist des Antifaschismus diente.

Vor diesem Hintergrund fungiert »Buchenwald« heute als Symbol einer dreifachen deutschen Zeitgeschichte: Die Kontinuität des Lagerortes provoziert geradezu die Auseinandersetzung mit Nationalsozialismus und Stalinismus und daran anschließend mit der Funktionalisierung einer »verstaatlichten Erinnerung« (Danyel) in der DDR-Diktatur. Die Diskussion um inhaltliche Veränderungen in der NMG Buchenwald beginnt mit der »Wende« im Herbst 1989, ihren eigentlichen Impuls erhält sie jedoch durch die Publizierung der bis dahin in der Gedenkstätte nicht thematisierten und in der DDR insgesamt tabuisierten Vergangenheit des historischen Ortes als sowjetisches Internierungslager in der Lokalpresse. Den Mitarbeitern der NMG wird dabei eine Mitschuld am »verordneten Schweigen« vorgeworfen und die Forderung nach Darstellung dieser historischen Dimension sowie der Errichtung eines Denkmals für die in Massengräbern verscharrten Opfer erhoben. Auch konstituiert sich mit der Initiative »Buchenwald 1945-1950« ein Verein zur Wahrnehmung der Interessen von Insassen des Speziallagers und Angehörigen von Opfern. Gleichzeitig erhält im Zuge der administrativen Neuordnung der politischen Kompetenzen im Rahmen der staatlichen Vereinigung der beiden deutschen Staaten das Bundesland Thüringen die Zuständigkeit für die NMG und damit die Gelegenheit zur Neubesetzung der Direktorenstelle.

Die daran sichtbare föderale Verschiebung der Verantwortlichkeit, verbunden mit der Möglichkeit personeller Veränderungen, beeinträchtigte in den Augen der organisierten Vertreter der Opfer des Konzentrationslagers ihre Erinnerungsinteressen, denn bislang war das Gedenken an die (kommunistischen) Opfer des Konzentrationslagers sowohl als national bedeutsam ausgewiesen als auch durch die besondere Berücksichtigung ihrer Interessen in kooperativ-korporatistischen Beziehungen gewährleistet. Deshalb erhob das für diese Belange zuständige »Internationale Komitee Buchenwald / Dora und Kommandos« (IKBD) im Oktober 1990 die Forderung, »dieses Memorial gegen jeden Veränderung zu schützen, die seine Bedeutung schmälern oder verdecken könnte« und, »dass die Frauen und Männer, die über Jahre und Jahrzehnte Millionen von Besuchern aus aller Welt die Botschaft vermittelten, die unser Schwur beinhaltet, ihre verdienstvolle Tätigkeit weiter (…) ausüben können«[25].

Der Akzent verschob sich vordergründig von der Frage der adäquaten Repräsentation der Vergangenheit zur Personalpolitik. Während das IKBD die personelle Kontinuität als Voraussetzung für die Gewährleistung historischer Authentizität verstand, galt vor allem für Vertreter der lokalen politischen Öffentlichkeit das Gegenteil: Eine adäquate Aufarbeitung der Vergangenheit des Lagers von 1945 bis 1950 durch Personen, die an der bisherigen historiografisch mangelhaften Darstellung beteiligt waren, war ihnen unerträglich. Zwei völlig verschiedene Milieus prallten hier aufeinander, mit polemischer Wucht ging der Kalte Krieg weiter. Die Auseinandersetzung kulminierte im Frühjahr 1991 durch die kurzzeitige Berufung eines ehemaligen DKP-Mitglieds zum Direktor der Gedenkstätte, man witterte eine Seilschaft aus ehemaligen Mitgliedern der SED, die den institutionellen Wandel blockiere. Es hatte sich somit in der öffentlichen Debatte eine Konfliktkonstellation ausgebildet, die zunächst durch die Erinnerungskonkurrenz zwischen zwei organisierten Opfergruppen geprägt war. Ihre Forderungen an die politisch Verantwortlichen, nämlich einerseits die Erhaltung des status quo und andererseits eine umfassende inhaltliche Umorientierung, schlossen sich wechselseitig aus. Gleichzeitig wurde diese Frage mit dem Problem moralischer Integrität der Gedenkstättenmitarbeiter verknüpft; die Glaubwürdigkeit von inhaltlichen Veränderungen könne nur durch neues Personal gewährleistet werden, was sich wiederum mit der Forderung nach personeller Kontinuität stieß. Das zuständige Thüringer Ministerium für Wissenschaft und Kunst versuchte diesen Konflikt durch die Entkopplung der inhaltlichen von den personalpolitischen Entscheidungen zu lösen, indem es parallel zur Neubesetzung der Direktorenstelle eine Kommission berief, die über die grundlegenden konzeptionellen Entscheidungen unabhängig befinden sollte.

Mit wissenschaftlicher Expertise sollten jetzt konkurrierende Gestaltungsansprüche geklärt werden, der moralische Anspruch von Betroffenen wurde dabei durch die Anhörung ihrer Argumente anerkannt. Die Rolle der Mitarbeiter wurde auf die eigenverantwortliche Ausführung der getroffenen Grundsatzentscheidung reduziert. Diese prozedurale Differenzierung versprach zwar keinen Konsens zwischen allen Beteiligten, steigerte aber die Aussicht auf die Anerkennung entsprechender Entscheidungen. Als kompetent für die Erarbeitung einer entsprechenden Konzeption wurden Personen erachtet, die mehrheitlich als Experten für die Zeit des Nationalsozialismus angesehen werden konnten, wobei Vertreter der ehemaligen DDR-Geschichtswissenschaft ausgeschlossen blieben. Dadurch wurden indirekt die Interessen der verschiedenen Akteure berücksichtigt: das Fachgebiet der Historiker kam den Vorstellungen der Opfer des Konzentrationslagers entgegen, deren Herkunft den Vorstellungen der Opfer des Speziallagers sowie der lokalen politischen Öffentlichkeit. Ein weiterer Faktor für die Auswahlentscheidung war der politische Proporz, zum Beispiel durch Zurechnung zu einem politischen Lager oder einem wissenschaftlichen Deutungsmuster, darüber hinaus spielten Faktoren wie Prominenz, Prestige und Reputation eine Rolle. Diese Selektionskriterien nahmen keinen bestimmten Ausgang der Beratungen vorweg, ihre Leistung bestand vielmehr in einem Legitimationsgewinn bezüglich der zu treffenden Entscheidung – genau wie beim Holocaust-Mahnmal.

Am 15. September 1991 gab die Kommission unter dem Vorsitz von Eberhard Jäckel, dessen prominente Rolle in Sachen Holocaust-Mahnmal wir schon herausgestrichen haben, ihre Grundsatzentscheidung zur räumlichen Trennung der Erinnerungssphären für die beiden Lager bekannt und empfahl, den Schwerpunkt auf das Konzentrationslager zu legen. Dabei sollte zunächst die mangelhafte und einseitige Ausstellung über das KZ neu konzipiert und dann eine entsprechende Darstellung für das Speziallager erarbeitet werden. Außerdem sprach sie sich dafür aus, die Geschichte der Gedenkstätte von 1950 bis 1990 in einer Ausstellung zu dokumentieren. Damit ergab sich für die Neukonzeption die hierarchisierte Darstellung der in den Beratungen zu den Stichwörtern *Buchenwald I, II* und *III* verkürzten Geschichtsperioden. In einer zweiten Sitzung konkretisierte die Historiker-Kommission ihre Vorstellungen und formulierte als Empfehlung, dass der Raum für eine Gedenkstätte »Speziallager 2« innerhalb des Geländes des Häftlingslagers liegen sollte, um die räumliche Kontinuität zu dokumentieren. Diese Entscheidung wurde vor allem seitens des IKBD kritisiert, das das Lagergelände für die Repräsentation der Erinnerung an die nationalsozialistischen Verbrechen reklamierte. In ihrem Abschlußbericht versuchte die Kommission diesen Einwand durch folgende Empfehlung zu berücksichtigen: Damit der Charakter des Häftlingsbereichs möglichst unverändert bleiben konnte, sollte der Neubau für die Ausstellung über das Speziallager innerhalb des Lagerbereichs, aber verdeckt von anderen Gebäuden errichtet werden. Ferner empfahlen die Experten die Rechtsform einer unabhängigen Stiftung des öffentlichen Rechts, in der die Betroffenen in beratender Funktion vertreten sein sollten. Am 17. September 1992 erhielten die Empfehlungen der Historikerkommission die Zustimmung aller im Thüringer Landtag vertretenen Parteien.

Obgleich mit dieser politischen Entscheidung die institutionelle Transformation der Gedenkstätte administrativ weitgehend abgeschlossen war, gingen die inhaltlichen Kontroversen um die Einrichtung weiter. Gleichzeitig bestand jedoch insbesondere für die Ausstellung über das KZ Handlungsbedarf, da mit dem 50. Jahrestag der Befreiung im April 1995 bereits ein symbolisch bedeutsames Datum feststand, bis zu dem die Veränderungen abgeschlossen sein mussten. Im Zuge der Revision der aus der DDR stammenden Ausstellung kumulierte der Konflikt in der Auseinandersetzung um die Rolle der kommunistischen Funktionshäftlinge, die durch Aktenfunde im Archiv der SED befördert wurde. Konfliktpunkte waren vor allem Art und Ausmaß der Kollaboration der so genannten Kapos mit der Lager-SS und die mögliche Kontinuität von der Konspiration der kommunistischen Parteileitung im Konzentrationslager Buchenwald bis in den späteren Überwachungsapparat des SED-Staates. Die Berücksichtigung entsprechender Befunde blieb umstritten, führte aber zur Demission eines zwischenzeitlich amtierenden Direktors der Gedenkstätte, der als Grund die Behinderung durch Mitarbeiter, die der SED angehört haben, angab.

Die damit erneut aufflammende Personaldiskussion griff über auf die Anfang April 1994 konstituierte »Stiftung Gedenkstätten Buchenwald und Mittelbau-Dora«.[26] Deren Stiftungsrat war von den Vertretern des die Arbeit der Gedenkstätte finanzierenden politisch-administrativen Systems dominiert, die fachliche Arbeit wurde von einem Kuratorium angeleitet, in dem vor allem Historiker (auch aus der Expertenkommission) vertreten waren.[27] Diesem waren wiederum drei Beiräte mit den betreffenden Vertretern ehemaliger Häftlinge zugeordnet – ein Häftlingsbeirat für Buchenwald, einer für Mittelbau-Dora sowie einer für das Speziallager. Während diese im Juli eingerichtet wurden und der Kulturwissenschaftler Volkhard Knigge zum neuen Direktor von Gedenkstätte und Stiftung ernannt wurde, musste das einzige ostdeutsche Kuratoriumsmitglied wegen der Tätigkeit für die Staatssicherheit zurücktreten. Auch aus Sicht der ehemaligen Häftlinge des Speziallagers blieb die Zusammensetzung des Gremiums umstritten, denn sie forderten dessen Erweiterung um Historiker, die zu »Sowjetkommunismus und Stalinismus« arbeiten. Diese Forderung nach repräsentativer Besetzung respektive der Einbeziehung ›kritischer Experten‹ kann als typisch für die politische Auseinandersetzung um Verfahrensgerechtigkeit verstanden werden (vgl. Bora/Epp 2000, S. 17).[28]

Nach der Eröffnung der neuen Dauerausstellung zur Geschichte des KZ anlässlich des 50. Jahrestages der Befreiung im April 1995 rückte der konkrete Erinnerungsort für das Speziallager in den Mittelpunkt. Der Bau des Ausstellungsgebäudes wurde im Oktober ohne Anhörung des betreffenden Häftlingsbeirates gestoppt. Mit der Zurückweisung des Anspruchs auf eine spezifische Erinnerungsarchitektur sahen die Vertreter der Speziallager-Häftlinge ihren Status als Opfer diskreditiert. Die Begründung dieser Entscheidung, die Involvierung von Internierten in das nationalsozialistische Herrschaftssystem, blieb umstritten.[29] Daraus resultierte der Versuch, die Entscheidung durch ein bundespolitisches Beratungsgremium zu beeinflussen, nämlich die Enquete-Kommission zur »Überwindung der Folgen der SED-Diktatur im Prozess der deutschen Einheit«, der unter anderem die Entwicklung von »gesamtdeutschen Formen der Erinnerung an die beiden deutschen Diktaturen und ihre Opfer« aufgegeben war. Diese thematische Ausrichtung eröffnete eine Gelegenheit zur (Wieder-) Einführung von Nationalsozialismus und Stalinismus »entdifferenzierenden« Gestaltungskonzepten, aber die Konzeption der Gedenkstätte Buchenwald konnte mit Verweis auf die allgemein anerkannte

Legitimität des Verfahrens bei der Grundsatzentscheidung ihre Geltung behaupten. So wurde am 25. Mai 1997 eine Dauerausstellung zur Geschichte des Speziallagers in einem »Funktionsbau« eröffnet, der ohne geschichtsinterpretierende Gestaltungselemente auskommt.

Das letzte wesentliche Element der Umgestaltung der Gedenkstätte war am 24. Oktober 1999 die Eröffnung der Dauerausstellung zur Geschichte der Gedenkstätte seit 1945. Das rief wiederum den Protest der Opfer des Konzentrationslagers hervor, die in der Darstellung der Instrumentalisierung des Gedenkens ihrerseits eine Indienstnahme des historischen Ortes zur »Delegitimierung der DDR« erblickten. Was an der DDR »legitim« gewesen sein soll, darum geht die geschichtspolitische Kontroverse weiter. Aber man kann die aufgezeigte Entwicklung durchaus als erwünschtes Ergebnis des gewählten institutionellen Arrangements verstehen: Wenn die zu repräsentierenden historischen Erfahrungen zu disparat sind und sich die Gegensätze nicht diskursiv auflösen lassen, übertragen Experten den für die administrative Entscheidungsfindung vorgesehenen Deliberationsprozess in die Konzeption der Gedenkstätte selbst. Der aus der Konkurrenz von partikularen Erinnerungsansprüchen resultierende Konflikt wird dadurch zwar nicht gelöst, aber doch reguliert. Die symbolische Bedeutung des historischen Ortes erschließt sich nun in der Reflexion über die unterschiedlichen Bedeutungen, auf die die dort vergegenständlichten Erinnerungen verweisen.

Kein Denkmal für die Opfer des Stalinismus?

Bei der Beurteilung der zwei deutschen Vergangenheiten entscheiden letztlich Fragen der Anerkennung, der Deutungskompetenz und der Berechtigung, wer über vergangenes Unrecht moralisch und rechtlich urteilen darf; es geht also um die Austarierung des weiterhin prekären Verhältnisses zwischen Ost- und Westdeutschen und, in der Konsequenz, um die Stabilität der Demokratie im vereinten Deutschland. Auch wem Vereinigungsprobleme, bildlich gesprochen: das Ausbleiben der blühenden Landschaften, überwiegend zugerechnet werden: dem SED-Unrecht oder der Misswirtschaft des vereinten Deutschland, dürfte im ersten Jahrzehnt des 21. Jahrhunderts keine bloß akademische Frage sein. Man sieht nun genauer, was die Gegenwärtigkeit der beiden Vergangenheiten mit dem Holocaust-Mahnmal zu tun hat: Symbolisch bestätigt es die Präferenz, die die Bewältigung des Nationalsozialismus im kollektiven Gedächtnis hat bzw. haben soll, und ganz praktisch fragt sich, wie Bund und Länder die Gedenkstättenpolitik, die Erinnerung an Nationalsozialismus und SED-Regime, konzeptionell, personell und nicht zuletzt finanziell zuschneiden wollen. Nach dem Erkenntnisgewinn im vergangenen Jahrzehnt würde man das Bemühen für selbstverständlich erachten, den jeweiligen Vergangenheiten gerecht zu werden und Überschneidungen nicht zu verschweigen, wo sie gegeben waren, nicht aber »rote« und »braune Diktatur« in einer oberflächlichen Totalitarismustheorie zu verrühren oder in einem »antitotalitären Konsens« gleichzusetzen.

Offenbar trügt diese Hoffnung aber, nimmt man die Einwände des Zentralrates der Juden in Deutschland und namentlich von Salomon Korn, die sie zu Recht gegen das Sächsische Gedenkstättengesetz wie gegen das Gedenkstättenkonzept der Union im Deutschen Bundestag aus 2003 bzw. 2004 vorgetragen haben. Um noch einmal vorzugreifen: Zehn Jahre nach der »Enquete« zeigt sich in Zeiten knapper Kassen, dass der Anerkennungskonflikt keineswegs gelöst ist und dieses Versäumnis eine Aufrechnung hervor getrieben hat. Die sächsische Unionsregierung lief mit der summarischen Gleichstellung der »doppelten Vergangenheit« in ihrem Entwurf Gefahr, dass »fundamentale Unterschiede zwischen den Verbrechen der Nationalsozialisten mit europäischer Dimension und denen der Willkürherrschaft des Kommunismus in Ostdeutschland mit nationaler Dimension« (Korn, SZ 22. 1. 2004) eingeebnet werden.

Die CDU verteidigte sich damit, es gebe in Sachsen nun einmal mehr »rote« als »braune« Erinnerungsorte und dafür müsse genügend Geld verfügbar sein. Sie berief sich, wie der vom Bürgerrechtler Günter Nooke eingebrachte Bundestagsantrag belegt, auf die Zustimmung von Ostdeutschen, die genau die von Korn vorgenommene Gewichtung – europäisch/national, oder schärfer: eine Abstufung des SED-Unrechts zu einem regional-ostdeutschen Problem – als Skandal empfinden und verlangen, Gedenkstätten wie die Stasi-Quartiere in Berlin-Hohnschönhausen und in der Normannenstraße, im Zuchthaus Bautzen oder an der Berliner Mauer in Status und Ausstattung aufzuwerten. Dass dies auf Kosten von anderen, also vor allem NS-Gedenkstätten gehen würde, gilt als ungewollter Nebeneffekt, wird aber in Kauf genommen. Falsche Zungenschläge in den mündlichen Erläuterungen der Antragsteller und bloß rhetorische Zugeständnisse an die »Einzigartigkeit« des Holocaust lassen den Verdacht bestehen, dass es manchen am Ende doch um einen geschichtspolitischen Paradigmenwechsel gehen könnte.

Dieser wird umso wahrscheinlicher, je stärker sich auch Geschichtspolitik, bisher eine nationalstaatliche Domäne, europäisiert und transnationalisiert. Faschismus und Holocaust hatten genau wie der Stalinismus eine die Grenzen Deutschlands oder der Sowjetunion überschreitende Dimension, und das betrifft die Opfer der imperialen Expansion der Sowjetunion genau wie die Täterschaft von Kollaborateuren mit dem NS-Regime. Mit der Erweiterung der EU tritt nun stärker ins Bewusstsein, was auch ostdeutsche Bürgerrechtler anmahnen, ohne in Ost- und Westdeutschland auf große Resonanz zu stoßen: Das »neue Europa« (vom Baltikum bis in den Balkan) hatte gewiss am schwersten unter der nationalsozialistischen Eroberungs- und Vernichtungspolitik zu leiden, die jenseits der »Entjudung« ein gigantisches Projekt der Deportation und Vernichtung slawischer Völker war. Aber, wie die frühere lettische Außenministerin und heutige EU-Kommissarin Sandra Kalniete bei der Eröffnung der Leipziger Buchmesse 2004 ins Gedächtnis rief, ging für Ostmitteleuropa der NS-Terror nahtlos über in den Besatzungsterror der stalinistischen Sowjetunion und ihrer volksdemokratischen Regime. Die Ministerin warnte davor, die Fixierung auf den Nationalsozialismus könne blind machen gegenüber den Schrecken des Sowjetkommunismus, die man gerade im Baltikum nie anders als eng verbündete Komplizen gesehen hat.

Bringen die »Neueuropäer« damit eine Leidens-Erinnerung ein, die man aufnehmen und respektieren muss, oder wird damit die Herausgehobenheit des Holocaust bestritten, eventuell in apologetischer und revisionistischer Absicht? So verstand offenbar Salomon Korn den Redebeitrag Kalnietes, denn er verließ den Saal mit den Worten »Das höre ich mir nicht an.« (*SZ* 26. 3. 2004) Ein solcher Eklat erinnert an die empörte Reaktion von Ignatz Bubis auf die Paulskirchen-Rede von Martin Walser, wobei auch bei Kalnietes Ausführungen wenige Anwesende Anstoß daran genommen haben, was Korn in einem Zeitungsbeitrag noch einmal deutlich monierte: die undifferenzierte Gleichsetzung von nationalsozialistischen und sowjetkommunistischen Taten. Kalniete hatte sie als »gleichermaßen verbrecherisch« deklariert, während Korn zwischen dem Unrecht trennte, das Juden »willentlich zugefügt« worden war, und einem Unrecht, das »vorrangig durch eigenes Verschulden oder Verschulden des eigenen Volkes« bedingt sei. Das ist auf die deutschen Opfer von Bombenangriffen, Vertreibung und Vergewaltigung gemünzt, aber eben auch auf die baltischen Völker, sofern sie am Judenmord beteiligt waren und sich dazu, nach Meinung westlicher Beobachter, seit 1990 zu wenig geäußert und bekannt haben (Samuel Korn, *Leipziger Volkszeitung* 1. 4. 2004) Als »gleichermaßen verbrecherisch« empfand die Politikerin die Gewaltakte der sowjetischen Machthaber und ihrer Satellitenregime in Ostmitteleuropa, und sie scheute nicht vor dem Begriff »Genozid« zurück, ausdrücklich unterstützt von der lettischen Schriftstellerin Amanda Aizpuriete:

»Unser Volk ist nicht so groß, und wenn beinahe ein Viertel davon deportiert oder ermordet wird, dann kann man das schon Genozid nennen.« (*FAZ* 2. 4. 2004)

Wir können hier keine Exegese der Texte oder gar eine Bewertung historischer Fakten vornehmen, wohl aber wird an diesen Kontroversen in Bezug auf die Mahnmalskonstruktion die zentrale Bedeutung des Theorems von der Singularität des Holocaust deutlich und die Kontextveränderung, die mit der Öffnung des Eisernen Vorhangs eingetreten ist. Für eine europäische Geschichte ist der grassierende osteuropäische Antisemitismus in der Zwischenkriegszeit und die Kollaboration mit den Nationalsozialisten während des Zweiten Weltkrieges ebenso in Rechnung zu stellen wie die sowjetische Okkupation und ihre Begleiterscheinungen, namentlich die daraus abzuleitende Virulenz (ethno-)nationalistischer Reaktionsmuster und die Restauration nationalstaatlicher Identitäten. Geschichtspolitisch bedeutsam ist damit das Verhältnis von Entstalinisierung und Entnazifizierung, und unter der Perspektive des EU-Beitritts ein Skandal, dass faschistische Kollaborateure in Osteuropa immer noch breit und zum Teil sogar offiziell verherrlicht werden.

Um dafür nur ein lettisches Beispiel zu nehmen: Der Prozess gegen Konrad Kalejs, einem an der Ermordung von 30 000 Juden beteiligten Offizier des »Arajs-Kommandos«, fand erst auf Intervention (nicht Brüssels, sondern) Washingtons statt (*FAZ* 3. 4. 2004), und viele lettische SS-Angehörige sind nie zur Rechenschaft gezogen worden. Um noch ein anderes Beispiel zu geben: Die regierungsoffizielle Relativierung des Holocaust durch den rumänischen Staatschef Ion Illiescu (*Haaretz* 25. 7. 2003) verstört umso mehr, da er dem in Rumänien grassierenden Antisemitismus kaum entgegentrat, die Morde an über 400 000 Juden unter der mit Hitler verbündeten Diktatur Ion Antonescus nicht gesühnt worden sind und eben dieser Antonescu in der Öffentlichkeit zum Teil noch heldenartig verehrt wird. Solche Missstände nährten das Misstrauen von Salomon Korn und anderen und lösen die Forderung aus, ostmitteleuropäische Regime und Parteien unter ähnliche Beobachtung zu stellen wie im Jahr 2000 die österreichische Rechtsregierung.

Wir möchten das erste Kapitel abschließen mit eher farcenhaften Imitationen des Holocaust-Mahnmals durch einen privaten Sponsor in Jena. Dahinter verbirgt sich die ernste Frage, ob der deutschen und europäischen Gedenkstättenpolitik die Balance fehlt, ob also die Singularitätsthese im Westen dogmatisch vertreten und/oder ein Inferioritätsgefühl in Ostdeutschland zu fatalen Aufrechnungen und schließlich Revisionsabsichten geführt hat. Überwiegend Gespött erntete die Initiative des aus Jena stammenden und 1960 in die USA emigrierten Unternehmers Heinz Johannsmeier, in seiner alten Heimatstadt ein Denkmal »den Opfern der kommunistischen Diktatur« zu errichten, das er 2001 auch gleich selbst entwarf und für dessen Realisation der Stadtrat sogleich grünes Licht gab. Geplant waren vier gläserne Stelen, auf denen (codiert) die Namen von 400 000 Opfern der SED-Diktatur eingraviert werden sollten; auf eine genaue Bestimmung, wer darunter fällt, verzichtete man in Jena ebenso wie auf eine politische Debatte um die Gestaltung und auf einen Wettbewerb (der 50. Jahrestag des 17. Juni stand an), übrigens in bewusster Absetzung vom Berliner Mahnmal-Marathon. *De gustibus non disputandem*, hieß es allgemein, und der Grundstein wurde gelegt, aber dann hagelte es doch Kritik aus der Gedenkstättenszene, auch am Auftreten des forschen Yankee-Jenensers. Der war 1955 wegen Fluchtversuch, Boykott der DDR und Verstoß gegen das Gesetz zum innerdeutschen Handel in die Zuchthäuser von Waldheim und Torgau gewandert, 1958 in den Westen geflohen und 1960 in die USA emigriert, wo er schließlich als erfolgreicher Unternehmer im Silicon Valley landete.

In Jena wurde dann doch noch (und sehr zum Ärger des Stifters) über die Modalitäten eines Denkmals gestritten und politisch gerungen, bis das Projekt im Mai 2004 platzte. Gibt es die in den Sitzungen des dortigen Stadtrats und in vielen Leserbriefen beklagte Schieflage? Waldheim, Torgau, Bautzen – das sind neben den Speziallagern Namen, die Verbände der Opfer des Stalinismus über eine Asymmetrie des Gedenkens in (Ost-)Deutschland klagen lassen, was bei Vereinigungen der Verfolgten des NS-Regimes den umgekehrten Schluss provoziert. Oder ist eine solche Privatinitiative Ausdruck einer rasanten Inflationierung und Banalisierung der Gedenkkultur in Deutschland, in der man Denkmäler baut, »die schon von Anfang an ohne Gedanken herumstehen, so wie früher Denkmäler dies erst nach fünfzig Jahren taten« (Michael Jeismann, *FAZ* 30. 5. 2003)? Diesen Eindruck gewinnt man angesichts des im Winter 2004 am einstigen Checkpoint Charlie eingerichteten »Stelenwalds«, der an die Mauertoten erinnern soll und ebenfalls einer Privatinitiative entsprungen ist. Saugt das zentrale Holocaust-Mahnmal Aufmerksamkeit, Gelder und Personal von allen dezentralen Gedenkstätten an den »authentischen Orten« ab? Nicht zuletzt von dieser Gerechtigkeitsfrage wird abhängen, ob Ostdeutsche das Holocaust-Mahnmal »annehmen« oder als Veranstaltung begreifen werden, das in der alten Bundesrepublik geplant und von West-Politikern durchgesetzt und errichtet worden ist. [30]

Kapitel II
Projekte und Prozesse

Wir haben bisher die innen- und außenpolitischen Rahmenbedingungen und Kontexte der Mahnmal-Entscheidung dargelegt, die wir nun ausführlicher, in chronologischer Folge und im historischen Präsens nacherzählen möchten. Diese Darstellungsform, die den zum Teil verschlungenen Windungen der Debatte nachgeht und ihre Widersprüche nicht gleich auflöst, ist sicher nichts für »eilige Leser«. Doch liegt der Teufel bekanntlich im Detail, gerade im politischen Prozess von Beratung und Entscheidung. Was manche Bürgerinnen und Bürger nicht so genau wissen wollen, entpuppt sich bei genauerem Hinsehen als durchaus spannender Prozess, der exemplarisch zeigt, wie im vereinten Deutschland die angesprochenen Wert- und Interessenkonflikte politisch klein gearbeitet und befriedet werden.

Wir beginnen unsere Darstellung mit den Anfang 1994 ausgeschriebenen Wettbewerben und möchten kurz zusammenfassen, was bisher geschehen ist: Ab Anfang der 1990er Jahre kristallisieren sich in Berlin die konkreten Rahmenbedingungen für das Projekt »Holocaust-Mahnmal« heraus.[1] So fällt der von den Initiatoren projektierte Standort des ehemaligen Gestapo-Geländes definitiv aus, da die dort zur 750-Jahr-Feier der Stadt 1987 eingerichtete provisorische Dokumentation der Geschichte des historischen Ortes in eine dauerhafte Gedenkstätte überführt werden soll. Nicht zuletzt deshalb spekuliert der Förderkreis für das Denkmal auf einen Standort mit aus seiner Sicht noch höherer Symbolkraft, das brach liegende Gelände um den Führerbunker, in dem Adolf Hitler per Testament bestätigt hat, »dass ich die Juden aus Deutschland und Mitteleuropa ausgerottet habe« (zitiert nach Jäckel 1990).

Die Fixierung auf das ehemalige Regierungsviertel hat die Suche nach einem großen Grundstück zur Folge, das entsprechend hämische Kommentare auf sich zieht und den Dauerschmäh vom »fußballfeldgroßen« Areal auslöst, das offenbar der Größe des Verbrechens entsprechen soll. Die verbindliche Wahl eines Standortes – sein Erwerb, seine Bebauung, seine Verwaltung und die Gewährleistung seiner praktischen Nutzung unter Einschluss aller Aspekte von Sicherheit, Sauberkeit und Verkehrsregelung – ist ein typisches Beispiel für materiale Geschichtspolitik. Dazu gehört die auch in diesem Fall zuschnappende, von Politologen so genannte Politikverflechtungsfalle[2], die sich auch im Fall des Mahnmals auftat, indem der Bund zwar Grundeigentümer war, aber nicht ohne das Land Berlin bauen konnte und sich von daher von Beginn an eine Komplikation ergab, die in zentralistisch regierten Staaten selten ist.

Mancher träumt von den quasi-monarchischen Vollmachten eines französischen Staatspräsidenten, der (wie François Mitterrand) in Paris Symbol- und Repräsentationsbauten nach seinem Gusto und wie aus einem Wurf errichten lassen konnte – und ist dann konfrontiert mit einem Bedenkenträger wie Eberhard Diepgen, der als Regierender Bürgermeister von Berlin den zähesten Widerstand gegen alle Mahnmalsinitiativen leistete, ganz unabhängig von der parteipolitischen Zusammensetzung der jeweiligen Bundesregierung. Die Politikverflechtung erlaubt hingegen parteipolitische Profilierungen, sie macht bundespolitische Entscheidungen schwerfällig und bewirkt ein Demokratiedefizit. Eine »Bundeskulturpolitik« (seitens der Bundesregierung und des Bundestages) gibt es unter diesen Bedingungen kaum, weshalb wiederholt mehr Kompetenzen für den Bund gefordert werden. Doch das berührt einen Nerv der Landespolitik, die Kultur (und Bildung) zu ihrer »ureigenen Sache« erklärt hat und diese energisch verteidigt.

Im Zuge der Hauptstadtplanung signalisieren der Bund und das Land Berlin also ihre Zustimmung zum Mahnmal-Vorhaben sowie die Bereitschaft sich daran auch finanziell zu beteiligen. Der erste Schritt dieser Konfliktkooperation (der sich gleich in die Länge zieht) nach der Bereitstellung eines Grundstücks und allgemeinen Finanzierungszusagen ist die Ausschreibung des Wettbewerbs, das primäre staatliche Handeln im geschichtspolitischen Prozess. Sie bietet eine Legitimation durch ein Verfahren, das rechtlichen Erfordernissen genügt – Aufträge sollen nicht freihändig an »Spezis«, sondern nach objektiven Kriterien vergeben werden – und rechtlichen Regeln unterliegt, die Transparenz und Kontrolle ermöglichen. Jenseits dieser Rahmensetzung bietet der Wettbewerb via Besetzungsverfahren stets eine Möglichkeit, Klientelinteressen nach Parteienproporz zu berücksichtigen.

1. Der erste Wettbewerb

Die Ausschreibung

Mitte April 1994 erscheint in großen deutschen Tages- und Wochenzeitungen eine Anzeige, die den künstlerischen Wettbewerb »Denkmal für die ermordeten Juden Europas« offiziell auslobt. In den umfangreichen Ausschreibungsunterlagen[3] werden Anlass und Ziel der geplanten Denkmalsetzung definiert und die Modalitäten des Wettbewerbverfahrens bekannt gegeben. Die Ausschreibung wendet sich primär an bildende Künstler, die seit mindestens sechs Monaten in der Bundesrepublik tätig sind; die Zusammenarbeit mit Schriftstellern, Historikern, Architekten sowie Stadt- und Landschaftsplanern wird aufgrund der besonderen Bedeutung und Schwierigkeit der Aufgabe angeraten. Zusätzlich werden auf Vorschlag einer Findungskommission, die aus den beiden altgedienten Museumsexperten Hugo Borger und Eberhard Roters sowie dem Berliner Anwalt und Kulturimpressario Peter Raue besteht, zwölf internationale Künstler eingeladen, einen Beitrag einzureichen; sie erhalten dafür ein Bearbeitungshonorar von je 50 000 DM. Insgesamt sollen sechs bis achtzehn Preise à 50 000 DM vergeben werden, bei prämierten Arbeiten wird das Honorar auf das Preisgeld angerechnet. Die Rangfolge bestimmt ein fünfzehnköpfiges Preisgericht, dessen Mitglieder je zu einem Drittel von Bund, Land und dem Förderkreis benannt wurden. Die ausgewählten Personen, darunter Vertreter der Auslober, repräsentieren die Bereiche Kunst, Architektur und Städtebau, Geschichte, (Fach-)Öffentlichkeit sowie Politik und Verwaltung. Obgleich die Jury mit mehreren Professoren und Personen des öffentlichen Lebens wie dem FAZ-Mitherausgeber Frank Schirrmacher prominent besetzt ist, stellt ihre Entscheidung nur eine Beschlussgrundlage dar: »Die Auslober/Bauherrn beabsichtigen, unter Berücksichtigung der Empfehlung des Preisgerichts dem/der erste(n) Preisträger/in die weitere Bearbeitung der Aufgabe zu übertragen, soweit und sobald die dem Wettbewerb zugrunde liegende Aufgabe verwirklicht wird. Voraussetzung ist, dass die Ausführung der ausgewählten Arbeit im Kostenrahmen möglich ist.« Dieser wird auf 15 Millionen DM veranschlagt.

Auf eine nähere Charakterisierung des zu errichtenden Denkmals wird bewusst verzichtet: »Die künstlerische Aufgabenstellung bleibt offen, dabei ist die Möglichkeit der Verbindung von Skulptur mit gebautem Raum gegeben.« Allerdings wissen die Auslober recht genau, welche Gefühle das Denkmal bei den Betrachtern evozieren soll:

»Heutige künstlerische Kraft soll die Hinwendung in Trauer, Erschütterung und Achtung symbiotisch verbinden mit der Besinnung in Scham und Schuld. Erkenntnis soll erwachsen können, auch für künftiges Leben in Frieden, Freiheit, Gleichheit und Toleranz.«

Einen Eindruck davon, wie mindestens ein Jury-Mitglied diese Vorstellungen adäquat verwirklicht sieht, wird den Bewerbern allerdings vermittelt; im Anhang findet sich das Konzept, das der Schweizer Ausstellungsmacher Harry Szeemann, der nun dem Preisgericht angehört, 1991 für den Förderkreis erarbeitet hat.[4] Seine Überlegungen zielen auf einen neuen Denkmaltypus, »den synthetischen, integrierten«, und das heißt hier: eine Kombination von oberirdischer Skulptur, für deren Gestaltung er den Bildhauer Richard Serra vorschlägt, und einer unterirdisch angelegten Gedenkstätte auf dem Grundriss eines Davidsterns. Im Souterrain sollen künstlerisch gestaltete Präsentationen ebenso wie dokumentarische Stationen zu finden sein, die als »Ereignisweg« konzipiert sind – künftigen Mahnmal-Besuchern wird dieser Grundgedanke von 1991 durchaus bekannt vorkommen.

Andere Materialien sollen den Bewerbern zur Orientierung dienen, Ausführungen zum nationalsozialistischen Judenmord und zur Geschichte bzw. städtebaulichen Entwicklung des Wettbewerbsgeländes. Das ist nicht mehr exakt die vom Förderkreis ins Auge gefasste Fläche; das rund 20 000 qm große Grundstück liegt zwar weiterhin in den ehemaligen Ministergärten, nun aber im nördlichen Teil des Geländes. Das Mahnmal wird damit nicht mehr direkt auf den Trümmern der ehemaligen »Neuen Reichskanzlei« errichtet, wo nunmehr die Vertretungen der Bundesländer in der Hauptstadt vorgesehen sind. Der metaphorische Bezug auf den historischen Ort »Reichskanzlei« wird jedoch weiterhin emphatisch betont:

»Nur wenige Meter von Hitlers Amtssitz entfernt, wo die Worte formuliert wurden, die zu den Taten führten, die das Schicksal aller jüdischen Bürger Europas durch Leid, Exil und Tod unumkehrbar veränderten, wird das zentrale deutsche Denkmal für die ermordeten Juden Europas (…) errichtet werden.«

Auch dass das ausgewählte Areal auf dem »Todesstreifen« der Berliner Mauer lag, heben die Auslober als bedeutsam für die topografische Signatur hervor. Das geteilte Deutschland wird als Folge des Holocaust betrachtet: »Dieser Standort symbolisiert deshalb in besonderer Weise das Gedenken der Millionen ermordeten Juden als Verpflichtung aller Deutschen.« Neben dieser historischen Tiefen-Dimension des Grundstücks spielt seine Einbindung in die urbane Zukunft rund um das Wettbewerbsgebiet eine große Rolle. Unter dem Motto: »Eine Stadt im Wandel als Focus für ein Land im Wandel« werden die Anforderungen, die dem Bauwerk durch die Bedeutung Berlins als Bundeshauptstadt erwachsen, charakterisiert. Jenseits dieser pathetischen Vorgaben sind scheinbar banale Aspekte zu beachten wie die Beschaffenheit und Erschließung des Geländes. Auch müssen die Wettbewerbsteilnehmer berücksichtigen, dass sich ein Großteil des angrenzenden Terrains zum Zeitpunkt der Ausschreibung in Umwälzung befindet – Berlin-Mitte ist damals eine riesige Baustelle.

Für den 11. Mai 1994 wird ein Informationskolloquium anberaumt, die Entwürfe sind bis zum 28. Oktober des Jahres einzureichen und werden von einem Team der Berliner Bauverwaltung aus Architekten, Künstlern und Kunsthistorikern gesichtet, bevor die Jury tätig wird. Die Resonanz auf die Ausschreibung ist enorm, so dass das Einführungskolloquium am 11. Mai verlegt werden muss; im Berliner »Haus der Kulturen der Welt« versammeln sich neben den Juroren über 400 Architekten und Künstler, mehr als 1300 Personen haben bislang die Ausschreibungsunterlagen angefordert. Eröffnet wird die Veranstaltung mit einer Rede von Ignatz Bubis und einer Ansprache des Berliner Bausenators Wolfgang Nagel, die sich beide ein echtes Mahnmal wünschen; die Anwesenden versuchen, die Gestaltungspräferenzen der Auslober herauszufinden, auch nach der Kostenkalkulation wird gefragt. Es zeichnet sich ab, dass Bewerber ohne Erfahrungen im professionellen Projektmanagement kaum Chancen haben werden, der Input der Laien aber wird quantitativ erheblich sein und inhaltlich einen Querschnitt geschichtspolitischer Vulgärvorstellungen bieten.

Während der Wettbewerb nun unwiderruflich im Gang ist, werden erste »Geburtsfehler« des Verfahrens öffentlich getadelt, vor allem die durch die Ausschreibung fixierten Vorgaben und die Art der Entscheidungsfindung. So kritisiert der *Tagesspiegel* (2.6.1994) die Zusammensetzung des Preisgerichts: »Weshalb kommen – erstens – kein einziger Preisrichter und lediglich zwei der Stellvertreter aus dem Osten Deutschlands? Zweitens: es gibt zu wenige Kunstsachverständige«. Zu Wort meldet sich auch der an der Münchner Universität der Bundeswehr lehrende und als streitbar bekannte Historiker Michael Wolffsohn »Gegen die Wattierung der Erinnerung durch zentrale Gedenkstätten« (*FAZ* 21.7.1994). Im Land der Täter und Tatorte seien kommemorative Kunstwerke unangebracht, authentische Orte der Erinnerung seien vorzuziehen. Der Journalist Dirk Schümer schreibt »Wider die Inflation der Mahnmäler und Gedenkstätten« (*FAZ* 11.11.1994):

»Dieser Aufbruch zu immer neuen Gedenkstätten birgt die Gefahr der Profanierung des grauenvollen Geschehens, indem sich allzu phantasievolle Künstler dem Holocaust als Erlebnisraum nähern.«

Die Fundamentalkritik erhält Unterstützung sogar aus der von Schümer als Denkmalsindustrie geschmähten Gedenkstättenlobby. Der damalige Direktor der Stiftung Brandenburgische Gedenkstätten, Jürgen Dittberner, erkennt im Holocaust-Mahnmal »Die Flucht vor dem Tatort« (*Tagesspiegel* 3.1.1995) und plädiert eindringlich für den Erhalt der Originalstätten des nationalsozialistischen Terrors, die er im finanziellen Verteilungskampf gegenüber musealen und monumentalen Formen der Vergegenwärtigung bedroht sieht. Genau wie Wolffsohn akzentuiert Dittberner die Aura der historischen Orte in Deutschland, die Inszenierungen nach dem Vorbild etwa des *United States Holocaust Memorial Museum* in Washington überflüssig erscheinen lassen. Diesem Plädoyer für eine an den Orten des historischen Geschehens verwurzelte erinnerungskulturelle Vielfalt schließt sich der Schriftsteller Rafael Seligmann an, auch er spricht sich gegen ein deutsches Holocaust-Memorial aus. Unter der Überschrift »Genug bemitleidet« (*Spiegel* 16.1.1995) kritisiert er vor allem, dass die Zentralisierung der Erinnerung mit der exklusiven Widmung des Denkmals zu tun habe. Diese ist auch innerhalb der jüdischen Gemeinschaft umstritten; in die Liste der kritischen Stellungnahmen jüdischer Intellektueller reiht sich der *Spiegel*-Redakteur Henryk M. Broder ein, der meint, die Fixierung auf die Opfer würde »von den guten Deutschen zu einem guten Zweck« (*Tagesspiegel*

17.1.1995) missbraucht, und statt einer wohlfeilen, angesichts der vergangenen Zeitspanne rein symbolischen Distanzierung vom Nationalsozialismus sei die konkrete Auseinandersetzung mit der noch frischen DDR-Diktatur angezeigt. Vor allem der in Berlin erscheinende *Tagesspiegel* forciert die Debatte mit der Publikation kontroverser Beiträge prominenter Autoren im Rahmen der »Berliner Beiträge«; geschichtspolitische Themen werden demnach nicht nur in der umkämpften Berliner Zeitungslandschaft als auflageträchtig angesehen, wobei die Konjunktur des Themas auch mit dem Kalender zusammenhängen dürfte. 1995 jährt sich das Ende des »Dritten Reiches« zum 50. Male, die politische Öffentlichkeit richtet sich auf die anstehenden Gedenktage ein.

Wir können zunächst konstatieren, dass die Mahnmalsidee große Aufmerksamkeit unter Künstlern und Intellektuellen findet, aber drei grundsätzliche Kritiken auslöst, die wiederum in der international einzigartigen »Debattenkultur« überregionaler Zeitungen Resonanz findet: Aus ästhetischer Perspektive wird die Nicht-Thematisierbarkeit des Holocaust angeführt und das Abgleiten in Kitsch und Krampf befürchtet, geschichtspolitisch warnt man vor der Profanierung und Inflation von Gedenkstätten und zieht »authentische Orte« einem künstlichen Monument vor. Auch wird die Bearbeitung der »zweiten Vergangenheit« als vordringlich betrachtet.

Die Entscheidungsfindung

Derweil sind bis zum 28. Oktober 1994, dem Stichtag des Wettbewerbs, 528 Beiträge eingegangen, nachdem die Ausschreibungsunterlagen über 2600-mal angefordert wurden. Eine formale Vorprüfung der anonymisierten Entwürfe hat stattgefunden, kurze Zusammenfassungen sind erstellt worden. Diese Vorprüfberichte werden den Preisrichtern zu Beginn der konstituierenden Sitzung des Gremiums am 18. Januar 1995 ausgehändigt, verbleiben aber am Tagungsort.[5] Den Vorsitz des Preisgerichts übernimmt nach einstimmiger Wahl der damalige Präsident der Akademie der Künste, Walter Jens. Aufgeteilt in fünf Gruppen beginnt ein Informationsrundgang, der sich mit Unterbrechung bis zum Mittag des folgenden Tages hinzieht. Daran schließt sich ein erster Wertungsdurchgang an, bei dem einzeln abgestimmt und 303 Arbeiten einstimmig ausgeschieden werden.

Für den zweiten Durchgang kommt die Jury überein, dass nun drei Stimmen genügen, damit ein Entwurf im Verfahren verbleibt. Auf dieser Grundlage und einer weiteren Beratung werden wiederum 121 Arbeiten ausgeschieden, es verbleiben 98 Arbeiten, die in einem dritten Durchgang intensiv diskutiert werden. Ab jetzt ist die absolute Mehrheit von acht Stimmen erforderlich. Die Diskussion, in der vor allem grundlegende Gesichtspunkte der Bewertung verhandelt werden, dauert auch am Freitag den 20. Januar noch an. Während das publizierte Protokoll der Beratungen nur den Verlauf der Sitzung skizziert und die Ergebnisse benennt, schildert Lea Rosh in ihren Erinnerungen die bei der Zusammensetzung des Gremiums absehbare Fraktionsbildung am Beispiel eines Entwurfes: »Der Vorschlag war absurd, wurde aber vor allem von Frau Endlich und ihren beiden Mitstreitern Roloff-Momin und Nierhoff befürwortet. Keine Arbeit, für die ich eintrat oder für die Jäckel oder Hans Jochen Vogel plädierten, fand deren Gegenliebe. Und umgekehrt. Ich konnte nicht herausfinden, ob das vorsätzliche Obstruktion war oder wirkliche Überzeugung. Frau Endlich hatte ja gesagt, als Jurymitglied wolle sie ›das Schlimmste‹ verhindern. Das Bessere offenbar auch. Es lagen Welten zwischen uns. Unüberbrückbar.« (Rosh 1999, S. 55) Ungeachtet der Frage, ob diese Darstellung vollständig zutrifft, erscheint sie jedoch charakteristisch für die Atmosphäre, in der sich die Auswahl vollzieht.

Schließlich werden 85 Arbeiten von der weiteren Wertung ausgeschlossen. Es besteht jedoch eine Rückholmöglichkeit: Jeder Preisrichter hat das Recht, einen entsprechenden Antrag zu stellen. Dementsprechend sieht das weitere Procedere vor, dass das Preisgericht noch einmal zu einer Sitzung zusammentritt.

Bis dahin können die Juroren Entwürfe benennen, die noch einmal diskutiert werden sollen. Über diese Anträge wird dann zu Beginn der nächsten Sitzung abgestimmt. Die Jury vertagt sich, nicht ohne dass auf die vereinbarte Vertraulichkeit der Beratungen sowie der bisherigen Abstimmungsergebnisse hingewiesen wird. In der Zwischenzeit können die Jurymitglieder alle Arbeiten noch einmal in Augenschein nehmen.

Wie beschlossen, tritt das Preisgericht am 15. März 1995 wieder zusammen. Von den Juroren gestellte Rückholanträge finden nicht die erforderliche Mehrheit, so dass das Ergebnis des letzten Wertungsdurchgangs zunächst Bestand hat und 13 Arbeiten in der engeren Wahl verbleiben. Vor deren schriftlicher Bewertung werden ein weiteres Mal die nun relevanten Kriterien diskutiert und neben ästhetisch-inhaltlichen Erwägungen die Bedeutung der baulich-technischen Realisierbarkeit sowie der Einhaltung des Kostenrahmens betont. Die Jury nimmt dabei zur Kenntnis, wie sehr die Sachverständigen bei der Überprüfung der entsprechenden Angaben voneinander abwichen. Nach eingehender einzelner Würdigung soll am nächsten Tag die Rangfolge der Entwürfe durch die Preisrichter festgelegt werden. Im Verlauf des Verfahrens werden am 16. März dann für elf Arbeiten noch einmal Rückholanträge gestellt, von denen jedoch nur vier die notwendige Stimmenzahl erhalten und in die Bewertung einbezogen werden.

Ein durch Probeabstimmungen ermitteltes Meinungsbild ergibt jetzt, dass mit keinem eindeutigen Votum der Jury zu rechnen ist. Da eine knappe Entscheidung zugunsten eines Entwurfs die Akzeptanz der Auswahl in Frage zu stellen droht, drängt sich eine fatale Lösung des Dilemmas auf. Mit elf zu vier Stimmen werden zwei Arbeiten auf den ersten Rang gesetzt, mit folgendem Plazet: »Die Jury empfiehlt den Auslobern, die beiden mit dem 1. Preis ausgezeichneten Arbeiten hinsichtlich ihrer finanziellen und technischen Machbarkeit überprüfen zu lassen. Mit den Verfassern gemeinsam ist zu klären, ob nicht eine Kostenminimierung herbeizuführen ist, ohne dabei das künstlerische Erscheinungsbild des vorgestellten Konzepts zu verändern.« Diese (Nicht-)Entscheidung dokumentiert, dass sich wiederholt vorgetragene Beurteilungsmaßstäbe innerhalb des Preisgerichts letztendlich nicht als harte Kriterien durchsetzten konnten. Zweifel an der Einhaltung des Kostenrahmens und der Realisierbarkeit eines Entwurfes hätten sonst zu seiner Ablehnung und nicht Prämierung führen dürfen. Außerdem erstaunt, dass sich unter den beiden Trägern des ersten Preises eine Arbeit befindet, die erst qua Antrag wieder in die engere Wahl zurückgeholt wurde.

Welche Künstler von diesem Umstand profitiert haben, zeigt die nun vorgenommene Öffnung der Verfasserumschläge: Bei der zwischenzeitlich bereits aussortierten Arbeit handelt es sich um den Entwurf von Simon Ungers, Christiana Moss und Christina Alt. Der andere erste Preis geht an eine Gruppe um Christine Jackob-Marks. Auch die übrigen Verfasser aus der engeren Wahl werden bekannt gegeben und die Ränge 1-8 mit jeweils 50 000 DM prämiert; mit einer Gruppe unter der Leitung des Münchener Bildhauers Fritz Koenig konnte sich nur einer der geladenen Künstler mit einem dritten Preis platzieren.

Die Entwürfe

Am folgenden Tag, dem 17. März 1995, wird das Ergebnis des Wettbewerbs von Bausenator Wolfgang Nagel und dem Juryvorsitzenden Walter Jens der Öffentlichkeit präsentiert[6]: Das Denkmal der Gruppe um den Kölner Architekten Simon Ungers wird aus einem 85 mal 85 Meter großen Quadrat aus Stahlträgern gebildet, die an den Ecken auf vier Betonblöcken aufliegen. Dadurch entsteht im Inneren der Anlage ein 2,50 Meter hohes Plateau, das durch Aufgänge, die unter den Stahlträgern verlaufen, erreichbar ist. In die Stahlträger sind die Namen der Orte von Vernichtungslagern in fünf Meter hohen Buchstaben perforiert. Von außen sind diese spiegelbildlich zu erkennen, während sie im Inneren bei Sonneneinstrahlung auf Treppen, Plateau und gegebenenfalls dort flanierende Personen projiziert werden.

Noch monumentaler nimmt sich der Entwurf der Gruppe um Jackob-Marks aus, dessen Grundlage eine etwa 100 mal 100 Meter große Betonplatte ist. Die sieben Meter dicke Platte bedeckt damit das gesamte zur Verfügung stehende Gelände und steigt schräg bis auf elf Meter Höhe an. Auf der dadurch entstehenden geneigten Fläche, die durch Wege begehbar ist, sollen nach und nach die Namen der ermordeten Juden auf sechs in Ost-West-Richtung verlaufenden Feldern eingraviert werden, wobei der Platz für namentlich nicht bekannte Opfer frei bleibt. Über die gesamte Fläche verteilen sich 18 Felstrümmer aus Massada, einer antiken Festung im heutigen Israel, deren jüdische Bewohner sich unter dem Ansturm römischer Belagerer schließlich kollektiv selbst töteten. Die Monolithe sollen die europäischen Länder symbolisieren, in denen Deportation und Mord erfolgten, durch ihre Herkunft aber auch auf die Geschichte jüdischen Widerstands verweisen. Eine ausführliche öffentliche Auseinandersetzung mit allen Entwürfen soll eine Ausstellung der Arbeiten im ehemaligen Staatsratgebäude ermöglichen.

Auch der Förderkreis meldet sich nach der Verkündung der Entscheidung mit einer Pressemitteilung zu Wort, in der die Bevölkerung zu Spenden aufgerufen wird, »denn wir haben uns bereit erklärt, die Hälfte der erforderlichen Bausumme aufzubringen.« Zur Förderung der Spendenbereitschaft will Daimler-Benz-Chef Edzard Reuter als Vorsitzender des Stiftungsbeirats auch spezielle, später jedoch nicht verwirklichte Maßnahmen ergreifen (*BZ* 18. 3. 1995), geplant ist die Ausstrahlung von Fernsehspots sowie die Durchführung einer Benefiz-Gala. Schließlich will die Stiftung zusammen mit dem Deutschen Städtetag erreichen, dass alle Städte und Gemeinden zur Finanzierung des Denkmals jeweils 1000 DM beisteuern. Ein Aspekt des Entwurfs von Jackob-Marks regt die Fantasie der Fundraiser besonders an, nämlich die Gravur der Namen von jüdischen Opfern. Ausgehend von der Annahme, dass sich diese sowohl aus praktischen Erwägungen, als auch aus Kostengründen nur nach und nach verwirklichen lasse, steht plötzlich die Walter Jens zugeschriebene Idee im Raum, Interessenten für die Finanzierung dieses »work in progress« zu gewinnen. Dieser Vorschlag lässt sich wohlwollend dahingehend interpretieren, die Bevölkerung aktiv in den Prozess der Denkmalsetzung zu involvieren, indem sie sich finanziell daran beteiligt, die Opfer der Anonymität zu entreißen. Die vorstellbare Realisierung des Vorhabens provoziert jedoch kritische Fragen, die in einem bösen Verdacht gipfeln: »Die monumentale Grabplatte (...) soll sukzessive mit den Namen aller ermordeten Juden gefüllt werden, und zwar mit rund hunderttausend sofort und den anderen später, soweit sich Bürger finden, die das Eingravieren bezahlen. Was aber wird mit denen, die keine Paten finden? Und wer wird wie, nach welchen Kriterien, die ersten hunderttausend auswählen? Und wie die weiteren den Bürgern zuteilen, die für ihr Seelenheil ein paar Mark springen lassen wollen? Das Ganze ist ein gigantischer, obszöner Ablasshandel schlechtester christlicher Tradition.« (*FAZ* 20.3.1995)

In diesem Klima wachsender öffentlicher Skepsis treten auch die Differenzen innerhalb des Preisgerichts offen zu Tage. Während Salomon Korn seine Präferenz für den Ungers-Entwurf zu erkennen gibt (*FAZ* 22.3.1995), äußern andere Jurymitglieder grundsätzliche Bedenken. Die Siegerentwürfe, so der in Berlin lebende Bildhauer Michael Schoenholtz, seien zu den gegebenen Bedingungen nicht zu verwirklichen. Darüber hinaus kritisiert er die Honorare für Entwürfe von geladenen Künstlern, da dieses Geld jetzt für die Realisierung fehle. Demgegenüber betont Lea Rosh, dass sie nur »die Crème de la crème zugelassen und den Wettbewerb nicht bundesweit geöffnet« hätte (*Welt* 25.3.1995) und zeigt sich von der künstlerischen Qualität sowie Realisierbarkeit des von ihr vertretenen Jackob-Marks-Modells überzeugt.

Mit der am 10. April eröffneten Ausstellung von Arbeiten des künstlerischen Wettbewerbs werden die Objekte der Diskussion erstmals einer breiteren Öffentlichkeit zugänglich, man kann die Siegerentwürfe nun auch in den Kontext der Gesamtergebnisse einordnen.[7] Diesen Überblick findet die Mehrheit der journalistischen Kommentatoren ästhetisch erschütternd sowie symptomatisch für die Unzulänglichkeiten der Aufgabenstellung. Sie beklagen die durch die zur Verfügung stehende Fläche verursachte Gigantomanie und verurteilen die oft unreflektierte Verwendung symbolischer Formen als Kitsch. Aus der jüdischen Tradition werden Davidstern und Menora angeeignet, während andere Künstler Hakenkreuze verwenden sowie Eisenbahnschienen oder andere Insignien von Konzentrationslagern nachahmen. Andere Entwürfe zitieren ausgiebig Formen der Sepulkralarchitektur oder sehen die Einrichtung von »Trauerarbeitsplätzen« vor. Henryk M. Broder resümiert: »Wie Kinder aus einem Lego-Kasten schöpfen die Mahnmal-Designer aus einer Jargon-Kiste, deren Elemente immer neu miteinander kombiniert werden.« (*Spiegel* 17.4.1995) Nur wenige Beiträge verweigern sich einem monumentalen Gestus und weisen damit auch die in der Ausschreibung angelegte Vorstellung des Gedenkens zurück. Der radikalste Gegenentwurf dürfte vom Kasseler Künstler Horst Hoheisel stammen, der vorschlägt, das Brandenburger Tor »als Symbol ungebrochener deutscher Identität und Kontinuität«, die es nach dem Holocaust nicht mehr geben könne, zu schleifen. Der anfallende Staub soll dann auf dem vorgesehenen Gelände verstreut werden. Unter den ebenfalls gegen konventionelle Arrangements gerichteten Beiträgen kommen sogar zwei in die engere Wahl. Eine Gruppe um die Konzeptkünstler Renata Stih und Frieder Schnock will das Wettbewerbsgelände bis auf ein Busterminal als Stadtbrache belassen. Von hier aus sollen Informationsreisen zu den Orten der Vernichtung im In- und Ausland abgehen. »Bus Stop ist ein transitorisches Denkmal, dessen primäre Funktion auf der Auflösung des überkommenen Monumentgedankens beruht. Hier wird kein Ort ritualisierten Gedenkens geschaffen.« Ebenfalls gegen die Zentralisierung des Gedenkens gerichtet ist ein Entwurf, der den Verkauf des vorgesehenen Grundstücks vorsieht und den Erlös in die Erhaltung und Unterhaltung der »authentischen« Gedenkstätten investieren will.

Das Ergebnis

Angesichts des überwiegend negativen Echos auf die Präsentation der Entwürfe stehen die weiteren Beratungen der Auslober, bei denen eine abschließende Entscheidung gefällt werden soll, unter einem ungünstigen Stern. Nachdem eine erste Sitzung am 12. Juni 1995 ohne endgültiges Ergebnis bleibt, tritt das Gremium am 25. Juni wieder zusammen. Im Vorfeld dieses Treffens meldet sich mit dem ehemaligen Bundesbauminister Oscar Schneider noch einmal ein Jurymitglied mit dem Hinweis zu Wort (*FAZ* 20. 6. 1995), die Auslober seien bei der Auswahl eines Entwurfes aus wettbewerbsrechtlicher Perspektive frei, es kämen also auch andere Arbeiten als die beiden ersten Preise in Betracht. Vor diesem Hintergrund plädiert er für einen eingereichten Entwurf, in dessen Zentrum das in hebräischer Schrift gehaltene judeo-christliche Gebot »Du sollst nicht morden« steht.

Obgleich der *Tagesspiegel* bereits einen Tag nach der Sitzung eine Entscheidung zugunsten des Jackob-Marks-Entwurfs meldet, wird die Meldung erst am 28. Juni durch eine offizielle Presseerklärung der Berliner Senatsverwaltung für Bau- und Wohnungswesen bestätigt.[8] Interessant war die Zusammensetzung der Runde: »An dem entscheidenden zweiten Abstimmungsgespräch der Auslober, das auf Einladung von Bausenator Wolfgang Nagel am vergangenen Sonntag im Gästehaus des Senats stattfand, nahmen für den Förderkreis die Journalistin Lea Rosh, ferner die Herren Edzard Reuter und Matthias Kleinert, für das Bundesinnenministerium Ministerialdirigent Dr. Gerhard Köhler sowie für den Senat die Senatoren Roloff-Momin und Nagel teil. Darüber hinaus waren zu den Beratungen der Vorsitzende des Zentralrats der Juden in Deutschland, Ignatz Bubis, sowie der Vorsitzende der Jüdischen Gemeinde zu Berlin, Jerzy Kanal, hinzugezogen worden.« Während sich die Vertreter des Förderkreises und des Landes Berlin bei den Beratungen eindeutig für die Realisierung des Entwurfs der Gruppe um Jackob-Marks aussprechen, wird die Position des dritten Bauherren folgendermaßen charakterisiert: »Der Vertreter des Bundes ließ eine Präferenz für den ebenfalls mit dem ersten Preis prämierten Entwurf des Künstlers Simon Ungers erkennen. Bereits in der ersten Beratungsrunde der Auslober am 12. Juni 1995 hatte jedoch der zuständige Staatssekretär im Bundesinnenministerium, Dr. Walter Priesnitz, erklärt, der Bund könne beide Entwürfe akzeptieren, sofern von Seiten des Zentralrats der Juden in Deutschland keine gravierenden Bedenken erhoben würden.«

Dieser Passus bezieht sich auf Ignatz Bubis, der den Ungers-Entwurf favorisiert. Auch er hat das Modell der Finanzierung der sukzessiven Namensgravur durch Spenden als Ablasshandel gegeißelt. Nachdem diese Idee von den Auslobern endgültig verworfen wird, scheint der Weg für den umstrittenen Entwurf frei. In noch einem weiteren Punkt wird der berechtigten öffentlichen Kritik Rechnung getragen: »Bezüglich der 18 gebrochenen Steine (…) soll der Bezug auf Massada aufgegeben werden, da er historisch irreführend ist.« Insgesamt lassen sich die Veränderungen als »Entdramatisierung des Entwurfs« (Nagel) zusammenfassen.

Seltsam vage bleiben die Vorstellungen zur Finanzierung des Denkmals. Ohne großes Aufheben wird konstatiert, zu den bisher vorgesehenen Kosten müssten weitere 15 Millionen DM veranschlagt werden. Offen bleibt, wie die binnen kurzem verdoppelte Bausumme angesichts des Vorbehaltes des Bundes, nicht mehr als die bislang veranschlagten 5 Millionen DM bereitzustellen, konkret aufgebracht werden soll. Trotzdem verkünden die Verfasser der Erklärung voller Zuversicht, das Projekt könne innerhalb von zweieinhalb Jahren realisiert werden. Während bei der Errichtung des Denkmals entgegen der in der Ausschreibung formulierten Vorgaben Geld eine untergeordnete Rolle zu spielen scheint, sieht sich die Stiftung Brandenburgische Gedenkstätten »vor einer finanziellen Katastrophe«: »Der Bund und das Land Brandenburg, die die Stiftung je zur Hälfte finanzieren, haben ihren Haushalt um zwölf Prozent auf 8,8 Millionen Mark für 1996 gekürzt.« (*FAZ*

28.6.1995) Unter diesen Bedingungen hält Direktor Dittberner sogar eine zeitweilige Schließung der KZ-Gedenkstätten Ravensbrück und Sachsenhausen für möglich und fordert deshalb ein Moratorium: »Die öffentliche Hand dürfe so lange keine Mark für das umstrittene Denkmal in Berlin ausgeben, solange im Land der Täter die Originalstätten der Leiden der Opfer des Nationalsozialismus – und in Sachenhausen auch des Stalinismus – dem Verfall anheim gegeben würden.« Nicht zuletzt vor diesem Hintergrund wird in den Reaktionen der Presse auf die Verkündung der Entscheidung vor allem die Frage der Finanzierung problematisiert.

Bausenator Nagel war bemüht das Vorgehen der Auslober gegen Kritik zu immunisieren. In einer Erklärung zur Entscheidung polemisiert er gegen eine »ungewollte Koalition der Verhinderer«, in der sich ernsthafte Kritiker des verfolgten Konzepts mit denen gemein machen würden, die grundsätzlich Schluss mit der Vergangenheitsbewältigung machen wollen. Nach einem Gespräch zwischen Berlins Regierendem Bürgermeister Eberhard Diepgen und Bundeskanzler Helmut Kohl scheinen solche Überlegungen schon obsolet. Am 30. Juni 1995 bestätigt ein Sprecher der Bundesregierung die prinzipielle Befürwortung der Errichtung des Denkmals und die Bereitschaft zur Übernahme des vorgesehen Kostenbeitrags, aber die Erklärung endet mit den Worten: »Die Bundesregierung unterstützt aber nicht das in der Diskussion vorgesehene Modell von Frau Jackob-Marks. Sie hält es für erforderlich, die Diskussion über die Gestaltung des Mahnmals fortzuführen mit dem Ziel, einen breiten Konsens aller Beteiligten zu erreichen.« Da diese lapidare Feststellung vom Bund als Eigentümer des betreffenden Grundstücks getroffen wird, ist sie als Veto zu verstehen, das die Verwirklichung des ausgewählten Entwurfs definitiv verhindert. Der Furor, der sich in den folgenden Tagen angesichts der seltsamen Diskrepanz zu der drei Tage vorher verkündeten Entscheidung erhebt, kann nicht darüber hinwegtäuschen, dass schon die Erklärung vom 28. Juni die Möglichkeit eines Scheiterns benannt hatte. Dort war im Hinblick auf die Machbarkeit zu lesen: »Die Auslober sprachen sich trotz dieser Kostenschätzung, vorbehaltlich der Zustimmung der zuständigen Gremien, für die Realisierung des Entwurfs aus.« Mit anderen Worten: eine Zustimmung lag noch nicht vor.

Nach dieser überraschenden Wendung heben umgehend Spekulationen darüber an, was den Ausschlag für die Ablehnung gegeben hat. So fragt Salomon Korn: »Hätte Helmut Kohl (...) ebenso rasch und eindeutig reagiert, wenn Ignatz Bubis nicht öffentlich von der Berliner Grabplatte abgerückt wäre? Der Eindruck verstärkt sich, dass dem Vorsitzenden des Zentralrates der Juden in Deutschland (...) eine Rolle zugedacht wird, in die er selbst nicht hineinschlüpfen möchte: die des deutschen Oberschiedsrichters in jüdischen Belangen.« (*FAZ* 3.7.1995)

Die Auswirkungen des unverhohlenen Kanzler-Machtwortes werden unterschiedlich beurteilt. Kritiker wie der Kultursenator Roloff-Momin sehen das Projekt jetzt grundsätzlich gefährdet, andere wie die Berliner Grünen erkennen eher die Möglichkeit, nun in einem offeneren Diskussionsprozess ein zustimmungsfähiges Ergebnis zu ermitteln. Der von der Bundesregierung angestrebte »Konsens aller Beteiligten« stößt in diesem Zusammenhang jedoch auf den Widerspruch des düpierten SPD-Senators Nagel. Ihm sei »nicht erinnerlich, dass der Herr Bundeskanzler bei seiner umstrittenen Entscheidung für die Gestaltung von Schinkels Neuer Wache den breiten gesellschaftlichen Konsens gesucht hätte« (*Tagesspiegel* 4.7.1995). Hier tritt die Spaltung der den Berliner Senat tragenden Großen Koalition zu Tage, deren Chef Eberhard Diepgen seinen Senatoren öffentlich keine Unterstützung zu teil werden lässt und damit ebenfalls in den Verdacht gerät, den Kanzler zu seiner Entscheidung ermutigt zu haben.

Der Förderkreis beharrt auf den Ergebnissen der Beratung, aber die Verwirklichung des von ihm favorisierten Entwurfs wird auch aus anderen Gründen immer unwahrscheinlicher: So äußert der Direktor der israelischen Gedenkstätte Yad Vashem Bedenken bezüglich der Realisierbarkeit der vorgesehenen Namensnennung von jüdischen Opfern. Während in dieser verfahrenen Situation bereits ein »mehrjähriges Moratorium« und die Auslobung eines neuen Wettbewerbs gefordert wird, kursieren persönliche Schuldzuweisungen für das Scheitern, deren Tenor Thomas E. Schmidt so resümiert: »Da der Ausgang der Sache das persönliche Ansehen öffentlicher Personen betrifft, ist es ein Streit unter Dogmatikern geworden; in der Wahl der Mittel ist man nicht zimperlich. Spiegel-Herausgeber Rudolf Augstein nennt seine Kollegin Lea Rosh ›Dampfwalze‹ und ›Vierteljüdin‹. Rosh (...) wurde in wenigen Wochen als geltungssüchtige Gutmenschin demontiert. Je zäher sie an ihrer Position festhält, desto schwerer lastet der Vorwurf auf ihr, hier wolle eine Selbstberufene in Wahrheit ein Denkmal ganz für sich errichten.« (*FR* 13.7.1995) Die Fronten haben sich verhärtet, aber das Presseecho verrät auch, dass der inkriminierte Entwurf von Jackob-Marks nun fast einhellig abgelehnt wird. Derweil wird an Hand der spärlichen offiziellen Verlautbarungen aus Bonn und Berlin deutlich, dass eine Entscheidung über die weitere Vorgehensweise nicht vor den Wahlen zum Berliner Abgeordnetenhaus am 22. Oktober 1995 fallen wird. Solche Terminierungen empören die Kunstsachverständigen und nerven die Öffentlichkeit, aber die Länge einer Legislaturperiode bestimmt den politischen Entscheidungsprozess ganz maßgeblich.

2. Denkpause statt Denkmal

Konzertierte Kritik

Nachdem die interne Debatte zeitweise von persönlichen Diffamierungen geprägt ist und eine politische Entscheidung in nächster Zukunft nicht zu erwarten ist, untermauert die öffentliche Debatte die vorgetragenen Kritikpunkte. Wie bei anderen Politikprozessen, in denen komplexe Sachverhalte kontrovers bewertet werden, werden auch hier die Ansichten (oder Vorurteile) der Entscheider mit gesellschaftlicher Gegenexpertise kontrastiert. Neben die Stellungnahmen der direkt involvierten Initiativen und Institutionen sowie publizistische Ad-Hoc-Interventionen treten nun ausgreifendere Argumentationen, die zum Teil im Gestus eines wissenschaftlichen Gutachtens auftreten. Beispielsweise hat die »Neue Gesellschaft für bildende Kunst« bereits Ende Mai 1995 damit begonnen, Beiträge für ein Buch zu sammeln, das im September des Jahres unter dem Titel »Der Wettbewerb für das ›Denkmal für die ermordeten Juden Europas‹ – Eine Streitschrift« vorgelegt wird. Ihre Absicht charakterisieren die Herausgeber folgendermaßen: »Es sollten die unterschiedlichsten Aspekte der Auseinandersetzung mit dem Denkmalsgedanken dargestellt werden, um argumentativ die Polarisierung aufzubrechen, die immer wieder von den Befürwortern des Denkmals konstruiert wurde.« Zu diesem Zweck haben die Verantwortlichen eine beachtliche Anzahl »kritischer Experten« versammelt: Gedenkstättenmitarbeiter und Geisteswissenschaftler, Künstler und Kunstsachverständige, Architekturkritiker und Stadtplaner sind vertreten. Zusammenfassend lassen sich idealtypisch drei Argumentationsweisen unterscheiden:

Erstens existieren grundlegende Bedenken, ob ein Denkmal die angemessene Form des Gedenkens an den Holocaust darstellt. Diese Kritik beruht vor allem auf der erinnerungskulturellen Funktion, die Denkmalen im Allgemeinen zugewiesen wird. Betreffende Bauwerke erinnern eben nicht nur an die Toten, sie machen nicht nur Aussagen über historische Sachverhalte, sie setzen darüber hinaus die Betrachter in einen bestimmten Bezug zur vergegenwärtigten Vergangenheit. Dieser sinnstiftende Zusammenhang von Interpretation und Identifikation, der zumindest für konventionelle Denkmale konstitutiv ist, werde dem Geschehen des Holocaust als »Zivilisationsbruch« grundsätzlich nicht gerecht. Viele Kommentatoren kontrastieren das geplante Monument mit den noch existierenden historischen Stätten des nationalsozialistischen Terrors. In diesen »Überresten« sehen sie – trotz aller Überformungen, die sich dort im Laufe der Zeit etwa durch Maßnahmen der Gedenkstättenarchitektur akkumuliert haben – die erhaltenswerten Erinnerungsorte. Die in diesem Zusammenhang vorgenommene Gegenüberstellung von »künstlichen« mit »authentischen« Formen der Vergegenwärtigung geht oft einher mit einem weiteren Bedenken: Die Zentralisierung des Gedenkens, die das vorgesehene Denkmal impliziere, vereinfache in unzulässiger Weise das Verhältnis der deutschen Gesellschaft zu ihrer Geschichte. Das Spezifikum der deutschen Erinnerungskultur sei die Allgegenwart der Stätten, an denen der Holocaust stattgefunden habe, was eine Delegation des Gedenkens an einen hervorgehobenen Ort verbiete.

Ein *zweiter* Argumentationsstrang konzentriert sich auf die Problematisierung der Vorgaben, die durch die Ausschreibung des Wettbewerbs gemacht werden. Im Mittelpunkt der Kritik stehen insbesondere zwei Faktoren, die seit Beginn des Wettbewerbs umstritten sind: der Standort und die Widmung des Denkmals. Diese Position hält eine zentrale und künstlerisch gestaltete Gedenkstätte grundsätzlich für eine adäquate Form der Auseinandersetzung mit der nationalsozialistischen Vergangenheit, sieht diese aber durch falsche Voraussetzungen gefährdet. Es geht also um den symbolischen Ort des Denkmals: Während der Förderverein das vorgesehene Grundstück für besonders geeignet hält, weil es durch die räumliche Nähe zur ehemaligen Reichskanzlei einen besonderen Bezug zu Tat und Tätern herstelle, wird diese Verbindung von anderen als verkürzte Interpretation des nationalsozialistischen Systems und als unzulässige Engführung des Täterbegriffs kritisiert und skandalisiert. Die Fixierung auf die Person Hitlers falle weit hinter den zeithistorischen Forschungsstand zurück, die Verantwortung für die nationalsozialistischen Verbrechen könne nicht auf zentrale Funktionsträger des Regimes reduziert werden. Gegen die führend von Eberhard Jäckel vertretene intentionalistische Interpretation wird die strukturalistische Sichtweise zur Geltung gebracht, für die sich Täterschaft auf allen Ebenen des nationalsozialistischen Staates und in kumulativer Radikalisierung bis hin zum systematischen Massenmord manifestiert.[9]

In einer anderen Weise auf den projektierten Standort bezogen ist die Kritik an der Größe des Geländes. Die Fläche fordere eine zwangsläufig überdimensioniert wirkende Formensprache, lautet das ästhetisch-architektonische Argument, das ein breites Misstrauen gegen jedwede Monumentalität artikuliert. Zum einen seien Bauvorhaben entsprechender Größe gründlich diskreditiert durch die Gigantomanie des Nationalsozialismus, wie sie untrennbar mit den Vorstellungen des Architekten Albert Speer für die Verwandlung Berlins in die »Welthauptstadt Germania« verbunden ist, zum anderen stelle die Vergegenständlichung eines monströsen Ereignisses wie des Holocaust durch einen monumentalen Bau eine viel zu schlichte Übersetzung des Geschehens in Formen der Kunst dar. Unter dieser Voraussetzung könnten nur Vorschläge gemacht werden, die den Anlass verfehlen; die zur Verfügung gestellte Fläche erweise sich somit als »Danaergeschenk« (Korn). Neben diesen grundsätzlichen Erwägungen werden abträgliche Aspekte wie die städtebauliche Lage thematisiert: Wo es den einen an der Einbindung in den urbanen Alltag fehlt, bemängeln andere den Mangel an Kontemplationsmöglichkeiten in einer von Gebäuden und Straßen eingefassten Umgebung. Wieder andere möchten darüber hinaus divergierende symbolische Bezüge verwirklicht sehen und das Denkmal zur Mahnung der politischen Entscheidungsträger in direkter Nähe zum Reichstag errichten oder gleich gegenüber der Neuen Wache, quasi zur Korrektur der dort diagnostizierten Fehlleistungen des Gedenkens.

Die Kritik an der Beschränkung des Denkmals auf jüdische Opfer, deren Grundzüge bereits zu Beginn der Auseinandersetzungen verhandelt wurden, wird von einigen nun pragmatisch akzentuiert: Die exklusive Widmung bedinge unter dem Gesichtspunkt der Gleichbehandlung die Notwendigkeit, auch für andere Opfergruppen zentrale Gedenkstätten zu errichten. Dies verursache nicht nur eine kontraproduktive Inflationierung, sondern auch weitere Kosten und den Bedarf an zusätzlichen aussagekräftigen Standorten. Die kritisierte Hierarchisierung der Opfer könnte so durch die Hintertür wieder Einzug halten, wenn die betreffenden Bauwerke in Ausführung und Lage hinter das Denkmal für die ermordeten Juden Europas zurückfallen würden.

Ein *dritter* Argumentationsstrang bezieht sich schließlich auf erwartbare Probleme bei der Realisierung des von Jackob-Marks vorgeschlagenen Konzeptes. Im Mittelpunkt der Kritik steht dabei die vorgesehene Nennung der Namen von Opfern. Man bezweifelt stark, dass der Anspruch, die Opfer dadurch der Anonymität zu entreißen, erfüllbar sei: Nicht nur die gewaltige Zahl der notwendigen Nennungen, auch die Häufung identischer Namen würden der Absicht widersprechen, den anonymen Ermordeten postum eine personale Identität zu verleihen. Auch die dokumentarische Grundlage des Unterfangens wird angezweifelt: Die notwendigen Daten seien nur unzureichend vorhanden und ihre Verwendung auch aus datenschutzrechtlicher Perspektive problematisch.[10]

Aus den kritischen Argumenten drängen sich verschiedene Folgen für das Projekt auf: Folgt man konsequent dem denkmalskritischen Argumentationsstrang, ist das ganze Vorhaben der Errichtung eines wie auch immer gestalteten Denkmals zu verwerfen. Wer weniger radikal argumentiert, hält die Ausschreibung eines neuen Wettbewerbs für denkbar; daraus könnten dann angemessenere Vorschläge zur Gestaltung eines Denkmals hervorgehen. Als pragmatischste Lösung bleibt, entweder das Modell von Jackob-Marks zu modifizieren oder andere Entwürfe zu realisieren. Jenseits dieser am laufenden Verfahren orientierten Vorschläge kristallisiert sich eine weitere Tendenz heraus, die unter dem Titel »Die Debatte als Denkmal« subsumiert werden kann. So resümiert James E. Young, der seit Jahren die Formen der Erinnerung an den Holocaust erforscht[11]: »Zwar müssen wir den öffentlichen Bedarf und die politische Notwendigkeit eines deutschen nationalen Holocaust-Mahnmals anerkennen; gleichzeitig müssen wir aber auch die Unmöglichkeit erkennen, diesen Bedarf mit einer einzelnen Stätte zu erfüllen.« Die aparte Konsequenz:

»... dann muss dieses Denkmal erklärtermaßen unvollendet, ungebaut und für immer ein unabgeschlossener Denkprozess bleiben.«

Hanno Loewy, der damalige Direktor des Frankfurter Fritz-Bauer-Instituts, eines Studien- und Dokumentationszentrums zur Geschichte und Wirkung der nationalsozialistischen Vernichtungspolitik[12], verbindet dieses Deutungsmuster mit einem konkreten Gegenvorschlag:

»Und es wäre ein mutiger Schritt, diesen Wettbewerb als das zu belassen, was er tatsächlich war: ein soziales Experiment, quasi ein Laborversuch, in dem alle abgründigen Phantasien, alle Deckerinnerungen und Schuldkomplexe, alle absurden Sinnstiftungen und Heilserwartungen, die die deutsche Gesellschaft gegenüber ihrer antisemitischen Großtat im Untergrund ihres Bewusstseins entwickelt hat, zu ihrem Ausdruck kommen.«

In der breiten Öffentlichkeit wie bei praktischen Politikern verfängt diese selbstreflexive Volte der Debatte erwartungsgemäß nicht, allerdings setzt sich das »soziale Experiment« der Mahnmal-Debatte noch über einige Jahre fort.

Während sich im Herbst 1995 in der Qualitätspresse wie in der Fachöffentlichkeit eine ausdifferenzierte, aber breite Front der Ablehnung bislang favorisierter Vorschläge bildet, formiert sich der Berliner Senat neu. Die Wahlen zum Abgeordnetenhaus am 22. Oktober führen nach einem desaströsen Ergebnis für die SPD zu einem mehrmonatigen Ringen um die Regierungsbildung. Die Koalitionsverhandlungen zwischen der mit 23,6 % der Wählerstimmen auf einen historischen Tiefstand geschrumpften Sozialdemokratie und der Mehrheitsfraktion der CDU stehen unter dem Damoklesschwert einer veritablen Finanzkrise, die unter anderem eine Verkleinerung des Senats gebietet. Mitte Januar 1996 kommt es wieder zur Neuauflage einer Großen Koalition unter Führung von Eberhard Diepgen. Ohne Festlegung im Detail wird in der Koalitionsvereinbarung die Errichtung des Holocaust-Denkmals festgeschrieben, aber die für das Denkmalprojekt relevanten Ressorts gehen an die CDU: Zum Bausenator wird Jürgen Klemann ernannt, neuer Senator für Wissenschaft, Forschung und Kultur wird Peter Radunski. Klemann, der bei der Konstituierung des Senats das schlechteste Ergebnis der CDU-Kandidaten erzielt, tritt die Zuständigkeit seiner Behörde in Sachen »Denkmal« bald an Radunski ab, der somit seitens der Berliner Verwaltung die Hauptverantwortung für den Mahnmal-Prozess trägt und diese zugefallene Rolle auch tunlichst auszufüllen weiß.

Ungebetene Einmischung: Die Wehrmachtsausstellung

Wir haben gesehen, dass die Mahnmalsidee beim gebildeten Publikum, das die Feuilletons liest und Kolloquien besucht, gezündet hat und mit Leidenschaft diskutiert wird. Eine erheblich breitere geschichtspolitische Mobilisierung erreicht freilich die am 5. März 1995 gestartete Wanderausstellung »Vernichtungskrieg. Verbrechen der Wehrmacht 1941-1944«, die unter der Kurzformel *Wehrmachtsausstellung* schon in die Ideengeschichte des vereinten Deutschland eingegangen ist. Das unterstreicht, wie »private«, in diesem Fall vom Chef des Hamburger Instituts für Sozialforschung, Jan Philipp Reemtsma, angeregte und gesponserte Initiativen der Bürgergesellschaft an Bedeutung gewinnen und Furore machen können.

Die von Hannes Heer und Klaus Naumann erarbeitete Wanderausstellung zog bis zu ihrer vorläufigen Schließung von Hamburg zunächst nach Berlin, Potsdam, Stuttgart, Wien und Innsbruck, 1996 nach Freiburg, Mönchengladbach, Essen, Erfurt, Regensburg, Klagenfurt, Nürnberg und Linz, 1997 nach Karlsruhe, München, Frankfurt am Main, Bremen, Marburg und Konstanz, 1998 dann nach Graz, Dresden, Salzburg, Aachen, Kassel, Koblenz, Münster, Bonn, Hannover und schließlich 1999 nach Kiel, Saarbrücken, Köln, Hamburg und Osnabrück. Überall löste die Grundthese der Ausstellung, dass im Zweiten Weltkrieg an der Ostfront auch einfache Soldaten an schweren NS-Verbrechen nicht nur am Rande beteiligt waren, erregte Kontroversen aus – es ging um die Zerstörung bzw. Rettung des lang gehegten Mythos von der »sauberen Wehrmacht«.

Im März 1999 explodierte ein Sprengsatz vor dem Ausstellungsgebäude in Saarbrücken, aber nicht dieser Gewaltakt, sondern wissenschaftliche Einwände gegen die Verwendung bestimmter Fotos in der Auststellung führten im Herbst 1999 zum Stopp der Präsentation und zur Einsetzung einer Expertenkommission.[13] Diese empfahl eine gründliche Überarbeitung, der verantwortliche Ausstellungsleiter Hannes Heer wurde entlassen und Reemtsma ließ durch ein neues Team unter der Leitung von Ulrike Jureit eine Neukonzeption erstellen, die im November 2001unter dem veränderten Titel »Verbrechen der Wehrmacht. Dimensionen des Vernichtungskrieges 1941-1944« in Berlin eröffnet wurde und nun über Bielefeld, Wien, Leipzig, München, Esch/Luxemburg, Chemnitz, Neumünster, Schwäbisch-Hall, Peenemünde, Dortmund, Halle (Saale) zurück nach Hamburg wanderte. Sie zog dabei mit 400 000 Menschen noch einmal halb so viele Besucher an wie die erste Serie, die 800 000 Personen gesehen hatten. Die Wanderausstellung schloss mit wissenschaftlichen Veranstaltungen im Hamburger Institut, die Exponate wurden in das deutsche Historische Museum in Berlin überführt.

Für die Resonanz der Ausstellung sprechen auch die Diversität und Repräsentativität der Ausstellungsstätten und die Eröffnung durch hochrangige und angesehene Persönlichkeiten wie Klaus von Bismarck, Jutta Limbach, Friedrich Kahlenberg, den Präsidenten des Bundesarchivs, ferner durch Michel Friedman, Avi Primor, Oberrabbiner Bent Melchior sowie durch Politiker der betroffenen Weltkriegsgeneration (Erhard Eppler, Diether Posser, Hans-Jochen Vogel, Wolfgang Ullmann, Johannes Rau, Ludwig von Friedeburg) oder durch den sächsischen Bischof Christoph Demke, die Brigadegeneräle a. D. Winfried Vogel und Christian Krause, die Publizisten Erich Kuby, Iring

Fetscher, Johannes Mario Simmel, Elisabeth Reichart, August Graf von Kageneck und Rolf Hochhuth, ferner durch osteuropäische Schriftsteller (Andrzej Szczypiorski, Wladislaw Bartoszewski, Anna Krasnopjorka, Imre Kertész) und durch Franz Müller von der Weiße-Rose-Stiftung.

Auch wenn die Ausstellung nun in den Fundus eines Historischen Museums wandert, kann man diesen Vorgang kaum als »Musealisierung« beschreiben. Überzogen dürfte auch die These vom Paradigmenwechsel sein, die prononciert der Zeithistoriker Norbert Frei und verhaltener Jan Philipp Reemtsma geäußert haben. Gleichwohl kann man die geschichtspolitische Wirkung der Ausstellung kaum überschätzen: Ihr Fokus wandert klar von den Opfern des Holocaust zu den Tätern, sie unterstreicht mit einem neuen Anschnitt dieses Komplexes das Postulat der Anerkennung von individueller wie kollektiver Verantwortung, sie hebt fast überdeutlich die Mitwirkung und Zustimmung hervor, die das NS-Regime durch sämtliche Eliten wie das »einfache Volk« bis zum Ende erfahren hat. Die Ausstellung rückt Tatorte jenseits von Auschwitz und den Vernichtungslagern und Tätergruppen jenseits der »üblichen Verdächtigen« (SS, Gestapo) ins Licht, die Wehrmacht bis dahin im öffentlichen Bewusstsein immer noch relativ unbelastete Institution, wird lange fälliger Kritik ausgesetzt, und zwar nicht in Spezialstudien, die längst vorgelegen haben, sondern in einer Präsentationsform, die wenigstens indirekt über das gewaltige Presseecho ein Millionenpublikum erreicht. Dazu gehören die »einfachen Soldaten«, die sich selbst großenteils aus der selbstkritischen Bewältigung der NS-Vergangenheit ausgenommen und als Opfer wahrgenommen hatten – als Opfer Hitlers, der sie »verheizt« habe, als Opfer gewaltiger Kriegsstrapazen und als Opfer einer zum Teil jahrelangen und grauenvollen Gefangenschaft. Dieser Grundtenor herrschte teilweise noch im Jahr 2003 bei Gedenken an die Schlacht von Stalingrad vor, die lange als Symbol der Katastrophe des einfachen Soldaten galt, der tapfer und gehorsam das Vaterland an der Wolga verteidigte und geprägt war durch populäre Nachkriegsromane von Heinz

Konsalik, Fritz Wöss, Heinrich Gerlach und anderen, welche die deutschen Soldaten als Opfer eines dämonisierten »Russen« dargestellt haben.[14]

Die Zerstörung dieses Mythos war beabsichtigt und die Provokation ist gelungen, die Ausstellung erfährt größte diskursive Resonanz und Polarisierung, nicht zuletzt über den kontinuierlichen und dezentralen Veranstaltungsmodus, eine einfache, aber wirksame PR-Arbeit und die vielfältigen Spiegelungen und Anschlüsse des Themas in anderen Medien, vor allem nach dem »Skandal« von 1999. Ungeachtet dieser zunächst hochnotpeinlichen Affäre – Fotos waren falsch oder irreführend gekennzeichnet worden, ohne dass damit aber die Generalaussage widerlegt oder kompromittiert gewesen wäre – dürfte die Ausstellung Auslöser für (retroaktive) Familiendiskussionen gewesen sein und den oft beklagten Hiatus zwischen privater und öffentlicher Kommemoration der NS-Verbrechen nicht wenigstens angesprochen und problematisiert haben, und man darf auch annehmen, dass nicht zuletzt diese Ausstellung eine Reihe literarischer und autobiografischer Verarbeitungen begünstigt hat. Die Ausstellung erlaubte einen individuellen Zugriff auf die Geschichte unter der doppelten Leitfrage: Was haben meine Großeltern getan, und wie hätte ich mich verhalten? Ein Kommentator konstatiert diesbezüglich den »Schritt vom Kampf um Anerkennung (der Vergangenheit, die Verf.) zur Historisierung, zur Verwandlung des lebensweltlich Präsenten in das Objekt einer spezialisierten Forschung. Anders gesagt, in den Begriffen von Jan Assmann, sie zeigt den Schritt vom kommunikativen zum kulturellen Gedächtnis.« (Ulrich Speck, *FR* 28. 1. 2004) Es könnte sich aber genau umgekehrt verhalten haben, indem die Ausstellung den Schritt vom kulturellen Speichergedächtnis zur nachträglichen Kommunikation vergangener Tatbestände erlaubte.

Die öffentlichen Proteste, die Handgreiflichkeiten und der Anschlag von Saarbrücken, die unter anderem auf das Konto organisierter Rechtsradikaler gehen, haben die insgesamt kritischere Wahrnehmung der Wehrmacht nur noch verstärkt. Das belegen auch die Debatten im Deutschen Bundestag sowie in Landes- und Kommunalparlamenten, die der Ausstellungskarawane vorangingen bzw. folgten. Die Ausstellung erreichte damit etwas, was den NS-Gedenkstätten bisher nicht gelungen war und die Aufarbeitung der SED-Geschichte noch weniger erreicht hatte. Sie bildete damit eine Meßlatte auch für anders beabsichtigte, gleichwohl verwandte Wirkungen, die das Holocaust-Mahnmal erreichen sollte.

Eine solche Vergleichgröße ist, wie die Ausstellung von 1995 bis 2004 ihren ursprünglichen Furor verlor, ohne dass die inhaltliche Aussage wesentlich abgeschwächt wurde. Bereinigt wurde nicht nur die Art der Präsentation, hier vor allem die aus Naivität im Umgang mit Fotomaterial entsprungenen Fehler visueller Kommunikation, was in der Historikerzunft und bei Ausstellungsmachern einen heilsamen Lernprozess ausgelöst hat. Revidiert wurde auch der »Stil des Ganzen« (Jan Philipp Reemtsma, *Zeit* 22. 1. 2004), also der antifaschistische Propaganda- und Entlarvungsduktus der ersten Ausstellung und die Verzerrung der historischen Wahrheit durch Auslassungen und Vernachlässigung des Kontextes (Jureit 2004). Zwar konzedieren die Verteidiger der ersten Version, eine gewisse Vergröberung und Dramatisierung sei um des pädagogischen Zieles willen in Kauf zu nehmen, auch wurde der 68er Generation, als deren Repräsentanten Heer und Naumann gesehen wurden, zum Beispiel von Imre Kertész die Verdienste bescheinigt, die ihr zustehen: »... wie erhebend das Bekenntnis der Wahrheit ist, die aufrichtige Konfrontation mit sich selbst. Eine ganze Generation ist in diesem Geist aufgewachsen, und diese Generation hat vollbracht, was in Deutschland unvorstellbar schien: Sie hat eine der stabilsten Demokratien Europas geschaffen« (*taz* 29. 1. 2004). Doch wurde auch die Entschärfung des damit angezeigten Generationenkonflikts vermerkt und die generelle Lösung der Vergangenheiten aus den Zwängen legitimatorischer Funktionen, die sie während des Kalten Krieges übernommen hatten und die zu einem Teufelskreis aus Fremd-

oder Selbstbezichtigungen und Revanchehaltungen geführt haben.

Ein anderer Maßstab, den das Ausstellungsprojekt setzte, war die ebenso entschiedene wie sorgfältige Aktualisierung, die den Anschlussforschungen des Hamburger Instituts zugrunde liegt. Sie befassen sich genereller mit der Theorie und Geschichte der Gewalt und schlagen einen weiten Bogen, der vom Holocaust über Hiroshima nach Ruanda reicht und vor allem die Handlungsspielräume von Tätern in Institutionen zum Gegenstand macht. Spielräume besaßen die Soldaten der Wehrmacht in zwei Richtungen: Sie hatten die Möglichkeit, Befehle zu verweigern, sie stellten aber auch eine Einladung zu besonderem Sadismus und Blutrausch dar, die angenommen wurde. In diesem Sinne ist auch die weiter umstrittene Frage nach der Repräsentativität der an NS-Verbrechen beteiligten Soldaten zu beantworten.[15] Gemeint ist nicht kontinuierliche Verstrickung aller, sondern eine nicht-marginale und selbst-initiative Mitwirkung an Verbrechen, und die bestürzende Aktualität dieses Themas zeigt sich, wenn im Kampf gegen den Terror US- und sogar Bundeswehrsoldaten in Folter oder »Folterübungen« verstrickt sind.

Weiter überzeugt die im zweiten Anlauf vorgenommene Kontextualisierung: Während die erste Fassung noch Anklage führte, als sei man gewissermaßen ein retroaktiver Parteigänger des damaligen Feindes und müsse den Krieg unter umgekehrten Vorzeichen zu Ende führen, wurde in der zweiten Fassung die Behandlung deutscher Kriegsgefangener, die Aushungerung der sowjetischen Zivilbevölkerung durch die eigene Führung, die von sowjetischer Seite begangenen Kriegsverbrechen und der mörderische Kampf der Partisanen nicht verschwiegen. Entlastende Dokumente wurden nicht mehr ganz ausgespart, selektive Beweisführung vermieden.

Im Land der Täter: Goldhagen und Finkelstein

Im September 1996 wird die öffentliche Aufmerksamkeit und Wirkung, welche die Wehrmachts-Ausstellung (speziell nach den erhitzten Auseinandersetzungen in München) gefunden hat, noch übertroffen durch die Tournee des amerikanischen Buchautors Daniel Goldhagen durch vier deutsche Großstädte, zu der Tausende von Interessenten strömten. Hervorgetreten war der junge Historiker im Frühjahr mit seinem Buch »Hitlers willige Vollstrecker«, eine Harvard-Dissertation und fast doppel so umfangreich wie dieses Buch. Von einer solchen, überwiegend in akademischer Diktion gehaltenen »Schwarte« erwartet man kaum, dass sich binnen kurzem mehrere Hunderttausend Exemplare verkaufen ließen, aber genau das ist der Fall, den man zu der schleppenden und lustlosen Mahnmal-Debatte in Beziehung setzen muss. Was hat Goldhagen mit seinem Fachbuch, was die Mahnmal-Stifter nicht haben?

Inhaltlich stimmten sie in der Kernthese durchaus überein: Man müsse die einfachen Deutschen und damit die deutsche Gesellschaft insgesamt in ihrer bereitwilligen Mitwirkung am Judenmord in den Blick nehmen, um den Holocaust zu verstehen. Die politische Kultur des Deutschen Reiches, schrammt Goldhagen haarscharf an einer neuen Kollektivschuldthese vorbei, sei von einem »eliminatorischen«, also auf Vernichtung der Juden zielenden Antisemitismus geprägt gewesen, die Judenverfolgung sei also kein Vorhaben der NS-Eliten, sondern ein »nationales Projekt« gewesen. In diesem Sinne habe sich der deutsche Sonderweg auf schreckliche Weise erfüllt, und andernorts habe der Holocaust nicht stattfinden können (Ullrich 2003).

Goldhagen selbst und erste publizistische Reaktionen in den USA und Deutschland stellen diese Generalthese als radikale Neuheit dar, weisen die Geschichtswissenschaft auf schwere Versäumnisse hin und konfrontieren das breite Publikum mit einem vermeintlichen Tabu. Die deutsche Historikerzunft fand das nicht und hielt dem US-Kollegen methodische Schwächen, inhaltliche Übertreibungen und eine reißerische Aufmachung vor – Jahrzehnte seriöser Holocaust-Forschung würden von ihm ignoriert. Unter den Kritikern ist auch Eberhard Jäckel, der den Faktor Weltanschauung als Kausalmotiv des Judenmordes stets hervorgehoben hat. Diese oft in beleidigtem oder väterlichem Ton vorgetragene Schelte weist nun wiederum das linksliberale und vornehmlich jüngere Publikum zurück, das fast begeistert auf Goldhagens Charakterisierung der Großeltern und des autoritären und judenfeindlichen Nationalcharakters der Deutschen reagiert. Ist das »Schuldstolz« (Frei 2003, S. 146), ist es der Masochismus deutscher Gutmenschen, den Peter Gauweiler, der Hauptkritiker schon der Wehrmachtsausstellung, aufspießt und Goldhagen dabei in unverhohlen antisemitischer Weise Bereicherungslust unterstellt (*Bayernkurier* 12. 10. 1996)? Nicht ganz, denn der Amerikaner hat auch gute Nachrichten für die jüngeren Deutschen parat, wenn er betont, nach 1945 habe sich der deutsche Nationalcharakter vollständig zum Besseren verändert. Aus dem angeblichen »Scharfrichter« (Rudolf Augstein) des deutschen Volkes ist plötzlich der »Wunderheiler« geworden.

Eine breite Debatte beschäftigt nun die Öffentlichkeit (vgl. Schoeps 1996 und Kött 1999), aber auch die Geschichtswissenschaft (vgl. Heil/Erb 1998), die sich den von Goldhagen spektakulär aufgeworfenen und anscheinend höchst populären Thesen widmen muss (und zwei Jahre später, auf dem Frankfurter Historikertag 1998, als eine der letzten Wissenschaftsdisziplinen überhaupt auch Selbstkritik zur Verstrickung prominenter Nachkriegshistoriker in die Ideologieproduktion, Herrschaftssicherung und Vernichtungspolitik des »Dritten Reiches« üben muss). Die Historiker, die im Verlauf des deutschen Einigungsprozesses eine Art Diskurshoheit auch über aktuelle Streitfragen der Politik gewonnen haben, sehen sich in der geschichtspolitischen Debatte zum wiederholten Male auf einem Nebengleis und sogar auf der Anklagebank.

Ein Nachspiel hat die Goldhagen-Debatte, mit der die Frage nach der Verantwortlichkeit jedes Einzelnen und nach der Bedeutung kollektiver Mentalitäten in der Tat deutlicher als zuvor gestellt worden war, wiederum in Form eines durch TV-Auftritte beflügelten Bestsellers: Norman Finkelsteins am Fall Goldhagen entzündete Polemik gegen die angebliche »Holocaust-Industrie«, die 2001 in Deutschland erschien. Auch sie stieß auf großes Interesse und viel Zustimmung, und man kann nur spekulieren, ob es dasselbe oder ein ganz anderes Publikum ist, das jetzt der These (eines antizionistischen amerikanischen Juden) zuneigt, es gebe in den USA und andernorts Gruppen, die an der Dauerthematisierung des Holocaust arbeiten, einerseits aus materiellen Gründen, andererseits, um die Sache Israels und des Zionismus voranzutreiben. Dieser Streit zwischen »Antizionisten« (die sich auf Finkelstein berufen können) und »Antideutschen« (die an Goldhagen anschließen und seine These vom Mentalitätswandel nach 1945 in Frage stellen) wird im Verlauf des »Krieges gegen den Terror« und der militärischen Auseinandersetzungen im Mittleren Osten an Bedeutung und Schärfe gewinnen.

3. Das Denkmal in der Verhandlungsdemokratie

Parlamentarische Initiative und neuer Anlauf der Auslober

Zu Beginn des Jahres 1996 proklamiert Bundespräsident Roman Herzog den 27. Januar als Tag der Befreiung des Vernichtungslagers Auschwitz 1945 zum Gedenktag für die Opfer des Nationalsozialismus. Vorbild ist der in Israel seit 1951 eingeführte Gedenktag. Das seither Holocaust-Gedenktag genannte Ritual bürgert sich allmählich ein, zahlreiche öffentliche Veranstaltungen werden auf dieses Datum programmiert. Auch als mögliches Datum für die Eröffnung des Mahnmals wird der 27. Januar in die Diskussion gebracht, nicht zuletzt, um den Entscheidungsprozess zu beschleunigen und zu einem guten Ende zu bringen. Die Initiative dazu geht von einem Verfassungsorgan aus, das sich bisher noch nicht zu Wort gemeldet und Entscheidungskompetenz für sich reklamiert hatte: der Deutsche Bundestag.

Zur Auflösung der verfahrenen Situation fordert der SPD-Bundestagsabgeordnete Peter Conradi einen anderen Standort und die Auslobung eines neuen Wettbewerbs, vor allem jedoch die Verbreiterung der Beteiligungsbasis:

»Der Förderkreis hat sich – typisch deutsch – mit seinen Vorstellungen allein an die Exekutive gewandt. Eine Gedenkstätte des deutschen Volkes für die Opfer des Holocaust in der Bundeshauptstadt Berlin ist jedoch keine Angelegenheit, über die der Bundeskanzler, ein Berliner Bausenator und ein Förderkreis allein entscheiden sollten. Die Volksvertretung, der Deutsche Bundestag, muss an der Diskussion und Entscheidung beteiligt werden.« (*FAZ* 3.1.1996)

Damit ist ein Manko der bisherigen Deliberation und Dezision benannt, die sich primär durch die Einbeziehung von Experten in den Entscheidungs- und Verhandlungsprozess zwischen Exekutive und Förderkreis zu legitimieren sucht. Seine Initiative begleitet der gelernte Architekt Conradi mit einem Rundbrief zur Information Interessierter über den Fortgang des Verfahrens. Darin wird über einen Antrag der sozialdemokratischen Bundestagsfraktion berichtet, der im Februar die Bundesregierung unter anderem dazu auffordert, »den Deutschen Bundestag in die Meinungs- und Willensbildung für dieses Vorhaben einzubeziehen. (...) Die Beteiligung des Parlaments soll deutlich machen, dass das Vorhaben die Unterstützung der Volksvertretung hat, und soll damit zu einer breiten Akzeptanz des Denkmals in der Bevölkerung beitragen.«[16]

Diese Initiative und die Neukonstituierung des Berliner Senats bringen wieder Bewegung in die erstarrte Debatte. Wenig später rückt der Förderkreis von seiner rigorosen Festlegung auf den Entwurf von Jackob-Marks ab, der allerdings weiterhin favorisiert wird: »Wir haben nicht gesagt, dass wir uns von der Namensplatte verabschiedet hätten. Wir haben uns lediglich für den Vorschlag geöffnet, alle sieben Preise noch einmal anzusehen.« (Lea Rosh, *FAZ* 21. 2. 1996) Trotz dieses Signals dauert der Stillstand weitere zwei Monate an, bis die Auslober am 24. April 1996 auf Einladung des neuen Kultursenators in Berlin wieder zu Beratungen zusammentreten. Neben ihm sind Bausenator Klemann, aus dem Bonner Innenministerium Wolfgang Bergsdorf, für den Förderkreis Lea Rosh und als Beobachter der Jüdischen Gemeinde Jerzy Kanal anwesend. Als Ergebnis wird der gewählte Standort bekräftigt und der Willen bekundet, eine Grundsteinlegung am 27. Januar 1999, im Jahr des Umzugs von Parlament und Regierung in die Bundeshauptstadt, zu erreichen. Den Weg zur einvernehmlichen Lösung soll nun ein besser strukturierter und zeitlich befristeter Erörterungsprozess unter Einbeziehung von Sachverständigen und Parlamentariern ebnen: »Auf der Grundlage der Entwürfe der ersten sieben Preisträger des Wettbewerbs werden nach der Sommerpause 1996 Experten (Historiker, Philosophen, Städteplaner u. a.), Abgeordnete des Deutschen Bundestages und des Abgeordnetenhauses von Berlin zu einem Kolloquium eingeladen. Die Auslober werden das Kolloquium auswerten und das weitere Umsetzungsverfahren dann entscheiden.«[17] Dieser Vorschlag versucht die Kritik am bisherigen Verfahren und seinem Ergebnis zu berücksichtigen und soll zugleich die Befürchtungen zerstreuen, die mit einem neuen Wettbewerb unter veränderten Bedingungen verbunden sind. Eine Infragestellung von Standort und prämierten Entwürfen würde eine immense Verzögerung verursachen, allerdings ist nicht zu erkennen, wie auf den gegebenen Grundlagen der bisher verfehlte Konsens zu erzielen wäre.

Die Debatte im Bundestag

Am 9. Mai 1996 wird auf den Antrag der SPD-Fraktion hin eine Bundestagsdebatte zum Denkmal für die ermordeten Juden Europas angesetzt. Zwei Tage zuvor hat sich auch die Fraktion von Bündnis 90 / Die Grünen mit einem eigenen Antrag zu

Wort gemeldet.[18] In der Absicht mit der sozialdemokratischen Fraktion übereinstimmend, ist er konkreter und weitgehender. Zunächst werden die historischen Orte der NS-Verbrechen thematisiert und die Bundesregierung dazu aufgefordert, »im Bundeshaushalt die notwendigen Mittel für den Erhalt von Gedenkstätten in den Bundesländern und im Ausland liegenden Gedenkstätten vorzusehen«. Die Prämissen des Bauvorhabens werden bekräftigt, aber eine schnellere Realisierung angemahnt: »Der Deutsche Bundestag respektiert die Bedingungen und Ergebnisse des künstlerischen Wettbewerbs und hält an dem vereinbarten Standort fest. Es wäre zu begrüßen, wenn das Holocaust-Denkmal zum Zeitpunkt des Umzugs von Deutschem Bundestag und Bundesregierung bereits fertig gestellt wäre.« Dazu fordern die Bündnisgrünen die Einrichtung eines Gremiums, das außer den Auslobern den Zentralrat der Juden sowie die Fraktionen von Bundestag und Berliner Abgeordnetenhaus umfasst. Darüber hinaus will die Fraktion Gedenkorte für andere Opfer des Nationalsozialismus in der Nähe des Reichstags errichtet wissen. Insgesamt steht dieser Antrag für die Einbettung des Denkmals in eine erinnerungskulturelle Gesamtkonzeption des Bundes.

Die Aussprache wird von Bekenntnissen zur Errichtung des Denkmals dominiert, lässt aber auch parteipolitische Positionierungen und persönliche Präferenzen bezüglich Ausgestaltung und Standort erkennen. Obgleich viele Redner beteuern, der Bundestag wolle und solle sich nicht als künstlerische Jury betätigen, fällt die Ablehnung des Entwurfs von Jackob-Marks einhellig aus, auch der Vorschlag von Simon Ungers wird von einigen Abgeordneten wegen seiner Größe nicht als gelungene Alternative anerkannt. Pointiert fasst Peter Conradi die Kritik der beiden Entwürfe an Hand der damit evozierten Eindrücke als »Grabplatte« und »Opferaltar« zusammen. Bezeichnend für die Diskussion ist, wie das Projekt in den Kontext aktueller geschichtspolitischer Auseinandersetzungen rückt. Volker Beck (Bündnis 90 / Die Grünen) beklagt im Bezug auf den 8. Mai,

»wie schwer sich Deutschland mit seiner Geschichte immer noch tut. Auch am 51. Jahrestag der Befreiung vom Nationalsozialismus war im Rechtsausschuss dieses Hauses keine Einigung darüber zu erzielen, dass die Verurteilung wegen Desertion aus Hitlers Wehrmacht ohne Wenn und Aber unrecht war.«[19] Ein anderer Bezugspunkt ist die schleppende Diskussion um die angemessene Entschädigung der Opfer des Nationalsozialismus durch den deutschen Staat. Auch Verweise auf die umstrittenen Thesen von Daniel J. Goldhagen zur spezifischen Ausprägung und »eliminatorischen« Radikalität des deutschen Antisemitismus fehlen nicht. Die Ausführungen des PDS-Abgeordneten Ludwig Elm sind schließlich derart von Angriffen auf die Union dominiert, dass er vom Sitzungsleiter, Bundestagsvizepräsident Hans Klein (CSU), aufgerufen wird, zur Sache zu sprechen. Dies ist allerdings der einzige Punkt, an dem die Debatte in die übliche Dramaturgie parlamentarischer Auseinandersetzungen zwischen christdemokratischer Regierungspartei und sozialistischer Opposition kippt. Ansonsten strebt die Volksvertretung eine dem Thema angemessene Diskursform an: die Parlamentarier verzichten auf die üblichen Zwischenrufe, es gibt Beifallsbekundungen auch jenseits der Fraktionsgrenzen. So signalisiert der Bundestag, er werde sich in dieser Angelegenheit jeder parteipolitischen und persönlichen Profilierung oder Diffamierung enthalten.

Im Verlauf der Debatte werden auch Vorschläge zur weiteren Verfahrensweise unterbreitet. Während die von den Auslobern geplanten Expertenanhörungen »zur Klärung der Entscheidungsgründe« (so der anwesende Kultursenator Radunski in seiner Rede) allgemeine Zustimmung erfahren, zieht nicht nur der Abgeordnete Conradi eine parlamentarische Legitimation in Betracht:

»Wir sollten prüfen, ob wir diesem Denkmal nicht eine gesetzliche Grundlage geben (...). Darüber, wie das Parlament beteiligt wird, soll der Ältestenrat mit der Bundesregierung reden.«

Vor allem zwei Gesichtspunkte werden aus dem Antrag von Bündnis 90 / Die Grünen aufgegriffen: Das Plädoyer für eine möglichst frühzeitige Fertigstellung des Denkmals (z. B. von Burkard Hirsch, FDP) und die Notwendigkeit zur adäquaten Ausstattung bestehender Gedenkstätten (z. B. von Thomas Krüger, SPD). Nach der eineinhalbstündigen Beratung werden die beiden Anträge zur Beratung an den Ältestenrat und zur Mitberatung an den Innenausschuss überwiesen. Die in Anwesenheit von etwa einem Drittel der Abgeordneten geführte Debatte bleibt öffentlich ohne größere Resonanz, es handelt sich demnach eher um »politics as usual« als um einen Vorgang von nationalem Interesse.[20]

Zwischen Zivilgesellschaft und Gremienpolitik

Die auch in der Bundestagsdebatte deutlich gewordene Tendenz, an den zentralen Vorgaben festzuhalten, fordert Hanno Loewy und Christian Staffa am 22. Juni 1996 zu einer kritischen Reaktion und einem elf Punkte umfassenden »Appell zum Wettbewerb für das ›Denkmal für die ermordeten Juden Europas‹« heraus, der vorwiegend von Kunst- und Kulturwissenschaftlern sowie Leitern von Gedenkstätten unterzeichnet ist.[21] Darin werden bekannte Kritikpunkte pointiert resümiert und konkrete Veränderungsvorschläge unterbreitet. Als angemessenen Standort nennen sie den »Platz der Republik« im künftigen Berliner Regierungsviertel, während auf dem Gelände in den ehemaligen Ministergärten »eine zeitlich begrenzte systematisierende Ausstellung von Entwürfen, Denkmals-Konzepten und den Reaktionen der Öffentlichkeit« eingerichtet werden soll. Zur Beteiligung an dem fortgeführten Wettbewerb, wie sie von den Auslobern vorgesehen ist, fordern sie: »Eine Einschränkung der Neueinladung auf eine willkürliche Zahl von ›ersten‹ Preisträgern stellt den Ernst des weiteren Vorgehens grundsätzlich in Frage. Alle siebzehn von der Jury ausgewählten Einsender müssen im weiteren Verfahren Berücksichtigung finden.« Darüber hinaus sollen weitere Künstler geladen werden, die möglichst unterschiedliche künstlerische Konzeptionen vertreten. Schließlich soll eine neue Jury im Frühjahr 1997 über die eingegangenen Entwürfe entscheiden. Die bisherige Auswahl und der Proporz der bisherigen Gremien wird damit grundsätzlich in Frage gestellt.

Ungeachtet dessen halten die Auslober an ihrem Konzept zur Fortführung des Verfahrens fest und konkretisieren am 30. August 1996 Zeitpunkt, Zusammensetzung und Ziel der drei eintägigen Kolloquien zwischen Januar und April 1997.[22] »Ständige Teilnehmer aus verschiedenen Bereichen (Stadtplaner, Architekten, Historiker, Künstler, Vertreter des öffentlichen Lebens, darunter Jüdischer Organisationen etc.) sowie einzelne Referenten sollen im Rahmen der Colloquien die bisherige öffentliche Diskussion zusammenführen. Aufbauend auf den Ergebnissen des Wettbewerbs sollen die Colloquien einerseits den Auslobern Hinweise geben, welcher Entwurf gebaut werden soll. Andererseits sollen die teilnehmenden Preisträger Anregungen für die Bearbeitung ihrer Entwürfe erhalten.« Organisiert wird dieser Diskussionsprozess nun von einer »Lenkungsgruppe«, der »Vertreter der Auslober, Fachleute und fachliche Berater« angehören. »Tatsächlich jedoch wurden in die Lenkungsgruppe (...), die erstmals am 25. September unter dem Vorsitz von Lea Rosh tagte, ausschließlich Vertrauenspersonen der Bundesregierung, des Senats und des Förderkreises berufen, so dass das Gremium de facto identisch war mit dem Auftraggeber.« (Heimrod u.a. 1999, S. 589) – ein Vorgehen, dessen Folgen das weitere Verfahren nachhaltig beeinflussen wird.

Bereits bevor die personelle Zusammensetzung der Kolloquiums-Koordination bekannt wird, kommentiert Salomon Korn kritisch die daraus resultierenden Vorteile für die Auslober (*FR* 13.8.1996): Sie gewinnen erstens Zeit »für eine politische Mehrheitsbildung, die derzeit nicht zu haben ist«, sie verbuchen zweitens durch die Einbeziehung weiterer Experten einen Kompetenzgewinn und immunisieren sich damit gegen Kritik, und drittens erzielen sie einen Glaubwürdigkeitsgewinn durch die Instrumentalisierung des neuen Gedenktages. »Mit Festlegung auf den 27. Januar 1999 als Termin für die Grundsteinlegung wird nicht nur Zeit und (vermeintliche) Kompetenz gewonnen, sondern öffentlich manifestiert, dass alle Befürchtungen grundlos sind, eine Verzögerung des Projektes Holocaust-Denkmal werde zu dessen Scheitern führen.« Das sei kein Beitrag zu einer sachbezogenen Problemlösung, sondern »eine Art Perpetuum mobile bürokratischer Rechtfertigungsstrategie«.

Schauen wir, was aus der im Bundestag geforderten Beteiligung des Parlaments geworden ist. Der Ältestenrat hat ein »Informelles Gremium« gebildet, dem unter dem Vorsitz der Bundestagspräsidentin Rita Süssmuth (CDU) je ein Mitglied der Fraktionen des Deutschen Bundestages angehört.[23] Es tritt am 12. November 1996 zu einer ersten Sitzung zusammen und wird vom Kultursenator über den Stand der Dinge unterrichtet. Radunski sagt dabei zu, dass die Mitglieder des Informellen Gremiums zu den Kolloquien eingeladen werden, ansonsten ist vom parlamentarischen Elan wie auch vom außerparlamentarischen Engagement nicht viel übrig geblieben. Bereits vor dem Beginn des Beratungsprozesses muss nun das zentrale Ziel der Kolloquien, eine legitime und überzeugende Entscheidung zu befördern, in Frage gestellt werden.

4. Beratung ohne Beschluss? Die Kolloquien

Erinnerungsexperten und Politikprofis: Die Auserwählten

Am 11. Dezember 1996 konkretisiert Radunksi die Konstruktion der Kolloquien.[24] Geleitet werden die Veranstaltungen von zwei »Polit-Pensionären«: dem ehemaligen Regierenden Bürgermeister von Berlin und späteren Botschafter in Israel, Klaus Schütz, sowie dem Ex-Bundesbauminister Oscar Schneider. Diese Auswahl steht für eine gewisse Sachkompetenz, vor allem aber für erwiesenes Geschick bei der Moderation politischer Prozesse. Beide Personen führen den Doktortitel, sie können also, was im Verhältnis von Politik und Wissenschaft nicht unerheblich ist, von den anwesenden Experten akademische Anerkennung erwarten. Ihre Aufgabe wird wie die von Schlichtern in einem Tarif-Streit beschrieben: »Sie vertreten als unabhängige Persönlichkeiten den programmatischen Anspruch des Vorhabens und den gemeinsamen Willen zur Realisierung.« Den Hauptbeitrag zur Meinungsbildung und Entscheidungsvorbereitung soll die Gruppe der ständigen Teilnehmer leisten, »die kraft ihrer fachlichen, politischen und gesellschaftlichen Kompetenz an allen Sitzungen teilnehmen«. Diese Gruppe rekrutiert sich aus folgenden Bereichen: Geschichts- und Kunstwissenschaft, Architektur und Städtebau, Kultur und Publizistik sowie »öffentliches Leben«, worunter Vertreter von einschlägigen Verbänden wie dem Zentralrat der Juden subsumiert sind. Weitere ständige Teilnehmer sind vereinbarungsgemäß Mitglieder des Bundestages und des Abgeordnetenhauses von Berlin; außerdem die Verfasser der neun preisgekrönten Wettbewerbsentwürfe, die als Grundlage der Beratungen dienen sollen, und die Mitglieder der Wettbewerbs-Jury. Das Gremium umfasst somit fast 100 Personen, die bei drei Sitzungen jeweils sieben Stunden beraten sollen. Davon geht die Zeit für einen »Leitvortrag« ab, der darüber hinaus von bis zu fünf vorbereiteten Kurzkommentaren ergänzt wird. Die Themen lauten: »Warum braucht Deutschland das Denkmal? (10.1.1997); »Der Standort, sein historischer und politischer Kontext, seine zukünftige stadträumliche und städtebauliche Einbindung« (14.2.1997) und schließlich »Typologie, Ikonographie und Dimensionierung des Denkmals« (11.4.1997).

Es kann nicht verwundern, dass nach Bekanntwerden dieser überdimensionierten »Diskussionsrunde« ein weiteres Mal Kritik laut wird. Sie konzentriert sich vor allem auf die dem Verfahren zugrunde liegenden Prämissen, denn die fragwürdigen Voraussetzungen sowie daraus resultierende Entwürfe der ersten Ausschreibung werden als status quo festgeschrieben. Malte Lehming sagt voraus: »Ein reines Akklamationsforum, in dem das Ergebnis feststeht, bevor die ersten Worte gewechselt wurden, führt aus diesen Dilemmata nicht heraus. Das Resultat wäre eine Verschlimmbesserung auf der Grundlage des kleinsten gemeinsamen Nenners.« (*Tagesspiegel* 5.1.1997) Und Salomon Korn fordert unter der Überschrift »Bestelltes Alibi« (*FAZ* 7.1.1997) die eingeladenen Experten dazu auf, ihre Teilnahme an dem nur zum Schein verwissenschaftlichten Verfahren zu überdenken. Der Historiker Reinhart Koselleck, einer der ständigen Teilnehmer, meldet am Tag vor dem ersten Kolloquium seine Zweifel an: »Die Redezeit pro Kopf und Tag beträgt weniger als vier Minuten.« (*FAZ* 9.1.1996). Der Unwillen der durchweg als eloquent bekannten Gelehrten, sich in ein solches Korsett zwingen zu lassen, ist absehbar und so gibt der Regierende Bürgermeister Diepgen eine vielsagende Empfehlung an Senator Radunski: »Vor dem Hintergrund der Debatte (…) halte ich es für wichtig, dem versammelten Sachverstand nicht den Eindruck zu vermitteln, allein zur nachträglichen Legitimation bereits getroffener Entscheidungen herangezogen worden zu sein.«[25]

Kontroverse Kolloquien

Radunskis Eröffnungsansprache ist aber nicht dazu angetan, diese Befürchtungen zu zerstreuen.[26] Er bezeichnet die Veranstaltungsreihe als »Abschluss der Diskussion«, stellt fest, dass der Wettbewerb beendet ist, und mutmaßt, einer der neun preisgekrönten Entwürfe, auf die sich das Verfahren nun bezieht, werde höchstwahrscheinlich realisiert. So will der Senator von der langen Deliberation zur kurzen Dezision kommen: »Nach dem Colloquium entscheiden die Auslober, welche Entwürfe sie in die engste Wahl ziehen und welche Überarbeitungsauflagen sie auf der Grundlage des Colloquiums erteilen. Nach einer mehrmonatigen Überarbeitungsphase wird entschieden.« Als wichtigstes Kriterium führt er wieder die Kostenvorgabe von 15 Millionen Mark ein, die entscheidende Veränderungen bedingen werde. Zum Problem der Verfahrensgerechtigkeit teilt er den Kritikern seine pragmatische Position mit: »Legitimation gibt es in der Demokratie weder durch zwingende wissenschaftliche Wahrheit, noch durch einen endlosen ›herrschaftsfreien Diskurs‹ (...); Legitimation kann es nur durch ein Verfahren geben, in dem alle Argumente sich artikulieren und Beachtung finden können. Deshalb ist eine Debatte, die nicht von Null anfängt, sondern auf der Grundlage langfristig erarbeiteter Rahmenentscheidungen, noch längst keine ›Farce‹ (...). Und jedes Verfahren muss ein Ende haben.« Das ist der bekannte Leitsatz des Dezisionismus, und der erhoffte Legitimationsgewinn besteht darin, dass die Diskussion nicht nur in der Arena politischer Öffentlichkeit stattfindet, sondern auch formal zum Bestandteil der Entscheidungsfindung erhoben wird. Ob diese Vorgehensweise Folgen für das Ergebnis hat, ist für Radunski nicht von Relevanz. Sein Desinteresse demonstriert der Senator dadurch, dass er schon vor Beginn der Aussprache die Veranstaltung verlässt.

Doch vor Eintritt in die Tagesordnung artikuliert die absehbare Geschäftsordnungsdebatte den Widerspruch aus dem Kreis der ständigen Teilnehmer. Dem Antrag, die Prämissen in die Diskussion einzubeziehen, wird nicht stattgegeben. Dafür sorgt nicht nur Oscar Schneider, der als Moderator eine Prüfung für die *folgende* Sitzung in Aussicht stellt, sondern auch eine Intervention von Ignatz Bubis, der die Kolloquien unverblümt als Konzession der Auslober an die Öffentlichkeit charakterisiert. Nach dem folgenlosen Intermezzo wird die Veranstaltung mit dem Vortrag von Eberhard Jäckel fortgeführt. Seine Ausführungen zum Thema »Warum braucht Deutschland das Denkmal« versuchen, die vielen im Verlauf der letzten Jahre vorgetragenen Kritikpunkte zu entkräften. Indem er vor allem das Vorhaben der Nennung von Namen der Opfer unterstützt, kann sein Beitrag als Votum für den vom Förderkreis favorisierten Entwurf von Jackob-Marks verstanden werden. Auch in den vier folgenden Kommentaren werden mehr oder minder prononcierte Stellungnahmen zur konkreten Ausgestaltung abgegeben, was der Historiker Jürgen Kocka gleich zu Beginn seiner Ausführungen begründet: »Die Frage, warum Deutschland ein Denkmal braucht, ist nicht zu trennen von der Frage, wie es beschaffen sein soll.« Daraus resultieren wiederum Vorschläge zur weiteren Verfahrensweise, wenn die vorliegenden Entwürfe als nicht angemessen erachtet werden: »Das würde für eine neue Auslobung sprechen und wohl auch für eine anders zusammengesetzte und erweiterte Jury. Zumindest aber für eine entschiedene Öffnung der für die noch in Frage kommende Wahl zu berücksichtigenden Entwürfe über die bisherige Spitzengruppe hinaus.« (Kocka) Dem entgegnet Ignatz Bubis, auch unter diesen Umständen könne nichts wesentlich Neues hervorgebracht werden. Er sympathisiert mit einer weiteren Rednerin, die die Notwendigkeit der Denkmalsetzung aus der konkreten Konstellation begründet, die durch die Gedenkstätte der Neuen Wache entstanden sei. »Seit es dieses inklusive Denkmal gibt, erscheint mir das Desiderat eines Denkmals für die ermordeten Juden Europas dringlicher als je. Es wird gebraucht als (...) das Gegen-Denkmal« (Aleida Assmann, Mitglied des Förderkreises). Assmann fordert die Einbindung des Denkmals in ein erinnerungskulturelles Gesamtkonzept, das sowohl die dezentralen Erinnerungsorte berücksichtigt, als auch »Funktionen wie Datenarchiv, Forschungsstätte, Begegnungszentrum und Museum in sich kombiniert«.

In der anschließenden Diskussion werden nahezu alle denkbaren Positionen zum Denkmal-Projekt artikuliert, ohne dass sich eine deutliche Tendenz abzeichnet. Zum Unwillen der Auslober wird wiederholt die Ansicht vertreten, die Fragestellung des »warum« sei ohne Bezug zum »wie« und »wo« nicht zu klären, womit das Verfahren selbst zum Gegenstand der Debatte wird. Obgleich die Diskussion unplanmäßig vom Kreis der Geladenen auf das, trotz zurückhaltender Veröffentlichung des Termins, zahlreich anwesende Saal-Publikum erweitert wird, endet die Veranstaltung zwei Stunden früher, mit einem Verweis des Moderators Klaus Schütz auf die folgenden Sitzungen: »Jeder könne auch dann wieder seine Meinung in die Diskussion um das Denkmal einbringen.« Diese Wortwahl und der Umstand, dass sich an der Aussprache kein einziger Vertreter der Auslober beteiligt und ein Dialog somit nicht stattgefunden hat, bestätigt die Vermutung, die Veranstaltung diene primär dazu, den Kritikern Gelegenheit zu geben, »Dampf abzulassen«. So lässt sich auch die populistische Expertenschelte in einem Interview mit Lea Rosh interpretieren: »Ich glaube, die Bevölkerung ist weiter als diejenigen, die das Denkmal nicht wollen. Und die Denkmalsgegner sind es ja, die hier versammelt sind, nicht die Bevölkerung.« (*Neues Deutschland* 14.1.1997) – warum aber Sachverständige einladen, wenn deren Beitrag durch Rekurs auf Volkes Stimme jederzeit desavouiert werden kann?

Kultursenator Radunski gibt sich weniger beratungsresistent und zieht aus der Kritik diplomatische Schlüsse. Er räumt ein, dass die im Verfahren verbliebenen Künstler unter dem Eindruck der Kolloquien auch vollkommen neue Entwürfe vorlegen könnten. Das vorläufige Ergebnis der Beratungen fasst er im Hinblick auf eine inhaltliche Überarbeitung mit »kleiner, stiller, bescheidener« zusammen, worin er verfahrensmäßig die »Fortsetzung des Wettbewerbs mit anderen Mitteln« sieht (*FAZ* 18.1.1997). Diese an einem Minimalkonsens orientierte Kompromissformel würde die Berücksichtigung einiger Kritikpunkte unter Beibehaltung des von den Auslobern eingeschlagenen Weges ermöglichen. Die am Verfahren Beteiligten könnten Glaubwürdigkeitsverluste vermeiden, das drohende Scheitern der Veranstaltungen wäre abgewendet. Doch bereits vor der zweiten Kolloquiumssitzung signalisiert eine zwölfköpfige Gruppe der ständigen Teilnehmer, dass sie damit nicht einverstanden sind. In einem offenen Brief vom 10. Februar 1997[27] an den Kultursenator wiederholen sie die Bitte um Aufhebung der umstrittenen Prämissen und fordern vor allem einen neuen Standort am Platz der Republik. Auf dieser Grundlage sollen die Verfasser der 17 prämierten Entwürfe und etwa 15 weitere Künstler neue Konzepte erarbeiten, die eingereichten Arbeiten sollen von der bestehenden, um einige Personen erweiterten Jury beurteilt werden.

Ganz im Gegensatz zu seinen lapidaren Einlassungen zu Beginn des ersten Kolloquiums geht Radunski bei der Eröffnung der Folgeveranstaltung am 14. Februar 1997 engagiert auf die vorgetragenen Einwände ein und gibt zu: »Die Auslober haben objektiven Beratungsbedarf, um das Denkmal realisierbar zu machen, nicht nur ein subjektives Erörterungsbedürfnis«. Als handlungsleitende Maxime benennt er aber, die Realisierung des Denkmals solle zum festgesetzten Termin mit den verfügbaren Finanzmitteln erfolgen, alle weiteren Vorschläge hätten sich dem unterzuordnen. Zwar sei der gewählte Standort nicht unumstößlich, aber eine Alternative nur unter einer Bedingung akzeptabel: »Wer einen anderen Standort für das Denkmal will, muss (…) glaubhaft machen, dass dieser andere Standorte tatsächlich verfügbar gemacht werden kann.« Damit reduziert Radunski die komplexe Problemstellung der Beratungen auf ein aus der Sicht des politisch-administrativen Systems bearbeitbares Problem der Machbarkeit. Trotz dieses verklausulierten Zugeständnisses, das sich auch in einer veränderten Abfolge von vorbereiteten Redebeiträgen und freier Diskussion manifestiert, regt sich nach einer um Ausgewogenheit bemühten Ansprache der Bundestagspräsidentin Rita Süssmuth erneut Widerspruch. Der Münchener Historiker Christian Meier, einer der Unterzeichner des offenen Briefes und bereits beim letzten Kolloquium Kritiker der Voraussetzungen des Verfahrens, insistiert darauf, dass die Prämissen bedingungslos zur Disposition gestellt werden. Bei der Replik von Lea Rosh wird ein Dissens des Förderkreises zu Radunskis Standpunkt deutlich; sie fordert nicht nur, dass bei der in Aussicht gestellten Überarbeitung die ersten Entwürfe erkennbar bleiben müssten, sondern lehnt auch den in die Debatte eingeführten Alternativstandort kategorisch ab:

»Der Platz vor dem Reichstag (ist) ein historisch falscher Standort, da nicht vom deutschen Volk die Ermordung der Juden ausgegangen sei, sondern von einer Gruppe von Nazis.«

Bevor man in die eigentliche Erörterung des Tagungsthemas eintritt, erscheinen die Fronten so verhärtet wie zuvor, die Auslober uneinig, einige Kritiker düpiert und ein fruchtbarer Verlauf kaum möglich. Obwohl die folgenden Kommentatoren die Standortfrage sachlich diskutieren, bestätigt die Sitzung insgesamt diesen Eindruck: Die bekannten Argumente und Positionen drehen sich im Kreis und nach heftigen Wortgefechten verlassen Salomon Korn, Rachel Salamander und Julius Schoeps vorzeitig und endgültig die Veranstaltung. Einzig die anwesenden Vertreter von Bundesregierung und Parlament lassen indirekt erkennen, dass die Entscheidungssituation offen ist; sie verweisen auf den Finanzierungsvorbehalt des Bundestages, und eine entsprechende Mehrheit könnte die Verwirklichung eines für falsch erachteten Entwurfs durch Verweigerung der Haushaltsmittel verhindern. Daraus folgert der amerikanische Publizist Michael S. Cullen: Wenn der Bundestag letztendlich eine entscheidende Rolle spielt, warum ihn nicht zum Herrn des Verfahrens erheben und ein ordentliches Gesetzgebungsverfahren als Alternative zur bisherigen Prozedur einleiten (*Tagesspiegel* 20. 2. 1997)? Peter Conradi nimmt den Ball auf und erneuert seinen Vorschlag, per Gesetz eine entsprechende Stiftung zu gründen: »Im Beirat dieser Stiftung sollten Bundestag und Bundesregierung, Berliner Abgeordnetenhaus und Senat, der Förderkreis, der Zentralrat der Juden und andere Institutionen und Einzelpersonen vertreten sein. Die Stiftung sollte zunächst für die Errichtung, danach für die Erhaltung, Verwaltung und Betrieb des Denkmals zuständig sein.«[28] Dieser Vorschlag wird wenig später zum Kristallisationspunkt eines zwanzigköpfigen Gesprächskreises, der sich unter anderem aus ständigen Teilnehmern der Kolloquien rekrutiert. Die in der Presse als »Sezessionisten« bezeichnete Gruppe möchte unter Regie der geplanten Stiftung eine Neuausschreibung erreichen: einen unkonditionierten Ideenwettstreit zur besseren thematischen Fundierung des Denkmals, mit eventuell temporären künstlerischen Installationen und einer Dokumentation der bisherigen Ergebnisse des Mahnmal-Projektes.

Auch nicht am Beratungsprozess beteiligte Vertreter mit anderen Vorstellungen zur Gedenk(stätten)praxis machen nun auf sich aufmerksam. Eine Initiative für die Gründung eines Holocaust-*Museums* in Deutschland meldet sich mit einer Presseerklärung zu Wort.[29] Sie will ein »Zentrum für Dokumentation und Information über Verbrechen gegen die Menschlichkeit« im Berliner Regierungsviertel, das als »Lern- und Forschungsstätte für Frieden und Humanität« dienen soll. Als Stiftung organisiert und durch Bund, Land, Industrie sowie private Spender finanziert, soll die Grundsteinlegung schon bald erfolgen. Diese forsche Neubewerbung ruft Vertreter etablierter Einrichtungen auf den Plan; Anfang März konstituiert sich eine Arbeitsgemeinschaft aus KZ-Gedenkstätten in Bundes- und Landesträgerschaft[30], die eine »zwiespältige Diskussion um die Zukunft der Erinnerung an die nationalsozialistischen Verbrechen und ihre Opfer« zu erkennen meint. Einerseits könne man ein wachsendes Interesse an der Arbeit der betreffenden Erinnerungsorte feststellen, die sich nicht nur in steigenden Besucherzahlen, sondern auch in der erstmalig vom Bund übernommenen finanziellen Förderung einiger Einrichtungen manifestiere. Andererseits demonstriere die Debatte um ein zentrales Holocaust-Denkmal bzw. -Museum eine gewisse Unkenntnis über deren umfassende Arbeit: »Die symbolische Überformung der historischen Tatsachen kann das Ende der konkreten Auseinandersetzung mit der Vergangenheit bedeuten.« Hinzu komme die ungewisse finanzielle Zukunft vieler Gedenkstätten. Als Alternative zu einem nationalen Mahnmal oder Museum sollen vorhandene Gedenkstätten zu modernen zeithistorischen Museen mit pädagogischem Auftrag umgewandelt werden, ohne dass sie ihre Rolle etwa als konkrete oder symbolische Friedhöfe aufgeben müssten.

Derweil ist die Senatsverwaltung für Wissenschaft, Forschung und Kultur nicht untätig und hat eine Untersuchung der bisher im Kolloquium benannten Standorte in Auftrag gegeben, deren erster Teil im März 1997 erarbeitet wird.[31] Angesichts der damit beauftragten Personen kann dieses Vorhaben jedoch wieder nicht als unabhängiges Gutachten angesehen werden, sondern als Argumentationshilfe für den Dienstherrn der Behörde. Während Urs Kohlbrenner beim zweiten Kolloquium Gelegenheit hatte, seine positive Einschätzung der Ministergärten im Leitvortrag darzustellen, sind die beiden anderen Bearbeiter für die fachliche Beratung bzw. Koordination des Kultursenats im Verfahren zuständig.[32] Die Untersuchung gibt einen kurzen Überblick über die aus Sicht der Auslober relevanten Aspekte von elf erwähnten Standorten, enthält sich aber weitgehend einer ausführlichen Beurteilung. Dementsprechend stehen weniger konzeptionelle und historische Gesichtspunkte im Vordergrund, als Merkmale des jeweiligen Geländes und seiner Umgebung sowie vor allem die Frage der Erreich- und Verfügbarkeit im Blick auf die absehbare Stadtentwicklung. Erwartungsgemäß rückt die Alternative zwischen dem vorgesehenen Standort und möglichen Standorten um den Platz der Republik in den Mittelpunkt. Für letztere stellt sich die Frage, ob sie durch die Bannmeile des Bundestags oder andere Sicherheitsbelange beeinträchtigt sind und ob sie die Zustimmung durch Bundestag und Bundesregierung erfordern. Unter Aspekten der Machbarkeit bleiben die nahe am Stadtzentrum Berlins beziehungsweise im politischen Zentrum der Bundesrepublik liegenden Ministergärten die aussichtsreichste Variante.

So sieht es in seiner Einführung zum dritten Kolloquium, das am 11. April 1997 zum Thema »Typologie und Ikonographie des Denkmals – Wege zur Realisierung« stattfindet, auch Kultursenator Radunski: »Nach erster Durchsicht ist der Standort Ministergärten nicht widerlegt; vielfältige Gegenvorschläge und eine Reihe grundsätzlicher Einwendungen gegen ihn lassen sich dagegen vorerst nicht verifizieren.« Aus dieser Feststellung resultiert weiterer Beratungsbedarf, nicht coram publico, sondern im Gespräch mit den Verantwortlichen in Politik und Verwaltung. Ansonsten gibt sich Radunski offen. Er stellt in Aussicht, neue Vorschläge einzuholen und Personen aus der Lenkungsgruppe, dem Kreis der ständigen Teilnehmer oder externe Sachverständige an den jeweils fälligen Auswahlentscheidungen zu beteiligen. Ungeachtet dieser demonstrativen Geste des guten Willens konfrontiert die Kunsthistorikerin Kathrin Hoffmann-Curtius das Auditorium mit einer persönlichen Erklärung, in der sie ihren Rückzug aus dem Gremium verkündet. Ihre Entscheidung begründet sie mit Verweis auf die Ignoranz der Veranstalter gegenüber allen vorgetragenen Argumenten, das Ganze sei nur eine Alibiveranstaltung.

Den inzwischen üblichen Unmutsbekundungen folgt der Vortrag von Lea Rosh in ihrer Funktion als Vorsitzende des Förderkreises. Im Gegensatz zur versöhnlichen Rede des Senators beklagt sie die Polarisierung der Positionen und die dadurch eingetretene Marginalisierung ihres Standpunkts. In einer Art Generalabrechnung skizziert Rosh die Genese des Konflikts aus einem Verteilungskampf geschichtspolitischer Initiativen um finanzielle Ressourcen: »Wenn ihr euer Denkmal kriegt, bekommen wir nicht die für uns nötigen Mitarbeiterstellen«, zitiert sie beispielsweise die Vorsitzende des »Aktiven Museums«. Überhaupt sei man im links-intellektuellen Spektrum auf unvorhergesehene Weise isoliert gewesen und habe Unterstützung eher aus dem konservativen Lager erhalten. Der angeblichen »Blockierung durch das vornehmlich intellektuelle Kultur-Establishment« stellt Rosh die Bereitschaft der angesprochenen Politiker zur Verwirklichung des Vorhabens gegenüber: »Die politisch Verantwortlichen sind weiter als das Feuilleton.« Insbesondere die Einwände gegen den Standort lässt sie nicht gelten und wiederholt den Vorwurf, dass es dabei letztlich um eine Verhinderung des Denkmals gehe. Dies sei vor allem dann verwerflich, wenn es sich bei den Kritikern um ehemalige Mitglieder der Jury handelt, die während der damaligen Beratungen geschwiegen haben. Als Kronzeugen für die Auffassung des Förderkreises bemüht Rosh schließlich die schweigende Mehrheit; bei Unterschriften- und Spendensammlungen habe man Zustimmung erfahren und nur den Vorwurf bekommen: »Mensch, nun macht doch mal endlich, hört doch auf mit den endlosen Diskussionen.«

Diese Ausführungen amüsieren einige Diskutanten nicht, Christian Meier fordert die Zurücknahme der Äußerungen. »Auch müssten die Zeiten, in denen das gesunde Volksempfinden zum Maßstab für Entscheidungen gemacht wird, vorbei sein.« Ähnlich verurteilt Peter Conradi den Versuch, substanzielle Bedenken durch das »Votum der Straße« zu entkräften. Der folgende Dia-Vortrag von Christoph Stölzl, der auch Mitglied der Lenkungsgruppe ist, versachlicht durch einen historischen Abriss typischer Gestaltungsweisen von Holocaust-Denkmalen die Diskussion, weil er aber vom Vorhaben weitgehend absieht, wertet ihn der Kunstwissenschaftler Robert Kudielka spöttisch als »Nachhilfeunterricht in Ikonographie«. Im Gegensatz zu Stölzl hält Dieter Ronte, ebenfalls Vertreter eines Museums, in seinem Vortrag ein engagiertes Plädoyer für den vorgesehenen Standort (»eine hochwertige Immobilie«) und unterstützt den Bau eines der in die engere Wahl gezogenen Entwürfe. Dazu bringen ihn weniger die konkreten Vorzüge der vorliegenden Konstellation als das Kalkül, dass nur so mit den vorhandenen Mitteln ein angemessenes Ergebnis zu erzielen sei. Da die beiden Beiträge in ihrer Allgemeinheit wenig Anhaltspunkte für eine Auseinandersetzung bieten, kapriziert sich die anschließende Diskussion fast ausschließlich auf die Aussagen von Lea Rosh und, angesichts des nahen Endes der Veranstaltungsreihe, auf die sattsam bekannten Verfahrensfragen. Dabei fallen Vokabeln wie Politbüro und SS, zum Teil inspiriert durch die Tagungsstätte, das ehemalige Staatsratsgebäude; einige der anwesenden Politiker sind um Entschärfung des Streits bemüht und sehen nun in der Beteiligung des Bundestages den einzigen Ausweg aus der Sackgasse.

Der Amerikaner James E. Young zeigt sich vor dem Hintergrund von Erfahrungen mit vergleichbaren Vorhaben in anderen Ländern wenig schockiert vom Sitzungsverlauf und findet: »Das Lehrreichste an einem Denkmal überhaupt ist die offene Diskussion und die Auseinandersetzung in der Öffentlichkeit.« Darin liegt aber wieder Zündstoff: Wenn der Wettbewerb nicht gescheitert ist, sondern gerade erst begonnen hat, muss man auch die Notwendigkeit, Begründung und Konzeption des Denkmals insgesamt hinterfragen können. Im Hinblick auf die eigentliche Fragestellung resümiert er: »Wenn beides geklärt ist, ergibt sich die Ikonographie fast wie von selbst.« Als hätte er dies nicht gesagt, beziehen sich die folgenden Kommentare und Redebeiträge aber wieder auf konkrete Gestaltungsvorstellungen und die Standort- und Verfahrensoptionen. Die Kunstsachverständigen tragen dabei eine Auseinandersetzung um die adäquate Ästhetik aus: Während etwa Stölzl verständliche und geradezu »volkstümliche« Lösungen favorisiert, setzen Verfechter der modernen Kunst auf die verstörende Qualität von Gegen-Denkmalen. Diese Konfliktlinie überschneidet sich mit der zwischen Vertretern der Kunstwissenschaften und der Geschichtswissenschaft. Auch Historiker ziehen konventionelle, direkt Bedeutung vermittelnde Denkmale Konzepten vor, die die Eigenlogik der Kunst gegenüber allen möglichen Funktionalisierungen zur Geltung bringen möchten. Ziemlich unbeeindruckt von der Virulenz der aufgeworfenen Fragen schließt Radunski die Sitzung, ohne konkrete Konsequenzen zu benennen. Er meint, die Kolloquien hätten ihre Funktion vor allem durch die Resonanz in der Öffentlichkeit erfüllt.

Dieses Urteil teilen die Feuilletons der folgenden Tage. Die Kolloquien seien keineswegs gescheitert, sie hätten zur (Er-)Klärung der Positionen beigetragen. Insbesondere der Beitrag von Young habe nicht nur die letzte Sitzung entspannt, sondern insgesamt vom unmittelbaren Entscheidungsdruck entlastet. Beruht diese Wahrnehmung auf Youngs positiver Ausstrahlung, oder nicht auch wesentlich auf seiner Rolle als Vertreter gleich zweier als relevant erachteter Instanzen? Wenn schon der führende US-amerikanische Sachverständige, der zudem Jude ist, den Prozess positiv beurteilt, können die Verantwortlichen und Beteiligten so falsch nicht liegen. Skeptisch gegenüber dem weiteren Vorgehen der Auslober bleibt aber Peter Conradi, der im Anschluss an die Veranstaltung eine alternative Auswertung anhand von schriftlichen Empfehlungen der eingeladenen Experten vornimmt und veröffentlicht. Sie ergibt, dass von

38 Experten, die sich geäußert haben, 22 sowohl für einen anderen Standort als auch für die Gründung einer Stiftung waren und 23 einen neuen Wettbewerb wollten.[33]

Zurück zum Start?

Das vom Kultursenator verkündete Ergebnis spiegelt einen Minimalkonsens wider:[34] »Der Wettbewerb ist beendet und dessen Ergebnisse werden so nicht realisiert.« Wesentliche Eckdaten, nämlich Baubeginn sowie Bausumme, bleiben aber bestehen. Unter diesen Bedingungen soll eine neue Findungskommission berufen werden, die bis Mitte des Jahres neun Personen benennt, die um Vorschläge für einen Denkmalentwurf gebeten werden. Die Entscheidung über die Ausführung der Entwürfe wollen die Auslober bis spätestens Ende 1997 treffen. Die zuständigen Verwaltungen sollen darüber hinaus die Ergebnisse der Kolloquien sichern sowie »die drei meistgenannten Standorte in den Ministergärten, zwischen Reichstag und Haus der Kulturen der Welt und bei der Stiftung ›Topographie des Terrors‹ einer nochmaligen Prüfung unterziehen.« Auf dieser Grundlage bittet Radunski in einem Schreiben vom 29. April einige der Kolloquiumsteilnehmer um eine schriftliche Stellungnahme. Auf bis zu drei Seiten sollen sie bis zum 10. Mai die für ihr »Sachgebiet wichtigsten Ergebnisse des Colloquiums, offen gebliebene Fragen und wesentliche Aussagen für eine Neubeschreibung der Aufgabe benennen«.[35]

Die Ergebnisse dieser willkürlich erscheinenden Erhebung sind denkbar disparat. Die Antworten setzen sich häufig mit den nicht explizit nachgefragten Standort- und Verfahrensfragen auseinander und arbeiten sich in diesem Zusammenhang auch an den Voraussetzungen der Veranstaltungen ab. Vorsichtig lassen sich zwei Tendenzen feststellen: Eine Reihe von Beiträgen denkt das geplante Monument von der Aufgabenstellung aus; dementsprechend wird eine radikale Reformulierung der Ausschreibung gefordert, die durch sach- und sprachkundige Personen besorgt werden und sich in einer aussagekräftigen Inschrift des Denkmals niederschlagen soll. Andere sehen das Denkmal primär durch den Standort definiert und betonen dementsprechend Vorzüge und Nachteile der diskutierten Vorschläge. Das Ausmaß des Bauwerks soll aber nicht vom zur Verfügung gestellten Gelände determiniert werden. Viele äußern sich darüber hinaus zur Zusammensetzung zukünftiger Auswahlgremien und befürworten durchweg mehr ästhetischen Sachverstand gegenüber den Repräsentanten anderer Gruppen. »Es sollte dabei sinngemäß nach den Grundsätzen und Richtlinien für Architekturwettbewerbe (GRW) verfahren werden, das heißt, im Preisgericht sollte eine Mehrheit von Fachpreisrichtern (Kunstwissenschaftler, Kunstvermittler, Künstler) und eine Minderheit von Sachpreisrichtern (Historiker, Philosophen, Politiker) sitzen«, lautet die Empfehlung von Peter Conradi.

Präzise Vorstellungen zur weiteren Vorgehensweise skizziert auch James E. Young mit sechs Arbeitsschritten bis zur Auswahlentscheidung. Nach der auch von ihm geforderten Formulierung eines Konzeptes zur Aufgabe des Denkmals will er nur noch die drei Preisträger, drei andere Wettbewerbsteilnehmer sowie drei neue Künstler am weiteren Verfahren beteiligen, wobei er für die letzte Gruppe den New Yorker Architekten Peter Eisenman empfiehlt. Nach neun Monaten soll die für das gesamte Procedere zuständige Kommission endgültig entscheiden und das Ergebnis offensiv öffentlich vertreten.

Parallel dazu erfolgt die genaue Prüfung der meistgenannten Standorte durch die Beauftragten der Senatsverwaltung Günter Schlusche und Bernhard Schneider.[36] Gegen das Prinz-Albrecht-Gelände sprechen aus ihrer Sicht Gründe, die aus der gegenwärtigen Nutzung und zukünftigen Gestaltung als Dokumentationszentrum »Topographie des Terrors« resultieren: »Die Aufstellung eines Denkmals für eine Opfergruppe, die der ermordeten Juden, an diesem Ort ist mit dem konzeptionellen Ansatz dieser Gedenkstätte nicht vereinbar.« Darüber hinaus sei das Einverständnis der Stiftung einzuholen, deren Stiftungsrat sich bei einer Sitzung am 28. Mai 1997 dann gegen den Vorschlag ausspricht. Auch der dort geplante Bau des Architekten Peter Zumthor beruhe auf der Annahme, dass das Gelände nicht weiter gestaltet wird, und betone vielmehr die Einbeziehung der vorhandenen Freiflächen. Sofern das Denkmal in den rund einen Kilometer entfernten Ministergärten errichtet werde, solle nach Möglichkeit für die Besucher ein wechselseitiger Verweis angebracht werden.

Die zweite Standortalternative, die Westseite des Platzes der Republik, bezieht sich auf die Nähe zum Reichstag, den künftigen Sitz des Bundestages, und befindet sich in direkter Nachbarschaft zum zukünftigen Bundeskanzleramt.

»Die Befürworter des Standorts wollen damit erreichen, dass alle zukünftigen Akte der Ausübung der höchsten Souveränität des deutschen Volkes in ständiger Präsenz, wenn nicht im physischen Anblick des Denkmals für die ermordeten Juden geschehe.«

Auch dagegen spricht aus Sicht der beiden Gutachter die exklusive Widmung des Denkmals. »Die schon für den derzeit vorgegebenen Standort Ministergärten notwendige Begründung für die Hervorhebung der Opfergruppe der Juden in einem eigenen Denkmal würde bei dieser Standortalternative schwieriger zu leisten sein.« Ein derart prominenter Platz werfe automatisch für die in Aussicht gestellten Denkmale für andere Opfer des Nationalsozialismus Hierarchieverdacht auf. Außerdem verliere die Berliner Senatsverwaltung für Wissenschaft, Forschung und Kultur in diesem Fall zwangsläufig die Federführung des Verfahrens an Bundestag und Bundesregierung.

Somit bleibt am Ende die Standortvorgabe der ehemaligen Ministergärten. Diese wird durch die besondere stadträumliche Lage begründet; visionär skizziert man eine Scharnierfunktion des Geländes: »Das Gebiet ist künftig zu verstehen als ein mächtiges Gelenk zwischen der Innenstadt und dem Tiergarten, (...) als ein öffentlicher Ort im Herzen der deutschen Hauptstadt.« Die Argumentation ist in zweierlei Hinsicht beachtenswert. Zum einen wird für die Begründung der Standortvorgabe nunmehr weitgehend auf symbolische Bezüge verzichtet, die sich aus der Historie des Ortes ableiten und vom Förderkreis vehement vertreten werden. Zum anderen bestätigt die Ablehnung der Standortalternativen unter Verweis auf die exklusive Widmung implizit deren Infragestellung – gegen ein Denkmal für alle Opfer des Nationalsozialismus würde an den genannten Orten weniger sprechen. Und auch, dass beim Standort »Platz der Republik« Bundestag und Bundesregierung das Verfahren in die Hand nehmen müssten, wäre durchaus im Sinne vieler Experten. Somit bleibt der Eindruck, dass sich die Prämissen wechselseitig stützen und eine unvoreingenommene Prüfung von Alternativen unmöglich gemacht haben.

5. Das Mahnmal zwischen Deliberation und Dezision

Ein neuer Wettbewerb

Noch bevor die Untersuchung der Standortalternativen durch die Senatsverwaltung abgeschlossen ist, wird das weitere Verfahren ohne Unterrichtung der Öffentlichkeit in Angriff genommen.[37] Die Auslober berufen wie angekündigt eine Findungskommission und kommen dabei der Forderung nach mehr Gewicht für den ästhetischen Sachverstand nach. Dem Gremium gehören der Kunsthistoriker Werner Hofmann, der Architekt Josef Paul Kleihues, die beiden Museumsdirektoren Christoph Stölzl und Dieter Ronte sowie, als korrespondierendes Mitglied, James E. Young an. Nach Sondierungen schlägt die Kommission bei einer Sitzung am 17. Juni 16 Künstler vor, die um einen Entwurf für das Denkmal gebeten werden sollen. Wenn von den Eingeladenen endgültige Zu- bzw. Absagen vorliegen, sollen die neun Preisträger des Wettbewerbs ebenfalls zur Teilnahme eingeladen werden. Zuvor haben sich die Auslober auf die Beibehaltung der Standortvorgabe »Ministergärten« verständigt. Diesen Stand und Details zur weiteren Vorgehensweise teilt Senator Radunski dem Informellen Gremium des Bundestages bei seiner Sitzung vom 26. Juni 1997 mit. Darüber, wie angesichts des fortgeschrittenen Verfahrens die parlamentarische Beteiligung aussehen soll, kann ad hoc keine Einigkeit erzielt werden. Bundestagspräsidentin Rita Süssmuth bittet Radunski deshalb, dem Bundestag ein Angebot zur Teilnahme zu unterbreiten, betont aber, dass die Art der Mitwirkung »qualitativen Charakter« haben müsse. Diese Formulierung bezieht sich insbesondere auf die Vorbehalte Peter Conradis, der angesichts der getroffenen Vorentscheidungen die Ankündigung des Kultursenators, der Deutsche Bundestag werde in das weitere Procedere einbezogen, nicht eingehalten sieht. Das entsprechende Angebot des Senators lässt nicht lange auf sich warten und geht Süssmuth Anfang Juli zu. In diesem Schreiben ist davon die Rede, dass die Vertreter des Gremiums die Arbeit der Findungskommission bei der Auswahl der Finalisten und der Präsentation ihrer Vorhaben »begleiten« soll. Eine aussagekräftige Konkretisierung dieses Angebots fehlt allerdings.

Offensichtlich greift Radunski noch einen Aspekt aus dem Gespräch im Informellen Gremium auf, der die Standortvorgabe betrifft. Dort ist man der Meinung, dass die Hälfte des Grundstücks als Denkmalsplatz ausreichend sei. Dieser Überlegung widmet sich im Juli 1997 ein Papier des Senatsbeauftragten Bernhard Schneider.[38] Wenn das neue Auswahlverfahren einen Entwurf hervorbringt, der nicht das gesamte Areal in Anspruch nimmt, stellt sich die Frage, wie mit den freibleibenden Flächen verfahren werden soll. Die Verkleinerung eröffnet aber auch finanziellen Spielraum: »Der nach wie vor geltende Kostenrahmen von 15 Millionen DM bedeutet bezogen auf die Gesamtfläche von 2 ha (20 000 qm) einen Betrag von nur 750,– DM/qm, was nur geringen baulichen Aufwand bedeuten würde. Würde sich der Flächenbedarf auf 1 ha halbieren (immer noch eine Fläche von ³/₄ des Pariser Platzes) stünde schon das Doppelte zur Verfügung.«

Daraus sowie aus der Notwendigkeit einer angemessenen

städtebaulichen Einbindung des Standorts leitet Schneider ab: »Die Fläche des Denkmals selbst sollte nicht größer als 0,5 ha (= 5000 qm) sein; einschließlich vorgelagerter Erschließungsflächen bis zu 1 ha.« Auf dieser Grundlage diskutiert er neun Varianten der räumlichen Anordnung des Monuments und skizziert den stadtplanerischen Klärungsbedarf, der bis zur Entscheidung eruiert werden soll, damit die Freiraumplanung unverzüglich in Auftrag gegeben werden kann. Somit wird aus pragmatischen Erwägungen eine wesentliche Differenzierung der Standortvorgabe eingeführt, ohne dass dies ausdrücklich thematisiert und legitimiert wird.

Während auf der politischen Hinterbühne heftig gerungen wird, werden die Details des »engeren Auswahlverfahrens« Mitte Juli 1997 von der Vorderbühne bekannt gegeben. Die Aufgabenstellung wird in einem Ausschreibungstext neu akzentuiert,[39] wobei die exklusive Widmung und die daraus folgenden Konsequenzen für die Konzeption bestehen bleiben. Die Auslober verstehen den nationalsozialistischen Massenmord an den europäischen Juden als Verbrechen *sui generis*.

»In der Hauptstadt der Täter soll mit dem Denkmal der Menschen gedacht werden und der mit ihnen vernichteten Kultur.«

Ein angemessener Entwurf dürfe sich nicht auf das Gedenken an Terror und Zerstörung beschränken, er solle auch »die zurückgebliebene Leere berücksichtigen«. Von anderen Anforderungen wird das Monument demonstrativ entlastet:

»Gegenüber der Informations- und Dokumentationsaufgabe einer Gedenkstätte richten sich das Denkmal und der Ort der Erinnerung an die kontemplative und emotionale Empfänglichkeit des Besuchers. Der Sinn des Denkmals wird durch einen klaren Widmungstext unterstrichen werden.«

Dieser soll von den Auftraggebern mit Hilfe von Experten formuliert werden. Der Standort ehemalige Ministergärten wird in Anlehnung an das erste Gutachten der Senatsverwaltung durch seine zukünftige stadträumliche Bedeutung charakterisiert, der Bezug auf die historische Dimension des Geländes fehlt jetzt vollständig.

Die Aufgabe wird insgesamt 25 Einzelkünstlern beziehungsweise Künstlergruppen vorgelegt. Dazu gehören neben den neun Erstplatzierten des abgeschlossenen Wettbewerbs 16 international renommierte Künstler, von denen sich sechs bereits erfolglos am ersten Wettbewerb beteiligt haben. Jeder Teilnehmer, der eine den formalen Anforderungen entsprechende Arbeit einreicht, erhält ein Pauschalhonorar in Höhe von 10 000 DM. Die erste Beurteilung erfolgt durch ein Gremium, dem die Mitglieder der Findungskommission sowie je ein Vertreter der Auslober und Ignatz Bubis als Vorsitzender des Zentralrats der Juden in Deutschland angehören.»Die Mitglieder des Beurteilungsgremiums erarbeiten eine Bewertung der eingereichten Arbeiten und treffen eine Auswahl von ca. 5 bis 7 Arbeiten. (...) Auf der Grundlage der Ausführungsempfehlungen der Kommission verständigen die Auftraggeber sich auf eine Entscheidung zur Ausführung.« Die Entwürfe sollen bis zum 17. Oktober 1997 eingereicht werden, die Auswahl bis zum Dezember 1997 abgeschlossen sein und die Ergebnisse dann öffentlich ausgestellt werden. Um die nochmalige Infragestellung des Procedere auszuschließen, haben die Verantwortlichen folgenden Passus formuliert: »Die Teilnehmer, Mitglieder der Kommission, Berater, Gäste und die weiteren Verfahrensbeteiligten erklären sich durch die Beteiligung oder Mitwirkung an diesem Verfahren mit den Rahmenbedingungen einverstanden.«

Die Reaktion der Presse ist relativ einhellig: Sie begrüßt die Grundsatzentscheidung für einen neuen Anlauf, moniert aber die Vorgehensweise. Die Kritik bezieht sich einerseits auf die dreiseitige Begründung der Aufgabenstellung, die Ergebnisse der bisherigen Debatte nur unzureichend reflektiere und phrasenhaft formuliert sei. Anderseits erblickt man in der Beibehaltung des umstrittenen Standorts und den Zeitvorgaben eine »Augen zu und durch«-Haltung. Einzig ein überragender Entwurf könne das erneute Scheitern das Projektes noch abwenden. Diesem Urteil schließt sich Peter Conradi an, der auch die Zusammensetzung der Findungskommission beanstandet. Die Kommission sei vor allem mit Ronte und Stölzl nicht nur einseitig im Sinne der Auslober besetzt, sie entspreche weiterhin nicht den üblichen Grundsätzen und Richtlinien für Wettbewerbe, nach denen die Mehrzahl der Preisrichter fachkundig sein müsse.

Dieser Hinweis veranlasst die Berliner Architektenkammer Ende Juli zu einem Schreiben an die Senatsverwaltung für Wissenschaft, Forschung und Kultur, in der sie die formalen Kritikpunkte systematisch vorbringt.[40] Die zuständigen Gremien seien trotz anderslautender Vorgaben des Gesetzgebers nicht in die Vorbereitung des Verfahrens eingebunden worden, der semantische Kunstgriff Radunskis wird entzaubert: »Auch wenn Sie das neue Verfahren als ›engeres Auswahlverfahren‹ bezeichnen, handelt es sich zweifellos um ein konkurrierendes Verfahren, das dem Wettbewerbswesen zuzurechnen ist.« Ähnlich wie Conradi vermisst die Architektenkammer beim Beurteilungsgremium Legitimität und Qualifikation. Zweifel betreffen auch Teilnehmer, die im ersten Wettbewerb geladen waren, aber nicht teilnahmen, und diejenigen, die vor der Prämierung ausgeschieden sind; auch der Verzicht auf die Anonymität der Einsendungen könne in diesem Zusammenhang nicht sachlich begründet werden. Es fehlten des Weiteren Aussagen darüber, nach welchen Kriterien die Arbeiten beurteilt werden und wie verbindlich diese Auswahlentscheidung für die Auslober sei. Schließlich offenbart der Vergleich mit dem ersten Verfahren, dass für eine nur unwesentlich veränderte Aufgabenstellung sowohl weniger Honorar gezahlt werde als auch weniger Zeit zur Verfügung stehe.

Der Blick auf die Verfahrensregeln zeige somit, dass der neue Wettbewerb »weder fair noch lauter oder partnerschaftlich angelegt ist« und sich deshalb für Architekten eine Beteiligung aus berufsrechtlichen Gründen verbiete. Die lapidare Antwort des Senats, die Architektenkammer sei im vorliegenden Fall nicht zuständig, weil es sich nicht um einen architektonischen Wettbewerb handele, kann die Mängel des Verfahrens nicht heilen. Daraus ziehen zehn bereits als Kritiker bekannte Kolloquiumsteilnehmer in einem offenen Brief folgende Konsequenz: »Wir protestieren entschieden gegen die kulturpolitisch in jeder Hinsicht dilettantische Handhabung eines Projektes dieser Bedeutung und Größenordnung, und appellieren an die Künstler, sich nicht die Fesseln einer unausgegorenen Ausschreibung anzulegen, sondern Aufgabe und Standort neu zu überdenken, um in Eigenverantwortung ihre künstlerische Entscheidung autonom zu treffen.«[41]

Derart umstritten muss das Informelle Gremium am 2. Oktober 1997 über eine Beteiligung von Vertretern des Bundestages am umstrittenen Verfahren entscheiden, denn am 20. August hatte der Berliner Kultursenator seine Einladung wiederholt.[42] Dabei hat Radunski das von fachlicher Seite monierte Vorgehen modifiziert: Am 31. Oktober soll zunächst die Findungskommission unter den eingereichten Arbeiten eine Vorauswahl treffen. Am folgenden Tag stellt sie alle Modelle vor und erläutert der gesamten Beurteilungskommission die Ergebnisse der bisherigen Beratung. Die Beurteilungskommission besteht nun zusätzlich aus einem Vertreter der Jüdischen Gemeinde Berlins und noch zu benennenden Bundestagsabgeordneten. Sollte diese Präsentation kein eindeutiges Votum hervorbringen, wird wie angekündigt eine Spitzengruppe von drei bis sieben Finalisten 14 Tage später zu einer Endrunde eingeladen und im Anschluss daran eine Empfehlung an die Auftraggeber abgegeben. Die Bundestagspräsidentin sieht als Alternative für den Deutschen Bundestag entweder die Mitarbeit in der Kommission mit vollem Stimmrecht oder die Ablehnung der Beteiligung aus den bekannten Gründen. Im Informellen Gremium setzt sich jedoch auf Initiative von Peter Conradi folgender Konsens durch: »Der Bundestag wird in der Beurteilungskommission in einer Beratungs- und Beobachtungsfunktion verantwortungsvoll mitarbeiten, ohne sich an Abstimmungen zu beteiligen.« Den Beschluss zur beratenden Teilnahme teilt

Süssmuth dann dem Kultursenator mit, unter Verweis darauf, »dass der Deutsche Bundestag nicht an der Festlegung des Verfahrens beteiligt worden ist, und (...) Vorbehalte gegen die Zusammensetzung der Findungskommission bestehen«. Die vielfach geforderte aktive Einbindung des Parlamentes am Auswahlprozess ist somit wenige Tage vor dem Termin für die Einreichung der Arbeiten endgültig gescheitert.

Die Entwürfe im Entscheidungsprozess

Am 31. Oktober 1997 tritt die Findungskommission zusammen, um die vorliegenden Entwürfe zu bewerten.[43] Von den 25 angeschriebenen Teilnehmern haben sieben die Einladung nicht angenommen beziehungsweise keinen Beitrag eingereicht. Da sich die Gruppe um Jackob-Marks gespalten hat, liegen nun 19 Beiträge zur Beurteilung vor. In zwei Rundgängen werden davon 13 einstimmig ausgeschieden, die verbleibenden sechs Arbeiten werden ohne Rangfolge für die engere Wahl nominiert. An der getroffenen Auswahl fällt zunächst auf, dass die Folgeentwürfe der beiden Sieger des ersten Wettbewerbs aussortiert werden. Simon Ungers hat seinen ersten Entwurf baulich modifiziert und vor allem auf 50 mal 50 Meter verkleinert. Demgegenüber hat die Gruppe um Jackob-Marks eine neue Idee präsentiert: Der vorgesehene Platz stellt eine begehbare Europakarte dar, auf der 25 Basaltsäulen Gebiete und Länder markieren. In diese sind Monitore eingelassen, die die dort zu Tode gekommenen Opfer mit Namen und weiteren Angaben anzeigen.

Ebenfalls nicht in die engere Wahl kommen zwei Arbeiten, die sich kritisch mit den Vorgaben auseinandersetzen. So erläutern Rudolf Herz und Reinhard Matz ihr Projekt: »Unser Entwurf ÜBERSCHRIEBEN zieht die Konsequenz aus dem Scheitern herkömmlicher Denkmalskunst und den vielfältigen Problemen, die sich aus dem Berliner Wettbewerbsgrundstück ergeben.« Sie schlagen deshalb vor, das Grundstück zu verkaufen und mit dem Erlös eine Stiftung einzurichten, die die Erinnerung an die nationalsozialistischen Verbrechen mit dem Engagement für humanitäre Zwecke verbindet. Eine Tafel am ursprünglich geplanten Standort soll auf das eigentliche Mahnmal verweisen. Dabei handelt es sich um einen Autobahnkilometer in der Mitte Deutschlands, der in beiden Richtungen gepflastert und wo die Höchstgeschwindigkeit auf 30 km/h begrenzt wird. Weniger konzeptionell aber noch radikaler verweigert sich eine andere Gruppe dem Ansinnen repräsentativen Gedenkens: Das vorgesehene Grundstück soll bis auf weiteres unberührt bleiben und an den Seiten des Geländes auf vier großen Tafeln das Scheitern des Denkmalprojekts vermerkt werden.

Bei den für die engere Wahl übrig gebliebenen Entwürfen ist bemerkenswert, dass Gesine Weinmiller als einzige ihren Vorschlag für den ersten Wettbewerb nochmals eingereicht hat. Sie hat ein Arrangement aus riesigen Steinblöcken konzipiert, die sich für den Betrachter von einem bestimmten Standpunkt aus durch die perspektivische Verzerrung flüchtig zu einem abstrahierten Davidstern fügen. Dieses Motiv liegt auch der Arbeit von Dani Karavan zu Grunde, der den Platz mit gelben Blumen bepflanzen will, so dass ein großer Stern entsteht. Die Schriftbezogenheit der jüdischen Kultur reflektiert das Monument von Zvi Hecker und Eval Weizman, in dem Wände die Seiten eines Buches darstellen und Fundamente auf darin fehlende Seiten verweisen. Das dadurch evozierte Gefühl der Unvollständigkeit ist der Kern des Konzeptes. Wiederum mit den Mitteln der jüdischen Symbolik arbeitet der Beitrag von Markus Lüpertz, in dessen Zentrum auch die einzige figürliche Darstellung steht. Dabei handelt es sich um eine Skulptur der Rachel, die mit weiteren Aspekten der Kabbala kombiniert ist. Ähnlich enigmatisch erscheint der Entwurf von Rebecca Horn, in dem aus einer stilisierten Grabstätte eine »Seelenfahne« empor steigt.

Esoterisch mutet der Titel »Steinatem« für die Arbeit von Daniel Liebeskind an. Dieser Titel bezieht sich auf die als »voids« bezeichneten Hohlformen, die auch in dem von ihm entworfenen Jüdischen Museum in Berlin Verwendung fanden und sich nun in Blöcken materialisieren. Die Grundlage der geometrischen Gestaltung des Platzes bilden Überlegungen zur Stadtgeografie Berlins, die ebenfalls für den Entwurf von Peter Eisenman und Richard Serra eine Rolle spielen. Diese schlagen die Ausfüllung der Fläche durch ein gerastertes Feld von 4000 eng angeordneten Betonpfeilern vor, die nur eine individuelle Durchquerung erlauben. Der verstörende Eindruck wird durch die doppelte Modulation von Bodenniveau sowie Höhe der teilweise geneigten Quader verstärkt, die wellenförmig auf- und absteigen, so dass der einzelne Besucher in der Installation buchstäblich verschwindet. Der Entwurf von Jochen Gerz zeichnet sich schließlich als einziger durch die interaktive Einbeziehung der Besucher aus. Diesen wird auf 39, aus einer Eisenplatte ragenden Lichtmasten in den Sprachen der ermordeten Juden die Frage »Warum« gestellt. In einem angrenzenden Kommunikations- und Dokumentationszentrum werden die Antworten der Besucher gesammelt und im Lauf der Jahre in die Bodenplatte eingraviert.

Zu Beginn der Sitzung des Beurteilungsgremiums am 1. November gibt Peter Conradi zunächst eine vorbereitete Erklärung ab, in der er seine Vorbehalte gegen das engere Auswahlverfahren wiederholt. Er gehöre deshalb weder dem Gremium der Auftraggeber an, noch bedeute seine Teilnahme an dessen Sitzung eine nachträgliche Billigung des Vorgehens. Sodann wird das Ergebnis der Beratungen vom Vortag verkündet, alle eingereichten Arbeiten werden kurz vorgestellt. Danach begründen die Mitglieder der Findungskommission den Ausschluss der ausgewählten elf Entwürfe. Strittig ist dieses Votum insbesondere in drei Fällen, nämlich bei der Gruppe um Jackob-Marks, bei Gerz und bei Hecker/Weizman. Während die Findungskommission die Bedeutung der künstlerischen Aussagekraft für die Bewertung betont, würdigen vor allem die Vertreter des Förderkreises die didaktischen Aspekte der betreffenden Arbeiten. Mit diesem Argument können sie sich jedoch im Fall von Jackob-Marks nicht durchsetzen, so dass schließlich acht Arbeiten in die engere Wahl genommen und deren Verfasser zur persönlichen Vorstellung ihrer Entwürfe eingeladen werden. Bis dahin sollen die ausgewählten Arbeiten auch unter dem Gesichtspunkt der entstehenden Kosten noch einmal geprüft sowie den Künstlern Sachfragen zur Beantwortung vorgelegt werden. Obgleich Senator Radunski während der Sitzung alle Anwesenden um strikte Vertraulichkeit bezüglich Inhalt und Ergebnis der Beratungen bittet, teilt er im Anschluss der Öffentlichkeit die Namen der Finalisten mit. Nach und nach werden auch Details der diskutierten Denkmalkonzepte sowie zum Verfahren bekannt. So wird etwa im *Spiegel* (10. 11. 1997) die Ansetzung der Sitzungstermine problematisiert, da wegen mangelnder Absprache neben Peter Conradi nur der Bundestagsabgeordnete Beck anwesend sein konnte. Der gewählte Samstag habe ferner dazu geführt, dass Ignatz Bubis unter Missachtung des Sabbats anreiste, während der Vertreter der Jüdischen Gemeinde Berlins, Andreas Nachama, absagte. Auch das nächste Treffen sei ohne Rücksprache mit den Parlamentariern auf einen Sitzungstag des Bundestages sowie ein Wochenende gelegt worden, an dem bis auf Conradi alle anderen Abgeordneten verhindert sind. Kritik zieht schließlich der Ausschluss der Öffentlichkeit auf sich, in deren Folge im *Spiegel* von »Mauscheltaktik« und »Kungelrunde« die Rede ist.

(K)ein Ergebnis

Offenbar im Hinblick auf die Einwände skizziert Senator Radunski zu Beginn der Sitzung des Beurteilungsgremiums am 14. November eine erneut veränderte Vorgehensweise: »Auf Wunsch der Bundesregierung und des Senats sollte eine Verständigung auf 2 bis 4 aus den insgesamt 8 Arbeiten der engeren Wahl erfolgen, dann sollte diese Auswahl Gegenstand einer öffentlichen Diskussion sein, bevor Anfang 1998 eine endgültige Entscheidung fallen soll.« Im Anschluss an eine Diskussion dieser Vorgabe, von der sich Vertreter der Findungskommission zunächst distanzieren, wird das Ergebnis der Kostenprüfung vorgetragen, das keine exorbitanten Überschreitungen des finanziellen Rahmens erwarten lässt. Es folgen die Gespräche mit den Finalisten, die noch einmal ihre Vorhaben erläutern und sich zu Detailfragen und Interpretationen äußern. Eine Kontroverse ergibt sich bei Lüpertz' Darstellung einer nackten Frauenfigur, die nach Ansicht von Bubis und Young einen Verstoß gegen die Empfindungen traditioneller Juden bedeutet. Danach berät die Findungskommission separat, um sich ein endgültiges Urteil zu bilden. Wie die Mitglieder am folgenden Tag bekannt geben, empfehlen sie zwei Entwürfe, Weinmiller und Eisenman/Serra. Das Votum, das eine klare Alternative präsentiert, fasst Young in einer schriftlichen Stellungnahme zusammen:

»Wir hatten gehofft, nur einen Entwurf zu empfehlen. Wir glauben jedoch, dass jeder dieser beiden Entwürfe gebaut werden kann und einer davon gebaut werden muss. Die Auftraggeber haben jetzt zu entscheiden, welcher von ihnen den öffentlichen Bedürfnissen und der öffentlichen Stimmungslage eher gerecht wird.«

Wie sich in der anschließenden Diskussion zeigt, sind die Auslober nicht bereit, diesem Ansinnen umstandslos zu folgen. Das vorgetragene Ergebnis wird zwar nicht in Zweifel gezogen, aber von Kultursenator Radunski und dem Vertreter des Bundesinnenministeriums, Wolfgang Bergsdorf, eine mögliche Erweiterung der Auswahl ins Gespräch gebracht. Daraufhin trägt Rosh die Position des Förderkreises vor, dessen Vorstand sich für den Entwurf von Gerz ausgesprochen hat. Dieses Votum wird aber im Hinblick auf die Situation modifiziert: »Unter der Voraussetzung, eine einzige Arbeit zu empfehlen, wäre für Lea Rosh eine Verständigung auf die Arbeit von Peter Eisenman möglich; wenn jedoch mehrere Arbeiten empfohlen werden, dann müsste die Arbeit von Jochen Gerz darunter sein.« Sowohl Radunski als auch Bergsdorf plädieren trotzdem für die Aufnahme des Entwurfs von Libeskind in die Realisierungsauswahl, so dass als Ergebnis der Beratungen schließlich vier Entwürfe zur Auswahl stehen. Eine Entscheidung der Auftraggeber über die Ausführung soll Ende Januar 1998 fallen. Die ausgewählten Arbeiten werden der Presse jedoch bereits einen Tag später präsentiert.

Die Reaktion der Journalisten auf die Präsentation ist von verhaltener Zustimmung zur getroffenen Auswahl geprägt. Die Mehrzahl der Kommentatoren ist der Ansicht, der Diskussionsprozess habe sich positiv niedergeschlagen. Ästhetisch und konzeptionell überzeuge vor allem der Entwurf von Eisenman und Serra. Geteilt sind die Meinungen vor allem hinsichtlich der Vertagung der eigentlichen Entscheidung. Während einige darin den Versuch erkennen, die öffentliche Meinung einzuholen, sehen andere die Vorgehensweise als Ausdruck der Unfähigkeit der Auslober, sich endlich auf einen Entwurf zu einigen. Gnadenlose Ablehnung erfährt das gesamte Projekt durch den ungarischen Schriftsteller und Holocaust-Überlebenden György Konrád, der zudem Präsident der Berliner Akademie der Künste ist. In seiner Philippika »Wider das Holocaust-Denkmal« (*FAZ* 26.11.1997) bezeichnet er die bisherigen Entwürfe als »gnadenlosen oder didaktischen Kitsch« an der »Grenze zur Blasphemie«. Statt gebauter Gesten düsterer Verunsicherung schlägt er einen lebensbejahenden »Garten der Freude« als »Geschenk der Ermordeten« vor.[44]

Unterdessen zeichnen sich die Konturen von Exposition und Erörterung der Entwürfe ab. Diese werden vom 10. Dezember 1997 bis zum 14. Februar 1998 in der Berliner Galerie am Marstall gezeigt. Im Rahmenprogramm der Ausstellung sollen neben einer Einführungs- und einer Abschlussveranstaltung die vier Finalisten einzeln vorgestellt werden. Senator Radunski hat die Bundestagspräsidentin Süssmuth eingeladen, die Schirmherrschaft zu übernehmen sowie mit Mitgliedern des Informellen Gremiums an einer der Veranstaltungen aktiv teilzunehmen. Bei der Diskussion dieses Wunsches im Informellen Gremium am 27. November wird Süssmuth von der Übernahme der Schirmherrschaft abgeraten. Gegen eine Teilnahme an der für den 20. Januar geplanten Veranstaltung spreche nichts, wenn diese in größerem Rahmen stattfinde und Anhörungscharakter habe.

Unter diesen Voraussetzungen eröffnet der Präsident des Berliner Abgeordnetenhauses am 10. Dezember die Ausstellung der letzten 19 Entwürfe.[45] Die Resonanz von Presse und Publikum auf das Angebot bleibt zunächst verhalten. Bewegung in die Debatte kommt erst wieder zu Beginn des neuen Jahres, als sich am Prozess beteiligte Personen äußern. Den Reigen eröffnet ein Beitrag von James E. Young (*FAZ* 2.1.1998), in dem er seine Rolle im bisherigen Procedere reflektiert: »Hatte man mich als Fachmann für Denkmalsfragen eingeladen oder als Alibi-Amerikaner und Vorzeigeausländer? Wollen sie meinen Sachverstand, oder geht es ihnen darum, dass der Entwurf, der schließlich ausgewählt wird, auch von einem Juden abgesegnet wird?« Er kommt zum Schluss, dass eher praktische und politische Gründe für seine Beteiligung sprachen, und daraus folgt sein Plädoyer für die beiden von der Findungskommission favorisierten Entwürfe. Diese zeichne nicht nur die »Ausgewogenheit von konzeptioneller Brillanz und formaler Ausführung« aus, sondern auch ihre repräsentative Kapazität: »Der eine Entwurf stammt von einer jungen Deutschen aus der Generation derer, die jetzt die Erinnerung an ein Geschehen, an dem sie keine Schuld tragen, (…) auf sich nehmen müssen. Der andere stammt von zwei bekannten Amerikanern, (…) von denen einer jüdische Vorfahren hat, die vor zwei Generationen Deutschland verlassen haben. (…) Zugunsten beider Entwürfe lässt sich gleich viel sagen, aber zuletzt wird einer der beiden den Konsens für sich gewinnen.« Demgegenüber vertritt Jürgen Kocka die Ansicht, die vier in die »engste Wahl« gezogenen Entwürfe könnten ihre Aufgabe nicht lösen, weil sie »keinen hinreichenden Bezug zur spezifischen Situation« enthalten (*Berliner Morgenpost* 4.1.1998). Ähnlich äußert sich Oscar Schneider: »Auch die vier neuen Entwürfe (…) scheitern am Unmaß des Platzes und an der Sprachlosigkeit der Modelle«, die des notwendigen »Mahnmals- und des Bekenntnischarakters« entbehrten (*Welt* 7.1.1998).

Am 13. Januar eröffnen Eisenman und Serra die Reihe der Diskussionsveranstaltungen mit den Finalisten. Sie verteidigen die Abstraktheit ihres Entwurfs gegen den Vorwurf, es mangele ihnen an konkreter Botschaft und vermittelter Betroffenheit. Die politische Dimension sei »nicht im Inhaltlichen, sondern in der Erfahrung des Einzelnen zu suchen« (*Tagesspiegel* 15. 1. 1998). Die verbreitete Ansicht, die Arbeit beziehe sich auf den Jüdischen Friedhof in Prag, weist Eisenman schroff zurück: weder kenne er diesen Ort, noch sei er je auf einem anderen jüdischen Friedhof gewesen. Die Kluft zwischen dem ästhetischen Diskurs der Künstler und den Bedenken der Anwesenden manifestiert in einer ausgreifenden Diskussion über den Schutz des Monuments vor Vandalismus und über Sicherheitsfragen – so kommt die Denkmal-Debatte bei den Bürgerforen im Berliner Alltag an.

Mehr Einverständnis erzielt drei Tage später Gerz mit einer eleganten Präsentation, nach der ihn die Presse als »Podiumstalent und Gedenkprofi« (*Tagesspiegel* 18. 1. 1998) würdigt. Kritisch behandelt wurde wieder der Schutz des Denkmals vor ungewollter Aneignung, in diesem Fall durch die interaktive Dimension provoziert. Die Frage, ob auch prekäre Besucheräußerungen bei der Beschriftung der Bodenplatte Berücksichtigung finden sollen, beantwortet Gerz selbstbewusst, aber für die Entscheider wohl inakzeptabel: Der Platz könne durchaus ein paar saftige rechtsextreme Sätze vertragen. Ganz überwiegend Beifall erntet am 19. November Libeskind für die Vorstellung seines Entwurfs, dem insbesondere eine gelungene Einpassung des Denkmals in den öffentlichen Raum attestiert wird.

Am Tag darauf findet die mit dem Informellen Gremium vereinbarte Podiumsdiskussion statt. Neben den Bundestagsabgeordneten Süssmuth, Conradi, Beck, Albowitz und Gysi nehmen für die Auslober Rosh und Radunski teil. Während die Präsentationen der Künstler stets das Auditorium gefüllt haben, erscheinen zu diesem Termin nur halb so viele Zuhörer. Sie erleben eine überraschende Einmütigkeit, die Generallinie heißt, das Denkmal müsse nun endlich gebaut werden – causa finita. Selbst die von Julius H. Schoeps und Michel S. Cullen aus dem Publikum erhobene Forderung, das Parlament müsse zumindest den Siegerentwurf politisch legitimieren, wird einhellig zurückgewiesen.

»Der Bundestag will und wird sich mit der Angelegenheit nicht befassen, nicht in einer Debatte, schon gar nicht durch eine Abstimmung. (...) Das Parlament werde (...) eine von anderer Seite beschlossene Sache nicht nachträglich sanktionieren« (*Tagesspiegel* 22.1.1998).

Die Tragweite dieser Einlassung manifestiert sich keine 24 Stunden später. Während am Abend kein Vertreter der Bundesregierung auf dem Podium Platz genommen hat, nimmt am 21. Januar Bundeskanzler Helmut Kohl die Entwürfe persönlich in Augenschein.[46] Auf dem Rundgang mit anschließender Besprechung der Auslober wird er von zahlreichen Politikern und Beamten begleitet, darunter die Bundestagspräsidentin, der Regierende Bürgermeister Berlins, Eberhard Diepgen, die Senatoren Radunski und Klemann sowie die Vertreter des Förderkreises Jäckel und Rosh. Geführt von Christoph Stölzl zieht eine Arbeit die Aufmerksamkeit besonders auf sich. »Während der Diskussion hätte sich der Wunsch nach einer Überarbeitung des Entwurfs von Peter Eisenman und Richard Serra eingestellt, sagte Radunski. Dabei gehe es vor allem um eine alternative Dimensionierung. Das ›Feld der Erinnerung‹ solle nicht, wie bisher, von den Straßen begrenzt werden. Dies könnte darauf hindeuten, dass der Entwurf von Eisenman/Serra der eigentliche Favorit ist, aber auch, dass er nur in modifizierter Form eine Chance hat.« (*Welt* 22.1.1998) Retrospektiv erscheint damit die Vorentscheidung für die Ausführung des genannten Entwurfs gefallen, sofern seine Verfasser zu Veränderungen bereit sind.

Offensichtlich um von dieser Entwicklung nicht abgehängt zu werden, bestätigt Lea Rosh diesen Eindruck öffentlich. Ein weiteres Argument spricht ebenfalls für die Einschätzung: Es mache ja auch keinen Sinn, einen Entwurf zu überarbeiten und dann fallen zu lassen, wird der Abgeordnete Volker Beck (Grüne) zitiert. »Der Bundestagsabgeordnete warnte jedoch davor, dem Entwurf durch Verkleinerung die provozierende Wirkung zu nehmen.« (*Welt* 23. 1. 1998) Diese Bedenken teilt Rosh offenbar nicht. Sie skizziert nicht nur die Einhegung des Monuments durch eine Baumbepflanzung, sondern auch die Vereindeutigung durch Inschriften auf den Betonpfeilern. »Dabei könne sie sich sowohl Namen von Orten der Vernichtung, jüdische Gemeinden oder jüdische Familiennamen vorstellen« (*Tagesspiegel* 24. 1. 1998). Derweil werden auch die beiden Künstler unabhängig voneinander mit der vermuteten Vorentscheidung konfrontiert. Eisenman signalisiert umgehend sein Interesse an der Verwirklichung des Vorhabens: »Wenn unser Entwurf dadurch die Chance hat, realisiert zu werden, arbeiten wir ihn auch gerne um. Keine Frage.« (*Welt* 23. 1. 1998). Davon weiß sein Partner Richard Serra allerdings nichts. In Anlehnung an György Konrád charakterisiert Gesine Weinmiller am Abend des 23. Januars ihre Idee als »schönen Garten der Erinnerung, in den die Besucher gerne kommen« (*taz* 26. 1. 1998). Diese Vorstellung entspricht sicher nicht den Erwartungen der meisten Anwesenden an ein Holocaust-Mahnmal: Der Entwurf sei feierlich aber harmlos, es fehle die dem Thema angemessene Aggressivität. Dieser Ansicht widerspricht Weinmiller und verweist auf eigene Erfahrungen seit der Schulzeit – konfrontative Konzepte seien bereits zur Genüge verwirklicht.

Die Reihe der Diskussionsveranstaltungen beschließt am 26. Januar ein Podiumsgespräch unter der Regie des Förderkreises, bei der Lea Rosh das Projekt mit Journalisten diskutiert. Während Rosh darauf besteht, dass eine Vorentscheidung für einen der vier Finalisten bei der Begehung mit dem Kanzler noch nicht gefallen ist, sprechen sich Eduard Beaucamp *(FAZ)* und Klaus Hartung *(Zeit)* für den modifizierten Entwurf von Eisenman und Serra aus. Die Presse resümiert die Veranstaltungsreihe als gelungenes Gespräch auf hohem Niveau, Thomas Lackmann fragt sich allerdings: »wer in Deutschland (abgesehen von ein paar Bonnern) hat außerhalb Berlins daran teilgenommen?«[47] (*Tagesspiegel* 28.1.1998) Und auch Heinrich Wefing bezweifelt die Relevanz der öffentlichen Deliberation. Die Aufmerksamkeit, die Kohls Rundgang durch die Ausstellung der Entwürfe auf sich gezogen hat, sei ein Indikator für die entscheidende Rolle, die dem Kanzler zufällt. Diese auch andere Projekte betreffende Entwicklung erwachse nicht nur aus seinem Machtwillen, sondern dränge sich durch die Schwäche alternativer Legitimationsmodi auf, die keine eindeutigen Entscheidungen hervorbringen: »Die schleichende Monopolisierung auch kulturpolitischer Ratschlüsse im Kanzleramt, die das Ressortprinzip ebenso überspielt wie den Föderalismus des Grundgesetzes, hat im Jahr fünfzehn der Amtszeit Kohls offenkundig ihren Höhepunkt erreicht.« (*FAZ* 28.1.1998) Damit ist die neuerliche Verzögerung der Entscheidungsfindung durch die Auslober angesprochen, die zunächst für Ende Januar avisiert war und nun im März erfolgen soll. Begründbar ist dieser Aufschub nur durch die erbetenen Modifikationen an dem Entwurf von Eisenman und Serra, die ihre Bereitschaft zu einer Überarbeitung signalisiert haben.[48]

6. Im Wartezimmer der Berliner Republik

Der (un)umstrittene Favorit

Das Vakuum zwischen der informellen Kür eines Favoriten und der formellen Entscheidung über einen Sieger wird durch Versuche öffentlicher Einflussnahme gefüllt. Eduard Beaucamp fordert: »Jetzt sollte Serras Entwurf ohne mildernde Abstriche und verfälschende Zutaten gebaut werden.« (*FAZ* 3.2.1998) Sein Plädoyer begründet er mit Bezug auf die Formensprache: »Dieses Projekt ist ästhetisch autonom, es ist reich an Bedeutungen und offen für Assoziationen.« Genau das stößt bei den Gegnern auf Ablehnung. In Anlehnung an György Konráds Einwände formuliert eine illustre Gruppe von Intellektuellen einen Appell an die politisch Verantwortlichen, »jetzt keine Entscheidung über ein so umstrittenes Vorhaben (...) zu treffen« (*Tagespiegel* 4.2.1998). Ohne einen konkreten Entwurf zu nennen, zielt die Kritik der Unterzeichner nicht nur auf die Größe des Geländes, sondern auch auf die Eigenschaften des Entwurfs von Eisenman und Serra: »Wir sehen nicht, wie eine abstrakte Installation von bedrückend riesigem Ausmaß – auf einem Feld von der Größe eines Sportstadions – einen Ort der stillen Trauer und Erinnerung, der Mahnung oder sinnhaften Aufklärung schaffen könnte.« Gegenüber den konkreten historischen Stätten des nationalsozialistischen Terrors, »wird ein gigantisches ›nationales‹ Mahnmal ein Ort eher der Ablenkung, der Entwirklichung und kalten Abstraktion bleiben«. In dieser Terminologie manifestiert sich ein allgemeines Misstrauen, den besonders betonten Aspekt des Mahnens mit den Mitteln moderner Kunst adäquat zu realisieren. Angeschlossen haben sich diesem Appell, der letztlich für einen »Verzicht aus Einsicht« plädiert, unter anderen die Historiker Kocka, Kosselleck und Meier.

Eher unerwartet kommt die Unterzeichnung des offenen Briefes durch Günter Grass und Walter Jens, die ihre Namen 1989 auch unter den Aufruf des Förderkreises zur Errichtung des Denkmals gesetzt haben. Jens hat darüber hinaus als Vorsitzender der Jury des ersten Wettbewerbs zumindest die nun angefochtenen Prämissen mitgetragen. Seinen Widerruf »In letzter Minute« (*FAZ* 7.2.1998) begründet er daher in einem eigenen Beitrag, in dem er den Einspruch sogar zu einem grundsätzlichen Veto gegen das Vorhaben der Denkmalsetzung verfestigt: »Nein, dem Schrecken aller Schrecken ist durch monumentale Entsprechung auf artistischem Feld nicht beizukommen.« Diese Einsicht hätten die Modelle eindringlich befördert und stattdessen den Ort als »makabres Reichsopferfeld« ausgezeichnet. Weniger unversöhnlich konkretisiert Kocka seine Haltung und konzediert: »Damit das Denkmal ein Denk-Mal wird, muss es mit einem Ort der Dokumentation und Aufklärung verbunden sein« (*Spiegel* 9.2.1998).

An der konkreten Auseinandersetzung um die Formensprache des favorisierten Entwurfs kristallisiert sich eine Konfliktlinie, die die gesamte Debatte latent durchzieht, nämlich welche Dimension des Denkmals bedeutender sei: die Form oder der Inhalt. Vereinfacht bildet sich diese Kontroverse auch in der Konstellation der Konfliktparteien ab. Aus der Perspektive der Kunst(kritik) muss das Monument durch seine ästhetische Ausformung überzeugen und unter dieser Bedingung konkurrieren konventionelle und konzeptionelle Lösungen. Demgegenüber misstrauen die »Schriftgelehrten«, Historiker wie Schriftsteller, dem Ausdrucksvermögen der Bildenden Kunst angesichts des Holocausts grundsätzlich. Künstlerische Konkretionen stellen aus dieser Sicht eine unzulässige Vereinfachung von »gefühlter« Geschichte dar, während die abstrakten Ansätze eine Entkonkretisierung bewirkten, die weder emotional anrühre noch historisch spezifische Eindrücke evoziere. Aus diesem Dilemma resultiert auch der von Beginn an zirkulierende Vorschlag, ein wie auch immer gestaltetes Denkmal durch die Vermittlung von Informationen zu ergänzen, sei es durch einen ausführlichen Widmungstext oder in Form einer historischen Ausstellung. Nur eine eindeutige Interpretationsvorgabe verhindere Missverständnisse und kläre den Charakter des Monuments als Mahnmal.

Nachdem nun namhafte Intellektuelle von Befürwortern zu Gegner des Projektes konvertiert sind und mit anderen ihre Bedenken artikuliert haben[49], wagen sich auch Fundamentalkritiker aus der politischen Klasse aus der Deckung und geben öffentliche Stellungnahmen ab, womit das Thema nun auch endgültig die Massenkommunikation und Boulevardpresse erreicht. Als erster spricht sich am 9. Februar der Vorsitzende der Berliner CDU-Fraktion, Klaus Landowsky, in der *Bild*-Zeitung für einen Verzicht auf das Denkmal aus. Weniger rabiat äußert sich einige Tage später der Regierende Bürgermeister Diepgen und plädiert für einen Aufschub der Entscheidung, da die Entwürfe (ihn) »intellektuell und emotional nicht überzeugen« (*taz* 16. 2. 1998). Gleichzeitig wendet er sich gegen mögliche weitere Gedenkstätten für andere Opfergruppen, denn die Berliner Innenstadt dürfe keine »Mahnmeile« werden. Die Idee eines Moratoriums vertritt auch der Kunstkritiker Walter Grasskamp, der den erreichten Stand als Ergebnis einer tendenziösen Regie bei den bisherigen Verfahren charakterisiert. Als »Vorschlag zur Güte« regt er an, das Jüdische Museum, das im folgenden Jahr eröffnet werden soll, als »provisorisches Denkmal« zu nutzen und die Diskussion neuer Vorschläge dann im Parlament fortzuführen (*SZ* 12. 2. 1998). Dort wird am 5. März dem Informellen Gremium bekannt, dass Christoph Stölzl von einem USA-Besuch einen revidierten Entwurf von Eisenman und Serra mitgebracht hat, der dem Bundeskanzler vorliegt. Die Bundestagspräsidentin will sich deshalb um einen Termin im Kanzleramt bemühen, damit die Vertreter der Fraktionen das Modell besichtigen können.

Von Mitte März an distanziert sich Diepgen weiter vom Bau des Denkmals, das von Kultursenator Radunski aber nach wie vor getragen wird. Diepgen lässt wissen, wenn man »keine Lösung für das ›Wie‹ finde, stelle sich die Frage des ›Ob‹« (*FAZ* 19. 3. 1998). Später begründet er sein Votum in einem Zeitungsartikel: »Der Autonomieanspruch moderner Kunst steht, neben manchem anderen, den praktischen Erfordernissen entgegen, die ein Mahnmal erfüllen soll. Das Denkmal für die ermordeten Juden Europas wird kommen, wenn das überzeugende Gestaltungskonzept gefunden ist. Aber es spricht viel, es spricht alles dafür, an der Neuen Wache als dem zentralen Ort symbolischen Gedenkens für alle weiteren Opfergruppen festzuhalten« (*Tagesspiegel* 28. 3. 1998) Mit dieser Verzögerungstaktik setzt sich der Berliner Bürgermeister in Widerspruch zum Bundeskanzler, der sich in den Worten von Ignatz Bubis auf die Errichtung eines Monuments festgelegt hat. Trotz seiner Kritik an der Konzeption der »Neuen Wache« ist Bubis 1993 zu deren Einweihung erschienen. »Dafür hat mir Helmut Kohl versprochen, dass es das Mahnmal für die ermordeten Juden geben wird« (*taz* 20. 3. 1998).[50] Wie zur Bekräftigung dieses Plazets bestätigt Staatsminister Pfeifer, dass der Kanzler das Denkmal nach wie vor will und die Absicht hat, sich mit Eisenman und Serra persönlich zu treffen. Ignatz Bubis hat als Vorsitzender des Zentralrats der Juden in Deutschland wiederholt geäußert, das Mahnmal sei eine »deutsche Angelegenheit« – eine Selbstverständlichkeit, die freilich durch »seine öffentlichen und verborgenen Interventionen in den Entscheidungsprozess dementiert wird, in einem verwirrenden Wechselverhältnis von Neutralität und Verwicklung sowie von intellektueller Rationalität und persönlicher Betroffenheit« (Harry Nutt, *FR* 30.10.2003).

Die Vorentscheidung der beiden politischen Schwergewichte Kohl und Bubis schlägt sich auf die öffentliche Diskussion nieder. In der Hoffnung, inhaltliche Eingaben könnten die Entscheidungsfindung noch beeinflussen, werden nun oft dargelegte Argumente wiederholt. »Der Erkenntnisgewinn all dessen ist gleich null. Die letzte Sprosse der Reflexionsleiter ist erreicht« (*Tagesspiegel* 16.4.1998), charakterisiert Malte Lehming den eingetretenen Zustand. Der damit verknüpfte Fatalismus macht sich Luft in einer Aktion der Wettbewerbsteilnehmer Horst Hoheisel und Andreas Knitz. Am 8. Mai, dem Jahrestag der deutschen Kapitulation, erscheint in der *FAZ* eine fingierte Anzeige[51], in der das »Amt für Bundesvermögensverwaltung« angeblich gegen Gebot ein Grundstück in Berlin-Mitte veräußert, das bis vor kurzem zur Denkmalsnutzung vorgesehen gewesen sei. Dieser »Fake« soll einen Anstoß geben, die inzwischen verselbstständigte Entscheidungslogik zu verlassen, doch die Karawane zieht langsam, aber beständig weiter. Einen Monat nach der Ankündigung treffen am 22. Mai Eisenman und Serra mit dem Bundeskanzler zusammen. Nach dem Gespräch, in dem »Anregungen und Bedenken« ausgetauscht werden, wollen sie einen abschließenden Entwurf erarbeiten, »über den – zusammen mit den drei anderen noch im Wettbewerb befindlichen Entwürfen – möglichst noch vor der Sommerpause im Kreis der drei Auslober (…) entschieden werden soll«.[52] Getrübt wird das so für Ende Juni in Aussicht gestellte Ergebnis durch den plötzlichen Rückzug Richard Serras aus dem Projekt, angeblich »aus beruflichen und persönlichen Gründen«; die rechtzeitige Fertigstellung soll das jedoch nicht gefährden.

Derweil werden die Konturen der avisierten Modifikationen des Denkmals deutlich. Zwar lässt Eisenman verlauten, es handle sich dabei um Aspekte, die »nur die Verkehrsführung« beträfen, etwa eine »Vorfahrtsmöglichkeit für Autos und Busse und eine gehwegähnliche Zone im Randbereich« (*SZ* 6. 4. 1998), was auf eine Verkleinerung des Stelenfelds hinausliefe. Auch Lea Rosh will ihre Veränderungsvorstellungen berücksichtigt sehen, sollte der favorisierte Entwurf gebaut werden: »Nach Rücksprache mit dem Vorsitzenden des Zentralrats der Juden in Deutschland, Ignatz Bubis, sollen bei der Verwirklichung auch Namen und Zahlen genannt werden, am liebsten die der Opfer, zumindest aber die der Tatorte wie der Lager, in denen Juden umkamen, und der Länder, in denen dies geschah. Der Förderverein hat eine Historikerkommission vorgeschlagen, bestehend aus Eberhard Jäckel, Jehuda Bauer und Raul Hilberg, die die Namen auswählen sollen.« (ebd.) Mehr Klarheit bringt der Besuch eines Journalisten in Eisenmans New Yorker Atelier: »2500 statt 4000 Säulen auf gut 50 bis 80 Prozent des Mahnmals-Platzes sind übriggeblieben« (*Tagesspiegel* 15. 6. 1998), was die *FAZ* in zwei Worte kleidet: »Eisenman entmonumentalisiert« (15. 6. 1998).

Mahnmalkrampf im Wahlkampf

Da sich auch zu Beginn der parlamentarischen Sommerpause keine endgültige Einigung der Auftraggeber abzeichnet, verschiebt sich der Fokus der öffentlichen Auseinandersetzung um das Projekt. Die Erörterung ästhetisch-konzeptioneller Fragen tritt hinter politische Erwägungen zurück – im September steht die Wahl des Bundestages an. Dies bedeutet zweierlei: das Thema wird Gegenstand des Wahlkampfes und ein Regierungswechsel hätte unvorhersehbare Folgen für die Positionierung des Bundes im Auslobergremium. Die Möglichkeit einer anderen Mehrheit begreifen konstruktive Kritiker des bisherigen Verfahrens als Chance; sie verbinden die Warnung vor einem vorschnellen »Machtwort« des Kanzlers mit der Forderung nach einer endgültigen Entscheidung durch die Legislative als einzig zuständiger Instanz. Aber auch vermeintliche Verhinderer wie der als innerparteilicher Gegenspieler Kohls bekannte Diepgen spielen auf Zeit: »Seine Gegner behaupten, er wolle jetzt das Entscheidungsverfahren so lange verzögern, bis der wichtigste Fürsprecher des Denkmalprojekts, der Bundeskanzler, die politische Bühne verlassen hat.« (*FAZ* 26. 6. 1998)

Spekulationen auf das Ende der Ära »Kohl« nähren publizistische Ambitionen: Während mangels offizieller Stellungnahmen von einem »Stillhalteabkommen« zwischen Union und Sozialdemokratie beim Denkmalstreit berichtet wird und Gerüchte zur »Geheimdiplomatie zwischen Bonn und Berlin« (*Tagesspiegel* 3. 7. 1998) kolportiert werden, erhebt die *Woche* als Herold eines rot-grünen Wahlsiegs das Holocaust-Mahnmal zum Titelthema: »Hitlers ewiger Schatten« (3. 7. 1998). Gerüstet mit einer Umfrage des Meinungsforschungsinstitutes *forsa* zu den Kenntnissen von 14- bis 18-jährigen Jugendlichen über die NS-Zeit, die erhebliche Defizite bei deren historischem Wissen dokumentiert, bilanziert Hans-Ulrich Jörges auf der Titelseite, das »Berliner Betonfeld« lenke von der konkreten Beschäftigung mit der nationalsozialistischen Diktatur ab und gerate zur »Geste des Schlusspunktes«. Für den Fall des Regierungswechsels entwirft er eine alternative Agenda und institutionelle Innovation: »Sollte dem Kabinett gar erstmals ein Bundeskulturminister oder zumindest ein Kulturbeauftragter im Kanzleramt angehören, was zu wünschen ist, könnte zudem das nachgeholt werden, was lange sträflich versäumt wurde: die Sanierung und dokumentarische Neuausstattung vorhandener Gedenkstätten (...).« Als Kronzeugen für diese Forderung ruft die Wochenzeitung zwei Vertreter einer links-liberalen Geschichtspolitik auf: Der Historiker Heinrich August Winkler und der für die »Wehrmachtsausstellung« verantwortliche Hannes Heer bekräftigen in einem doppelseitigen

Interview Bedenken gegen den Bau des geplanten Monuments und die politischen Bedingungen seiner Realisierung.

Was zum Zeitpunkt der Veröffentlichung als eine von der Aussicht auf den Machtwechsel inspirierte Fantasie wirkt, erweist sich wenig später als erfolgreiches *agenda-setting*: Der SPD-Spitzenkandidat Gerhard Schröder landet einen kulturpolitischen Coup und kündigt für den Fall des Wahlsiegs die Berufung eines »Staatsministers für Kultur im Kanzleramt« an; als Kandidaten seines Schattenkabinetts präsentiert er den in New York lebenden Verleger Michael Naumann. So greift er die seit Beginn des Jahres schwelende Diskussion um die Aufwertung kultureller Belange auf Bundesebene auf, erteilt aber der verschiedentlich vorgetragenen Forderung nach Einrichtung eines eigenen Ministeriums eine Absage. Gleichzeitig bekräftigt Schröder mit der Benennung Naumanns seinen Anspruch auf personelle Innovationen, denn es handelt sich nach dem für das Wirtschaftsressort nominierten Unternehmer Jost Stollmann um den zweiten Seiteneinsteiger in seinem Wahlkampfteam. Nach einer journalistischen Karriere als Ressortleiter bei der *Zeit* und *Spiegel*-Redakteur fungierte Michael Naumann als Verlagsleiter bei Rowohlt, bevor er von dessen Eigentümer Dieter von Holtzbrink als Chef des renommierten Literaturverlages Metropolitan Books/Henry Holt nach New York entsandt wurde. Doch als wäre dieser Schachzug nicht schon spektakulär genug, führt sich der Neu-Politiker mit einem Paukenschlag ein und spricht sich noch vor seiner offiziellen Präsentation gegen die Errichtung des Holocaust-Mahnmals aus: »Meine Haltung dazu ist ganz klar. Ich sage Nein.« (*Tagesspiegel* 21.7.1998) Zur Begründung stellt Naumann die ästhetische Angemessenheit des Projektes in Frage und favorisiert bereits bestehende Gedenkorte. Seine Meinungsfreude ist zu diesem Zeitpunkt in zweifacher Hinsicht problematisch: Zum einen trifft er seine Aussage ohne Kenntnis des favorisierten Eisenman-Entwurfs, der derweil im Deutschen Historischen Museum unter Verschluss gehalten wird, zum anderen benennt er gleichsam als Ersatz eine andere architektonische

Vision für die neue Bundeshauptstadt – den nicht minder umstrittenen Wiederaufbau des Berliner Stadtschlosses. Und erstaunlicherweise hat er zumindest bei der Forderung nach Verzicht auf die Errichtung des Denkmals die Unterstützung des Kanzlerkandidaten, wobei sich dieser etwas vorsichtiger äußert: »Ich bin ihr sehr nahe«, kommentiert Schröder die Position Naumanns bei einer ersten gemeinsamen Pressekonferenz, und als relativierender Hinweis auf seine Motivation: »Ich möchte noch Teil dieser Diskussion sein.« (*taz* 21. 7. 1998)

Diese geht dank dieser Provokation wieder richtig los, viele lehnen das spontane Diktum ab. Doch nehmen die Verfahrenskritiker Michael S. Cullen und Julius H. Schoeps den Ball auf und fordern in einem offenen Brief »Lasst den Bundestag entscheiden!«[53] Weniger diplomatisch zieht der Künstler Jochen Gerz seinen Entwurf aus der engeren Auswahl zurück, da es »keinen öffentlichen Auftrag mehr für ein solches Mahnmal gebe« (*BZ* 28. 7. 1998). Als Anpassung der sozialdemokratischen Wahlkämpfer an weitverbreite Ressentiments verurteilt Malte Lehming unter der Überschrift »Der Rechtspopulismus der Linksintellektuellen« (*Tagesspiegel* 29. 7. 1998) die neueste Wendung im Denkmalstreit. Weniger aufgeregt analysiert Richard Herzinger das Vorgehen als Symptom der Selbstdarstellung der Berliner Republik im Allgemeinen und des aktuellen Bundestagswahlkampfs im Besonderen: »Now man« betreibe den vermeintlichen »Tabubruch als Mittel der Aufmerksamkeitserregung« und nehme eine Art situationistische Umpolung der Ordnung der Diskurse vor: »Für das Denkmal und gegen das Stadtschloss zu sein, gilt jetzt als rückwärtsgewandt und unflexibel, die gegenteilige Position aber steht für selbstbewusste Zukunftsorientierung.« (*Zeit* 30. 7. 1998)

Obwohl Lea Rosh kein konkretes Datum nennt, muss sich der Bundeskanzler dazu genötigt gesehen haben, seine seit einiger Zeit währende Funkstille zu brechen und ein beschwichtigendes Telefonat zu führen: »Er versicherte mir, wir würden das Denkmal bauen. ›Sie und ich.‹« (Rosh 1999, S. 98) Anfang August macht Kohl noch einmal sein stärkstes Argument für das Denkmal öffentlich. In einem Fernsehinterview verweist er auf die zu erwartende Reaktion der Weltöffentlichkeit, insbesondere der USA: »Was auf uns zukäme, wenn wir es nicht bauten, wäre ein schwerer Schaden für das Land.« Doch den staatsmännischen Hinweis lässt Lokalpolitiker Diepgen nicht gelten: »Die Erwartungshaltung im Ausland sollte unsere Entscheidung nicht vorrangig beeinflussen.« Vielmehr will er am 25. August dem Berliner Senat die Ablehnung der vorliegenden Denkmal-Entwürfe empfehlen und alternative Möglichkeiten vorschlagen. Sein Plädoyer für die Nutzung besserer Einrichtungen wie dem Jüdischen Museum oder der »Topographie des Terrors« bezeichnet Salomon Korn sarkastisch als »Zaubertrick des Illusionisten Diepgen: Verschwindenlassen des Mahnmals durch eliminatorische Integration«.[54] Der kleinere Kollationspartner favorisiert im Gegensatz dazu und zur Bundes-SPD die schnelle Entscheidung für den überarbeiteten Eisenman-Entwurf. Diesen dürfen die vier Fraktionen des Berliner Abgeordnetenhauses dann am 19. August besichtigen, nicht aber die interessierte Öffentlichkeit; sie muss sich auf die ausführliche Besprechung von James E. Young verlassen, die wenig später im *Tagesspiegel* (22. 8. 1998) erscheint. Ihn überzeugen insbesondere die horizontale wie vertikale Verkleinerung des Stelenfeldes und die Einhegung des Areals durch Baumreihen, weil diese Maßnahmen dem Besucher eine einzigartige Erfahrung des Raumes ermöglichen. Die sachliche Werkanalyse mündet in eine emphatische Empfehlung des Eisenman-Entwurfs als »menschenmögliche Lösung des Unlösbaren«.

Am Vortag der vermeintlich entscheidenden Sitzung des Berliner Senats marschieren noch einmal andere Meinungsmacher auf. Lea Rosh versucht Schröder und die SPD in die Pflicht zu nehmen, indem sie dem Kanzlerkandidaten Aussagen aus seiner Rede anlässlich der Einweihung eines Denkmals für die aus Hannover deportierten Juden vom Oktober 1994 vorhält und damit seine ablehnende Haltung gegenüber dem Berliner Projekt konterkariert (*BZ* 24. 8. 1998). Helmut Kohl verhindert eine mögliche Berliner Blockade durch Diepgen, indem er mit ihm ein Stillhalten bis zur Bundestagswahl vereinbart. Während der Bundeskanzler an der Realisierung eines Mahnmals auf dem dafür vorgesehenen Ort festhält, betont der Regierende Bürgermeister, »dass die Zeit bis zu einer Entscheidung genutzt werden muss, die gesamte Thematik in allen ihren Aspekten zu prüfen.« Dementsprechend empfiehlt der Berliner Senat nach seiner Sitzung am 25. August, »auch andere im Zentrum gelegene Orte zur Prüfung«.[55] Das ist der Fehdehandschuh, denn damit kündigt einer der Auslober eine der bislang gültigen Prämissen des Projektes explizit auf. Der Berliner CDU-Fraktionschef Landowsky geht noch weiter und lässt verlauten: »›Berlin braucht ein solches Denkmal zur Aufarbeitung der eigenen Geschichte nicht‹, weil es genug dafür getan habe.« (*Tagesspiegel* 25. 8. 1998) Am gleichen Tag wird der überarbeitete Eisenman-Entwurf öffentlich präsentiert und zusammen mit den drei in der Konkurrenz verbliebenen Mahnmal-Modellen für zwei Wochen ausgestellt. Die Presse würdigt die Arbeit des New Yorker Architekten mehrheitlich als Ausweg aus der ästhetisch-politischen Problemlage und feiert sie sogar als »Triumph der Kunst über den Kleinmut« (Heinrich Wefing, *FAZ* 26. 8. 1998). Die Vertagung der Entscheidung über einen Entwurf wird kontroverser kommentiert, unterstützt wird aber grosso modo der Ruf nach dem neu zu wählenden Bundestag. Aus der Position des Zaungastes ist das Parlament mittlerweile ohne eigenes Zutun ins Zentrum der Entscheidung gerückt.

Darauf will die Fraktion von Bündnis 90 / Die Grünen im Berliner Abgeordnetenhaus nicht warten und beantragt die Annahme einer Entschließung durch das Berliner Abgeordnetenhaus, das Denkmal solle auf der Basis der Wettbewerbsergebnisse auf dem vorgesehenen Grundstück errichtet werden. »Mit dem prämierten und überarbeiteten Entwurf von Eisenman würde das Mahnmal eine würdige Darstellung erfahren«. Um Differenzen in der Regierungskoalition in der dadurch herbeigeführten Parlamentsdebatte nicht noch deutlicher zu Tage treten zu lassen, legen sie einen eigenen Entschließungsantrag vor, um den Preis der Einigung auf den kleinstmöglichen Nenner: Das Abgeordnetenhaus spricht sich mit den Stimmen von CDU und SPD nur dafür aus, »dass im Zentrum Berlins ein Denkmal für die ermordeten Juden errichtet wird«, Diepgen verhindert eine konkrete Festlegung in der Standortfrage. Die Auslober sollen aber noch vor dem Umzug von Bundestag und -regierung nach Berlin eine entsprechende Entscheidung treffen, allerdings in Abhängigkeit von einem grundsätzlichen Beschluss des Bundestages.[56] Da das Berliner Abgeordnetenhaus nicht als Auslober am Verfahren beteiligt ist, handelt es sich hierbei freilich nur um eine politische Willenserklärung ohne konkrete Konsequenzen.

Halten wir fest, wie sich die politischen Lager vor der Bundestagswahl aufgestellt haben: die Sozialdemokraten lassen Zweifel erkennen, die Bundesregierung hat sich für »Eisenman II« entschieden, doch der CDU-Chef der Berliner Koalition leistet hinhaltenden Widerstand.

Walser in der Paulskirche: Zweierlei Erinnerung?

Am 27. September 1998 geht nach 16 Jahren die Ära »Kohl« zu Ende, die erste rot-grüne Koalition auf Bundesebene wird verabredet. Was der Macht- und Generationswechsel für die Errichtung des Denkmals für die ermordeten Juden Europas bedeutet, ist zu diesem Zeitpunkt noch kaum absehbar, erkennbar ist aber, dass der Entscheidungsprozess nun in einem veränderten Rahmen ablaufen wird. Die künftige Regierung wird sich der Forderung nach einem Grundsatzbeschluss des Bundestages in Sachen »Mahnmal« nicht verschließen können und bei der Vorbereitung wird der designierte »Staatsminister für Kultur im Kanzleramt«, Michael Naumann, eine entscheidende Rolle spielen. Die Befürworter des Denkmals wittern weitere Verzögerungen des entscheidungsreifen Verfahrens, wenn nicht sein Ende. An Brisanz gewinnt Naumanns (und Schröders) Positionierung durch die parallel zu den Koalitionsverhandlungen aufflammende Kontroverse um die Äußerungen des Schriftstellers Martin Walser zum geplanten Denkmal. Bei seiner Rede anlässlich der Verleihung des Friedenspreises des Deutschen Buchhandels am 11. Oktober radikalisiert er die Kritik am geplanten Denkmal und den Formen der Auseinandersetzung mit Nationalsozialismus und Holocaust in einer Art und Weise, die scharfen Widerspruch provoziert und über Wochen das Debattenfeuilleton unterhält. Wenn es noch eines Anstoßes bedurft hätte, um das umstrittene Mahnmal auf die Zielgerade zu bringen, dann diese Rede Walsers, aus der heute nur noch ein Paar besonders gesalzene Sentenzen im Gedächtnis sind. Wir zitieren die Passagen, die das Mahnmal direkt oder indirekt ansprechen (vgl. Walser 1998; Hervorhebungen von uns):

»Kein ernstzunehmender Mensch leugnet Auschwitz; kein noch zurechnungsfähiger Mensch deutet an der Grauenhaftigkeit von Auschwitz herum; wenn mir aber jeden Tag in den Medien diese Vergangenheit vorgehalten wird, merke ich, dass sich in mir etwas gegen diese *Dauerpräsentation unserer Schande* wehrt. Anstatt dankbar zu sein für die unaufhörliche Präsentation unserer Schande, fange ich an wegzuschauen. Wenn ich merke, dass sich in mir etwas dagegen wehrt, versuche ich, die Vorhaltung unserer Schande auf Motive hin abzuhören und bin fast froh, wenn ich glaube, entdecken zu können, dass öfter nicht mehr das Gedenken, das Nichtvergessendürfen das Motiv ist, sondern *die Instrumentalisierung unserer Schande zu gegenwärtigen Zwecken. Immer guten Zwecken, ehrenwerten. Aber doch Instrumentalisierung.*«

Walser fährt fort:

»Auschwitz eignet sich nicht, dafür *Drohroutine* zu werden, jederzeit einsetzbares Einschüchterungsmittel oder *Moralkeule* oder auch nur *Pflichtübung*. Was durch Ritualisierung zustande kommt, ist von der Qualität des Lippengebets. Aber in welchen Verdacht gerät man, wenn man sagt, die Deutschen seien jetzt ein *ganz normales Volk*, eine ganz gewöhnliche Gesellschaft? In der Diskussion um das Holocaustdenkmal in Berlin kann die Nachwelt einmal nachlesen, was Leute anrichteten, die sich für das Gewissen von anderen verantwortlich fühlten. Die Betonierung des Zentrums der Hauptstadt mit einem *fußballfeldgroßen Alptraum. Die Monumentalisierung der Schande.* Der Historiker Heinrich August Winkler nennt das ›negativen Nationalismus‹. Dass der, auch wenn er sich tausendmal besser vorkommt, kein bisschen besser ist als sein Gegenteil, wage ich zu vermuten. Wahrscheinlich gibt es auch eine Banalität des Guten.«

Die Kritik und Verurteilung dieser Rede[57] sind ziemlich einhellig, aber erst, nachdem sich Ignatz Bubis, der in der Paulskirche präsent war und als einer der ganz wenigen in den allgemeinen Beifall nicht eingestimmt hat, Walser direkt angeht und einen »geistigen Brandstifter« genannt hat (*SZ* 10.11. 1998). Walser kann sich, angesichts dieser von ihm als *politische Korrektheit* interpretierten Reaktion, nun noch mehr als Opfer einer Kampagne von »Meinungssoldaten« fühlen, der lediglich für sich in Anspruch nimmt, Volkes Stimme zum Mahnmal zu Gehör gebracht zu haben.

Für sich genommen ist an einer Kritik der Instrumentalisierung von Auschwitz zunächst nichts auszusetzen; sie nimmt geradezu auf, was unter anderem Ignatz Bubis immer wieder ins Feld geführt hat, dass nämlich ein ritualisiertes Gedenken eine Art Ablasshandel darstellt, mit dem sich Nachkommen der Täter freikaufen wollen. Klaus von Dohnanyi meint sogar, Walser müsse Bubis eigentlich aus dem Herzen gesprochen haben: »Worauf es doch ankommt, ist, dass wir die Tatsachen nicht in Vergessenheit geraten lassen, dass wir die Erinnerung bewahren und dass wir eine menschliche Form des Gedenkens finden. Erinnern darf nicht zur bequemen Routine werden. Gegen diese Gefahr hat Walser gesprochen. Bubis müsste hier ganz auf seiner Seite stehen.« (*FAZ* 14.11.1998)

Bubis Enttäuschung, dass sich intellektuelle Eliten so verhalten, verdeutlicht Henryk M. Broder: »So lange Bubis als ein Reue-Entgegennahme-Jude funktioniert und die symbolischen Kniefälle zur Woche der Brüderlichkeit und am 9. November annimmt, ist er everybody's darling. Doch wehe, er haut mal auf den Putz oder überzieht ein wenig. Dann wird umgehend klar, wie dünn das Eis ist, auf dem die Protagonisten der deutschjüdischen Aussöhnung ihre Pirouetten drehen. Dann sind auch die guten Deutschen beleidigt, nehmen übel und fordern, die Juden sollten mit ihren ›nicht-jüdischen Landsleuten behutsamer umgehen‹ (Dohnanyi).« *(Tagesspiegel* 24.11.1998)

In einem *Spiegel*-Interview mokiert Bubis sich über Gerhard Schröders Wort von einem »Stück Normalität«:

»Mich fragen manchmal Leute, die ich seit 30 Jahren kenne: Herr Bubis, warum können wir nicht normal miteinander verkehren? Dabei ist bei mir die Normalität längst eingekehrt. Ich lebe hier, engagiere mich politisch wie gesellschaftlich. Allerdings benehmen sich mir gegenüber die Nichtjuden anormal. Ich gebe Ihnen ein Beispiel: Ich mache Wahlkampf für die FDP, ich spreche über den Euro, die Steuerreform, die Rentenreform, erkläre den Leuten, warum sie FDP wählen sollen. Nach wenigen Fragen zur Sache fragen mich dann die Leute: Wo waren Sie während des Krieges? Offenbar nagt da etwas an den nichtjüdischen Deutschen. Und sie fragen mich tatsächlich, wie ich in Deutschland leben kann! SPIEGEL: Was sagen Sie den Leuten? Bubis: Dass ich mir allmählich diese Frage auch stelle. Wenn ich so oft gefragt werde, muss doch was dran sein.« (*Spiegel* 49/1998)

Walser macht noch einen anderen Kontext auf, indem er (seine) »private«, per Roman und fiktional publizierte Erinnerung gegen die öffentliche Kommemoration ausspielt. Dazu Jan Philipp Reemtsma und Saul Friedländer in einem *SZ*-Gespräch: »Reeemtsma: (...) Diese Erinnerung ist wesentlich durch einen provinziellen Blickwinkel charakterisiert, von dem aus man nicht wissen konnte, was los ist. Friedländer: Das war auch der Blickwinkel von Edgar Reitz in ›Heimat‹: Im Alltag, vom Dorf her, sah man nichts. Also wusste man nichts. Aber man kann nicht bis heute auf diesem provinziellen Alltag bestehen, das Bewusstsein der Gesamtbevölkerung ist ja nicht damit identisch. Mehr als ein Drittel der Bevölkerung wusste, dass im Osten massenhaft getötet wurde. Klemperer wusste in seiner Abgeschiedenheit 1942 von Auschwitz. Hitler hat öffentlich mehrmals gesagt, wenn ein Krieg kommt, würden die Juden ausgerottet. Es gibt Tagebücher von einfachen Leuten, die notierten: Hitler spricht von der Vernichtung der Juden. Man konnte es also wissen. Diese provinzielle Idylle ist eine konstruierte Idylle.« (SZ 24.11.1998)

Noch umstrittener sind Walsers mehr insinuierte als ausgesprochene politische Schlussfolgerungen: dass Deutschland nach Überwindung der Teilung endlich ein normaler Staat werden könne und solle. Dazu wieder Klaus von Dohnanyi: »Martin Walser ist kein ›geistiger Brandstifter‹, sondern ein vom Gewissen bedrängter Deutscher. Seine Rede war die Klage eines persönlich unschuldigen Deutschen, der sich in der historischen Haft weiß, in einer Schande für die Verbrechen vorangegangener Generationen, die er nicht begangen hat, für die er sich aber doch verantwortlich fühlen muss. Es war die verständliche, ja notwendige Klage eines gewissenhaften nichtjüdischen Deutschen über das schwierige Schicksal, heute ein solcher Deutscher zu sein.« (FAZ 14.11.1998)

Deutlicher als Walser (und diesem nicht vorzuwerfen) wurde Rudolf Augstein:

»Die Mahnmal-Debatte kann keine Schlussstrich-Debatte sein. Sie kann aber so auch nicht fortgesetzt werden. Man würde untauglichen Boden mit Antisemitismus düngen, wenn den Deutschen ein steinernes Brandmal aufgezwungen wird. Der als Mahnmal deklarierte ästhetische Entwurf des amerikanischen Architekten Peter Eisenman ist eine Verhöhnung des entsetzlichen Grauens und eine Absage an die allmählich wieder gewonnene Souveränität unseres Landes. Man kann uns nicht von außen diktieren, wie wir unsere neue Hauptstadt in Erinnerung an die Vergangenheit gestalten. (...) Ließen wir den von Eisenman vorgelegten Entwurf fallen, wie es vernünftig wäre, so kriegten wir nur einmal Prügel in der Weltpresse. Verwirklichen wir ihn, wie zu fürchten ist, so schaffen wir Antisemiten, die vielleicht sonst keine wären, und beziehen Prügel in der Weltpresse jedes Jahr und lebenslang, und das bis ins siebte Glied.« (Spiegel 49/1998)

Dass aus dem »Walser-Bubis-Streit« ein Bubis-Dohnanyi-Streit von erheblich größerer Brisanz wurde, der noch für das heutige Deutschland zweierlei Erinnerung von Tätern und Opfern postulierte, bewirkt die folgende Auslassung von Dohnanyis:

»Ignatz Bubis kann, so glaube ich, Martin Walser in seiner deutschen Klage schon deswegen nicht verstehen, weil in allem Erinnern an die Naziverbrechen, wie auch immer es vorgetragen oder dargestellt wird, für Ignatz Bubis niemals auch nur ein Nebenton von persönlichem Vorwurf zu spüren sein kann. Bubis ist Jude, für ihn als Deutschen beginnt die Verantwortung erst nach dem Holocaust. Er ist deutscher Staatsbürger, aber er kann niemals – und wer würde das auch von ihm verlangen wollen! – sagen: Wir haben den Holocaust verschuldet. Dabei ist sein Anteil daran, mäße man nur Kausalketten, nicht größer und nicht kleiner als derjenige all der heute bald sechzigjährigen nichtjüdischen Deutschen, die nach Adolf Hitlers Tod geboren wurden. Ich selbst formuliere deswegen, trotz meiner Familiengeschichte, immer ganz bewusst: Wir Deutsche haben das gemacht. Ignatz Bubis muss als Jude ein anderes Bewusstsein haben. Für ihn haben die Deutschen das getan. Allerdings müssten sich natürlich auch die jüdischen Bürger in Deutschland fragen, ob sie sich so sehr viel tapferer als die meisten anderen Deutschen verhalten hätten, wenn nach 1933 ›nur‹ die Behinderten, die Homosexuellen oder die Roma in die Vernichtungslager geschleppt worden wären. Ein jeder sollte versuchen, diese Frage für sich selbst ehrlich zu beantworten.« (*FAZ* 14. 11. 1998)

7. Kulturpolitik(er) ohne Konzept

Die Schärfe des Streits dürfte die Koalitionäre bei ihren Beratungen über die symbolpolitisch prekäre Frage, wie des Holocaust richtig zu gedenken sei, beeinflusst haben. Dementsprechend vorsichtig fallen die Formulierungen in der Koalitionsvereinbarung zwischen SPD und Bündnis 90 / Die Grünen aus. Die Aussage, die neue Bundesregierung werde sich an der Diskussion über das Denkmal beteiligen, unterstreicht aber einen generellen Gestaltungsanspruch, denn von einer direkten Umsetzung vorliegender Ergebnisse ist nicht die Rede. Zwar wird am bisherigen Standort festgehalten, die Realisierung aber tatsächlich vom Votum des Bundestages abhängig gemacht. Damit wird Alternativvorschlägen à la Diepgen eine Absage erteilt, aber auch nicht ausgeschlossen, dass das Parlament sich gegen den Bau eines Mahnmals ausspricht. Schließlich wird das Vorhaben in den Kontext eines Konzepts für die Gedenkstättenarbeit in Deutschland insgesamt gestellt, die in Zusammenarbeit mit den Bundesländern erarbeitet werden soll, womit Bedenken bezüglich der Vernachlässigung der historischen Orte ausgeräumt werden sollen.[58]

Die Demontage des Denkmals

Dass mit den vagen Festlegungen eine neue Runde der Debatte eingeläutet wird, zeigt sich wenig später. Am 22. Oktober meldet der *Tagesspiegel* unter Berufung auf gut informierte Kreise, Naumann erwäge die Ansiedlung eines Teils der von Steven Spielberg gegründeten »Survivors of the Shoah Visual History Foundation« auf dem für das Holocaust-Denkmal vorgesehenen Areal. Die Stiftung betreibt die Dokumentation von Zeitzeugenaussagen auf Video und deren Verbreitung durch elektronische Medien. Obwohl diese Meldung zunächst unbestätigt bleibt, passt sie gut zum Misstrauen Naumanns gegen die bislang bevorzugten monumentalen Lösungen. Neu ist die Idee nicht: Jochen Gerz hatte das Interview-Archiv bereits in seinen Entwurf integriert, war damit aber im Wettbewerb gescheitert. Auch Andreas Nachama, der Vorsitzende der Jüdischen Gemeinde Berlins und ebenfalls ein Kritiker des geplanten Mahnmals, meldet sich zu Wort mit dem Alternativvorschlag für eine multi-konfessionelle Hochschule. Die Reaktionen auf diese nicht zuletzt der Sondierung der Stimmungslage dienenden Ideen sind entsetzte Ablehnung, müde Resignation und verhaltene Zustimmung: Heinrich Wefing deutet die Vorschläge als »Bauchladen der Erinnerungskultur, der Platz für alles bietet, was im Angebot ist« und resümiert: »All das, vorzugsweise in einem Haus von Daniel Liebeskind vereint, ergäbe endlich jenen jugendkulturkompatiblen Holocaust-Themenpark, der das

Erinnern zum Erlebnis macht.« (*FAZ* 23.10.1998) Diese kulturkritische Stoßrichtung schlagen auch diejenigen ein, die Anstoß nehmen an der unklaren Institutionalisierung des Video-Archivs aus den Vereinigten Staaten: Jens Jessen meint, das »Mahnmal wird verjuxt« (*BZ* 24.10.1998) und James E. Young verleiht dem Vorschlag das Prädikat »Gedenken light« (zitiert nach *Zeit* 29.10.1998). Andere stimmen der Idee in ihrer Abneigung des favorisierten Eisenman-Entwurfs inhaltlich zu, fühlen sich aber durch den Schnellschuss Naumanns fatal an den dekretierenden Stil des scheidenden Bundeskanzlers und das konfuse *brainstorming* der letzten Jahre erinnert. Anders sieht dies etwa der SPD-Politiker Peter Glotz, der sich in einem offenen Brief in der *Woche* (30.10.1998) an Michael Naumann wendet und ihn auffordert, qua Amt »dem quälenden Hin und Her um das Holocaust-Mahnmal ein Ende« zu bereiten. Da ein Monument für das Vorhaben nicht geeignet sei, weil es die Gefahr der permanenten Schändung provoziere, unterstützt er wiederum den Vorschlag des Verlegers der *Woche*, Thomas Ganske, unter dem Motto »Bücher statt Beton« (*Woche* 9.10.1998) eine Gedenkbibliothek zu errichten. Dieser Kampagnenjournalismus wird eine Woche später an gleicher Stelle mit dem Aufruf fortgesetzt, Bücher für dieses Vorhaben zur Verfügung zu stellen.

Angesichts dieses neu arrangierten Füllhorns von Vorschlägen weist der Förderkreis in einem »Brief an die Abgeordneten des 14. Deutschen Bundestages«[59] verfahrenslogisch darauf hin, dass nur noch über die vorliegenden Wettbewerbsergebnisse zu befinden sei. Er fordert, das Denkmal auf deren Grundlage zu verwirklichen, will die Entscheidung aber nicht allein dem Parlament überlassen, sondern eine neue Kommission berufen, an der neben den Auslobern Vertreter des Bundestages beteiligt sind. Den diversen Aufforderungen zum Regierungshandeln erteilt Gerhard Schröder in seiner Regierungserklärung vom 10. November eine Absage: »Über das geplante Holocaust-Mahnmal in Berlin wird nicht per Exekutivbeschluß entschieden, sondern unter Einbeziehung der breiten Öffentlichkeit hier im Deutschen Bundestag.« Dementsprechend unterlässt Michael Naumann bei seiner ersten Rede im »Hohen Haus« jede inhaltliche Festlegung.[60] Es mangelt ihm aber auch noch an der Autorität des Amtes, denn bis zu seiner Berufung als Staatsminister werden noch Wochen vergehen – das Parlament muss erst das Gesetz ändern, nach dem Staatsminister auch Bundestagsabgeordnete sein müssen. Derweil firmiert er offiziell als »Beauftragter der Bundesregierung für Angelegenheiten der Kultur und der Medien«. Parallel zur Konstituierung seines Ressorts wird unter dem Vorsitz der SPD-Abgeordneten Elke Leonhard der neue »Ausschuss für Kultur und Medien des Deutschen Bundestages« eingerichtet[61], der die Federführung eines Parlamentsbeschlusses übernehmen soll.

Auf dessen zweiter Sitzung am 18. November spricht Naumann die mögliche Erweiterung des Denkmals um »edukative Elemente« an.[62] Diese Vorlage nimmt Eberhard Diepgen dankbar auf und legt in einem ausführlichen Interview (*Woche* 27.11.1998) seine aktuelle Position dar. Er lehnt eine Entscheidung durch den Bundestag kategorisch ab, ohne die Beteiligung Berlins werde weder ein Mahnmal noch ein anderes Bauwerk entstehen, ebenso eindeutig versagt der Regierende Bürgermeister dem Eisenman-Entwurf seine Stimme. Als Gründe dafür gibt er dessen »Beliebigkeit«, den »Mangel an Information« und seine provozierende Monumentalität an. Er möchte »ein Mahnmal haben, das eindrucksvoll ist, aber auch beherrschbar«, was im Sinne Naumanns durch die »Integration von Edukation und Mahnmal« zu erreichen sei. Im Gegensatz zu ihm präferiert er aber die Ergänzung bestehender Einrichtungen, um zu einem aussagekräftigen Gesamtarrangement zu gelangen. In der Stoßrichtung ähnelt das den berühmt gewordenen Äußerungen Gerhard Schröders im Interview mit dem Fernsehsender *Sat 1* am 1. November 1998:

»Ich will ein Holocaust-Denkmal. (...) Aber ich möchte es in einer Dimension, vor der die Berlinerinnen und Berliner, vor dem die Deutschen nicht Furcht empfinden, sondern wo sie gerne hingehen, um sich zu erinnern, um sich auseinander zu setzen. (...) Und ich hoffe, dass es einen Vorschlag gibt, der nicht nur vergangenheitszugewandt ist, sondern einer, der auch der Zukunft zugewandt ist.«

Dieses Motiv nimmt György Konrád auf, der sich als »freundlichen Erinnerungsplatz in der Mitte Berlins« (*BZ* 28.11.1998) einen Park wünscht, der besinnliche Bürger genauso wie spielende Kinder anzieht. Während Konráds Konzeption in seiner Schlichtheit naiv anmutet, schlägt der Herausgeber des *Spiegel*, Rudolf Augstein, schrillere Töne an und macht sich den *Sound* von Walsers »Sonntagsrede« zu eigen. Bei der Durchsetzung des »Schandmals« sieht er die falsche Rücksichtnahme »auf die New Yorker Presse und die Haifische im Anwaltsgewand« am Werk, um im Brustton nationaler Bewegtheit zu folgern: »Der als Mahnmal deklarierte Entwurf des amerikanischen Architekten Peter Eisenman ist eine Verhöhnung des entsetzlichen Grauens und eine Absage an die allmählich wiedergewonnene Souveränität unseres Landes. Man kann uns nicht von außen diktieren, wie wir unsere neue Hauptstadt in Erinnerung an die Vergangenheit gestalten.« (*Spiegel* 30.11.1998) Offensichtlich inspiriert von seiner sarkastischen Aufforderung »Schafft einen Sammelpunkt für Hooligans aller Art in Berlin«, äußert Helmut Schmidt in einem Brief an das Kanzleramt seine »Befürchtung, dass auf dem Gelände (...) ein sozialer Brennpunkt entstehen könnte«, der internationale Aufmerksamkeit und negative Kritik auf sich ziehen werde.[63] In dieser Perspektive stellt der Eisenman-Entwurf einen unwägbaren Störfaktor dar, der das Bild der Bundeshauptstadt und damit der Bundesrepublik diskreditieren könne.

Statt durch die Institutionalisierung einer Kulturpolitik des Bundes die Diskussion zu straffen, droht die Denkmalsdebatte nach einem Monat rot-grüner Regentschaft in einer Kakophonie kontroverser Ratschläge zu kollabieren. Dies ist der Situation des politischen Neuanfangs geschuldet: Der designierte Minister, SPD-Mitglied ohne Stallgeruch und Hausmacht, ist offiziell noch keiner und muss sich seine Kompetenzen im Verteilungskampf der Ressorts erst noch sichern. Auch hat sich die symbolische Hack-Ordnung im Regierungslager noch nicht ausgebildet – wer neben den »Alphatieren« informell Einfluss ausüben kann, dürfte zu diesem Zeitpunkt noch nicht ausgemacht sein. Diese Phase der Profilierung nutzen selbsternannte Politikberater wie Augstein, Glotz und Schmidt für den Versuch, nach 16 Jahren Machtferne wieder Einfluss auf das Regierungshandeln zu nehmen. Um in diesem Umfeld nicht als Erfüllungsgehilfe zu wirken, muss Naumann initiativ werden, und es ist bezeichnend, dass seine Vorstellungen durch eine Indiskretion publik werden. Als erster berichtet der *Spiegel* von einem neuen Mahnmal-Konzept, das von Naumann in einer Pressekonferenz am 14. Dezember 1998 nachträglich erläutert wird.[64] Alternativ soll auf dem vorgesehenen Gelände ein Ensemble aus Ausstellung, Bibliothek und Forschungseinrichtung entstehen, das in einem Park situiert und in einem architektonisch eindrucksvollen Gebäude untergebracht ist. Für die drei »konzeptionellen Ebenen« dieser Einrichtung hat er unterschiedlich weit fortgeschrittene Vorstellungen: Die erste, eher *museale* Ebene soll durch eine ständige Ausstellung zum Holocaust gebildet werden, es soll aber auch Raum für wechselnde Expositionen vorhanden sein. Für die zweite Ebene ist sowohl die Einrichtung einer »Holocaust-Bibliothek« als auch die Ansiedlung einer Dependance des international renommierten Leo Baeck Instituts vorgesehen.[65] Für die dritte, explizit noch nicht durchdachte Ebene schlägt Naumann schließlich eine Forschungsstelle vor, die Genozide historisch erforscht und vor aktuellen Völkermorden warnt *(genocide-watch)*. Die Gesamtkonzeption reflektiert Naumanns Absicht, weniger einen »Gestus des Gedenkens« zu bedienen als einen »Anstoß zum Erinnern« zu geben. Die inhaltliche Realisierung soll durch die Kooperation mit bereits bestehenden Einrichtungen ermöglicht werden, zu denen der Kulturbeauftragte zum Teil bereits Kontakt aufgenommen hat.[66] Für die architektonische Gestaltung kündigt er unter anderem ein Gespräch mit Peter Eisenman an, den Naumann an einem auf wenige Personen beschränkten

Wettbewerb beteiligen will. Selbst zur Finanzierung hat Naumann Ideen, nämlich den Verkauf eines Drittels des zur Verfügung stehenden Geländes.

Die veröffentlichte Meinung zeigt dem Kulturminister die kalte Schulter. Im Mittelpunkt der Kritik steht die Kombination verschiedenster Einzeleinrichtungen zu einem erinnerungskulturellen Komplex bei gleichzeitigem Verzicht auf die bislang zentrale Dimension des Denkmals. So urteilt Eduard Beaucamp unter der Überschrift »Allen alles«: »Das zentrale Mahnmal darf sich nicht im didaktischen Museum und in eines der zahllosen Informations-, Dokumentations- und Forschungszentren auflösen. Das Ansinnen verrät das wissenschaftlich-verdinglichte Verhältnis, das wir inzwischen zum Holocaust haben.« (*FAZ* 15. 12. 1998) Andere Kommentatoren wie James E. Young (*BZ* 18. 12. 1998) skandalisieren die Anmaßung, mit der Naumann sowohl die inhaltlichen Erkenntnisse der zehnjährigen Debatte als auch die formalen Ergebnisse des noch nicht abgeschlossenen Verfahrens ignoriert und damit alle Beteiligten brüskiert. Naumanns Allüre, sich im Stil eines Bauherren mit dem Architekten des favorisierten Entwurfs zu treffen, erregt ebenso Bedenken; selbst Jürgen Habermas sieht sich genötigt, Peter Eisenman per Brief aufzufordern, nicht auf Naumanns Avancen bezüglich der Planung alternativer Bauwerke einzugehen.[67] Auch der Förderkreis fürchtet eine solche Absprache und versucht, im Vorfeld des Treffens die Reihen zu schließen. So treffen sich am 18. Dezember 1998 in Anwesenheit Eisenmans zwölf der am bisherigen Verfahren beteiligten Befürworter des Denkmals zu einer informellen Absprache mit anschließender Pressekonferenz. Neben Lea Rosh sind Bundestagsabgeordnete und der Berliner Kultursenator Peter Radunski (CDU) anwesend; auch die verhinderte Vorsitzende des Ausschusses für Kultur und Medien, Elke Leonhard, hat ihr Einvernehmen signalisiert. Gemeinsame Linie ist, auf der Einhaltung des vereinbarten Verfahrens (Grundsatzbeschluss durch den Bundestag, bei positivem Votum Fortführung des laufenden Wettbewerbs) zu bestehen. Auch der Architekt lässt verlauten, dass er nicht gedenke, auf den neuen Vorschlag einzugehen und versichert Rosh: »Lea, believe me. You can trust me.«[68]

Über das Treffen von Eisenman und Naumann am darauf folgenden Wochenende wird zwar offiziell nichts verlautbart, aber der Architekt verrät in einem Interview (*BZ* 21.12.1998), dass Naumann bei diesem Termin seinen Entwurf zum ersten Mal gesehen habe und er ihn gar nicht über die Möglichkeit von Änderungen befragt habe. Überhaupt werde er keine weiteren Kompromisse eingehen und auch nicht an einem Wettbewerb für ein Museum als Ersatz für das Mahnmal teilnehmen. Institutionenkundlich nicht ganz sattelfest wirkt Naumanns Interpretation, die von ihm vorgestellte Konzeption lediglich als einen »Gegenvorschlag der Bundesregierung« (*Tagesspiegel* 20.12.1998) zu verstehen. Diese als arrogant empfundenen Äußerungen provozieren neue politische Planspiele. Wenn alles möglich ist, steht auch das Projekt selbst zur Disposition – dieser Eindruck entsteht am Ende eines Jahres, das mit (im Jargon) *Eisenman II* einen Entwurf hervorgebracht hat, der vor der Bundestagswahl konzeptionell überzeugend und politisch konsensfähig schien.

Gedenken mit Gebrauchsanweisung

Während andere Akteure zum Jahreswechsel in Wartestellung verharren, ist der Beauftragte der Bundesregierung nicht untätig und präsentiert am 15. Januar dem SPD-Fraktionsvorstand die Früchte seiner Arbeit. Im Anschluss verkündet der Fraktionsvorsitzende Peter Struck, Naumann habe sich mit Eisenman auf eine Kombination aus dem Entwurf für das Stelenfeld und den Vorstellungen für ein Ensemble aus erinnerungskulturellen Einrichtungen geeinigt. Dafür werde der Architekt die Zahl der Stelen ein weiteres Mal reduzieren und einen geeigneten Gebäudekomplex entwerfen. Diese Lösung verbindet Struck mit konkreten Vorstellungen darüber, wie das Projekt gewissermaßen im Parforceritt das Parlament passieren soll. Grund für die Eile ist wieder eine bevorstehende Wahl: Im Oktober wird das Berliner Abgeordnetenhaus gewählt, wieder muss das Mahnmal aus dem Wahlkampf herausgehalten werden. Ebenso drückt der nun in Bonn federführende Bundestagspräsident Wolfgang Thierse aufs Tempo und will in wenigen Tagen mit Michael Naumann und den Fraktionsvorsitzenden das parlamentarische Vorgehen festklopfen. Für die angestrebte Abstimmung, über deren Alternativen noch Unklarheit besteht, stellt Struck in Aussicht, zumindest die SPD werde bei dieser Gewissensentscheidung keinen Fraktionszwang ausüben. Zur Information der SPD-Fraktion wird gleich zu Beginn der folgenden Woche eine interne Anhörung angesetzt; dazu werden die Modelle der im Wettbewerb verbliebenen Entwürfe nach Bonn geholt, damit sie die Abgeordneten im Foyer des Deutschen Bundestages in Augenschein nehmen können.

Doch bevor sich die Volksvertreter ein Bild über *Eisenman III* machen können, wird der Entwurf am 17. Januar einem handverlesenen Kreis von etwa zwanzig Personen vorgestellt. In der Wohnung von Michael Blumenthal, dem Direktor des Jüdischen Museums in Berlin, sind bei der privaten Präsentation neben Naumann und Eisenman unter anderem Vertreter aus Bundes- und Berliner Landespolitik sowie Ignatz Bubis anwesend, allerdings keine Mitglieder des Förderkreises.[69] Die Wahl des Ortes für diese »salonhafte Halböffentlichkeit« (*taz* 21.1.1999) weist bereits auf das Vorhaben hin, dass das Jüdische Museum die Trägerschaft für die Koordination der geplanten Einrichtungen übernehmen soll. Zu Blumenthal bemerkt eine enttäuschte Lobbyistin Lea Rosh: »Er hatte allen Anlass zur Rolle des Gastgebers. Denn Naumann hatte ihm die Leitung des neuen Museums auf unserem Denkmalsgelände angetragen, mit 50 zusätzlichen Planstellen und vielen Etatmillionen jährlich.« Auch der Architekt habe sich von der Aussicht auf einen lukrativen Auftrag umstimmen lassen: »Eisenman wollte einen Auftrag. Bauen in Berlin! Was auch immer.« (Rosh 1999, S. 103) Die selektive Informationspolitik des Kulturbeauftragten widerlegt die demonstrativ vertretene Absicht, das Parlament zum Zentrum der Entscheidung zu machen. Die fragwürdige Vorgehensweise findet ihre Fortsetzung, als am Dienstag darauf Nachrichtenagenturen ein Foto des neuen Entwurfs in Umlauf bringen, für das die *Woche* das Copyright reklamiert. (vgl. *taz* 21. 1. 1999) Was auf diesem Wege durchsickert, erlaubt bereits die Beschreibung von *Eisenman III*, bevor das Modell offiziell präsentiert wird, was in anderen Zeitungen natürlich auf Kritik stößt. Zielscheibe ist die auf Konsens und Kompromiss abgestellte, genuin politische Logik der Kombination von Kunst und Didaktik: »Der Sinn des Dokumentationszentrums ist offenbar eine Korrektur des Kunstprojektes«, der Vorschlag sei »das Eingeständnis, dass das riskante ästhetische Gedenken (…) ein didaktisches Geländer braucht«, kommentiert Stefan Reinecke (*taz* 18. 1. 1998). Ein Mahnmal müsse notwendigerweise Effekte emotionaler Verstörung evozieren, die nicht durch Verkleinerung und Angebote zu kognitiven Übungen aufgehoben werden dürften. Statt also einen »Reflexionsraum im Herzen der Hauptstadt« zu eröffnen, verflache das Projekt zu einer »Mehrzweckhalle der Betroffenheit«. Nebenbei wird darauf hingewiesen, dass es für ein solches »Holocaust-Gesamtensemble« nie einen Wettbewerb gegeben habe (alle drei Zitate: *FAZ* 18. 1. 1998).

Ungerührt setzt Naumann am 19. Januar die scheibchenweise Veröffentlichung der architektonischen Vorstellungen fort und präsentiert das inzwischen in Bonn eingetroffene Modell am Abend der SPD-Fraktion.[70] Dort bekommen neben Lea Rosh und Eberhard Jäckel auch sozialdemokratische Politiker, die als Fürsprecher von *Eisenman II* gelten, das Wort, aber die Absicht der Fraktionsführung, die Fronten aufzuweichen, scheint nicht aufzugehen: »Hans-Jochen Vogel und Peter Conradi, die als Gäste teilnahmen, zerfetzten den neuen Eisenman-Entwurf in der Luft«, berichtet der *Tagesspiegel* (21. 1. 1999). Am Mittwoch wandert das modifizierte Mahnmal-Modell in die Lobby des Bundestages, weitere Beratungen finden statt. Bei einem Treffen des Bundestagspräsidenten mit den Fraktionsvorsitzenden zeichnet sich ab, dass bei der beabsichtigten Abstimmung alle Parteien den Fraktionszwang aufzuheben gedenken. Um den Weg für eine parlamentarische Entscheidung frei zu machen, müssen die Auslober den laufenden Wettbewerb jedoch formell beenden, worauf vor allem Unions-Fraktionschef Wolfgang Schäuble insistiert. Dieser Ansicht schließt sich in einer Sitzung des Ausschusses für Kultur und Medien vom gleichen Tag auch dessen Vorsitzende Elke Leonhard an. Zu der unter Anwesenheit von Michael Naumann diskutierten Frage, was denn Gegenstand entsprechender fraktionsübergreifender Gruppenanträge sein kann, vertritt sie die Auffassung, der Bundestag solle über die Alternative »Denkmal pur« oder »Denkmal mit didaktischem Appendix« (im Parlamentarierjargon: »Mahnmal plus«) befinden. Die Abstimmung über konkrete Entwürfe will auch Gregor Gysi (PDS) ausschließen, das Parlament dürfe nicht konkret über Kunst entscheiden. Gegen allzu vage Formulierungen verwahrt sich vor der PDS-Fraktion jedoch Lea Rosh, die verhindern will, dass das Denkmal am Ende ein Appendix des Museums wird. Auch FDP-Fraktionschef Wolfgang Gerhardt bleibt nach einem Besuch der Förderkreisvertreter gegenüber *Eisenman III* skeptisch: »Es scheint, dass Staatsminister Naumann hier einen Kompromiss mit sich selbst gesucht hat, um seine anfänglich ablehnende Haltung zu modifizieren.« (*taz* 21.1.1999) Ebenso sieht der für Bündnis 90 / Die Grünen mit dem Thema befasste Abgeordnete Volker Beck keine Notwendigkeit für eine pädagogische Begleitung des Gedenkens, die gebe es bereits an den vielen bestehenden Gedenkstätten. Ähnlich sieht dies Eberhard Diepgen bei seinem Auftritt vor der CDU-Fraktion am Mittwochabend, aber er zieht andere Konsequenzen. Er stellt den ansonsten unumstrittenen Standort in Frage und bringt wieder die Zuordnung des Mahnmals zum Jüdischen Museum oder der »Topographie des Terrors« ins Spiel. Darüber hinaus werden in der Unionsfraktion Stimmen laut, die das ganze Projekt klar ablehnen. Besonders exponiert sich der Fuldaer Abgeordnete Martin Hohmann, der keinen Bedarf neben der Neuen Wache sieht: »Für ihn seien die Opfer des Dritten Reiches gleich, der vor Stalingrad gefallene

Soldat, die im Dresdner Bombenhagel umgekommene Mutter und ihr Kind und der in der Gaskammer umgekommene Jude.« (*FAZ* 22.1.1999)[71]

Einen genauen Eindruck von dem nun seit fast einer Woche hin und her diskutierten Konzept des Kulturbeauftragten kann sich die Öffentlichkeit erst am 21. Januar machen. An diesem Tag werden nicht nur die vier Siegerentwürfe des letzten Wettbewerbs sondern auch *Eisenman III* von Leonhard und Naumann offiziell präsentiert. Am gleichen Tag erscheinen darüber hinaus entsprechende Angaben in der *Zeit*, bevor am Freitag die *Woche* Fotografien des Modells, Skizzen und ein ausführliches Interview mit den Urhebern veröffentlicht. Wie bereits bekannt, besteht die Innovation des neuen Entwurfs von Eisenman in einem »Haus der Erinnerung«. Dessen herausragendes architektonisches Gestaltungselement ist die an der nördlichen Grundstücksgrenze situierte »Wand der Bücher«, ein 115 Meter langes und 20 Meter hohes Gebäude, das auf der Straßenseite mit schwarzem Stahl verkleidet ist und zum Gelände hin eine Glasfassade aufweist. Getrennt durch einen Fußweg und mit dieser Bibliothek durch drei gläserne Brücken verbunden, folgt ein für diverse Einrichtungen vorgesehenes Funktionsgebäude. Dieses gliedert sich in Segmente, die kaskadenförmig zum Stelenfeld hin abfallen. Auf der Bibliotheksseite fungiert ein schmaler gläserner Riegel als Lobby. Es folgen sich verjüngende Steinbauten, die schließlich in vier Tunnel münden, die unter dem Stelenfeld verlaufen und eine »Holocaust-Ausstellung« aufnehmen sollen. Aus den Dimensionen folgt, dass das ansonsten unveränderte Mahnmal nur noch etwa 1500 Stelen umfassen wird. Darüber hinaus ergeben sich aus dem Modell und den Angaben des Architekten sowie des Bauherren in spe weitere Spezifikationen: Die Präsenzbibliothek kann etwa eine Million Bücher aufnehmen, die sich – in welcher Weise auch immer – auf den Holocaust beziehen.[72] Das Funktionsgebäude sieht einen zentralen Eingang mit einem »Orientierungsraum« vor, in dem Besuchergruppen mit dem gesamten Komplex vertraut gemacht werden. Zusätzlich existieren ein

Auditorium mit 200 Sitzplätzen sowie in den oberen Stockwerken die Räumlichkeiten für die vorgesehenen Forschungseinrichtungen. Die Tunnel sind ungefähr sechs Meter breit und 30 Meter lang. Neben der Aufgabe, eine Ausstellung aufzunehmen, die sich mit allen Aspekten des Holocaust auseinandersetzt und von einer Expertenkommission zusammengestellt werden soll, beschreibt Eisenman ihre Bedeutung wie folgt:

»Die Symbolik der Tunnel erinnert an die Bunkerlandschaft, die die Nazis hier im Regierungsviertel angelegt hatten. Wenn Sie so wollen, ›erobern‹ nun die Opfer diese Tunnel.« (*Woche* 22.1.1999)

Die architektonische Komposition folgt nach Naumann einem klaren Konzept:

Im »Stelenfeld wird das Schicksal der Opfer erinnert und betrauert. Die Frage der Täterschaft und mithin der historischen Verantwortung der Gesellschaft (...) wird im Haus der Erinnerung einen zentralen Ort finden«.[73]

Unterschiedlich interpretiert wird jedoch die Besucherführung und damit die Bedeutung, die der Ort vermittelt. Die Urheber sehen das »Haus der Erinnerung« als Einführung, die auf die Erfahrung des Mahnmals vorbereitet. Die Ausstellung evoziere durch die Präsentation von Bildern des Holocaust einen »emotionalen Schock, der am Anfang jeder intellektuellen Auseinandersetzung steht« (Michael Naumann, *Woche* 22.1.1999). Demgegenüber konstatiert Hanno Rauterberg: »Auf der Südseite werden viele Besucher mit dem Bus ankommen, dann gehen sie durch die Gänge hindurch, wissend, dass auf der anderen Seite das Dokumentationszentrum wartet. Nun gibt es ein Ziel, eine Bastion für Sinnsuchende.« (*Zeit* 21.1.1999) Die eindeutige Funktionszuweisung wird auch durch die Angaben zur Trägerschaft, die dem Jüdischen Museum übertragen werden soll, und die vorgesehenen Kooperationspartner in Frage gestellt: »Für die Erarbeitung einer anspruchsvollen Museumsdidaktik haben die Gedenkstätte Yad Vashem in Jerusalem und das Holocaust Memorial Museum in Washington D. C. ihre Unterstützung zugesagt.«[74] Darüber hinaus bleiben das Leo Baeck Insitut sowie Spielbergs *Shoah Foundation* für die Ausstattung der Einrichtung im Gespräch – alles Institutionen, die doch eher für die Opferperspektive als für eine Übernahme der Verantwortung durch die Nachfolger der Täter stehen.

Ausgesprochen vage sind auch die Vorstellungen bezüglich der Finanzierung der Anlage, deren Baukosten auf etwa 180 Millionen DM und deren jährliche Betriebskosten auf etwa 18 Millionen DM geschätzt werden. Dazu äußert Naumann: »Der finanzielle Aufwand für das Projekt wird geteilt werden müssen zwischen Berlin, dem Bund und einer Gruppe privater Stifter, die der Vorsitzende des Jüdischen Museums, Michael Blumenthal, nach amerikanischem Vorbild zusammenstellt.« (*Woche* 22. 1. 1999) Ebenso unrealistisch, denn *fundraising* klappt in Deutschland nicht nach US-Vorbild, erscheint im Hinblick auf die politischen Gegebenheiten der vom Architekten vertretene Ansatz zur Positionierung seines Entwurfs im laufenden Auswahlverfahren. Er vertritt die Ansicht, es handele sich einfach um eine Modifikation, die ohne weiteres in das Procedere eingebracht werden kann.

Zur Frage, warum er überhaupt auf Naumanns Initiative hin Veränderungen vorgenommen habe, äußert Eisenman: »Ich habe keinen politischen Druck verspürt, ich war sogar ziemlich begeistert, dass nach Monaten der Frustration am Ende jemand mit mir zusammenarbeiten wolle.« Neue Überarbeitungen schließt er jedoch kategorisch aus, denn er ist sicher, das vorliegende Ergebnis werde »in die Geschichte der bedeutenden Bauwerke eingereiht werden« (ebd.). Naumann fasst *Eisenman III* als nicht zu hinterfragendes Ergebnis der bisherigen Debatte auf, das offenbar nur noch der Akklamation durch die Beteiligten bedarf. Dass es sich dabei um eine Täuschung handelt, zeigt sich zeitgleich mit der öffentlichen Präsentation des Entwurfs. Während das Feuilleton der *Zeit* mit verhaltenem Wohlwollen über ihn räsoniert[75], spricht der Politikteil eine andere Sprache. Dort platziert der ostdeutsche SPD-Politiker und Theologe Richard Schröder unter der Überschrift »So nicht!« seinen Gegenvorschlag, das judeo-christliche Gebot »nicht morden« in hebräischen Lettern als Mahnmal zu gestalten. »Der Satz könnte außerdem wiederholt werden in allen Sprachen, die Opfer der nationalsozialistischen Judenverfolgung gesprochen haben.« (*Zeit* 21.1.1999) Vor dem Hintergrund einer Kritik der Eisenman-Entwürfe als »Empathiepark« löse dieser demonstrativ mahnende Ansatz in seiner (vermeintlichen) Universalität alle möglichen Probleme der bisherigen Vorschläge. Er vermeide eine Hierarchisierung der Opfer und seine vermutlich grafische Realisierung brauche nicht viel Platz. Damit stellt Richard Schröder den Standort wieder zur Disposition – dieses Mahnmal könnte ja auch vor dem Reichstagsgebäude oder auf der Straße »Unter den Linden« stehen. Eisenman III hat ganz offensichtlich nicht zur allseitigen Zustimmungsfähigkeit des Projektes beigetragen, und ein weiteres Mal ist Henryk M. Broder für die Zuspitzung zuständig: das »wäre der Endsieg des Absurden. In der Tat eine ›perfekte Synthese‹, wenn auch aus deutschem Sünden- und jüdischem Opferstolz« (*Spiegel* 4/1999).

Eisenman III in der Verfahrensfalle

Zu den Bedenken gegen einen für viele Beobachter »faulen Kompromiss« gesellen sich praktische Probleme einer schnellen Realisierung von *Eisenman III*. So wird eine für den 27. Januar angesetzte Sitzung des Ausschusses für Kultur und Medien kurzfristig abgesetzt, weil Jochen Gerz und Daniel Libeskind nicht wie vorgesehen an den Beratungen teilnehmen. Gerz begründet seine Absage in einem wenig später veröffentlichten Brief an die Vorsitzende, Elke Leonhard, einerseits mit Plagiatsvorwürfen und andererseits mit der Missachtung der Wettbewerbsregeln: »Konkret ist meinem Realisierungsvorschlag (...) folgendes passiert: Er wurde zum Ersatzteillager für den Vorschlag, der als einziger jeweils qua Regierungsdekret wiederholt ›verbessert‹ werden konnte.« (*FAZ* 29.1.1999) Der Vorwurf des Künstlers lautet nicht nur auf »systematischen Ideenklau« (Gerz), er stellt auch die Fairness des Verfahrens in Frage, das auch Libeskind für »fragwürdig« und »zweifelhaft« hält (*SZ* 30.1.1999). Aus juristischer Sicht sprechen vor allem zwei Einwände gegen die bei den Befürwortern von *Eisenman III* gehegte Vorstellung, der Bundestag könne umstandslos über dessen Umsetzung befinden. Erstens ist in der Ausschreibung nicht von der Gestaltung einer multifunktionalen Gedenkstätte die Rede, zweitens wurde der Kostenrahmen auf 15 Millionen DM begrenzt. Diese Vorgaben widersprechen klar dem Kombi-Konzept, für dessen Realisierung nur eine Möglichkeit bleibt: den Wettbewerb zunächst zu beenden. Und das geschieht »entweder durch eine Auftragsvergabe oder dadurch, dass sein Scheitern erklärt wird.« (*SZ* 28.1.1999)

Auf diese Bedenken reagiert Michael Naumann am 2. Februar gewohnt voluntaristisch. Am Rande einer Podiumsdiskussion erklärt er, der laufende Wettbewerb müsse zunächst ordentlich abgeschlossen werden, damit man einen neuen Wettbewerb für eine Verbindung von Mahnmal und Museum ausschreiben könne. »Dazu sollen fünf Künstler eingeladen werden, die ihre Entwurfsskizzen bis zum Sommer einreichen könnten. Der Bundestag könne dann zwischen den Siegern der beiden Wettbewerbe entscheiden.« (*taz* 3.2.1999) Bei den anderen Auslobern lösen diese Äußerungen großes Unverständnis aus, denn von einem neuen Wettbewerb will weder der Sprecher des Berliner Kultursenators noch der Förderverein etwas wissen. Lea Rosh kann sich bestenfalls eine Überarbeitung der Entwürfe vorstellen, so »dass die vier Preisträger der letzten Runde zu einer minimalen Form finden für ein Informationshaus zum Thema ›Mord an den europäischen Juden‹, das sich möglichst unter der Erde befindet« (*Welt* 4.2.1999). Den Bundeskanzler und gewieften Rechtsanwalt kümmern solche Finessen offenbar auch nicht: »Wenn die Entscheidung für einen bestimmten Entwurf gefällt ist, glaube ich nicht, dass dann die anderen zum Berliner Landgericht gehen und Rechte einklagen.«(*Zeit* 4.2.1999) Außerdem befürwortet er die Verbindung des Mahnmals mit einem Ort der aktiven Auseinandersetzung, damit »das ›Nie wieder‹ nicht nur gefühlsmäßig sondern auch intellektuell unterlegt ist« (ebd.). Den Wandel seiner Position von einer Ablehnung des Denkmals zu dessen Befürwortung begründet Schröder pragmatisch-politisch. Es sei wichtig, die Beschäftigung mit der Vergangenheit sichtbar zu machen, um zukunftsfähig zu werden. Im Übrigen habe die Walser-Bubis-Debatte unmöglich gemacht, sich gegen das Projekt zu entscheiden. Ohne sich explizit auf einen Entwurf festzulegen, entkräftet Gerhard Schröder en passant zwei zentrale Argumente gegen *Eisenman III*, indem er auf die Souveränität des Parlaments als Entscheidungsinstanz rekurriert, und zur Finanzierung die Ansicht der Fraktionen des Bundestages teilt, die die Kostenfrage für nachrangig erklärt hätten.

Wenig später unterstreicht Bundestagspräsident Thierse die Bedeutung des Wettbewerbsrechts durch Überlegungen zur Konkretisierung des Verfahrensweges. Zunächst soll der laufende Wettbewerb zu einem zügigen Abschluss gebracht werden und dann das Parlament lediglich über zwei konzeptionelle Alternativen abstimmen: »Mahnmal pur« oder »Mahnmal plus«. »Sollte der Bundestag sich für ein reines Mahnmal aussprechen, würde der Sieger-Entwurf des zweiten Wettbewerbs gebaut. Andernfalls würde eine Institution geschaffen werden (...), die einen dritten Wettbewerb ausloben und betreuen würde.« (*Woche* 12.2.1999) Das scheint unausweichlich, zumal die seit dem 1. Januar 1999 geltenden EU-Wettbewerbsrichtlinien bei einem Projekt dieser Größenordnung die Direktvergabe an einen Architekten ausschließen und eine europaweite Ausschreibung vorsehen. Während damit ein gangbarer Weg beschrieben wird, wirken die Versuche von Michael Naumann, die konzeptionellen Einwände zu entkräften, zunehmend hilflos. Den Einwand, die Bibliothek, deren Größe einzig der architektonischen Ausschöpfung der Grundstücksgröße zu verdanken ist, könne mit inhaltlich einschlägiger Literatur gar nicht gefüllt werden, beantwortet er ad hoc mit dem Gedankenblitz eines zentralen

Archivs zur Verbrechensgeschichte des Nationalsozialismus; dort sollen »auch Dokumente zusammengeführt und zugänglich gemacht werden, die bislang teilweise unter Dienstaufsicht der Landesjustizminister über die Republik verstreut sind« (*FAZ* 19. 2. 1999).

Ein Vorschlag, der die formalen wie inhaltlichen Probleme von *Eisenman III* reflektiert, kommt erstaunlicherweise aus dem in der Sache weiterhin blockierten Berlin. Der SPD-Landesvorsitzende Peter Strieder hat nach eigener Auskunft in den Gremien der Partei und unter den SPD-Senatsmitgliedern einhellige Unterstützung für *Eisenman II* organisiert, denn im Kombi-Konzept dominiere die Begleitarchitektur das Denkmal. »Dennoch möchte auch Strieder Naumanns Wunsch nach erklärenden Angeboten nicht außer acht lassen« (*FAZ* 1. 3. 1999) und er halte deshalb eine »informative Ergänzung« für wünschenswert, etwa eine Ausstellung über die Entstehungsgeschichte des Vorhabens, in moderater Größe auf einem benachbarten Gelände. Das bindet den Kultursenator Radunski ein, der ebenfalls für *Eisenman II* votiert, und bringt die Gegner im Berliner Senat in die Minderheit. Im Falle einer Einigung der Auslober auf den Strieder-Vorschlag wäre kein weiterer Wettbewerb mehr nötig, der erste Spatenstich könnte unmittelbar erfolgen.

8. Geschichtspolitik als Interessenvertretung

Die Kritik der Gedenkstätten

Doch hat sich unterdessen eine weitere Konfliktkonstellation ergeben. Mit Nachdruck monieren Vertreter von bestehenden und geplanten NS-Gedenkstätten, durch die Akzentuierung des didaktisch-dokumentarischen Anteils des Denkmalprojektes gerate es in die befürchtete Konkurrenz mit existierenden Einrichtungen. Das gilt zunächst für die Stiftung »Topographie des Terrors«, deren Gelände nur einige hundert Meter vom Standort des Holocaust-Mahnmals entfernt liegt. Ende 2000 hätte dort das Dokumentationszentrum nach einem Entwurf des Schweizer Architekten Peter Zumthor fertig gestellt sein sollen, das ähnliche Funktionen erfüllen sollte wie das »Haus der Erinnerung«. Geplant waren vom historischen Ort ausgehende und auch darüber hinausweisende Dauerausstellungen zur Geschichte der nationalsozialistischen Vernichtungspolitik. Der Ausstellungsbereich sollte durch einen Saal mit etwa 200 Plätzen ergänzt werden, für den ein entsprechendes Veranstaltungsprogramm vorgesehen war. »Auf dieser Grundlage war auch bisher vom Senator für Wissenschaft, Forschung und Kultur vorgesehen, dass die Stiftung Topographie des Terrors die organisatorische und verwaltungsmäßige Betreuung der Denkmalsanlage übernehmen würde.«[76] Darüber hinaus weisen die geschäftsführende Direktorin der Stiftung, Gabriele Camphausen, sowie deren wissenschaftlicher Leiter, Professor Reinhard Rürup, in einem Brief an die Mitglieder des Deutschen Bundestages vom 9. Februar 1999 auf das sich abzeichnende Missverhältnis in punkto Geldausstattung hin: Die für den Neubau der »Topographie des Terrors« zur Verfügung stehenden Mittel betragen zu diesem Zeitpunkt 45 Millionen DM, der Jahresetat liegt bei 3,2 Millionen DM. Einen Tag später wendet sich die »Arbeitsgemeinschaft der Gedenkstätten in Berlin und Brandenburg« im gleichen Tenor an die Bundestagsabgeordneten, am 1. März schließt sich die länderübergreifende »Arbeitsgemeinschaft KZ-Gedenkstätten« der Kritik an.[77] Während die ersten beiden Stellungnahmen sich stärker am befürchteten Mangel vor Ort abarbeiten und Motive eines Verteilungskampfes um materielle Ressourcen anklingen, betont letztere die geschichtspolitische Bedeutung des bevorstehenden Bundestagsbeschlusses, der angesichts des absehbaren Dahinscheidens der Zeitzeugen als »Epochenentscheidung« bezeichnet wird. Aus dieser Perspektive soll nun eine »Mischung aus Holocaust-Museum nach amerikanischem Vorbild und Monumentaldenkmal« an die Stelle der authentischen Lagergelände, Massengräber und KZ-Friedhöfe treten. *Eisenman III* bedeutet für die Vertreter der KZ-Gedenkstätten eine Zentralisierung und Hierarchisierung der bundesrepublikanischen Erinnerungskultur – ein nationales Prestigeobjekt, das den an den historischen Orten entstandenen zivilgesellschaftlichen Initiativen nicht nur finanzielle Zuwendungen, sondern vor allem Aufmerksamkeit entzieht.»Wenn die Schulklassen künftig in Berlin-Mitte bleiben können, dann werden die nicht mehr nach Sachsenhausen, Ravensbrück oder Buchenwald fahren« prognostizierte bereits Julius H. Schoeps (*taz* 30.1.1999). Schließlich provoziert dieses Szenario in letzter Konsequenz einen Paradigmenwechsel: weg von der konkreten Auseinandersetzung an Tatorten, hin zu einer abstrakten Musealisierung des Nationalsozialismus. Die Autoren der Erklärung sehen damit erinnerungskulturelle Errungenschaften gefährdet, die gerade erst in den Fokus der Bundespolitik geraten sind.

Konkret beziehen sich die Vertreter der KZ-Gedenkstätten auf die 1998 im Rahmen einer Enquete-Kommission vorgelegten Empfehlungen für eine Gedenkstättenkonzeption des Bundes, deren Geist sich die rot-grüne Regierung im Koalitionsvertrag verpflichtet hat. Die Notwendigkeit einer Systematisierung des erinnerungskulturellen Engagements des Bundes war mit der Vereinigung der beiden deutschen Staaten auf die Agenda geraten.[78] Der Einigungsvertrag vom 31. August 1990 sah vor, die in der DDR zentral geleiteten kulturellen Einrichtungen in die Trägerschaft der Länder oder Kommunen zu überführen; eine Mitfinanzierung durch den Bund in Ausnahmefällen war nicht ausgeschlossen, wurde aber primär als Übergangslösung aufgefasst.[79] Diese Regelung betraf somit auch die »Nationalen Mahn- und Gedenkstätten« wie Buchenwald, sie blieb aber aus haushalts- und kulturpolitischen Erwägungen umstritten. Bis zu einer dauerhaften Regelung sollte es bei einer Beteiligung des Bundes in Einzelfällen und nach der Maßgabe verfügbarer Haushaltsmittel bleiben. Dieses Verfahren war somit nur unzureichend begründet und ließ die notwendige Planungssicherheit vermissen. Unter dem Eindruck einer Zunahme rechtsextremistischer Gewalttaten, die sich auch gegen Gedenkstätten richteten, wurde eine von der Bundesregierung erarbeitete Konzeption Anfang 1994 im Bundestag diskutiert und Anträge der Fraktionen für Beschlussempfehlungen an den Innenausschuss überwiesen.[80]

Dieser organisierte im März 1994 zur »Beteiligung des Bundes an Mahn- und Gedenkstätten« eine öffentliche Anhörung unter Einbeziehung eines bereits existierenden sachverständigen Gremiums zur Bewertung der DDR-Vergangenheit, der 1992 eingesetzten Enquete-Kommission »Aufarbeitung von Geschichte und Folgen der SED-Diktatur in Deutschland«.[81] Bei diesem Hearing wurde nach Kriterien für die Bewertung der gesamtstaatlichen Bedeutung entsprechender Einrichtungen und ihrer Förderungswürdigkeit durch den Bund gesucht. Die inhaltsreichen Vorschläge, die diese Anhörung hervorbrachte, wurden in der Beschlussempfehlung des Innenausschusses nur unzureichend berücksichtigt.[82] Bei der im Juni 1994 vom Bundestag verabschiedeten Vorlage handelte es sich nämlich weder um eine konkrete Auswahl betreffender Institutionen, noch um einen detaillierten Katalog von Kriterien. Stattdessen sollte die Bundesregierung unter Beteiligung von Sachverständigen diese Auswahl selbst treffen und ex post dem Parlament Rechenschaft darüber ablegen. Das vielfach geforderte Bekenntnis zu einer gesamtstaatlichen Verantwortung für Gedenkstätten blieb also nicht nur vage, sondern auch vorläufig, denn die Förderungsmöglichkeiten wurden bis 2003 befristet und auf die neuen Bundesländer und Berlin beschränkt. Da auch die Enquete-Kommission in ihrem Abschlußbericht empfahl, Gedenkstätten von gesamtstaatlicher Bedeutung durch den Bund zu fördern[83], hatte sich das Handlungsfeld im Verlauf der Erörterung erweitert: Der im Zuge der Vereinigung aufgetretene Unterstützungsbedarf von Gedenkstätten in der ehemaligen DDR verwies auf die Notwendigkeit der systematischen Regelung des bundesstaatlichen Engagements im Bereich erinnerungskultureller Institutionen insgesamt.

Das somit als Defizit wahrnehmbare Ergebnis bisheriger Deliberation und Dezision wurde 1995 zum Gegenstand der zweiten Enquete-Kommission zur »Überwindung der Folgen der SED-Diktatur im Prozeß der deutschen Einheit«, der unter anderem aufgegeben war, Vorschläge für eine »umfassende Gedenkstättenkonzeption« zu unterbreiten.[84] Dementsprechend wurden Empfehlungen zu »gesamtdeutschen Formen der Erinnerung an die beiden deutschen Diktaturen und ihre Opfer« erarbeitet und im Schlussbericht vom Juni 1998 festgehalten. In diesem wird dann »die Förderung von Gedenkstätten an herausragenden historischen Orten von gesamtstaatlicher Bedeutung in ganz Deutschland« empfohlen. Darüber hinaus werden diverse Aspekte gewürdigt, die als Spezifika der bundesdeutschen Erinnerungskultur verstanden werden. Die Bedeutung vieler Gedenkstätten werde einerseits durch die Authentizität des jeweiligen historischen Ortes und anderseits durch das bürgerschaftliche Engagement bei ihrer Entstehung begründet. Im Hinblick auf die Situation in Berlin wird zwar eine besondere Verantwortung des Bundes im Rahmen der Hauptstadtverpflichtungen konstatiert, die aber nicht zu Lasten der Gedenkstätten in den übrigen Bundesländern gehen dürfe. Aus der Perspektive der Vertreter von KZ-Gedenkstätten dokumentiert die parteienübergreifende Zustimmung zu dieser Würdigung der Errungenschaften einer demokratischen Erinnerungskultur eine bundespolitische Bestandsgarantie für die dezentralen Einrichtungen, die sich gerade durch das Großprojekt *Eisenman III* bedroht fühlen.

Anhörungen & Ausschusssitzungen:
Die parlamentarische Routine

Die Dringlichkeit, mit der die Gedenkstättenvertreter ihre Vorbehalte vortragen, resultiert daraus, dass für den 3. März 1999 im Bundestagsausschuss für Kultur und Medien eine Expertenanhörung angesetzt ist, zu der sie nicht eingeladen sind. Bereits die Benennung des Gegenstandes der öffentlichen Beratungen weist darauf hin, wie weitreichend sich die Abgeordneten informieren wollen. Der einzige Tagesordnungspunkt lautet: »Sachstand der Beratungen der Findungskommission und der Auslober des 2. Wettbewerbs für ein Denkmal für die ermordeten Juden Europas und zu möglichen Hinweisen für das weitere Vorgehen des Deutschen Bundestages«.[85] Zur Vorbereitung dieser ausufernden Aufgabe wurden im Vorfeld der Veranstaltung schriftliche Stellungnahmen der eingeladenen Sachverständigen eingeholt. Ein Fragenkatalog fordert die Experten dazu auf, den Sachstand zu den bekannten Grundsatzfragen – warum, wo und wie das Denkmal errichtet werden soll – zu resümieren sowie daraus resultierende Konsequenzen »für den weiteren Prozeß der Diskussion und der Entscheidungsfindung« zu benennen. Als direkt Beteiligte sind die Mitglieder der Findungskommission, von denen Werner Hofmann und Christoph Stölzl verhindert sind und deshalb nur schriftlich Auskunft erteilen, sowie als Vertreter der Auslober Kulturminister Naumann, Kultursenator Radunski und die Förderkreisvorsitzende Rosh geladen. Darüber hinaus wurde von den Bundestagsfraktionen je eine Person benannt, die diese als sachverständig erachten. Dabei handelt es sich um Hans-Jochen Vogel (für die SPD), Salomon Korn (für die FDP), Moshe Zuckermann (für die PDS), Oscar Schneider (für CDU/CSU) und György Konrád (für Bündnis 90 / Die Grünen).

Nach der Begrüßung beginnt die Sitzung mit dem Statement von James E. Young als Sprecher der Findungskommission. Bereits in dessen schriftlicher Stellungnahme zeigt sich, dass die Intervention von Gedenkstättenvertretern gewirkt hat, denn Young betont die Notwendigkeit, die existierenden Einrichtungen weiter zu fördern. Darüber hinaus müsse aber nicht nur das Bestehende bewahrt, sondern ausdrucksstark der kreative Akt der Aneignung von Erinnerung durch die Gesellschaft und folgende Generationen befördert werden. Eine Funktion, die eben auch das Denkmal übernehmen soll und für dessen Errichtung er im Namen der gesamten Findungskommission den Entwurf *Eisenmann II* empfiehlt. Diese Position teilt Hans-Jochen Vogel, der *Eisenman III* auch deshalb verwirft, weil die für dessen

Realisierung notwendigen Mittel besser für die verstärkte Förderung der vorhandenen Gedenkstätten verwendet werden sollten. Oscar Schneider weist dann darauf hin, dass das Motiv des unlängst von Richard Schröder eingebrachten Vorschlags für ein Mahnmal (»nicht morden«) bereits Gegenstand eines Entwurfs des ersten Wettbewerbs war.[86] Er habe diese Idee damals vehement verfochten und argumentiert auch weiterhin für deren Verwirklichung. Kritisch setzt sich György Konrád mit den konstitutiven Konzeptionen auseinander. Er wiederholt seine bekannten Bedenken, die vorliegenden Figurationen würden antisemitische Reaktionen auslösen und seien deshalb zu verwerfen. Samuel Korn rückt hingegen die Frage der Widmung in den Mittelpunkt. Unter Verweis auf Reinhart Kosellecks Argumentation in einem *FAZ*-Artikel vom gleichen Tag leitet er aus der Totalität des nationalsozialistischen Terrors die Notwendigkeit eines »ungeteilten« sowie tat- und täterzentrierten Mahnmals ab. Der Wandel des Projektes von einer partikularen Privatinitiative zu einer staatlich organisierten nationalen Manifestation verbiete eine durch die exklusive Widmung indizierte »Hierarchisierung der Opfer im öffentlichen Raum«. Schließlich liefert Moshe Zuckermann eine Reflexion des Vorhabens kollektiver Kommemoration aus jüdischer Perspektive, ohne konkrete Hinweise auf Form und Verfahren. Die Statements der Sachverständigen und ihre Aufnahme durch die anwesenden Abgeordneten signalisieren für Heinrich Wefing einen »intellektuellen Ermüdungsbruch«: »Die Zeit der inhaltlichen Auseinandersetzung ist entschieden vorbei.« (*FAZ* 5. 3. 1999)

Im Anschluss an die Expertenrunde geben dann die Vertreter der Auslober ihre Erklärungen ab. Wie nicht anders zu erwarten, spricht sich Lea Rosh dezidiert gegen *Eisenman III* aus; auf den Vorwurf der Hierarchisierung der Opfer reagiert sie, das Denkmal für die ermordeten Juden Europas schließe doch nicht aus, für jede Gruppe ein eigenständiges Gedenken zu organisieren. Zur Begründung der Zurückhaltung Berlins bei der aktuellen Auseinandersetzung verweist Peter Radunski auf die virulenten Verfahrensfragen. Angesichts der allseits gewünschten Beteiligung des Parlaments gäbe »es im Berliner Senat eine Übereinstimmung darüber, das engere Auswahlverfahren auszusetzen (...) bis der Deutsche Bundestag (...) die politische Grundsatzentscheidung gefällt hat, ein Denkmal oder eine Museumsgedenkstätte«. Ausführlicher setzt sich schließlich Michael Naumann vor allem mit den Einwänden gegen *Eisenman III* auseinander wobei er darauf beharrt, eine Entscheidung nicht präjudizieren zu wollen. Es gebe sehr wohl genug einschlägige Bücher, um nach und nach die geplante Bibliothek zu bestücken, ebenso würden Dokumente existieren, deren angemessene Archivierung und Zugänglichkeit derzeit nicht gegeben wären.[87] Auch solle »die Frage nach der Finanzierung wirklich eine tertiäre Rolle spielen«, und »den Bedenkenträgern aus den Gedenkstätten« sei mehrfach zugesichert worden, dass in Kürze eine Konzept zur Pflege der Einrichtungen vorgelegt werde, in dem der Bund sogar in einem stärkeren Maße als bisher in die finanzielle Verantwortung treten werde. Zum Verfahren überrascht der Kulturminister die Anwesenden mit der Eröffnung, er habe sich mit Lea Rosh darauf geeinigt, »dass aus der Perspektive dieser Auslober *Eisenman II* der Gewinner des Wettbewerbs ist«. Angesichts des erkennbaren Dissenses zwischen den Auslobern erscheinen Naumanns Vorstellungen zu weiteren Verfahrensweise apart: Er »wünsche« sich ein Votum der Auslober als Grundlage für die Dezision des Bundestages, der dazu noch einen Alternativvorschlag *(Eisenman III)* habe, »über den dann abzustimmen, in welcher Form auch immer zu entscheiden (...) beim Bundestag selbst liegt«.

In der Aussprache artikulieren viele Ausschussmitglieder Unmut über die Äußerungen Naumanns und Radunskis, die die Verfahrensweise weiter im Unklaren lassen – beide Auslober würden ihre politische Verantwortung nicht wahrnehmen. Die Haltung Berlins führt aus der Sicht von Antje Vollmer (Bündnis 90 / Die Grünen) in eine unmögliche Situation, wenn der Bundestag zwar eine Grundsatzentscheidung treffe, dann aber nicht genau wisse, wie die Auslober das Ergebnis konkret umsetzen. Ähnlich argumentiert Anton Pfeiffer (CDU/CSU) gegenüber dem Kulturminister: Wenn sich die Bundesregierung dafür einsetze, den Wettbewerb mit einem Votum für *Eisenman II* zu beenden, müsse ihr Ziel doch sein, diesen Entwurf zu realisieren. Den Vorwurf, dass die Bundesregierung keine eindeutige Position vertrete, weist Naumann pflichtgemäß zurück, substanziell kann er ihn jedoch nicht entkräften, indem sich der Kulturminister andauernd für *Eisenman III* ausspricht, als Vertreter der Bundesregierung im Ausloberkreis aber für *Eisenman II* votiert.

Darüber können auch zwei offensichtlich vorgeschobene Argumente nicht hinwegtäuschen: So reduziert Naumann den Status von *Eisenman III* ein weiteres Mal auf eine Art privaten Vorschlag, der vom Architekten ohne Regierungsauftrag honorarfrei erarbeitet worden sei und an dem er eben mitgewirkt habe. Diese Haltung stellt ein interessiertes Missverständnis des Habermasschen Modells kommunikativen Handelns dar, indem Naumann die Debatte über das Denkmal als herrschaftsfreien Diskurs darstellt, an dem jeder nach Lust und Laune teilnehmen kann und für dessen Ergebnis nur die Rationalität des Vorschlags ausschlaggebend ist. Dass Naumann als zuständiges Regierungsmitglied eine privilegierte Kommunikationsposition innehat, reflektiert der Kulturminister nicht, auch nicht, dass der aus der Tasche gezogene Verfahrensvorschlag seine höheren Weihen wiederum durch den Rekurs auf die Souveränität des Parlaments erhalten soll: »Das erweiterte Konzept wird nicht von der Bundesregierung vorgetragen werden, sondern, wenn überhaupt, dann aus dem Bundestag (...) aufgrund des dem Bundestag schließlich zustehenden Rechtes des selbstgenerierten Antrags.« Und schließlich einigermaßen schamlos: »Der Sachverhalt, dass der Abgeordnete A oder B das Konzept, das Naumann vorgeschlagen hat, aufnimmt, ausbaut und als Gegenantrag einbringen wird, sollte nicht als Begründung für (...) eine angebliche Schizophrenie der Bundesregierung in Stellung gebracht werden.«

Skandalisiert wird in der Folge der Beratungen stärker die Haltung Berlins zur Aussetzung des engeren Auswahlverfahrens, die als Blockade einer Entscheidung aufgefasst wird. Der durch die Berliner Bürgermeisterin Annette Fugman-Hessing vorgetragene Versuch, im Senat den SPD-Vorschlag zur Realisierung von *Eisenman II* unter Berücksichtigung eines Hauses der Erinnerung zur Aufklärung über den Völkermord durchzusetzen, scheitert in einer Senatssitzung am 16. März 1999 an der CDU-Mehrheit. Die damit verbundene Weigerung, sich auf einen Entwurf festzulegen, wird zwar allseits kritisiert, dem taktischen Aspekt des Votums, nämlich Einfluss auf die endgültige Ausgestaltung des Denkmals zu behalten, kann ein anderer Auslober aber etwas abgewinnen. So hatte Lea Rosh bereits bei der Anhörung im Ausschuss zur Bedeutung einer Einigung der Auslober auf *Eisenman II* eine von Naumanns Ausführungen abweichende Auffassung vertreten: »Wann ist denn dann das Verfahren beendet? Für uns ist es beendet dann, wenn das Denkmal steht.« Somit will auch der Förderkreis das Ergebnis einer Bundestagsentscheidung nicht unbedingt akzeptieren. Damit reagiert Rosh auf die begründete Befürchtung, der Kulturminister könne als Vertreter der Bundesregierung im Auslobergremium zwar für *Eisenman II* votieren, im Bundestag dann aber eine Mehrheit für den von ihm favorisierten Vorschlag *(Eisenman III)* organisieren.

Als Konsequenz aus der Kampfabstimmung im Berliner Senat wird nun öffentlich, dass die Bundesregierung juristisch prüfen lässt, ob das künstlerische Auswahlverfahren auch durch eine Mehrheitsentscheidung der Auslober, also gegen das Votum Berlins, entschieden werden kann. Alternativ findet darüber hinaus die Option Erwähnung, dass die Auslober das Verfahren einvernehmlich für gescheitert erklären und dadurch ordnungsgemäß beenden (*FAZ* 19. 3. 1999).

Im Kontext dieses Konflikts um politische Positionsgewinne gewinnt der von Richard Schröder vorgetragene Vorschlag, die Mahnung »nicht morden« als Denkmal zu gestalten, neue Unterstützung. Einer ökumenischen Allianz aus Kirchenvertretern beider Konfessionen sowie christlich orientierten Politikern gilt ein solches Mahnmal als konsensfähiger Königsweg des Gedenkens und auch Eberhard Diepgen votiert dafür.[88] Die Presse ist von dem Vorschlag mehrheitlich nicht begeistert. Abgesehen davon, dass mit dem Zitat des fünften Gebots der Versuch »einer Re-Christianisierung öffentlich bekundeter Scham« (*SZ* 23.3.1999) verbunden sei, erscheint der Entwurf formal als Kapitulation vor der komplexen ästhetischen Aufgabenstellung und inhaltlich als Zumutung. Denn als Adressat der wie geplant im hebräischen Urtext formulierten Botschaft zur Beherzigung des Tötungsverbots käme ja nicht das deutsche Publikum in Frage, sondern vielmehr die Juden (*Tagesspiegel* 23.3.1999). Aus anderen Erwägungen spricht sich Jürgen Habermas als prinzipieller Befürworter eines Monuments gegen Schröders Vorschlag aus:

»Nur ein Denkmal kann den Willen und die Botschaft seiner Stifter bezeugen. Und nur eine kompromisslose Kunst bietet dafür die geeignete Sprache. Wer es etwas gemütlicher oder etwas diskursiver haben möchte, hat Sinn und Zweck des Vorhabens nicht begriffen.« (*Zeit* 31.3.1999)

Habermas' publizistische Intervention zugunsten von *Eisenman II* und einer »nichtexklusiven Widmung des Denkmals« ist in eine Reflexion des politischen Selbstverständnisses der Deutschen eingebettet. Der unbedingte moralische Impuls zum Erinnern dürfe aber nicht durch den Kontext der Selbstvergewisserung relativiert werden. In diesem Sinne ist sein Plädoyer durch die Enttäuschung von der historischen Selbstvergessenheit des sozialdemokratischen Kanzlers motiviert, der einem verstörenden Denkmal ein gefälliges Stadtschloss vorzieht:

»Auf die telegen-trivialisierende Weise gelingt ihm mit wenigen Bemerkungen eine Entsorgung der Vergangenheit, die Kohl auf seine pompös-historisierende Art in Bitburg noch verfehlt hatte.« (ebd.)

Auch der Kulturminister verwirft in einem Zeitungsbeitrag (*FAZ* 1.4.1999) Richard Schröders Vorschlag, verteidigt aber eine dokumentarische und didaktische Erweiterung des Mahnmals, das als autonomes Kunstwerk nicht in der Lage sei, den Holocaust adäquat zu repräsentieren. Der Text erscheint sowohl in dieser Hinsicht, als auch in Umfang und Rhetorik als eine Antwort auf den Artikel des Philosophen vom Vortag. Zustimmend greift Naumann das von Habermas verwendete Motiv der Symbolisierung des deutschen Selbstverständnisses durch das geplante Monument auf, um dadurch die besondere Bedeutung des Projekts zu kennzeichnen. Die Einwände gegen *Eisenman III* kontert er jedoch primär im Jargon der politischen Praxis, nämlich durch den Verweis auf die Evidenz von Zahlen sowie die Formulierung prestigeträchtiger Visionen. Bedenken bezüglich der finanziellen Ausstattung anderer Institutionen begegnet Naumann durch die Addition bisheriger Ausgaben: »Die Bundesrepublik hat in den letzten zehn Jahren eine Summe von mehr als einer Milliarde Mark in den Bau, den Betrieb und die Pflege von Museen zur jüngeren Geschichte und in Gedenkstätten in den ehemaligen auf deutschem Boden befindlichen Konzentrationslagern investiert.« (ebd.) Darüber hinaus verspricht er die Einbindung anderer Gedenkeinrichtungen in das geplante »Forschungs- und Bildungszentrum von internationalem Gewicht« zu dem Zweck, »ein nationales Curriculum historischer Selbstreflexion zu entwickeln«. Durch die einmalige Konstellation würden mehr »als eine Million Besucher jährlich (eine zurückhaltende Schätzung von Museumsexperten)« emotionalen und rationalen Zugang zu dem avisierten Themenkomplex erhalten. Und schließlich bemüht Naumann aktuelle Völkerrechtsverletzungen zur Legitimation seines Vorschlags, ein »Genocide Watch Institute« in dem Gebäudekomplex anzusiedeln:

»Eine rechtzeitige Aufklärung über die genozidale Politik der Regierung Milosevič hätte womöglich die Kosovo-Katastrophe verhindern helfen.« (ebd.)

Einen Gegenakzent in Bezug auf den Kosovo-Krieg setzt Ignatz Bubis, und zwar im Hinblick auf die Gestaltung des Gebots »nicht morden«:

»Wir schreiben es hier hin, und gleichzeitig wird getötet und gemordet. Das Holocaust-Mahnmal würde dann jeglichen Sinn verlieren.« (*taz* 19. 4. 1999)

Während Habermas und Naumann als Akteure, die sich erst zum Ende einer langjährigen Debatte persönlich eingeschaltet haben, noch einmal einen diskursiven Kraftakt versuchen, arbeiten sich auf der Hinterbühne Parlamentarier aller Fraktionen nach dem alten Grundsatz »Entschieden werden muss!« daran ab, aus Deliberation endlich Dezision werden zu lassen. Mit einem politisch-pragmatischen Ansatz suchen etwa sozialdemokratische Kulturpolitiker einen Ausweg aus der Verfahrensfalle. Ausgehend von der Annahme, dass der Wettbewerb »faktisch beendet« sei, streben sie eine zügige Grundsatzentscheidung durch den Bundestag an und wollen die konkrete Gestaltung des Denkmals dann einer Bundesstiftung übertragen. Deren Konstruktion soll sowohl Mehrheitsentscheidungen als auch die Einbindung relevanter Akteure ermöglichen. »Angehören sollen der Stiftung der Bund, das Land Berlin, der Förderkreis um die Mahnmal-Initiatorin Lea Rosh sowie die Gedenkstätten Berlin/Brandenburg.« (*taz* 23. 3. 1999) Dieser Vorschlag wird wenig später zum Gegenstand einer interfraktionellen und unter anderem von Rita Süssmuth (CDU), Volker Beck (Bündnis 90 / Die Grünen) und Sabine Leutheusser-Schnarrenberger (FDP) getragenen Initiative, die einen entsprechenden Gruppenantrag für die sich vor der parlamentarischen Sommerpause abzeichnende Abstimmung vorbereitet (*FR* 27. 3. 1999).

Am 20. April 1999 gehen die parlamentarischen Arbeiten am Holocaust-Mahnmal im Ausschuss für Kultur und Medien mit einer öffentlichen Sitzung in Berlin weiter. Einen Tag, nachdem der Reichstag als Deutscher Bundestag wieder eröffnet wurde, sind Leiter verschiedener Gedenkeinrichtungen zu einem Gespräch über die »Einbindung eines Denkmals für die ermordeten Juden Europas in die bestehende Struktur von Gedenkstätten« geladen.[89] Gleichzeitig soll es als historische Geste verstanden werden, dass sich die erste Sitzung eines Ausschusses des Deutschen Bundestages im Reichtagsgebäude mit diesem Thema befasst. Als Ziel der Erörterungen bezeichnet die Ausschussvorsitzende, Elke Leonhard, die Diskussion über das Denkmal »einer parlamentarischen Entscheidung im breiten Konsens« zuzuführen. Und unter Bezugnahme auf die Gedenkstättenkonzeption des Bundes: »Wir wollen die Ergebnisse der Enquête kontinuierlich weiterentwickeln. Unsere Zielsetzung ist eine Gesamtkonzeption gegen das Vergessen.« Unter diesen Gesichtspunkten stellt die Veranstaltung eine Mischung aus Beratung durch Experten und informeller Beteiligung von Betroffenen dar. Mehrheitlich handelt es sich bei den Teilnehmern um Gedenkstättenvertreter, anwesend sind aber auch Bernd Faulenbach als Vorsitzender der Historischen Kommission des SPD-Parteivorstandes sowie Siegfried Vergin (SPD) als stellvertretender Vorsitzender der betreffenden Enquete-Kommission und ferner Lea Rosh für den Förderkreis sowie Rainer Klemke für die zuständige Berliner Senatsverwaltung.[90] Ebenfalls eingeladen wurde Michael Naumann, dessen Abwesenheit aber keinen Affront darstellen soll, sondern ministeriellen Verpflichtungen geschuldet ist.

Es kann nicht verwundern, dass die Mehrheit der Redner dem Vorschlag des Kulturministers ablehnend gegenübersteht und die bereits bekannten Bedenken artikuliert. Vor allem wird davor gewarnt, dem Denkmal sowohl die Funktion emotionalen Gedenkens als auch die Aufgabe historischer Aufklärung aufzubürden. Damit werde das Projekt gleichsam zu einem »antifaschistischen Durchlauferhitzer« (so Günter Morsch von der Gedenkstätte Sachsenhausen) und drohe, »die bestehende Erinnerungslandschaft zu sprengen« (so Bernd Faulenbach). Insbesondere die konstatierte Konkurrenz um finanzielle Ressourcen wird um einen aufmerksamkeitsökonomischen Aspekt ergänzt: Einige Gedenkstätten fürchten weniger einen künftigen Besucherschwund durch das konkurrierende Angebot, sondern wollen vielmehr dem hohen Aufkommen an Besuchern entsprechend adäquat ausgestattet werden.

Daraus resultiert unter anderem auch die von verschiedenen Teilnehmern vertretene Forderung nach der Integration des Holocaust-Mahnmals in die Gedenkstättenkonzeption des Bundes und deren gemeinsamer parlamentarischer Behandlung. Nur so könne eine fatale Fehlentscheidung, die von falschen Voraussetzungen bezüglich der existierenden Erinnerungskultur ausgehe, vermieden werden. In eine ähnliche Richtung geht die Überlegung einiger Anwesender, die sich fragen, wie denn die nun im Ausschuss akkumulierten Erkenntnisse den anderen Abgeordneten, die weniger mit der Materie vertraut sind, vermittelt werden können. Dass es sich dabei um eine schwierige Aufgabe handelt, die mit dem Problem der Beratungsresistenz verbunden ist, demonstriert Antje Vollmer (Bündnis 90 / Die Grünen), die sich ausdrücklich selbst als Expertin versteht und für *Eisenman III* votiert. Damit bildet sich im Ausschuss eine für die Bewertung des Projekts konstitutive Konfliktlinie ab: Dessen Befürworter sehen Bedarf für ein Bildungsangebot, das auf bisher vernachlässigte Bedürfnisse reagiere. Als Zielgruppe dieses Angebots avisiert etwa Vollmer »den Metropolenbesucher«, »den Flaneur« sowie »junge Leute«. Diese Personenkreise würden zwar die Hauptstadt und das Denkmal besuchen, sich aber nicht zu den dezentralen Erinnerungsorten begeben. Die Gegner wiederum kritisieren die »Künstlichkeit« der vorliegenden Konzepte zur Realisierung dieser Absicht. Sie sehen wie der Direktor der Gedenkstätte Buchenwald, Volkhard Knigge, insbesondere durch die Verbindung von Museum und Memorialarchitektur die Gefahr der »Simulation einer Gefühlswelt, die von den authentischen Orten herkommt«. Damit rekurriert Knigge auf eine Entwicklung in der Gedenkstättenarbeit, die gerade dadurch gekennzeichnet ist, die historischen Überreste etwa der Konzentrationslager von ästhetisierenden Überformungen und der Überfrachtung mit vereinfachenden Deutungsangeboten zu befreien. Wem also wirklich an einer historischen Aufklärung gelegen sei, müsse die bereits bestehenden Institutionen an den historischen Orten (finanziell) fördern.

Diese Absicht findet ihren Niederschlag zwei Tage später in einer Plenardebatte des Bundestages. Auf Antrag der CDU/ CSU-Fraktion vom 23. März 1999 wird die Beteiligung des Bundes an Gedenkstätten debattiert.[91] Bezugnehmend auf die im Kulturausschuss artikulierten Bedenken im Hinblick auf *Eisenman III* sieht die Unionsfraktion eine besondere Dringlichkeit bei der Fortschreibung der Gedenkstättenkonzeption durch die Bundesregierung gegeben. Die Furcht vor finanzieller Benachteiligung bestehender Institutionen versuchen die Redner aller Parteien gleichermaßen zu zerstreuen und nuancieren nur die von ihrer Fraktion jeweils präferierten Aspekte der zu fördernden erinnerungskulturellen Einrichtungen. Die SPD stellt sich dabei erwartungsgemäß schützend vor den Kulturminister und greift das von ihm vorgeschlagene »Haus der Erinnerung« als Metapher für die Beruhigung der verunsicherten Vertreter von Gedenkstätten auf: »Integriert in eine Gesamtkonzeption gegen das Vergessen sollten wir am Haus der Erinnerung, das es längst gibt, weiterbauen. Sein Fundament ist das bürgerschaftliche Engagement, und seine Etagen sind die zahlreichen Gedenkstätten an den authentischen Orten.« Die eingebrachten Anträge werden schließlich an die zuständigen Ausschüsse überwiesen, und angesichts der grundsätzlichen Bereitschaft aller Fraktionen, ein Engagement des Bundes bei der Finanzierung der dezentralen Gedenkstätten auch weiterhin zu unterstützen, erscheint die baldige Vorlage einer entsprechenden Konzeption wahrscheinlich. Derweil nehmen im parlamentarischen Betrieb auch die geplanten Gruppenanträge zur Errichtung des Denkmals weiter Gestalt an. Presseberichten zufolge stimmen die Initiativen für unterschiedliche Ausgestaltungen des Monuments bislang darin überein, dass das Modell der konkreten Realisierung des Mahnmals durch eine Stiftung unabhängig vom Votum für eine der verschiedenen Varianten befürwortet wird (*FAZ* 21. 4. 1999). Angesichts der fortschreitenden Meinungsbildung zeigt sich Michael Naumann unerwartet flexibel. Im Wettbewerb um die Formulierung eines mehrheitsfähigen Antrags skizziert der Kulturminister inoffiziell eine weitere Kompromisslösung, »die auf eine Verkleinerung des von ihm favorisierten ›Hauses der Erinnerung‹ hinausläuft. Dessen Kern solle ein ›großflächiges unterirdisches Ausstellungsgelände‹ (...) bilden.« (*FAZ* 27. 4. 1999) Statt der geplanten Bibliothek sieht sein Vorschlag Zugriffsmöglichkeiten auf digitalisierte Bestände internationaler Archive vor. Mit diesem Vorschlag sind unter pragmatischen Gesichtspunkten zwei Vorteile verbunden: Die Reduzierung des Bauvolumens bedingt finanzielle Einsparungseffekte und ein Rechtsgutachten des Berliner Justizsenators sieht bei der Realisierung dieses Vorhabens keine Notwendigkeit für die Ausschreibung eines neuen Wettbewerbs.

9. Highnoon oder Highlight?

Die Entscheidung des Souveräns

Ist der Deutsche Bundestag, die gewählte Vertretung des deutschen Volkes, der richtige Ort, um die Entscheidung für oder gegen ein Mahnmal und gegebenenfalls seinen Standort, seine Widmung und die Modalitäten seiner Errichtung zu fällen – ausgerechnet das Parlament? Die Frage mag einem Anhänger der parlamentarischen Demokratie seltsam vorkommen, er würde eher fragen: wer denn sonst? Lange haben aber weder die an der Debatte Beteiligten noch die breitere Öffentlichkeit dieses Gremium für opportun angesehen, als »Herr des Verfahrens« den festgefahrenen Entscheidungsprozess zu beschleunigen und ihn erfolgreich abzuschließen, wie es 1999 schließlich der Fall ist. Ignatz Bubis befürchtete in einem Brief an den Abgeordneten Conradi (SPD), an diesem Ort würde das »Mahnmal wirklich zerredet« (*taz* 20. 1. 1996), und Conradis Initiative war seinerzeit auch unter Kollegen nicht auf Gegenliebe gestoßen. Man hatte innenpolitisch Wichtigeres zu tun, und Sachverständige wie Bevölkerung zweifelten am Kunstverstand der

Abgeordneten. Noch im Jahr 1999 gibt es genügend Abgeordnete, die das heiße Eisen gerne an die Regierung zurückreichen möchten, und diese tut wenig, um das Parlament angemessen zu beteiligen.

Wir nehmen eine dezidierte Gegenposition ein: Es musste und durfte nur der Deutsche Bundestag eine Entscheidung herbeiführen, die zugleich effektiv und legitim ist. Sollte man der einsamen Entscheidung der Exekutive vertrauen und kulturpolitisch in eine Monarchie zurückfallen? Sollte man ein Projekt dieser Größe und Tragweite einem Verein spleeniger Privatleute überlassen? Oder einzig auf das Urteil der Fachleute vertrauen? Der erste Weg setzt auf Charisma, der zweite auf Lobbyismus, der dritte auf Expertenherrschaft – und alle sind demokratiepolitisch gleichermaßen unzureichend. Legitimation erzeugt allein ein parlamentarisches Abstimmungsverfahren, und dagegen den mangelnden Sachverstand der Volksvertreter anzuführen, zeugt von der Unkenntnis solcher Abstimmungsprozeduren überhaupt. Warum sollte der sprichwörtliche Hinterbänkler – sagen wir der Forstwirt aus Rinteln – von Geschichtspolitik weniger verstehen als von Gesundheitspolitik, oder anders herum: Warum traut man ihm eine Entscheidung über Embryonenschutz ohne weiteres zu, nicht aber über Standort und Widmung eines Mahnmals?

Nur darum (und die prinzipielle Zustimmung oder Ablehnung) geht es jetzt und damit auch um scheinbar banale Fragen von Recht und Finanzen, um ordnungsgemäße Verfahren und die Verwendung von Steuergeld, genau wie in allen anderen politischen Materien. Man mag die Effizienz der im Juni 1999 getroffenen parlamentarischen Entscheidung bestreiten – wie bei jedem anderen Abstimmungsgegenstand von der Großen Rentenreform über die Hauptstadtfrage bis zu Hartz IV. Doch das parlamentarische Verfahren ist letztlich als einziges geeignet, den nicht enden wollenden Meinungsstreit abzuschließen und nachhaltig für »Akzeptanz« zu sorgen.

Was »Volkes Stimme« vom Mahnmal hält, lässt sich vor der Parlamentsentscheidung demoskopisch ermitteln. Laut einem

»Politbarometer« vom Dezember 1998 ist die öffentliche Meinung exakt gespalten, nur wenige haben keine Meinung. Die stärksten Befürworter sind junge Menschen mit formal höherer Bildung, vor allem aus Großstädten, im Osten mehr als im Westen, und die Mehrheit der Befürworter möchte das Denkmal nicht allein den europäischen Juden gewidmet sehen. Man verwechsle nicht Demoskopie mit Demokratie, aber demokratische Politiker können solche Meinungen nicht außer Acht lassen, selbst wenn sie andere Entscheidungen treffen, zumal wenn postuliert wird, die Deutschen sollten das Mahnmal annehmen und nicht als Strafexpedition auffassen. Auch ein Mahnmal, das nach ästhetischen und architektonischen Kriterien misslungen ist, kann noch an- und in »Gebrauch« genommen werden, unannehmbar ist nur, wenn jede demokratische Legitimation fehlt.

Diese erweist sich weniger im Redetalent der Abgeordneten als in klaren und durchsichtigen Prozeduren, die der Komplexität der Vorgaben und Optionen angemessen sind und diese zugleich auf das nötige Maß reduzieren. Nur der Deutsche Bundestag kann die Erwartungen und Forderungen, die seit zehn Jahren an eine zentrale Gedenkstätte gerichtet werden, so bündeln und bändigen, das es am Ende nicht immun gegen jede Verwirklichung wird, und nur der Bundestag kann die (legitime!) Ablehnung dem im Meinungsstreit vorherrschenden Verdacht entziehen. Danach sieht es 1999, vor allem nachdem Martin Walser in der Paulskirche geredet hat und die Bundesregierung auf Mahnmal-Kurs gegangen ist, nicht aus. Die Weisheit eines Parlaments besteht nur darin, das verworrene Meinungsbild zu Anträgen zu bündeln und praktikable Entscheidungsoptionen zu schaffen. Das ist der Pflichtteil, zur »Kür« zählt eine inhaltlich wie rhetorisch starke Auseinandersetzung, in der sich das deutsche Volk wieder findet und an der es sich für die eigene Meinungsbildung und Urteilsbildung orientieren kann. Ein Arbeitsparlament schafft gute Entscheidungsvoraussetzungen, ein Redeparlament Argumentationsgrundlagen. Idealerweise greift eines ins andere, das bedeutet: die Schönheit der Argumentation erschlägt nicht die

Geschmeidigkeit der Verhandlung und umgekehrt. Unter beiden Prämissen kann man die Entscheidung des Hohen Hauses, dem anfangs so wenig zugetraut wurde, sogar als Glücksfall bezeichnen.

Die Anträge im parlamentarischen Prozess

Angesichts der für Ende Juni anvisierten Bundestagsentscheidung werden im Einklang mit dem parlamentarischen Procedere Anfang Mai entsprechende Gruppenanträge vorgelegt, die laut Geschäftsordnung des Deutschen Bundestages jeweils der Unterstützung von mindestens 34 Abgeordneten bedürfen. Am 3. Mai einigen sich die parlamentarischen Geschäftsführer der Bundestagsfraktionen, da sich das Hohe Haus im Prinzip einig sei, darauf, alle Anträge ohne Debatte im Plenum an den Ausschuss für Kultur und Medien zu überweisen, der dann die Abstimmung vorbereiten soll. Sechs Anträge sind jetzt eingebracht, wir stellen sie kurz in der Reihenfolge ihres Eingangs vor:

- Eine Gruppe von Abgeordneten verschiedener Fraktionen bekennt sich zum Vorschlag von Richard Schröder und will die Mahnung »Morde nicht!« realisiert sehen, in großen hebräischen Lettern, aber auch in Deutsch und jenen Sprachen, die Opfer der nationalsozialistischen Verbrechen gesprochen haben.[92] Der Logik der bisherigen Argumentation folgend, soll dieses Denkmal für die ermordeten Juden Europas »in Berlins Mitte«, also nicht unbedingt am vorgesehenen Standort errichtet werden. Eine noch einzurichtende Stiftung, an der neben den Auslobern die Bundestagsfraktionen sowie Vertreter von Gedenkstätten zu beteiligen sind, soll Gestaltungsvorschläge prüfen und dem Bundestag zur Entscheidung vorlegen.
- An den Ergebnissen des zweiten Wettbewerbs (»Engeres Auswahlverfahren«) will eine andere, von der Vorsitzenden des Kulturausschusses angeführte Gruppe von Abgeordneten festhalten, die mehrheitlich SPD und FDP angehören.[93]

Dementsprechend soll die konkrete Gestaltung »von der bisherigen Beurteilungskommission vor Ablauf des Jahres 1999 verbindlich festgelegt« werden.
- Einen ausdrücklich kompromissbetonten Antrag bringen Abgeordnete ein, die von prominenten Vertretern aus SPD (der kulturpolitische Sprecher Gert Weisskirchen), CDU (Rita Süssmuth), Bündnis 90 / Die Grünen (Volker Beck) und FDP (Sabine Leutheusser-Schnarrenberger) angeführt werden.[94] Im Blick auf Naumanns Pläne räumen sie ein, dass das Denkmal um einen »Raum der Stille und der Information« ergänzt werden *kann*. In diesem ansonsten unbestimmten Konzept soll eine Stiftung, zusammengesetzt wie im ersten Antrag, die Realisierung des Denkmals übernehmen.
- Die meisten Unterzeichner, die fast ausschließlich aus der SPD kommen, zu denen aber auch Antje Vollmer und Cem Özdemir von Bündnis 90 / Die Grünen zählen, mobilisiert ein Antrag, der die Errichtung des Denkmals mit einem »Haus der Erinnerung« verbunden sehen will.[95] Die Realisierung wird hier ebenfalls einer Stiftung übertragen, deren Zusammensetzung in zweierlei Hinsicht noch unbestimmter ist: Statt von den Fraktionen ist nur vom Deutschen Bundestag allgemein die Rede, an Stelle von Interessenvertretern aus anderen Gedenkstätten sind »Sachverständige« vorgesehen. Dafür betreiben die Antragsteller den größten argumentativen Aufwand, indem sie zur Begründung unter anderem Roman Herzog, Wolfgang Thierse und Willy Brandt zitieren. Darüber hinaus zielt der Vorschlag ausdrücklich auf die »junge Generation«.
- Eine fünfte Gruppe von Abgeordneten plädiert für eine inklusive Widmung »zum Gedenken an die Opfer der nationalsozialistischen Verbrechen gegen die Menschlichkeit«.[96] Zur Gestaltung werden keine Angaben gemacht, diese sollen die Auslober einvernehmlich erarbeiten und dem Bundestag nur noch berichten.
- Schließlich melden sich noch 63 Angeordnete aus der CDU/CSU-Fraktion mit einem Antrag zu Wort, die für den Ver-

zicht auf ein neues, weiteres Mahnmal in Berlin votieren und die dafür vorgesehenen Mittel den bestehenden Gedenkstätten zur Verfügung stellen wollen.[97]

Es ist augenfällig, dass alle positiv formulierten Anträge die Festlegung auf einen konkreten Entwurf vermeiden: Einerseits soll die Mehrheitsfähigkeit der jeweiligen Anträge nicht durch die Nennung eventuell Widerspruch provozierender Details gefährdet werden, andererseits kann und will der Bundestag in dieser prekären Angelegenheit nicht die Kompetenz über die ästhetische Ausgestaltung des zu beschließenden Konzepts beanspruchen. Diese Haltung spiegelt den kulturpolitischen Konsens, die Politik habe sich bei der Beurteilung von Kunst generell zurückzuhalten; bei der Vergabe solcher Fördermittel stützen sich Politiker mehr als sonst auf Experten und sachverständige Gremien. Im vorliegenden Fall entsteht daraus jedoch eine doppelte Diskrepanz. So werden die in der Debatte der letzten Monate fokussierten und favorisierten Entwürfe *Eisenman II* und *Eisenman III* in den vorliegenden Anträgen mit keinem Wort erwähnt. Stattdessen werden die Gestaltungsfragen ein weiteres Mal an eine bislang gescheiterte Gremienpolitik delegiert, wobei die Konstruktion der für die Entscheidungsfindung vielfach vorgesehenen Stiftung durch die Einbeziehung weiterer Akteure noch komplexer gerät. Damit würde sich das Parlament schließlich der öffentlichen Erwartung entziehen, mit einer demokratisch legitimierten Dezision die Phase einer inzwischen disfunktionalen Deliberation zu beenden. Einzig Sachsens Ministerpräsident Kurt Biedenkopf (CDU) artikuliert noch Beratungsbedarf und will durch die Beteiligung weiterer Akteure auch die föderale Dimension berücksichtigt sehen: »Die Sache ist nicht entscheidungsreif, weil die Länder noch nicht mitgeredet haben.« (*FR* 12. 5. 1999) Für die Pressereaktionen ist hingegen ein Kommentar von Konrad Schuller charakteristisch, der als Konsequenz aus dem bevorstehenden »Scheinbeschluss« befürchtet: »Das Denkmal wird nicht durch eine Entscheidung des Souveräns, sondern durch einen Kompromiss untergeordneter Gremien Gestalt gewinnen. Es wird dadurch an Gewicht verlieren.« (*FAZ* 12.5.1999)

Der maßgebliche Grund für die Zurückhaltung der Abgeordneten bei der Formulierung der Antragsinhalte dürfte jedoch juristischer Natur sein. Am 5. Mai 1999 liegt ein Gutachten des Wissenschaftlichen Dienstes des Deutschen Bundestages vor, das die Vorsitzende des Kulturausschusses in Auftrag gegeben hat – Thema: »Rechtliche Bindungen und Befugnisse des Bundestages hinsichtlich einer Entscheidung über das Holocaust-Denkmal nach dem gegenwärtigen Stand des Verfahrens«.[98] Aus den Ausschreibungsunterlagen resultieren demnach unter Anwendung der einschlägigen rechtlichen Regelungen folgende Einsichten: »Das 2. Verfahren von 1997 dauert an«, deshalb seien dessen Vorgaben zu beachten. Dies betrifft den Standort (ehemalige Ministergärten), den Charakter des Monuments als Denkmal (»wohl aber verbunden mit einem Haus der Stille und einigen wenigen weiterführenden Informationen«), die Obergrenze von 15 Millionen DM und schließlich die Vorgabe, nur aus den vier vom Beurteilungsgremium empfohlenen »oder – mit substantiierter Begründung – einer der ›sonstigen‹ eingereichten Arbeiten« auswählen zu können.

Wir haben es hier mit einer typischen Politikverflechtung zu tun: Der Bundestag kann nur im Einvernehmen mit der Bundesregierung an einer Entscheidung mitwirken. Die hat sich öffentlich festgelegt, doch für eine wirksame Auswahlentscheidung ist die Übereinstimmung mit dem Land Berlin und dem Förderkreis erforderlich. Alternativ besteht die Option, das Verfahren durch den Rückzug eines Auftraggebers zu beenden. Dann kann der Bundestag über das Denkmal entscheiden, er muss »aber die Kompetenz des Landes Berlin für dessen städtebauliche Entwicklung beachten«. Will er unter diesen Bedingungen architektonische und/oder Bauleistungen vergeben, muss ein weiteres Verfahren durchgeführt werden; soll dabei ein bereits eingereichter Entwurf verwirklicht werden, bedarf es darüber hinaus der Kooperation mit dem betreffenden Künstler. Auf seiner Sitzung am 1. Juni 1999 diskutiert der Ausschuss für Kultur und Medien zunächst die aus dem Rechtsgutachten resultierenden Konsequenzen.[99] Kulturminister Naumann informiert die anwesenden Abgeordneten, dass die Bundesregierung bereit sei, das Verfahren gemäß den juristischen Angaben offiziell für beendet zu erklären, wünscht aber eine entsprechende Aufforderung durch den Ausschuss. Die Vertreter der Regierungsfraktionen unterstützen diesen Vorschlag und sehen die Beendigung als Voraussetzung dafür, dass sich der Bundestag mit der nötigen Entscheidungsfreiheit mit der Angelegenheit befassen kann. Die Vertreter der Unions- sowie der FDP-Fraktion haben gegen einen solchen Beschluss inhaltliche wie formale Bedenken. Sie halten eine Beendigung des Verfahrens ohne Angaben dazu, was konkret an seine Stelle tritt, nicht für angebracht. Vielmehr sei es dem Plenum in der betreffenden Bundestagssitzung vorbehalten, ein Votum dazu abzugeben und bestenfalls könne der Ausschuss eine entsprechende Empfehlung aussprechen. Die Ausschussmehrheit lässt diese Einwände jedoch nicht gelten und beschließt mit den Stimmen der Koalition und der PDS folgenden Antrag: »Die Bundesregierung wird aufgefordert, das Verfahren aufgrund nicht erzielten Einvernehmens zwischen den Auslobern förmlich für beendet zu erklären.« Dieser Aufforderung kommt die Regierung wenige Tage später mit einem Schreiben des Kulturministers an die anderen Auslober sowie die betroffenen Künstler nach.

Im weiteren Verlauf der Sitzung geht es um die Organisation der geplanten Abstimmung im Bundestag, man sucht einen Weg, wie mit den vorliegenden Anträgen verfahren werden soll, um am 16. Juni eine Beschlussempfehlung des Ausschusses vorlegen zu können. Die Beratungen stehen somit unter erheblichem Zeitdruck, insofern bis dahin wieder mit den Arbeitsgruppen der Fraktionen, den Fraktionen selbst und, da diese im vorliegenden Fall nicht als Antragsteller fungieren, auch mit den für die Gruppenanträge verantwortlichen Abgeordneten Einvernehmen erzielt werden muss. Übereinstimmung besteht zunächst also nur darin, ein zu erzielendes Ergebnis müsse eine möglichst breite Mehrheit finden, um keinen Autoritäts- beziehungsweise Ansehensverlust des Parlaments zu riskieren. Dass diese Aufgabe angesichts der Konstellation der Anträge nahezu unlösbar ist, zeigt sich im Verlauf der Diskussion, in der im wesentlichen zwei Modelle vertreten werden.

Die SPD schlägt einen dreigliedrigen Abstimmungsmodus vor. Zunächst soll ein Beschluss darüber gefasst werden, was in allen Anträgen, die die Errichtung eines Denkmals beinhalten, Konsens ist. Dann sollen die verbleibenden Alternativen abgestimmt werden und schließlich eine Schlussabstimmung allen Abgeordneten die Gelegenheit geben, das so ermittelte Ergebnis quasi zu akklamieren. Damit würde gewährleistet, dass die quantitative Zustimmung am Ende wohl höher wäre, als wenn alle Alternativen gegeneinander angestimmt werden würden. Dieser Vorschlag, aus der Praxis von Parteitagen bekannt, gewinnt im Laufe der Erörterung zunehmend an Zuspruch. CDU und FDP wollen demgegenüber zunächst einen Grundsatzbeschluss herbeiführen und anschließend Gestaltungsalternativen abstimmen lassen.

Ein für parlamentarische Prozeduren typisches Problem wirft in beiden Fällen der Schröder-Antrag (»nicht morden!«) auf, wenn die Befürworter der verschiedenen Varianten des Eisenman-Entwurfs (der zwar nicht explizit genannt wird, aber die Folie für drei Anträge bildet) sich gegenseitig die Stimmen wegnehmen und dadurch einem Antrag zur Mehrheit verhelfen, den sie doch gemeinsam ablehnen. Deshalb wollen einige noch eine Einigung im Lager der »Eisenman-Familie« erreichen, was aufgrund der erheblichen Diskrepanzen der betreffenden Anträge wenig aussichtsreich erscheint. Ähnliches gilt für diejenigen, die eine inklusive Widmung befürworten und deshalb einen eigenen Antrag eingebracht haben. Da ihr Antrag keine Aussicht auf eine Mehrheit hat, werben sie für die Aufnahme dieses Aspekts in andere Anträge.

Bei der Suche nach konsensfähigen Formulierungen bleiben noch andere Fragen strittig, vor allem die in vielen Varianten vertretene Stiftungslösung. Damit will der Bundestag eine sachverständige Ausführung seines Beschlusses garantieren, er schafft sich einen nachgelagerten Akteur. Hier ist weniger Abstimmungsarithmetik ausschlaggebend als die Berücksichtigung Berlins; Skeptiker fragen, ob das Land sein Blockadepotenzial in einer Stiftung am Ende noch besser als in der bisherigen Konstellation ausspielen könnte. Schließlich behindern pragmatische Erwägungen eine umgehende Fixierung der zusammengetragenen Ansatzpunkte. Solche »Papiere haben Beine, und die sind ganz schnell draußen«, benennt die erfahrene Rita Süssmuth die Gefahren, die dem Verfahren aus diesem ansonsten sicherlich sinnvollen Vorschlag erwachsen. So bleibt es am Ende der Sitzung bei der Skizzierung der noch zu absolvierenden Arbeitsschritte durch die Ausschussvorsitzende, damit am 16. Juni auch eine Beschlussvorlage formuliert ist.

Die in zahlreichen Besprechungen zwischen den verschiedenen Verfahrensbeteiligten bestehende Betriebsamkeit des Parlaments wird bis dahin nur von einer Einlassung des notorischen Mahnmal-Kritikers Martin Walser gestört, der nun den Volkswillen gegen die Volksvertreter mobilisieren will: Er spricht dem Bundestag das Recht ab, in dieser Angelegenheit zu entscheiden und fordert statt dessen, die Berliner Bürger müssten das letzte Wort haben.[100]

Die Sitzung des Ausschusses für Kultur und Medien am 16. Juni 1999 zeigt dann, dass es noch nicht gelungen ist, eine konsensuale Klärung über das Abstimmungsverfahren im Plenum herbeizuführen.[101] Der Grund: Im parlamentarischen Procedere lassen sich Verfahren und Inhalt nicht vollständig voneinander trennen, und erfahrene Parlamentarier wissen, dass insbesondere unter der Bedingung komplexer Entscheidungssituationen, bei denen nicht die Wahl zwischen zwei eindeutigen Alternativen besteht, der Abstimmungsmodus häufig die Entscheidung in der Sache vorgibt. Verschärft wird dieses strukturelle Problem durch die Aufhebung des Fraktionszwanges, die immer dann erfolgt, wenn zum einen ethisch prekäre Agenden und »Fragen von Leben und Tod« behandelt werden, zum anderen das Überleben einer Regierung nicht vom Ausgang der Abstimmung abhängig ist. Auch im vorliegenden Fall vermehren sich die bei einer informellen Absprache im Vorfeld zu berücksichtigenden Verfahrensbeteiligten. Das wiederum erhöht den Kommunikationsbedarf, da nicht auf etablierte Hierarchien und eingespielte Routinen der Fraktionsarbeit zurückgegriffen werden kann. Aus dieser Gesamtkonstellation resultiert, dass der Ausschuss bei der Beratung der Beschlussempfehlung entgegen aller Absichtserklärungen doch wieder primär im Modus der die Situation vereinfachenden Konfrontation von Regierungskoalition und Opposition operiert. Demzufolge wird die Sitzung von den anwesenden Verfahrensexperten dominiert und nimmt einen geradezu turbulenten Verlauf.

Zunächst setzt Gert Weisskirchen (SPD) mit der rot-grünen Ausschussmehrheit durch, dass der Antrag, der vorsieht, dass das Denkmal durch einen »Raum der Stille und der Information« ergänzt werden *kann*, zur Grundlage der Beratungen gemacht wird. Da die Mitglieder von Union und FDP darauf bestehen, dass die bisherigen Besprechungen eigentlich ein anderes Vorgehen nahe legen, wird die Modifikation dieser Beratungsgrundlage im Folgenden Punkt für Punkt abgestimmt. Damit intendieren die Kritiker, wenigstens in einzelnen Punkten ihre Vorstellungen wieder in das Papier einzuführen. Da dies – maßgeblich gestützt durch die Ausschussmehrheit, fallweise aber auch durch das Abstimmungsverhalten anderer Ausschussmitglieder – weitgehend misslingt, bringen insbesondere Vertreter der Union ihre massive Frustration über die Vorgehensweise zum Ausdruck: Norbert Lammert rügt, »die Beschlussempfehlung (werde) nach dem Muster von Steuergesetzen und Sozialversicherungsgesetzen beraten«, und Hartmut Koschyk will aus Protest gegen diese Form der Kampfabstimmung zeitweise sogar nicht mehr an den Beratungen teilnehmen. Umstritten ist insbesondere das von Weisskirchen verfolgte Ziel, die Abstimmungsoptionen auf zwei klare Alternativen zu reduzieren, deren Realisierung darüber hinaus nicht eines aufwendigen Auswahlverfahrens bedürfen. Damit scheiden eigentlich alle Anträge bis auf den zur Verwirklichung des Schröder-Entwurfs aus. Um die Anträge, die sich indirekt auf Varianten des Eisenman-Entwurfs beziehen, im Verfahren zu halten, bedarf es des konkreten Bezugs auf diesen, den der Bundestag in seiner erklärten Abstinenz in künstlerischen Fragen vermeiden wollte. Die bislang vertretene Zurückhaltung bei der gestalterischen Definition des Denkmals muss also aufgegeben werden, wobei der planerischen Fantasie des Parlaments aber durch die rechtliche Bindung an die Voraussetzungen des laufenden Wettbewerbs enge Grenzen gesetzt werden. So scheidet ein Votum für *Eisenman III* aus; um dessen Befürworter zu integrieren, wird aber folgende Formulierung vorgelegt: »Der Entwurf eines Stelenfeldes von Peter Eisenman *(Eisenman II)* wird realisiert. Dazu gehört ergänzend im Rahmen dieses Konzepts ein Ort der Information über die zu ehrenden Opfer und die authentischen Stätten des Gedenkens.« Dieser Vorschlag enthält einige Unwägbarkeiten: Er kalkuliert offensichtlich die Überschreitung des vorgegebenen Kostenrahmens ein, spekuliert aber darauf, dass an der Umsetzung niemand ernsthaft Anstoß nehmen wird. Darüber hinaus hofft man, die Befürworter von *Eisenman III* würden ein Einsehen haben und nicht auf der geplanten Großeinrichtung bestehen. Schließlich wird noch versucht, die Anhänger einer inklusiven Widmung in dieses Boot zu holen. Dazu wird die weiterhin vorgesehene Stiftung in Anschlag gebracht, der unter anderem folgende Aufgabe zugedacht wird: »Sie trägt dazu bei, die Erinnerung an alle Opfer des Nationalsozialismus und ihre Würdigung in geeigneter Weise sicherzustellen.«

Und als ob diese Konstruktion nicht an sich schon fragil genug wäre, basiert sie zudem auf einem Verfahrensvorbehalt: Um in der beabsichtigten Form abzustimmen, ist eine Abweichung von der Geschäftsordnung des Bundestages notwendig, die der Zustimmung einer Zweidrittelmehrheit bedarf. Da deren Zustandekommen völlig offen ist, wird in der Beschlussempfehlung ein *Plan B* vorgesehen. Im Fall einer Ablehnung ist die Abstimmung einer Fassung vorgesehen, in der auf die Nennung einer Alternative in Gestalt des Schröder-Vorschlags schlicht verzichtet wird. Trotz aller im Ausschuss artikulierten

Vorbehalte wird die so erarbeitete Paketlösung am Ende der Sitzung mit den Stimmen der Koalitionsfraktionen und der PDS gegen die Stimmen der Fraktionen der CDU/CSU und FDP angenommen. Die anderen Anträge werden mit den Stimmen der Koalition gegen die Stimmen der Union und bei Enthaltung von FDP und PDS für erledigt erklärt.

Obgleich das Ergebnis der Beratungen eindeutig erscheint, kann es sich als prozeduraler Pyrrhussieg erweisen: Jeder Abgeordnete, der mit der Beschlussempfehlung nicht einverstanden ist, kann individuell einen Änderungsantrag stellen. Nicht zuletzt um eine solche Situation zu vermeiden, wendet sich der Vorsitzende der Unionsfraktion, Wolfgang Schäuble, in einem Schreiben an den Bundestagspräsidenten und fordert Nachverhandlungen. Obgleich Wolfgang Thierse nach einem ersten Treffen verkündet, eine Verständigung sei erzielt worden, bedarf es einer weiteren Beratung im Kreis der Obleute aller Fraktionen im Kulturausschuss, die am 23. Juni stattfindet. Deren Ergebnis dokumentiert die Rückkehr zum bewährten Modus der parlamentarischen Konfrontation von Mehrheit und Minderheit: Die Bundestagsmehrheit formuliert ihre Meinung als Beschlussempfehlung, davon abweichende Positionen werden als Änderungsanträge artikuliert. Damit wird der erwähnte *Plan B* zur Abstimmungsgrundlage, die Notwendigkeit einer ungewissen Entscheidung über die Abweichung von der Geschäftsordnung entfällt.

Zu dieser Ausgangslage kommt nun noch der wenig aussichtsreiche Änderungsantrag eines einzelnen Abgeordneten hinzu. Hildebrecht Braun (FDP) greift einen in der Mahnmal-Diskussion vorgetragenen Vorschlag auf und beantragt die Gründung einer jüdischen Universität in Berlin anstelle eines zentralen Mahnmals.[102] Dafür sollen 50 Millionen DM zur Verfügung gestellt werden. Gleichzeitig sieht der Antrag vor, eine finanzielle Beteiligung des Bundes »an der Erhaltung der Konzentrationslager sowie an der Überarbeitung der Konzepte für die pädagogische Begleitung von Besuchergruppen mit einem jährlichen Volumen von 10 Millionen DM« festzuschreiben.

Diesem Aspekt des Antrages und damit auch einem Bedenken der Gedenkstättenvertreter begegnet der Kulturminister gerade noch rechtzeitig. Michael Naumann legt die immer wieder geforderte »Konzeption der künftigen Gedenkstättenförderung des Bundes« vor, die im wesentlichen den Empfehlungen der Enquete-Kommission folgt. Die Bereitschaft des Bundes, finanzielle Verantwortung zu übernehmen, dokumentiert darüber hinaus der Hinweis, für die Förderung im kommenden Jahr seien zusätzlich zehn Millionen Mark vorgesehen.[103]

Weitere Versuche, quasi in letzter Minute auf die Entscheidung des Bundestages Einfluss zu nehmen, sind weniger diplomatisch: Während Vertreter der Berliner CDU und Bürgermeister Diepgen indirekt ein Veto für den Fall ankündigen, dass eine Variante des Eisenman-Entwurfs als Sieger aus der Abstimmung hervorgehen sollte, droht Lea Rosh mit dem Ausstieg des Förderkreises aus dem Verfahren, wenn sich der Schröder-Vorschlag durchsetzt (*Welt* 24. 6. 1999). So hängt ein mögliches Scheitern und eine Blamage des Bundestags wie ein Damoklesschwert über der nun auch in der (medialen) Öffentlichkeit mit Spannung erwarteten Debatte, die übrigens – vielleicht nicht ohne Belang – die letzte große Debatte des Hohen Hauses an alter Stelle in Bonn sein wird.

Die Debatte im Hohen Haus

Den Ton schlägt Bundestagspräsident Wolfgang Thierse (SPD) an, der gleich zur Kernfrage kommt: »Wollen wir nach zehnjähriger Debatte ein Denkmal für die ermordeten Juden Europas errichten?«. Er unterstreicht die ureigene Entscheidungskompetenz des Bundestages, seine völlige Entscheidungsfreiheit und bescheinigt grundsätzlichen Skeptikern »sehr achtenswerte Argumente«.[104] Sich auf Beiträge und Namen aus der öffentlichen Debatte wie Jürgen Habermas und Reinhart Koselleck stützend, ergreift er Partei und plädiert »vehement für die Eingrenzung der Widmung auf die ermordeten europäischen Juden«; er hebt das von Eisenman entworfene Stelenfeld gegen den Schröder-Vorschlag hervor und spricht den auf der Besuchertribüne sitzenden Initiatoren Lea Rosh und Eberhard Jäckel unter allgemeinem Beifall seinen herzlichen Dank aus. Klar erkennbar wird auch Thierses Votum für einen »Ort der Information« und die Delegation der »konkreten ästhetisch-künstlerischen Gestaltungsfragen« an eine nicht näher ausgeführte Stiftung.

Das Schlussergebnis des 25. Juni 1999 ist damit schon vorweggenommen, und dass es so zustande kommt, ist nicht zuletzt der Konstruktion der Tagesordnung und der vom Präsidium – neben Thierse: Hermann Otto Solms (FDP), Rudolf Seiters (CDU) und Antje Vollmer (Bündnis 90 / Die Grünen) – geführten Abstimmungsregie zu verdanken. Die Positionen im Bundestag divergieren erheblich, dennoch ist die Volksvertretung fähig zu einer allgemein akzeptierten und von den meisten getragenen kollektiven Entscheidung. Den vorhandenen Dissens markiert als erster Redner sogleich der kulturpolitische Sprecher der Unions-Fraktion, Norbert Lammert, der eine andere Beschlussempfehlung vorgezogen hätte und vor allem den Kulturstaatsminister Michael Naumann angreift. Ihm wirft er vor, einen möglichen Konsens torpediert zu haben, und er attackiert auch den Bundeskanzler: »Dieses Mahnmal muss stören; sonst ist es überflüssig« – eine Mahnung, die viele Redner aufgreifen.

Das Parlament möchte damit zeigen, dass es den Ernst der Sache erkennt und eine ernsthafte Debatte führen möchte. Lammert (Jahrgang 1948) bringt hier auch den Konsens der vereinten Republik auf eine Formel und gibt damit das Signal für den normativen Teil der Plenardebatte, das Selbstverständnis der Polity: »Für mich als Angehörigen der Generation nach diesem schrecklichen Krieg gehört der Holocaust zu den Gründungsdaten dieser Republik, die in ihrer Verfassung, in ihrem Selbstverständnis und in ihrer gesellschaftlichen Entwicklung anders wäre, als sie es ist, wenn es dieses Geschehen nicht gegeben hätte.« Daraus folgt für ihn: »Diesem Verständnis unseres Landes und seiner Geschichte sollten wir in unserer Hauptstadt ein Denkmal setzen, mindestens so sehr für uns selbst und für künftige Generationen wie für die Opfer, an die wir erinnern wollen.« Dass solche Worte im Jahr 1999 gesprochen werden, ist keine Sensation, auch nicht, dass sie ein Abgeordneter der Unions-Fraktion vorträgt; zwei Jahrzehnte zuvor wären sie gerade in der rechten Mitte noch wesentlich umstrittener gewesen. Daran zeigt sich, wie nun auch CDU und CSU den geschichtspolitischen Konsens anerkennen, wonach der Holocaust das negative Gründungsdatum der zweiten deutschen Republik war – eine Modernisierung der CDU, die Jürgen Habermas einmal mit dem Namen Rita Süssmuth indiziert hat, welche nicht zufällig zu den energischsten Befürwortern des Mahnmals gehört hat und sich in der folgenden Debatte auch deutlich äußert.

Wie umstritten etwa die Rede Richard von Weizsäckers vierzehn Jahre zuvor noch war, bringt der Redebeitrag Martin Hohmanns (CDU) zum Ausdruck, der seine Ablehnung eines Mahnmals gleich in welcher Form am Ende der Debatte so begründet: »Fast drei Generationen Bußzeit bis heute. Es sollten nicht sechs oder sieben werden. Insofern wäre das Mahnmal auch monumentaler Ausdruck der Unfähigkeit, uns selbst zu verzeihen.« Hohmann, ein Einzelgänger in der Unionsfraktion, geriert sich damit als einsamer Warner, der als Anwalt der schweigenden Mehrheit auftritt: »Was sagen unsere Auftraggeber, unsere Wähler? Viele reden darüber nur hinter vorgehaltener Hand. Das ist in der Demokratie kein gutes Zeichen. Ganz überwiegend wird das Holocaust-Mahnmal abgelehnt, übrigens auch von vielen Intellektuellen, auch von vielen jüdischen Mitbürgerinnen und Mitbürgern. Nicht wenige empfinden das geplante Mahnmal als ein Kainsmal, als Ausdruck der Selbstächtung. Tut die Politik, tut die Medienöffentlichkeit gut daran, über diese schweigende Mehrheit hinwegzugehen?« Das Protokoll verzeichnet vereinzelten Beifall bei Abgeordneten der CDU/CSU, als Hohmann die Neue Wache als »hervorragende Mahn- und Erinnerungsstätte auch für die jüdischen Opfer« bezeichnet.

Andere Redner der Unionsfraktion, die sich gegen ein Mahnmal aussprechen, führen andere, pragmatische Gründe ins Feld. Wilhelm-Josef Sebastian (Jahrgang 1944), direkt gewählter Abgeordneter im rheinischen Ahrweiler und ansonsten vornehmlich mit Verkehrs- und Wohnungsfragen befasst, spricht für die (ganz überwiegend der Union angehörigen) Gegner eines weiteren Mahnmals, und bekräftigt zunächst: »Gedenken, Erinnern und Mahnen haben für uns heute und in Zukunft eine herausgehobene Bedeutung«. Er stellt jedoch klar: »Ein monumentales, großflächiges, auf zirka 20 000 Quadratmeter Fläche gebautes Denkmal erfüllt nach unserer Meinung diese Aufgabe nicht« und verweist auf Gedenkstätten in 1400 Dörfern, Gemeinden und Städten und die Konzentration von Denkmälern und Mahnmalen gerade in Berlin. Nicht die Neue Wache, aber die »Topographie des Terrors« erklärt er für den besseren Weg, wie man »die kommenden Generationen über die einzelnen Aspekte der nationalsozialistischen Gewaltherrschaft und die Gesamtheit der NS-Verbrechen aufklärt, und damit eine wichtige pädagogische Aufgabe ... übernimmt«. Die geschichtspolitische Konsequenz: »Wir möchten vielmehr, dass die gesamte vorhandene deutsche Erinnerungs- und Gedenkstättenlandschaft gestärkt sowie finanziell und personell hinreichend ausgestattet wird«, außerdem solle man aus dem Erlös des für das Mahnmal vorgesehenen Grundstücks Mittel für die Schaffung eines deutsch-israelischen Jugendwerkes bereitstellen.

Da dies der weitestgehende Antrag gegen die Beschlussempfehlung des Ausschusses ist, wird nach der Aussprache gegen 13 Uhr zunächst darüber namentlich abgestimmt. Zu diesem Zeitpunkt gehen von insgesamt 669 Abgeordneten 557 an die Urnen. Dem ablehnenden Antrag von Sebastian u. a. stimmen 113 Abgeordnete, vornehmlich aus der CDU sowie einige überwiegend ostdeutsche Abgeordnete aus SPD (acht), FDP (vier) und Bündnis 90 / Die Grünen (zwei) zu, fünf enthalten sich und 439, also knapp zwei Drittel der Mitglieder des Bundestages, stimmen mit Nein und bringen das Mahnmal damit leicht über die erste parlamentarische Hürde. Bemerkenswert ist, dass die Unionsfraktion (mit insgesamt 245 Abgeordneten) zu diesem

Zeitpunkt exakt gespalten ist (99 Ja- und Nein-Stimmen, vier Enthaltungen), während alle anderen Fraktionen einem Mahnmal prinzipiell mit klaren Mehrheiten zustimmen. Martin Hohmann ist mit seiner Nein-Stimme nicht allein, auch Horst Seehofer votiert mit vielen Abgeordneten der CSU dagegen, nicht aber das alte und neue Establishment der Fraktion, einschließlich des Bundeskanzlers a. D. Helmut Kohl, der auf den hinteren Bänken Platz genommen hat, seiner Nachfolgerin Angela Merkel und der Fraktionsspitzen Wolfgang Schäuble und Friedrich Merz, die sich allerdings während der gesamten Aussprache nicht geäußert haben, genau wie die führenden Sozialdemokraten und Bündnisgrünen sowie die Mitglieder der Bundesregierung.

Das Feld für die Debatte bleibt damit den »Jungen« überlassen, neben den Fraktionsvorsitzenden der kleineren Parteien, Wolfgang Gerhardt (FDP) und Gregor Gysi (PDS) sowie dem Kulturstaatsminister Naumann und Sprechern des Berliner Senats, der dank der Großen Koalition mit zwei konträren Positionen aufwartet. Eine »große Debatte« oder Sternstunde des Bundestages wurde das nicht, doch arbeiten die insgesamt 32 Redebeiträge in rund vier Stunden die im Ausschuss vorbereiteten Alternativen heraus und begründen die jeweiligen Anträge. Erkennbar wird dabei die Unzufriedenheit einiger Parlamentarier mit der vorliegenden Beschlussempfehlung. Der Sprecher der Bündnisgrünen, Volker Beck, bemüht sich, diese »unmissverständlich« darzulegen: »Wir wollen Eisenman II realisieren und im Rahmen dieses Konzepts ergänzend einen Ort der Information möglich machen.« Gemeint ist damit laut Beck »ein erklärendes, aber kein architektonisches Element der Ergänzung«, und vorsorglich warnt er »alle Seiten …, in eine Auseinandersetzung um die Beschlussexegese einzutreten.« Für Beck besagt *Eisenman II*: »… kein Haus, keinen Bau, kein Gebäude …«, doch die Mitglieder des Hohen Hauses sehen das durchaus nicht so, wie der FDP-Abgeordnete Hans-Joachim Otto zu verstehen gibt. »Lieber Volker Beck, das ist kein Kompromiss. Das ist eine Blankovollmacht. All das, was sie gerade gesagt haben – keine Beeinträchtigung des architektonischen Konzepts –, steht nicht in der Beschlussvorlage des Kulturausschusses«, und mit der Beschneidung des Mahnmals um 1000 Stelen drohe die Gefahr, »dass das Stelenfeld zum Anhängsel eines Ausstellungshauses wird«. Noch deutlicher wird Rita Süssmuth: »Herr Staatsminister, wenn Sie nach wie vor an Ihrer Aussage gegenüber unserer Fraktion festhalten, nämlich dass sie eine Archivstelle, ein Dokumentationszentrum für die Shoah und ein Völkermordfrühwarnsystem wollen, dann muss ich Ihnen sagen, dass das nicht der Absicht derjenigen entspricht, die von uns ein Mahnmal gefordert haben, das seine eigene Ausdrucksform hat.«

Damit ist nicht nur eine grundsätzliche Gestaltungsfrage angesprochen, um deren Beantwortung der Bundestag sich nicht mehr herumdrücken kann, sondern auch ein Verfahrensproblem, das den bestehenden Konsens zu sprengen droht, wenn sich das Parlament wieder nach Regierung und Opposition ordnet. Ziel der Attacke ist der anwesende Kulturstaatsminister und damit die (ansonsten eisern schweigende) Bundesregierung, die offenbar ein anderes Mahnmal gewollt hat, mangels Konsens im Ausschuss und den eigenen Fraktionen ein Stück zurückgerudert und nun auf Wahrung ihres Gesichts bedacht ist, wie jedenfalls Friedbert Pflüger (CDU) in einer schriftlichen Erklärung vermutet. Für Michael Naumann wird die Bundestagsdebatte kein großer Auftritt, seine Worte zur historischen Erinnerung bleiben ungewohnt blass und finden auch, wo sie »über die Grenzen der Parteien hinweg« formuliert sind, nie den Beifall der Opposition. Auch macht er sich kaum beliebt, wenn er die Kanzlerworte ausdrücklich bekräftigt. »... wenn Menschen nicht gern dort hingehen wollen, dann gehen sie nicht hin«. Naumann räumt »ursprüngliche Einwände gegen den Mahnmal-Entwurf des Architekten Peter Eisenman« ein; zusammen mit ihm habe er »eine neue Konzeption entwickelt ... (b)eide mussten wir unsere Vorstellungen revidieren« – ohne auf die ihm unterstellten Expansionsabsichten mit einem Wort einzugehen. Doch wirbt er für die Beschlussempfehlung, »die den Bau des Stelenfeldes von Eisenman, ergänzt um einen Ort der Information, fordert«, und gibt zwei wichtige Selbstverpflichtungen zu Protokoll: »Die Umsetzung bleibt einer Bundesstiftung überlassen, deren Entscheidungen die Bundesregierung respektieren wird.« Und: »Eine solche Ergänzung wird die Arbeit an den authentischen Gedenkstätten im Lande nicht behindern.« Ob die erste eingehalten wird, erweist sich bei der Fertigstellung des Orts der Information, über die Befürchtungen, ein zentrales Mahnmal könne die Gedenkstätten austrocknen, entscheiden die nächsten Jahre und Jahrzehnte.

Vor dem, was im Bundestags- und Medienjargon Eisenman plus heißt, stehen indessen noch zwei gewichtige Hindernisse: ein weiterer CDU-Antrag von Annette Widmann-Mauz und anderen bezüglich der Widmung des Mahnmals und der überfraktionell getragene Antrag von Wolfgang Schulhoff (CDU), Renate Jäger (SPD) und anderen, entgegen der Beschlussempfehlung ein anderes Mahnmal mit dem Gestaltungsmerkmal »Du sollst nicht morden!« zu verwirklichen. Widmann-Mauz repräsentiert ihren eigenen Worten nach eine »junge Gruppe der Unionsabgeordneten«; auch für sie ist »›Auschwitz‹ ein zentraler Gründungsmythos der Bundesrepublik«, der auch künftige Generationen Verantwortung aufgebe. Sie moniert, dass der Bundestag erst spät ins Spiel gebracht worden sei, sich dann aber zu einer Art »Kunstkommission« aufgeschwungen habe. Ihr Haupteinwand richtet sich gegen die exklusive Widmung für die ermordeten Juden Europas, sie fordert stattdessen »ein Mahnmal für alle Opfer der nationalsozialistischen Verbrechen gegen die Menschlichkeit«. Da auch dieser Antrag von der Beschlussempfehlung abweicht, wird er als zweiter und wiederum namentlich abgestimmt; dieses Mal werden 550 Stimmen abgegeben, von denen 217 mit Ja votieren, darunter 180 Unionsabgeordnete und somit fast die gesamte anwesende Fraktion, einschließlich der meisten eben genannten Gegner des Mahnmals und die Fraktionsspitzen. Zwar stimmt auch eine beachtliche Zahl von Sozial- und Freidemokraten (insgesamt 36) für diesen Antrag, doch kann man sagen, dass die

Regierungsparteien und die PDS an der exklusiven Widmung des Mahnmals festhalten, CDU/CSU hingegen ein Denkmal für alle NS-Opfer vorgezogen hätten.

Das Protokoll vermerkt Beifall im ganzen Hause, der Bundestagsvizepräsidentin Vollmer ist die Erleichterung anzumerken. Doch ganz getan ist die Arbeit noch nicht, denn zu entscheiden ist noch der überfraktionelle Antrag auf der Basis des Gestaltungsvorschlages von Richard Schröder, der wiederum zurückgeht auf den ehemaligen Bauminister Oscar Schneider (CSU). Dafür hat sich in der Aussprache eine große Zahl von Einzelrednern ausgesprochen, darunter neben den Antragstellern Berlins Regierender Bürgermeister Eberhard Diepgen (CDU), der ehemalige Justizminster Edzard Schmidt-Jortzig (FDP) sowie die Unionsabgeordneten Koschyk und Vaatz. Hier sammelt sich überfraktionell die Opposition gegen ein großes, wie die meisten Redner monieren, monumentales und in der Bevölkerung nicht konsensfähiges oder strikt abgelehntes Mahnmal am vorgesehenen Ort, was – wie die meisten Gegner dieses im Übrigen durchgängig mit Respekt behandelten Antrags hervorheben – eine neue Mahnmalsdebatte und damit eine weitere Verzögerung der Realisierung eines Denkmals bedeuten würde. Die Befürworter haben kurz zuvor durch eine öffentliche Stellungnahme der Ministerpräsidenten Manfred Stolpe, Kurt Biedenkopf und Eduard Stoiber Unterstützung gefunden und argumentieren mit der »Bescheidenheit, Würde und Prägnanz« (Diepgen), das »Unmittelbare, das Werthafte, das Schlichte« (Schmidt-Jortzig) des Schröder-Vorschlags, auch seine Verständlichkeit und vermutliche Akzeptanz sowie die Tatsache, dass eine religiöse Inschrift in hebräischer Schrift an die »gemeinsame Grundlage jüdischer und christlicher Kultur« erinnre, zugleich jede Hierarchisierung der Opfer vermeide und auf die Verhinderung staatlichen Massenmords in der Zukunft abhebe. Wolfgang Gerhardt, Gregor Gysi und andere halten dem die Allgemeinheit und Unverbindlichkeit eines Mordverbots entgenen und die Tatsache, dass es dem konkreten, in Erinnerung zu rufenden Mordes an den europäischen Juden in vieler Hinsicht nicht gerecht werde und vor allem eine hebräische Inschrift missverständlich sei. Auf Grundlage einer recht breiten Ablehnung votiert der Bundestag mit 354 (von 547) Stimmen auch gegen dieses Alternativkonzept, zu dessen Befürwortern unter anderem Norbert Blüm, Michael Glos, Karl-Josef Laumann, Angela Merkel, Friedrich Merz und Guido Westerwelle zählen. Von 187 Abgeordneten aus allen Fraktionen kann man sagen, dass sie sich ein ganz anderes Mahnmal in Berlin vorgestellt haben.

Nachdem im Sinne der Eisenman-Befürworter auch diese erst spät aufgetauchte Klippe umschifft ist, gilt es nun zwischen »Eisenman pur« und »Eisenman plus« zu entscheiden, also das Schicksal des vor allem vom Kulturminister angeregten Denkmals-Appendix zu entscheiden. Vor allem Gerhardt und Gysi haben gleich zu Beginn der Aussprache wichtige Argumente dagegen zusammengetragen: Das Stelenfeld spreche »solitär und klar« für sich, müsse nicht durch Zugaben arrondiert werden, erlaube kein Ausweichen; es gebe in ganz Deutschland und speziell in Berlin genügend Ressourcen der Information und Dokumentation, es drohe die Gefahr der Verdoppelung und der pädagogischen Überfrachtung und es sei alles in allem »sehr deutsch, zu sagen: Man kann nicht einfach etwas hinstellen, bei dem sich die Menschen etwas denken sollen, sondern man muss ihnen nicht erklären, was sie sich denken sollen. Verzichten wir doch einfach einmal darauf!« (Gysi). Elke Leonhard, die Vorsitzende des Ausschusses für Kultur und Medien, vermeidet, dem Plenum ihren Dissens mit dem Kulturminister zu signalisieren und fügt sich dem sich abzeichnenden Mehrheitsvotum, spricht sich aber auch ohne Zusatz für das Denkmalskonzept Eisenmans in seiner »provozierenden Unverständlichkeit« aus.

Der von dem FDP-Agbeordneten Hans-Joachim Otto angeführte Versuch, den Ort der Information aus der Beschlussempfehlung zu streichen, wird, bei schon abbröckelnder Gesamtbeteiligung (544), mit 373 gegen 161 Stimmen bei zehn Enthaltungen abgewehrt, das heißt: auch die Mehrheit der

Unionsfraktion befürwortet eine pädagogisch-dokumentarische Ergänzung des Stelenfeldes, deren konkrete Gestaltung einer Stiftung überlassen bleibt. Durchgesetzt hat sich damit »Eisenman plus«, für das sich vor allem die Phalanx jüngerer Sprecher in diesem deutlich verjüngten Bundestag eingesetzt hat, die Lammerts Beitrag aufgreifen und die historische Verantwortung der nachgeborenen Altersgruppen anmahnen und sie auch repräsentieren wollen. »Dabei erheben wir den Anspruch, unsere eigene Form des Erinnerns zu entwickeln. Wir können und wir wollen nicht unsere Eltern und Großeltern kopieren. Es ist unser Weg.« Das sagt der 28jährige SPD-Neuling Michael Roth im Bundestag, Sprecher der am Ende erfolgreichen Gruppierung, der die Chance erhält, zu diesem Anlass seine »Jungfernrede« im Bundestag zu halten und am Ende dafür auch vom Bundeskanzler mit freundlichem Schulterklopfen bedacht wird. Er begründet in einer »mit anhaltendem Beifall bei der SPD« und am Ende allgemeiner Zustimmung bedachten Rede den Antrag, dem Ort des Gedenkens einen Ort der Erinnerung anzufügen. Dem stimmen am Ende der letzten Plenumssitzung in Bonn von den noch verbliebenen 534 Abgeordneten 312 zu, 207 lehnen »Eisenman plus« ab, 13 enthalten sich und zwei stimmen ungültig. Zuletzt spiegelt das im Großen und Ganzen wieder die Fraktionsstärken zwischen Regierungs- und Oppositionsparteien, das heißt: Rot-Grün beschließt das jetzt fertig gestellte Mahnmal mit seiner Mehrheit, plus allen PDS-Stimmen und wenigen Stimmen der Opposition, darunter Wolfgang Schäuble.

Anders gesagt. Gerhard Schröder befürwortet ein Holocaust-Mahnmal, für das er sich niemals klar ausgesprochen hat, sein Vorgänger Helmut Kohl lehnt es ab, genau wie Angela Merkel, seine Nachfolgerin im Parteivorsitz. Das Resultat ist eine kollektiv verbindliche Entscheidung, die durch den Verzicht auf letzte Präzision zustande gekommen ist; der Bundestag hat sich nicht allein in künstlerischen Fragen zurückgehalten, er hat auch die prekäre Erweiterung im Nebel belassen und ihre Ausführung einer nachgeordneten Verwaltung zugeschoben. Finanzierungs- und Realisierungsfragen wurden damit offen gelassen, rechtliche Probleme und Hindernisse im Konsens umschifft.

Beschluss des Deutschen Bundestages vom 25. Juni 1999 zum Denkmal für die ermordeten Juden Europas

1.1 Die Bundesrepublik Deutschland errichtet in Berlin ein Denkmal für die ermordeten Juden Europas.

1.2 Mit dem Denkmal wollen wir – die ermordeten Opfer ehren, die Erinnerung an ein unvorstellbares Geschehen der deutschen Geschichte wach halten und alle künftigen Generationen mahnen, die Menschenrechte nie wieder anzutasten, stets den demokratischen Rechtsstaat zu verteidigen, die Gleichheit der Menschen vor dem Gesetz zu wahren und jeder Diktatur und Gewaltherrschaft zu widerstehen.

1.3 Das Denkmal soll ein zentraler Ort der Erinnerung und der Mahnung in Verbindung mit den anderen Gedenkstätten und Institutionen innerhalb und außerhalb Berlins sein. Es kann die authentischen Stätten des Terrors nicht ersetzen.

1.4 Das Denkmal wird auf dem dafür vorgesehenen Ort in der Mitte Berlins – in den Ministergärten – errichtet.

1.5 Die Bundesrepublik Deutschland bleibt verpflichtet, der anderen Opfer des Nationalsozialismus würdig zu gedenken.

2. Der Entwurf eines Stelenfeldes von Peter Eisenman (Eisenman II) wird realisiert. Dazu gehört ergänzend im Rahmen dieses Konzepts ein Ort der Information über die zu ehrenden Opfer und die authentischen Stätten des Gedenkens.

3. Es wird eine öffentlich rechtliche Stiftung gegründet, der Vertreter des Deutschen Bundestages, der Bundesregierung, des Landes Berlin und des Förderkreises zur Errichtung eines Denkmals für die ermordeten Juden Europas e.V. angehören. In den Gremien sollen Vertreter der Gedenkstätten, des Zentralrats der Juden in Deutschland und Repräsentanten der Opfergruppen sowie weitere Sachverständige mitwirken. Die Stiftung verwirklicht die Grundsatzbeschlüsse des Deutschen Bundestages. Sie trägt dazu bei, die Erinnerung an alle Opfer des Nationalsozialismus und ihre Würdigung in geeigneter Weise sicherzustellen.

Das Presseecho war mau und mäkelig, oft von anhaltender Ignoranz gegenüber politischen Entscheidungsprozessen und der Geringschätzung demokratischer Legitimation gekennzeichnet. Ungerecht wertet auch der Historiker Hans-Georg Stavginski in einer ersten Bilanz, wenn er anmerkt, dem Bundestag sei »... lediglich die Aufgabe geblieben ..., das schon tausendmal Gesagte noch einmal als Lesung ex cathedra vorzutragen« (2002, S. 294) – als habe das Parlament die Aufgabe gehabt, in Sachen Mahnmal originell zu sein. Die Volksvertretung konnte und durfte gar nichts substantiell Neues sagen (die einzige »Überraschung« – und damit der problematische Ausweis von Volkssouveränität – wäre eine Ablehnung des Mahnmals gewesen), aber sie konnte »Notwendiges entscheiden«, wie es Norbert Lammert zu Eingang der Debatte gefordert hatte.

Insgesamt kann man die Debatte als gelungen bezeichnen. Sie enthielt, wie in anderen Politikbereichen, alle Aspekte des Politischen: den zuletzt geschilderten Aspekt des Machtkampfes, der nach Regierung und Opposition kodiert ist, überlagerten pragmatische Policy-Entscheidungen und konsensuelle Polity-Grundlagen. So wird Politik gemacht, und dies trifft auch für die Geschichtspolitik zu. Und für sie gilt ebenso, dass damit weder die öffentliche Debatte beendet wird noch der politische Prozess zum Stillstand kommt. Zu viele Fragen hat der Bundestag offen gelassen, und bis zur Eröffnung des Mahnmals werden noch weitere sechs Jahre vergehen.

Viele Chroniken zur Errichtung des Denkmals für die ermordeten Juden Europas sehen die Entscheidung des Deutschen Bundestages als Abschluss der Debatte. In der Erwartung, dass nun die Weichen gestellt sind, wird etwa Anfang Juli 1999 unter dem Titel »Der Denkmalstreit – das Denkmal?« (Heimrod u. a. 1999) die umfangreichste Materialsammlung zum Entstehungsprozess publiziert. Auch andere Monografien, die den betreffenden geschichtspolitischen Streit als paradigmatischen Diskurs analysieren (Kirsch 2003 und Stavginski 2002), begreifen diese Dezision im Wesentlichen als Endpunkt der Auseinandersetzung. Eine solche Sicht, die die Debatte über den künstlerischen Entwurf des Mahnmals fokussiert, verkennt jedoch die Dynamik des politischen Prozesses, bei dem der Teufel im Detail steckt. So signalisiert bereits die Unbestimmtheit des Bundstagsbeschlusses hinsichtlich des »Orts der Information« weiteren Beratungsbedarf.

10. Sinn: Stiftung – Ein Bauherrenmodell

Die Stiftung – Eine fragile politische Konstruktion

Den Schlüssel zum Verständnis der weiteren Entwicklungen stellt die einzurichtende Stiftung als Träger des Denkmals dar. Diese Organisationsform orientiert sich an anderen erinnerungskulturellen Einrichtungen. Insbesondere die umstrittene Umgestaltung der Gedenkstätten für Opfer des Nationalsozialismus (und inzwischen auch des Stalinismus) in den neuen Bundesländern wurde in der Regel in die Hände von Stiftungen gelegt, die in komplexen Konstruktionen die divergierenden Erinnerungsinteressen persönlich Betroffener berücksichtigen und in der Verschränkung mit politisch Verantwortlichen und sachkompetenten Experten austarieren sollen. Diese Lösung hat sich zwar im Hinblick auf die konkrete Gestaltung der betreffenden Gedenkstätten als erfolgreich erwiesen, andererseits erfordert fast jede Einzelentscheidung einen Abstimmungsprozess, indem die bestehenden Konfliktlinien fortlaufend aktualisiert werden.

Dass sich auch die Kontroversen um die Denkmalsetzung nun auf die Stiftung als dem verantwortlichen Gremium zur Gestaltung verlagern, zeigt sich bereits knapp zwei Wochen nach der Bundestagsentscheidung für das Holocaust-Mahnmal im für die öffentliche Inszenierung von Streitfällen besonders empfänglichen Sommerloch. Unter der Überschrift »Auslober ausgebootet« berichtet die *taz* (8.7.1999) über den entsprechenden Gesetzentwurf, den die Vorsitzende des Kulturausschusses im Bundestag, Elke Leonhard (SPD), erarbeitet. Darin sei vorgesehen, »im Stiftungsrat nur eine Minderheit von Sitzen für den privaten Förderkreis um Lea Rosh, für das Land Berlin und die Bundesregierung zu reservieren. Die Mehrheit in dem maßgeblichen Steuerungsgremium der Stiftung soll Vertretern des Bundestages vorbehalten sein.« Diese Dominanz lässt sich als logische Konsequenz daraus deuten, dass das Parlament mit seiner Entscheidung die Verantwortung für das Projekt übernommen hat. Gleichermaßen manifestiert sich darin, dass die bei der Entscheidungsfindung als Veto-Spieler aufgetretenen Vertreter aus Förderkreis und dem betroffenen Bundesland endgültig ihr Blockadepotenzial einbüßen, sofern parteipolitische Bindungen nicht die institutionellen Interessen überlagern. Neben den Mehrheitsverhältnissen im Stiftungsrat könnte darüber hinaus auch die avisierte Berücksichtigung weiterer Opfergruppen in Organen der Stiftung Anlass zu Konflikten geben: Wer als Opfergruppe in den Gremien vertreten ist, dessen Ansprüche auf ein angemessenes »offizielles« Gedenken (etwa durch die Errichtung weiterer Denkmale) werden implizit anerkannt.

Darüber hinaus wurde mit dem Beschluss zur Errichtung des Denkmals für die ermordeten Juden Europas auch die Bereitschaft zu weiteren Denkmalsetzungen bekundet. Dementsprechend fordert nun der Zentralrat Deutscher Sinti und Roma eine zügige Verwirklichung und errichtet am dafür angedachten aber nach wie vor umstrittenen Ort im Berliner Tiergarten ein Hinweisschild: »Hier entsteht das nationale Holocaust-Mahnmal für die im NS-besetzten Europa ermordeten Sinti und Roma aufgrund der Zusagen des Berliner Senats, der Bundesregierung und des Deutschen Bundestags.« (FR 31.7.1999)

Ende Juli 1999 wird dann der nächste Problemkomplex, der aus der vagen Formulierung des Bundestagsbeschlusses resultiert, virulent, nämlich die Frage von Finanzierung und Gesamtkosten der Gedenkstätte. Nach Meinung von Michael Naumann sind in der bislang veranschlagten Summe von 15 Millionen Mark die Kosten für den nun vorgesehenen »Ort der Information« noch nicht enthalten. Demgegenüber fordert der Förderverein, der angekündigt hatte, ein Drittel der Bausumme des Denkmals durch Spenden aufzubringen, eine Beschränkung der Ausgaben auf insgesamt 20 Millionen Mark – ansonsten werde er »keinen Pfennig« zum Mahnmal beisteuern (SZ 28.7. 1999). Mit dieser Kritik am Kostenrahmen ist für Lea Rosh auch die Befürchtung verbunden, dass mit einem umfassend ausgestatteten Gedenkort durch die Hintertür doch ein Denkmal für alle Opfergruppen geschaffen wird.

Derweil wird im Kulturausschuss des Bundestages die Konstruktion der Stiftung kontrovers verhandelt. Angesichts der verstreichenden Zeit und dem Wunsch, den Grundstein für das Denkmal möglichst bald zu legen, macht der stellvertretende SPD-Fraktionsvorsitzende Ludwig Stiegler Anfang Oktober folgenden Vorschlag: Zur Beschleunigung des Verfahrens soll zunächst per Erlass eine nicht-selbstständige Stiftung im Geschäftsbereich des Kulturministers gegründet werden, aus der dann später die im Parlamentsbeschluss geforderte selbstständige Bundesstiftung hervorgehen soll. Dieses Vorhaben weckt das Misstrauen der Kulturpolitiker aus der Opposition, die dadurch die Unabhängigkeit der Stiftung gefährdet sehen: Michael Naumann könnte durch diese Konstruktion erheblichen Einfluss auf die anstehenden Grundsatzentscheidungen nehmen und so seine Absichten bezüglich der Gestaltung des »Ortes der Information« realisieren. Umstritten ist auch die Vorstellung, den Stiftungsrat folgendermaßen zu besetzen: »Von den insgesamt zwanzig Sitzen hätte der Bundestag zehn, der Bund und Berlin je zwei bekommen, fünf Stimmen wären an bestehende Gedenkstätten und jüdische Institutionen gegangen.« (taz 27.10.1999) Der verbleibende Sitz ist für den Förderkreis vorgesehen, der sich im Hinblick auf sein finanzielles Engagement dadurch unterrepräsentiert sieht. Eine Möglichkeit zur Entschärfung dieses Dissenses stellt die Berufung eines Beirats dar. In diesen könnten dann einige Akteure aus dem Stiftungsrat wie etwa die Opfergruppen »ausgelagert« werden und damit auch die Mehrheitsverhältnisse im eigentlichen Steuerungsgremium korrigiert werden. Nachdem der Versuch scheitert, bei einem informellen Treffen Ende Oktober einen interfraktionellen Kompromiss zu finden, beschließen SPD und Bündnis 90 / Die Grünen, ihre Vorstellungen mit der Regierungsmehrheit durchzusetzen (*taz* 30.10.1999). Um eine Grundsteinlegung am 27. Januar 2000 zu gewährleisten bleibt es bei der vorgeschlagenen Vorgehensweise zur Stiftungsgründung, die zunächst per Erlass eingerichtet wird. Gleichzeitig soll ein Gesetzgebungsverfahren eingeleitet werden, um wenig später die Strukturen für eine selbstständige Stiftung festzulegen. Die Zusammensetzung des Stiftungsrates soll nur geringfügig geändert werden: Bundestag und -regierung sowie das Land Berlin bekommen nun 15 Sitze, während der Förderkreis, jüdische Institutionen und Vertreter von KZ-Gedenkstätten insgesamt acht Stimmen erhalten. In dieser Konstruktion des Kuratoriums bleibt vor allem die Berücksichtigung des Zentralrats der Juden sowie der Jüdischen Gemeinde Berlins umstritten.

Insofern Samuel Korn in seiner Funktion als Präsidiumsmitglied des Zentralrats den Satzungsentwurf der Koalition begrüßt, wird damit dessen bisherige Linie verlassen (*FAZ* 28.10.1999). Der inzwischen verstorbene Ignatz Bubis[105] hatte in Übereinstimmung mit dem Förderkreis immer darauf bestanden, dass das Holocaust-Mahnmal keine Sache der Opfer sei, sondern die Erben der Täter die volle Verantwortung dafür übernehmen müssten. Diese Haltung bekräftigt auch Lea Rosh, die das Vorhaben darüber hinaus als Verstoß gegen den Grundsatzbeschluss des Bundestages sieht (ebd.). Die Konnotation der verantwortlichen Einbindung jüdischer Organisationen kommentiert Konrad Schuller in der *FAZ* vom 30.10.1999: »In der Summe der neuen Ausleuchtungen, für die der Satzungsentwurf Stieglers steht, ist das Denkmal für die ermordeten Juden damit in seinem Subtext von einem Symbol gesellschaftlich historischer Selbstreflexion des Tätervolks zu einem Zeichen einer per Regierungserlass dekretierten Versöhnung zwischen Tätern und Opfern geworden.«

Als Reaktion auf den Vorstoß der Regierungskoalition legt

die FDP-Fraktion am 4. November 1999 einen eigenen Gesetzentwurf für die Gründung einer Stiftung »Denkmal für die ermordeten Juden Europas« vor, der gemeinsam mit dem Förderkreis erarbeitet wurde.[106] Darin ist für den Stiftungsrat eine Drittelparität von Vertretern des Deutschen Bundestages, des Abgeordnetenhauses von Berlin und des Förderkreises vorgesehen. Der Vorstand, der die Beschlüsse des Stiftungsrates geschäftsführend umsetzen soll, ist ebenso drittelparitätisch mit je einem Vertreter der Bundesregierung, des Berliner Senats sowie des Förderkreises besetzt. Vertreter anderer relevanter Gruppen sowie Sachverständige werden vom Stiftungsrat in einen Beirat berufen. Die Gründung einer unselbstständigen Stiftung, die per Regierungserlass eingerichtet und vom Beauftragten der Bundesregierung für Kultur und Medien treuhänderisch verwaltet wird, wird als dem Bundestagsbeschluss zur Errichtung des Denkmals widersprechend abgelehnt.

Davon unbeirrt legen die Fraktionen von SPD und Bündnis 90 / Die Grünen am 8. November ihren angekündigten Gesetzentwurf sowie einen Antrag vor, der vorsieht, bis zum Inkrafttreten des Gesetzes im Geschäftsbereich des Bundeskanzlers eine unselbstständige Stiftung einzurichten.[107] Das Steuerungsgremium der Stiftung, das in diesem Modell Kuratorium statt Stiftungsrat heißt, besteht aus 23 Mitgliedern. Der Deutsche Bundestag entsendet in das Kuratorium den Bundestagspräsidenten sowie aus den im Bundestag vertretenen Fraktionen pro angefangene 100 Mitglieder je ein Mitglied. Die Bundesregierung und der Berliner Senat erhalten zwei, der Förderkreis drei Sitze. Außerdem sind der Zentralrat der Juden in Deutschland mit zwei Mitgliedern, die Jüdische Gemeinde Berlins sowie das Jüdische Museum Berlin mit je einem Mitglied vertreten. Schließlich erhält die Stiftung »Topographie des Terrors« und die Arbeitsgemeinschaft der KZ-Gedenkstätten in Deutschland je einen Sitz. Dieses Gremium bestellt sowohl einen Vorstand, der aus einem Vorsitzenden und zwei Stellvertretern besteht, sowie einen zwölfköpfigen Beirat, dem insbesondere Vertreter folgender Gruppen angehören sollen: Zentralrat Deutscher

Sinti und Roma, Interessengemeinschaft ehemaliger Zwangsarbeiter unter dem NS-Regime, Lesben- und Schwulenverband in Deutschland, Vereinigung der Verfolgten des Naziregimes/Bund der Antifaschisten, Bundesvereinigung »Opfer der NS-Militärjustiz«, Bund der »Euthanasie«-Geschädigten und Zwangssterilisierten, Zentralverband demokratischer Widerstandskämpfer und Verfolgtenorganisationen und Verein »Gegen Vergessen – Für Demokratie«. Diese Zusammensetzung korrespondiert mit einem der angegebenen Zwecke, nämlich »die Erinnerung an alle Opfer des Nationalsozialismus und ihre Würdigung in geeigneter Weise sicherzustellen«.

Am 11. November 1999 berät dann der Bundestag die eingebrachten Anträge.[108] Die kulturpolitische Sprecherin der SPD-Fraktion, Monika Griefahn, verteidigt zunächst die vorgeschlagene Vorgehensweise und verweist darauf, dass Union und FDP in ihrer Funktion als damalige Regierungskoalition das gleiche Verfahren bei der Einrichtung des »Hauses der Geschichte« gewählt haben. Neben diesem formalen Hinweis auf einen Präzedenzfall liefert sie im wesentlichen ein inhaltliches Argument für die gebotene Eile, die die umgehende Einrichtung einer unselbstständigen Stiftung erforderlich mache: Der Denkmalsetzungsprozess habe bereits sehr lange gedauert und man müsse vor allem vor dem Hintergrund der Wahrnehmung der Angelegenheit im Ausland »jetzt zu Potte kommen«. Für die Unionsfraktion kritisiert Norbert Lammert insbesondere die im Entwurf der Regierungskoalition vorgesehene Zusammensetzung des Kuratoriums als »sehr diffus und in den Proportionen hoffnungslos verunglückt«. Die Erweiterung des Gremiums um Gruppen jenseits der Auslober sowie des Deutschen Bundestages verwische nicht nur die politischen Verantwortlichkeiten, sondern provoziere Folgeprobleme: »Wir müssen dann ohne Not Entscheidungen über die Auswahl der zu beteiligenden Organisationen und über die Anzahl der dabei jeweils zu berücksichtigenden Vertreter treffen.« Auch verkompliziere die Vergrößerung des Gremiums die Prozesse der Entscheidungsfindung innerhalb der Stiftung. Darüber hinaus widerspreche die Gründung einer unselbstständigen Stiftung dem Geist des parlamentarischen Grundsatzbeschlusses, da der Antrag, der die Geschicke in die Hände der Bundesregierung legen wollte, ausdrücklich abgelehnt worden sei. Somit werde durch den beantragten Erlass das Ergebnis des Gesetzgebungsverfahrens präjudiziert, da ein korrigierender Eingriff in die Satzung der dann bereits arbeitenden Stiftung doch absolut unwahrscheinlich sei. Die Redner von Bündnis 90 / Die Grünen, der FDP sowie der PDS folgen im weiteren Verlauf weitgehend den so markierten Konfliktlinien zwischen Regierungskoalition und Opposition, wobei die Debatte an Schärfe zunimmt und durch diverse Zwischenrufe und -fragen unterbrochen wird. So beharrt die Opposition darauf, dass die Stiftung auch auf dem Wege der ordentlichen Gesetzgebung bald arbeitsfähig sein könnte. Umstritten bleibt aber vor allem die Beteiligung des Zentralrats der Juden und der Jüdischen Gemeinde am Steuerungsgremium. Während etwa Rita Süssmuth (CDU) darauf hinweist, dass durch die vorgeschlagene Konstruktion zwei Klassen von Opfern gebildet würden, stilisiert Staatsminister Naumann die Bereitschaft jüdischer Organisationen zur Mitarbeit im Kuratorium zum »Durchbruch des deutsch-jüdischen Dialogs«. In dieser Perspektive erscheint die Einbeziehung dann als alternativlos, weil sonst ein wichtiges Angebot abgelehnt werden würde. Ungeachtet der Frage, wer tatsächlich die Initiative für eine verantwortliche Teilnahme an diesem Projekt ergriffen hat, ist die Einschätzung zutreffend, dass sich darin ein Wandel des Selbstverständnisses bei der Wahrnehmung der Interessen des Judentums in Deutschland manifestiert, der mit einem anstehenden Generationswechsel auf der Funktionärsebene korrespondiert. Schließlich werden die Gesetzentwürfe an die Ausschüsse überwiesen, während die Koalitionsmehrheit die Bundesregierung bittet, parallel eine unselbständige Stiftung einzurichten.

Dieser Bitte kommt die Bundesregierung umgehend nach und bereits Anfang Dezember 1999 werden drei Stellen für die Stiftung ausgeschrieben.[109] Obgleich damit schon Tatsachen geschaffen werden, geht die Kontroverse um die Konstruktion der Stiftung nun im Ausschuss für Kultur und Medien weiter. Bei einer Sitzung am 1. Dezember konzentrieren sich die Meinungsverschiedenheiten auf die Besetzung des Kuratoriums sowie des Beirats. So weist etwa die Unionsfraktion darauf hin, dass die Berücksichtigung jüdischer Institutionen im Steuerungsgremium der Stiftung nicht nur grundsätzlich fragwürdig, sondern deren Auswahl auch willkürlich sei. In Berlin existieren nämlich zwei jüdische Gemeinden, von denen aber nur eine einen Sitz erhalten soll. Die explizit orthodoxe Gemeinde *Adass Jisroel*, die ihren Status als Körperschaft des öffentlichen Rechts erst nach fünfjährigen Rechtsstreitigkeiten 1997 vor dem Bundesverwaltungsgericht erlangte, werde ohne Begründung nicht berücksichtigt.»Darüber hinaus stimmen nach Auffassung der Fraktion der CDU/CSU die Proportionen zwischen den beteiligten Einrichtungen nicht. So sei nicht zu begründen, warum der Initiativkreis zur Errichtung des Denkmals mehr Mitglieder als der Berliner Senat oder warum die jüdischen Organisationen – einschließlich des Jüdischen Museums – doppelt so viele Mitglieder stellen sollten, wie der Berliner Senat. Ohne die Mitwirkung des Berliner Senats sei die angestrebte zügige Umsetzung des Beschlusses nicht möglich. Auch in soweit gefährde die vorgeschlagene Zusammensetzung der Stiftungsgremien den erforderlichen Konsens.«[110] Die Unionsfraktion beantragt deshalb, die betreffenden Paragraphen im Gesetzentwurf der Regierungskoalition gemäß der vorgetragenen Kritik zu verändern, was jedoch mit den Stimmen der Koalitionsfraktionen abgelehnt wird. Daraufhin unternimmt Rita Süssmuth noch den Versuch, den anderen Opfergruppen eine Einflussmöglichkeit auf Entscheidungen des Kuratoriums einzuräumen, die die eventuelle Errichtung von entsprechenden Erinnerungsmahnmalen betreffen. Aber auch dieser Antrag wird mit der Koalitionsmehrheit abgelehnt. Dementsprechend lautet die Beschlussempfehlung des Ausschusses für Kultur und Medien, den Gesetzentwurf der Regierungskoalition anzunehmen.

Am 15. Dezember 1999 findet dann die zweite und dritte Beratung der Gesetzentwürfe im Plenum des Bundestages statt.[111] Diese ist von wechselseitigen Schuldzuweisungen zwischen Koalition und Opposition geprägt, die die Frage betreffen, wer den allseits geforderten Konsens in dieser sensiblen Angelegenheit durch sein Verhalten aufgekündigt habe. Als erste Rednerin resümiert Elke Leonhard (SPD) kritisch die Vorbereitung der für diese Sitzung zu formulierenden Beschlussempfehlung durch den federführenden Ausschuss für Kultur und Medien, deren Vorsitzende sie ist. So habe die Opposition die notwendige Unterzeichnung des Dokuments durch die Obleute der Fraktionen behindert: »Gestern musste ich – in Person meines Ausschusssekretärs – den ganzen Tag hinter Ihnen herlaufen, und wir hätten beinahe die Abgabefrist verpasst.« Diesen Vorfall wertet sie als Indiz dafür, dass es wichtig war, im Vorgriff auf das zu verabschiedende Gesetz bereits eine unselbstständige Stiftung zu errichten. Dies sieht der Vertreter der Unionsfraktion, Norbert Lammert, erwartungsgemäß anders und verweist darauf, dass die unselbstständige Stiftung ihre Arbeit erst aufnehmen wird, wenn das Gesetzgebungsverfahren im Deutschen Bundestag abgeschlossen ist. Über die Berechtigung dieses Einwands ergibt sich im Verlauf der Debatte noch eine Kontroverse. So macht Michael Roth (SPD) eine Verzögerung durch das ordentliche gesetzgeberische Procedere geltend, das eine Befassung des Bundesrates mit der Angelegenheit erfordert. Die konstituierende Sitzung der Stiftung, die nun am Tag nach der laufenden Bundestagsdebatte stattfindet, wäre in diesem Fall seiner Meinung nach erst Ende Februar des Folgejahres möglich gewesen. Damit hätte man dem Grundsatzbeschluss vom 25. Juni 1999 nicht entsprochen, nach dem die Stiftung die Arbeit noch in diesem Jahr aufnehmen soll. Dieser Argumentation widerspricht Hans-Joachim Otto von der FDP-Fraktion unter Verweis auf die vorbereitenden Beratungen vehement: »Herr Kollege Roth, würden Sie bitte zur Kenntnis nehmen, dass wir in der Obleutebesprechung des Ausschusses für Kultur und Medien einen ganz detaillierten und präzisen Zeitplan verabredet hatten, sogar unter Einbeziehung des Bundesrates, nachdem wir das Gesetz noch dieses Jahr in volle Rechtskraft hätten setzen können.« Dieser Verfahrensvorschlag wäre jedoch durch die Intervention des stellvertretenden SPD-Fraktionsvorsitzenden, Ludwig Stiegler, vereitelt worden. Festzuhalten bleibt, dass bereits zu diesem Zeitpunkt auch seitens der Koalition angesichts der bürokratischen Gegebenheiten nicht mehr ernsthaft von einer Grundsteinlegung des Denkmals am 27. Januar 2000 gesprochen wird, sondern von »einer anderen symbolischen Handlung« (Leonhard).

Zur Frage der Konstruktion der Stiftung wird von der Opposition die bereits bekannte Kritik wiederholt und mit dem Verdacht verbunden, dass die vorgesehene Besetzung der Gremien nur die Absicht verfolge, dort eine Mehrheit für die Gestaltungsabsichten der Regierungskoalition zu sichern. Deshalb bringt die CDU/CSU-Fraktion auch ihre bereits im Kulturausschuss vorgebrachten Vorschläge als Änderungsantrag in die Abstimmung ein.[112] Die PDS-Fraktion teilt zwar die vorgetragene Kritik, signalisiert aber trotzdem ihre Zustimmung zum Gesetzentwurf von SPD und Bündnis 90 / Die Grünen: Da bei den dort genannten Gruppen offensichtlich Einverständnis vorliege, wolle man daraus nun keine Nagelprobe für das Gesamtvorhaben machen. Die Sorge der Sozialisten gilt vor allem der Finanzierung des Projektes. Die betreffende Formulierung im Satzungsentwurf, dass die Stiftung einen jährlichen Zuschuss nach Maßgabe des jeweiligen Bundeshaushalts erhält, sei problematisch, da eine Zuwendung nach Kassenlage möglicherweise nicht ausreichend sei. Gemäß der artikulierten Positionen fällt schließlich das Abstimmungsergebnis aus: Der Gesetzentwurf von SPD und Bündnis 90 / Die Grünen wird mit den Stimmen der Koalitionsfraktionen und der PDS gegen die Stimmen von CDU/CSU und FDP angenommen.

Einen Tag nach dieser Entscheidung tritt bereits das Kuratorium der unselbständigen Stiftung »Denkmal für die ermordeten Juden Europas« zu seiner konstituierenden Sitzung zusammen.[113] Trotz der Querelen im Vorfeld haben alle Fraktionen des Bundestages Vertreter in das Gremium entsandt und zwar die Abgeordneten Barthel, Griefahn und Roth (SPD), Widman-Mauz, Nooke und Koschyk (CDU/CSU), Beck (Bündnis 90 / Die Grünen), Otto (FDP) und Fink (PDS). Ferner hat der Bundestagspräsident Thierse (SPD) Sitz und Stimme. Die Bundesregierung lässt sich durch Kulturminister Naumann und Innenminister Schily (SPD) vertreten, der Berliner Senat durch die neue Kultursenatorin Christa Thoben (CDU) und den Bausenator Strieder (SPD). Der Förderkreis entsendet seine Mitglieder Jäckel, Poll und Rosh. Der Zentralrat der Juden wird zunächst nur durch seinen Gedenkstättenbeauftragten Korn vertreten und entsendet nach der bevorstehenden Wahl eines neuen Präsidenten noch ein weiteres Mitglied. Außerdem gehören der Vorsitzende der Jüdischen Gemeinde Berlins, Nachama, sowie der Direktor des Jüdischen Museums, Blumenthal, dem Kuratorium an. Die Stiftung Topographie des Terrors wird durch deren wissenschaftlichen Leiter Rürup und die Arbeitsgemeinschaft der KZ-Gedenkstätten durch Günter Morsch vertreten.[114] Wesentlicher Inhalt der Sitzung stellt die Wahl des Vorstands als abhängiges Exekutivorgan des Kuratoriums dar. Dabei unterliegen Bewerber des Förderkreises Vertretern staatlicher Organe, so dass sich folgende Zusammensetzung ergibt: Bundestagspräsident Thierse übernimmt den Vorsitz, seine zwei Stellvertreter sind Michael Naumann und Christa Thoben. Im Anschluss an die Sitzung wird darüber hinaus bestätigt, dass eine offizielle Grundsteinlegung am 27. Januar 2000 nicht stattfinden kann, da die betreffenden Planungen noch nicht abgeschlossen sind. Statt dessen soll bei einer feierlichen Zeremonie eine Tafel enthüllt werden, die das Vorhaben in Wort und Bild darstellt. Ebenfalls an diesem Tag wird die nächste Sitzung des Gremiums stattfinden, bei der über die Gestaltung des ergänzenden »Ortes der Information« beraten werden soll.

*Zwischen Sandkasten und Symbolischer Politik:
Bauen in Berlin*

Zu Beginn des Jahres 2000 zeichnet sich immer deutlicher ab, dass sich die beschlossene Denkmalsetzung komplizierter gestaltet, als es die Öffentlichkeit erwartet. So skizziert Bundestagspräsident Thierse die Schritte, die auf dem Weg zu einem *wirklichen* Baubeginn, den er für den Sommer 2001 in Aussicht stellt, noch zu bewältigen sind: »Es müssen noch verbleibende eigentumsrechtliche Fragen geklärt werden. Es muss dann eine Klärung konzeptioneller Fragen geben. Wie umfangreich soll der ›Ort der Information‹ sein, der dem eigentlichen Stelenfeld hinzugefügt wird. Wo soll er genau gebaut werden? Welche Funktion soll er haben? Aus all dem erfolgt dann die Erarbeitung eines Vorentwurfs durch den Architekten Eisenman, der den Denkmalsentwurf konkretisieren muss bis hin zu einer baureifen Zeichnung. Dann kommt die Eröffnung des Bebauungsplanverfahrens. Dann folgt als nächstes die Erarbeitung der Bauplanungsunterlagen, also mit Klärung aller fachtechnischen Details, Statik, Bauphysik, Entwässerung, Sondertechnik, Sicherungsvorrichtungen. Dann folgt als nächstes die Ausschreibung.« (*FR* 10. 1. 2000) Als größtes Hindernis erscheinen zunächst die noch ungeklärten Besitzverhältnisse beim Baugrund. Entgegen der bislang verbreiteten Annahme gehört nicht das ganze Gelände, das für den Bau des Mahnmals vorgesehen ist, dem Bund. In der Presse wird kolportiert, das sich ungefähr ein Sechstel des Grundstücks im Besitz der landeseigenen *Wohnungsbaugesellschaft Mitte* (WBM) befindet, die es angeblich zum Marktwert von 6,5 Millionen Mark verkaufen will (*SZ* 13. 1. 2000).

Gleichzeitig mit dieser Hiobsbotschaft für eilige Zeitgenossen gerät die geplante Zeremonie am 27. Januar zunehmend zur Groteske. Weil die rechtlichen Voraussetzungen fehlen, ist zu diesem Termin nicht einmal die Errichtung eines formellen Bauschildes möglich. Auch ein entsprechender Ersatz droht zwischenzeitlich zu scheitern, »weil der Förderkreis just an der

Stelle der geplanten Info-Tafel unlängst einen so genannten ›Förderturm‹ errichtet hatte« (*Spiegel*, Nr. 3/2000), auf dem für das Projekt geworben wird. Doch schließlich wird diese Werbemaßnahme um rund hundert Meter versetzt. Während diese Episode nur den *Spiegel* erregt, für den der »Förderturm« auch wie ein »stilisierter DDR-Wachturm anmutet«, zieht eine andere Nachricht weitere Kreise: Mitte Januar wird bekannt, dass Berlins Regierender Bürgermeister Eberhard Diepgen aus Termingründen nicht zur Enthüllung der Tafel erscheinen wird. Dies wird insbesondere bei den anderen Berliner Parteien als Affront gewertet und die dortige PDS-Fraktion bringt sogar einen Antrag ins Parlament ein, mit dem das Abgeordnetenhaus den Regierenden Bürgermeister dazu auffordern soll, »dem symbolischen Baubeginn des Denkmals für die ermordeten Juden Europas am 27. Januar 2000 Vorrang vor anderen protokollarischen Verpflichtungen zu geben«.[115] Obgleich sich Diepgen durch seine Kultursenatorin und Kuratoriumsmitglied Christa Thoben angemessen vertreten fühlt, erreicht die Erregung darüber sogar die internationale Presse und beschert dem Bürgermeister die in der Debatte regelmäßig beschworenen Negativ-Schlagzeilen. So titelt die *International Herald Tribune* am 18. Januar auf Seite eins: »Berlin Mayor To Snub Holocaust Rite«, also: »Berlins Bürgermeister will von Holocaust-Gedenken nichts wissen«.

Die Skandalisierung des Fernbleibens Diepgens hängt auch damit zusammen, dass das *Event* inzwischen protokollarisch weiter aufgewertet wurde. Der Deutsche Bundestag integriert den »Symbolischen Akt« in sein Programm zum Gedenktag für die Opfer des Nationalsozialismus, das am Morgen mit einer Feierstunde in Plenarsaal beginnt. Dementsprechend werden auch Bundeskanzler Schröder und Bundespräsident Rau anwesend sein. Einen Tag vor der Veranstaltung scheinen auch die Bedenken bezüglich des betreffenden Areals ausgeräumt. Ein Geschäftsführer der WBM beruhigt die Gemüter mit der Aussage: »Noch ist gar nicht klar, ob die knapp 1000 Quadratmeter überhaupt benötigt werden. Die Preise für dieses (…)

Gelände sind zudem staatlich festgelegt auf 1000 Mark pro Quadratmeter. Von einem Pokern um Millionen kann keine Rede sein.« (*Berliner Morgenpost* 26.1.2000) Trotzdem überwiegen am Morgen des 27. Januars in der Presse kritische Kommentare, die die Differenz zwischen dem symbolischen Baubeginn im Stile eines Staatsaktes und dem tatsächlichen Stand des Denkmalsetzungsprozesses beleuchten. Die *taz* nennt »Ein Dutzend offene Fragen« und stellt fest, dass es für die Gestaltung des Mahnmals »kaum mehr als eine Grobskizze« gibt. Auch Heinrich Wefing setzt sich in der *FAZ* mit dem von den Veranstaltern so bezeichneten »symbolischen Akt« auseinander und fragt, »was denn da symbolisiert wird«. Seine Antwort: »Es ist wohl der Vorsatz zu bauen selbst, der noch einmal überhöht werden soll.« Dies ergebe sich aus den diversen Unklarheiten, von denen eine besonders gravierend sei: Das Grundstück grenzt nämlich indirekt an den für die Errichtung der US-amerikanischen Botschaft vorgesehenen Baugrund. »Nur die viel befahrene Behrenstraße trennt die beiden Projekte, eben die Straße, deren Verlegung nach Süden, auf das Denkmalsareal, die Amerikaner aus Sicherheitsgründen fordern. Solange in dieser heiklen diplomatischen Kausa kein Kompromiß gefunden ist, (...) wird auf dem Mahnmalsgelände kein Sandkorn bewegt werden.« Derlei Erwägungen kümmern hingegen Lea Rosh wenig. In ihrem offenen Brief an Bürgermeister Diepgen, den die *Süddeutsche Zeitung* publiziert, sieht sie alle zentralen Fragen geklärt und kritisiert vielmehr, dass die Feier zu einer Enthüllung der Bauschilder geschrumpft ist. Besonders ungehalten ist sie aber über die Abwesenheit des Berliner Bürgermeisters, der inzwischen konzedieren musste, dass der Verweis auf anderweitige Verpflichtungen nur vorgeschoben war. Wie die *taz* am nächsten Tag berichten wird, verlässt Diepgen die morgendliche Gedenkstunde im Bundestag und begibt sich zu seinem Schreibtisch im Roten Rathaus.

Ähnlich halten es um elf Uhr viele Bundestagsabgeordnete der CDU – unter ihnen auch der wegen der Parteispendenaffäre nicht an öffentlichen Auftritten interessierte Helmut

Kohl –, die ebenfalls beim Festakt auf der Brache südlich des Brandenburger Tores fehlen. Die restliche politische Prominenz der Hauptstadt, darunter auch der neue Präsident des Zentralrats der Juden, Paul Spiegel, hat sich hingegen eingefunden, vernimmt kurze Ansprachen von Bundestagspräsident Thierse sowie der Förderkreisvorsitzenden Rosh und erlebt die Enthüllung der lapidaren Hinweistafel. Im Kontrast zum etwas kärglichen Gegenstand der Veranstaltung steht die Simulation des geplanten Denkmals: Die Redner sprechen vor einem Banner, das fotorealistisch den geplanten Stelenwald simuliert. So entsteht auf manchen Aufnahmen des Geschehens sogar der Eindruck, als wäre das Denkmal bereits errichtet.[116] Weniger harmonisch verläuft offenbar die im Anschluss angesetzte Sitzung des Kuratoriums der Stiftung, über die jedoch nur wenig öffentlich wird. Ein Schwerpunkt der Sitzung ist die Diskussion über den geplanten »Ort der Information«, dessen Größe, Konzeption sowie Positionierung auf dem Gelände umstritten ist. Da diese Entscheidung weiter offen bleibt, lässt sich auch über die entstehenden Kosten nur spekulieren. Ebenfalls strittig ist die Frage, ob bei der Auswahl und Besetzung der ausgeschriebenen Stellen in der Stiftung der Vorstand oder das Kuratorium die Entscheidungsbefugnis hat (*taz* 29.1.1999). Dadurch erscheint die Stiftung nach der Sitzung also genauso wenig arbeitsfähig wie zuvor, was für die Bewältigung der anstehenden Aufgaben und Abstimmungsprozesse weitere Verzögerungen erwarten lässt. Für die Mobilisierung reaktionärer Reflexe reicht der Stand der Dinge jedoch aus, denn am 29. Januar protestieren rund tausend Demonstranten gegen die Errichtung des Mahnmals.[117]

In der Folgezeit nimmt die Stiftung erwartungsgemäß die noch verbliebenen gesetzgeberischen Hürden auf dem Weg zur Selbständigkeit. Am 4. Februar billigt der Bundesrat das betreffende Gesetz, das aber erst nach seiner Unterzeichnung durch Bundespräsident Rau am 6. April 2000 in Kraft treten kann. In kleinen Schritten geht auch die Arbeit der Stiftung voran[118]: In seiner dritten Sitzung am 24. Februar fasst das Kuratorium den

Beschluss, den Architekten des Mahnmals, Peter Eisenman, damit zu beauftragen, verschiedene Möglichkeiten für die Lage des geplanten »Orts der Information« auf dem Denkmalgelände zu untersuchen. Gleichzeitig wird eine »Rahmenvorgabe« verabschiedet, die den ergänzenden Charakter der Einrichtung bestätigt und die Vorgabe festhält, dass die »zentrale Funktion des Orts der Information in der Personalisierung und Individualisierung des mit dem Holocaust verbundenen Schreckens« besteht.[119] Darüber hinaus werden die ersten zwölf Mitglieder des Beirats bestellt, darunter vor allem Vertreter von anderen Opfergruppen und Gedenkeinrichtungen. Vertagt wird hingegen die Entscheidung der Personalfragen, für die nun eine Findungskommission eine Vorauswahl aus den Bewerbern treffen soll. Bei der folgenden Sitzung am 23. März 2000 fällt die Wahl für den Geschäftsführungsposten dann auf Sybille Quack, die sich als Politikwissenschaftlerin thematisch qualifiziert hat, vor allem aber bislang als Pressereferentin von Kulturstaatsminister Naumann tätig war. Inhaltlich steht der »Ort der Information« im Mittelpunkt der Beratungen. Im Vorfeld der Sitzung hatte Berlins Stadtentwicklungssenator Strieder bereits angekündigt, die derzeit unkalkulierbaren Baukosten des Projektes nicht länger mittragen zu wollen. Ausgangspunkt seiner Argumentation sind die von Berlin bereits übernommenen Kosten etwa für die Durchführung der Wettbewerbe zur Gestaltung des Denkmals. Angesichts der bislang kalkulierten Gesamtsumme von 15 Millionen Mark, habe Berlin seinen Beitrag somit fast vollständig erbracht (*Berliner Morgenpost* 23.3.2000). Um das Vorhaben zu konkretisieren beruft das Kuratorium deshalb eine Arbeitsgruppe, der Eberhard Jäckel, Reinhard Rürup und Andreas Nachama sowie die Geschäftsführerin der Stiftung angehören, die einen Entwurf für das inhaltliche Konzept des »Orts der Information« erarbeiten soll.

Kampf gegen rechts:
Der Aufstand der Anständigen

Parallel zur Mahnmaldebatte gingen seit Beginn der 1990er Jahre mehrere Wellen rechtsradikaler Gewalt über Ost- und Westdeutschland, und der »Kampf gegen rechts« wurde zur wichtigsten innenpolitischen Aktualisierung der Gedenkstättenarbeit. Wie lax die politischen Eliten mit gewaltsamen Übergriffen umgingen oder die Artikulation von Betroffenheit gar »an die Juden« delegierten, symbolisiert die einsame Präsenz von Ignatz Bubis in Rostock-Lichtenhagen 1992, nachdem dort an einem Augustabend, nach ähnlichen Vorfällen in Hoyerswerda und andernorts, eine feindliche Volksmenge unter dem Beifall der Umstehenden eine Asylbewerberunterkunft in Brand gesetzt hatte. Der Vorfall wies alle Merkmale eines Pogroms auf, wobei sich hier nicht nur der fanatisierte und betrunkene Mob an verhassten Ausländern (vor allem Sinti und Roma sowie Vietnamesen) austobte, sondern organisierte Rechtsradikale beteiligt waren und die Staatsmacht durch skandalöse Unterlassungen einen erheblichen Beitrag zur Eskalation geleistet hatte. Erst bei den Beerdingungsfeierlichkeiten nach noch weit schwereren Übergriffen gegen »Fremde« in Westdeutschland ließ sich auch das offizielle Deutschland blicken.

Ohne solche Ereignisse dramatisieren zu wollen: Die Renaissance xenophober und ethno-nationalistischer Tendenzen hatte auch Deutschland erreicht, vor allem Asylbewerber waren ins Visier eines breiten sozialen Ressentiments geraten, das wiederum rechtsradikalen und nationalpopulistischen Parteien Auftrieb gab und ihnen punktuelle Wahlerfolge verschaffte. Die Gewaltakte kann man im Übrigen als sozialpsychologische Reaktion auf den »Vereinigungsschock« bewerten, und diese aggressive, mit klassischem und neuem Antisemitismus durchtränkte Variante veränderte den Kontext des Mahnmals. Damit wurde nun weniger die erfolgreiche Verinnerlichung von Scham und Verantwortung dokumentiert und ein generelles »Nie wieder Auschwitz!« statuiert, vielmehr konnte man konkrete Anzeichen eines Rückfalls konstatieren, die massiv gegen dieses Gebot verstießen.

Eine Aktualisierung war damit fast unvermeidlich. Aber sie hatte auch problematische Seiten, da die Matrix der Judenverfolgung überdimensioniert und die Haltung der Mehrheitsgesellschaft unzweifelhaft ablehnend war, die Gewalttäter und ihre Sympathisanten also weithin isoliert dastanden. Sollten sie je ein »Fanal« zu setzen intendiert haben, erreichten sie das genaue Gegenteil, eine antifaschistische Mobilisierung von unten und eine beachtliche Rekrutierung von Mitteln aus staatlichen und privaten Quellen für Kampagnen gegen Fremdenfeindlichkeit und Rechtsradikalismus (wie *Entimon*, *Xenos* und *Civitas*), übrigens nicht nur in Deutschland. Denn die Zunahme an Gewalttakten und Diskriminierungen war kein deutsches Spezifikum: ethno-nationalistisches Überlegenheitsdenken und neofaschistische Mobilisierung waren und sind ein gesamteuropäisches Phänomen.

In diesem Zusammenhang waren »schockpädagogische« Übersprungsreaktionen zu erwarten: Es verbreitete sich etwa die kurzschlüssige Idee, rechtsradikale Gewalttäter, ihre Sympathisanten und generell autoritäre Charaktere müsse man an die »authentischen Orte« führen und mit Zeitzeugen konfrontieren, weil man sich davon offenbar erwartete, das könnte falsches Bewusstsein brechen und eine Katharsis auslösen. Damit wurde ein generelles Problem der *Holocaust Education* im Kampf gegen rechts sichtbar, dass dort nämlich viele gut gemeinte, aber nicht immer gut gemachte Initiativen geradezu kontraproduktive Wirkungen erzeugen – einen Überdruss bei den ohnehin Überzeugten und eine Trotzreaktion bei den so jedenfalls nicht Belehrbaren.

Mäße man solche Initiativen, die parallel zur Mahnmaldebatte massenhaft entstanden, daran, ob sie weitere Anschläge, auch antisemitischer Art, verhindern konnten, so könnte man nur ihren Misserfolg konstatieren. Um die Jahrtausendwende häuften sich wieder die Vorfälle, so dass auch regierungsseitig der »Aufstand der Anständigen« ausgerufen und wieder Millionen Euro in staatliche und halb-staatliche Aktivitäten investiert wurden, die durchaus erfreuliche Resultate erreichten, nämlich eine Eindämmung des rechtsradikalen Potenzials, ein Umdenken von Sympathisanten und generell mehr Zivilcourage. Doch eine kritische Evaluation führte zu dem Schluss, dass das massive Aufgebot guter Absichten seine Wirkung im Allgemeinen verfehlt habe. Vieles erschöpfte sich in Schaupolitik, die meisten Programme entbehrten der Nachhaltigkeit und waren bloße Strohfeuer; einige Ressourcen wurden stillschweigend für andere Programme zweckentfremdet, in anderen Fällen handelte es sich um bloßen Etikettenschwindel, und es gab einen allgemeinen, in solchen Fällen plötzlicher staatlicher Freigiebigkeit üblichen Mitnahmeeffekt, der die »üblichen Verdächtigen« mit ihrer Antrags- und Bearbeitungsroutine begünstigte, ohne strenge Qualitätsmaßstäbe anzulegen. Der am schwersten wiegende Mangel war aber die mangelnde Zielgruppenorientierung, das heißt: die diversen Problemgruppen oder im Kampf gegen rechts besonders geeignete strategische Gruppen wurden nicht erreicht, während sich andererseits oft nur die bereits Überzeugten noch einmal überzeugten (Roth 2003).

Weder sind Wahlerfolge rechtsradikaler, nationalpopulistischer oder selbst neonazistischer Parteien dem Holocaust kommensurabel, noch ist selbstevident, dass zur Prävention oder Bekämpfung der darin zum Ausdruck kommenden Mentalitäten und Einstellungen ein starker, oft ganz unvermittelter pädagogischer Hinweis darauf zielführend ist. Um hier der Entwicklung vorzugreifen: Am Ende eines langen politischen Zyklus, nach Mahnmal-Debatte und vielen flankierender Maßnahmen im sozio-pädagogischen Sektor, sind neonazistische Parteien vom Saarland bis Sachsen nach langer Erfolglosigkeit und internen Konflikten nur knapp an der Fünfprozenthürde gescheitert bzw. souverän in Landtage eingezogen. So sehr sie dort wieder parlamentarische Eintagsfliegen sein mögen, ihr (durchaus vorhersehbares) Erscheinen an dieser politischen Oberfläche verweist auf ein, in Jahren deutschen »Einheitsfrusts«, in Ost und West gewachsenes Milieu und eine regional verankerte Subkultur, die unter männlichen Jugendlichen und jungen Erwachsenen mit geringer formaler Bildung und unsicheren Aussichten auf dem Arbeitsmarkt erheblichen Zuspruch findet.

Bemerkenswert ist allerdings, dass der Geschichtsrevisionismus[120] ein wesentlicher Mobilisierungsfaktor für diese Gruppen war und die Planung des Holocaust-Mahnmals dabei eine herausragende Rolle spielte und nach seiner Eröffnung als Projektionsfläche und Demonstrationsziel auch weiter spielen wird. Der »Kampf gegen rechts« erscheint in dieser Perspektive als Sisyphusarbeit. Nachdem der Verbotsantrag gegen die NPD beim Bundesverfassungsgericht gescheitert und von den Gegenstrategien der »großen Volksparteien der Mitte« wenig zu erwarten ist, bleibt nur die zivilgesellschaftliche Reaktion auf politische Kräfte, die sich selbst als »natürlich verfassungsfeindlich« ausgeben, den »Aufstand Ost« anführen und mit einer Programmatik wie der folgenden prahlen:

»In Berlin und anderswo beginnen die morschen Knochen der Volksbetrüger zu zittern ... Allem Anschein nach könnte die soziale Kahlschlagpolitik der Kartellparteien einmal als Anfang vom Ende des volksverachtenden BRD-Systems in die Geschichtsbücher eingehen ...« (Deutsche Stimme, September 2004, *FAZ* 21.9.2004).

Kosten & Konzepte:
Der »Ort der Information« im Konflikt

Die angekündigte Zurückhaltung Berlins bei der Finanzierung der Denkmalsanlage ist weniger als Ergebnis einer durch Diepgen inspirierten Obstruktionspolitik zu interpretieren, denn als Ausdruck einer durch die Haushaltslage der Hauptstadt verursachten kulturpolitischen Krise. So verschärfen sich seit Februar die Probleme bei der Errichtung eines Ausstellungsgebäudes für die Einrichtung »Topographie des Terrors«, bei der nun mit einer Kostenexplosion gerechnet wird und deshalb faktisch ein Baustopp verhängt wurde. Dies wirkt sich einerseits auf die Bereitschaft Berlins zum finanziellen Engagement beim Holocaust-Mahnmal aus, andererseits gilt es aus dieser Perspektive zu verhindern, dass der »Topographie des Terrors« mit dem »Ort der Information« auch noch konzeptionelle Konkurrenz erwächst (*FAZ* und *SZ* 10. 3. 2000). Die auch andere kulturelle Einrichtungen Berlins betreffenden Budgetprobleme befördern schließlich den Rücktritt der Kultursenatorin Christa Thoben, Anfang April wird Christoph Stölzl als deren Nachfolger präsentiert. Mit dem langjährigen Direktor des Deutschen Historischen Museums, der zu diesem Zeitpunkt Feuilleton-Chef der Tageszeitung *Die Welt* ist, wird ein Historiker berufen, der auch an den Debatten über die Errichtung des Denkmals maßgeblich beteiligt war.

Wie der neue Kultursenator einen Beitrag zur Bewältigung der praktischen Probleme bei der Realisierung der drei erinnerungskulturellen Großprojekte leisten kann, ist jedoch völlig unklar. »So vermittelt der Blick über die Berliner Erinnerungslandschaften ein bizarres Bild. Da gibt es ein Haus ohne Ausstellung: das Jüdische Museum. Und eine Ausstellung ohne Haus: die ›Topographie des Terrors‹. Schließlich, gleichsam die doppelte Null-Lösung, weder Haus noch Ausstellung: den ›Ort der Information‹ am Holocaust-Mahnmal.« (*FAZ* 8. 5. 2000) Nachdem der Bund inzwischen in Aussicht gestellt hat, das Jüdische Museum als Projekt von gesamtstaatlicher Bedeutung einzustufen und dementsprechend die alleinige institutionelle Förderung zu übernehmen, scheint die aus der Perspektive des Stadtstaats naheliegende Lösung, dass auch der Bundesbeitrag zur Finanzierung des Ausstellungsgebäudes der »Topographie des Terrors« aufgestockt werden soll, ausgeschlossen. Darüber hinaus wird spekuliert, diese Weigerung hänge auch mit den Ambitionen des Kulturministers bei der Ausstattung des »Orts der Information« im Stile eines Holocaust-Museums zusammen. So ergibt sich ein prekäres Abhängigkeitsverhältnis zwischen den beiden Institutionen: Je bedeutender (und damit teurer) die eine gerät, desto bescheidener muss die andere angelegt werden.[121] Da hilft auch die etwa in der Zeit (4.5.2000) skizzierte Aussicht nicht, dass die drei Gedenkstätten weniger konkurrieren als sich inhaltlich ergänzen und dadurch zu einer »Hauptattraktion des neuen Zentrums« werden. Nach Lage der Dinge steht mit der »Topographie des Terrors« gerade die Institution, die eine Fokussierung auf die Darstellung der nationalsozialistischen Täter aufweist, zur Disposition. Das Signal, das von dieser Tendenz ausgeht, muss auch vor dem Hintergrund einer anderen Initiative gelesen werden. Am 6. April 2000 fordern Bundestagsabgeordnete aus allen Fraktionen außer der PDS in einem Gruppenantrag, in Berlin ein »Freiheits- und Einheitsdenkmal« zu errichten, das an die »friedliche Revolution vom Herbst 1989« und an die »staatliche Einheit am 3. Oktober 1990« erinnern soll.[122] In der Begründung heißt es, dass nicht nur »Denkmäler der Trauer und der Schande«, sondern auch »des Stolzes und der Freude (...) notwendige Grundsteine des neuen Deutschland« seien. Ungeachtet der tatsächlichen Motivation der Antragsteller weckt das Projekt eines *positiven* Nationaldenkmals Befürchtungen, hier sei eine erinnerungskulturelle Akzentverschiebung intendiert. Doch weder entzündet sich an diesem Vorhaben eine Debatte von gleicher Virulenz wie beim Holocaust-Mahnmal, noch kann es sich im Gang durch die parlamentarischen Instanzen durchsetzen.[123]

Bei der Sitzung des Kuratoriums am 11. Mai 2000 ist das Gremium darum bemüht, die Probleme zu entschärfen. Dem

Sicherheitsbedürfnis der künftigen US-Botschaft auf dem Nachbargelände könne durch eine Verkleinerung des Mahnmalsareals um weniger Meter Rechnung getragen werden.[124] Für den Bau des »Orts der Information« werden verschiedene Varianten diskutiert und schließlich wird Peter Eisenman damit beauftragt, eine Machbarkeitsstudie für eine unterirdische Ausstellungsfläche zu erstellen. Für diese Variante spricht vor allem, dass sie das Erscheinungsbild des Stelenfeldes am wenigsten beeinträchtigen würde. Diese Prämisse wird kurz vor der Vorlage der Studie bei der Kuratoriumssitzung am 6. Juli 2000 öffentlich in Frage gestellt. So hat Lea Rosh folgende Bedenken: »Wir fürchten, dass das unglaublich teuer wird. Deshalb muss sich Eisenman bequemen, auch eine oberirdische Lösung zu erarbeiten. Wir werden eine solche Machbarkeitsstudie beantragen.« (*Berliner Morgenpost* 4.7.2000) Anlass für die Annahme einer Kostenexplosion ist die Erwartung baulicher Probleme mit dem sandigen Untergrund und dem hohen Grundwasserspiegel auf dem Areal. Auch die FDP treibt die Kostenfrage um, da deren Kuratoriumsmitglied Hans-Joachim Otto inzwischen eine Zahl zwischen 50 und 100 Millionen Mark für realistisch hält (*taz* 5.7.2000). Mit dieser Schätzung wird der Kulturminister am gleichen Tag anlässlich einer Fragestunde im Deutschen Bundestag konfrontiert. Naumann verweist in dieser Angelegenheit darauf, dass der Architekt im Kuratorium eine erste Kostenanalyse vorlegen werde, die dann aber der weiteren Prüfung und Präzisierung bedürfe. Die bislang kursierenden Gesamtkosten der Baumaßnahme kommentiert er nüchtern: »Die Bundesregierung hat dafür in ihrem Haushalt für das nächste Jahr, also 2001, einen Ansatz von 3 Millionen DM und eine Verpflichtungsermächtigung von 12 Millionen DM vorgesehen, und zwar in Widerspiegelung einer auf keinerlei Kostenanalysen beruhenden Kalkulation der vorherigen Regierung.«[125]

Die Kuratoriumssitzung am 6. Juli bringt dann einige Klarheit in konzeptionellen wie finanziellen Fragen. Peter Eisenman präsentiert dort zwei Varianten für einen unterirdisch angelegten »Ort der Information« und 17 der Kuratoren votieren für den auch vom Architekten favorisierten Vorschlag, »the Ort« (Eisenman) in der südöstlichen Ecke des Stelenfeldes zu situieren. Auch der Förderverein schließt sich diesem Votum an, »weil Berechnungen gezeigt haben, dass eine oberirdische Lösung genauso teuer werden würde« (*Berliner Morgenpost* 8. 7. 2000). Nach Auskunft von Wolfgang Thierse werden für die Realisierung des Vorhabens nun etwa 20 Millionen Mark veranschlagt, während die Kosten für das Stelenfeld noch nicht beziffert werden können. Doch der Bundestagspräsident betont, dass der Bund die gesamten Kosten tragen werde: »Berlin ist nur noch für die technische Projektausführung verantwortlich.« (ebd.) Die nun beschlossene Lösung berücksichtigt auch Annahmen des Architekten zur Nutzung der Anlage: »Wir gehen davon aus, dass die meisten Besucher an der nordwestlichen, dem Reichstag und dem Brandenburger Tor zugewandten Seite das Gelände betreten, also durch die Stelen hin zum Ort der Information gelangen« (*FAZ* 8. 7. 2000). Davon geht die inhaltliche Grundkonzeption der eingesetzten Arbeitsgruppe ebenfalls aus.[126] Die Vorlage sieht im Kern vier thematisch bestimmte Ausstellungsräume vor: »Geplant ist ein Rundgang, der in einem großzügigen und multifunktional nutzbaren Foyer beginnt und endet. (…) Der erste Raum (›Raum der Stille‹) bietet Gelegenheit zur Besinnung und Trauer.« Es folgt der »Raum der Schicksale«, in dem exemplarisch einige Familiengeschichten und Biographien dargestellt werden sollen. »Sie verdeutlichen die unterschiedlichen sozialen, kulturellen und religiösen Milieus der Opfer in verschiedenen europäischen Ländern. (…) Der dritte Raum (›Raum der Namen‹) bietet die Möglichkeit, alle bisher bekannt gewordenen Namen der ermordeten Juden über Computerstationen abzurufen.« Der »Raum der Orte« soll schließlich die geografische Ausdehnung der nationalsozialistischen Vernichtungspolitik dokumentieren. Der Entwurf geht von ca. 800 m^2 Ausstellungsfläche und ca. 1500 m^2 für die Gesamtfläche aus. Zu den gestalterischen Details des von Eisenman präsentierten Modells gehört schließlich, dass »die oberirdischen Stelen stalaktitenartig von der Decke der Räume bis fast auf den Fußboden hineinragen und so eine ›geometrische Kontinuität‹ schaffen« (FAZ 8.7.2000). Während der »Ort der Information« somit eine entscheidende Konkretisierung erfahren hat, bleibt die Frage der Fertigstellung dieser avancierten Gesamtkonzeption noch offen. Allein der Architekt scheint eine realistische Vorstellung von der für die Realisierung des Projektes notwendigen Zeit zu haben: »Wenn ich zur Fußballweltmeisterschaft 2006 nach Berlin komme, hoffe ich, dass das Mahnmal fertig ist.« (ebd.)

Bereits nach der nächsten Sitzung des Kuratoriums am 14. September 2000 entsteht erneut der Eindruck, dass doch nicht alles nach Plan verläuft. Zunächst gibt die Stiftung in einer Pressemitteilung als Ergebnis der Beratungen bekannt, »dass eine Bruttohöchstsumme von 50 Millionen DM für das Gesamtprojekt nicht überschritten werden darf«. Eine detaillierte Kostenprognose soll rechtzeitig zu den parlamentarischen Haushaltsberatungen vorliegen. Wenig später widerspricht das Kuratoriumsmitglied Günter Nooke (CDU) der Kostenschätzung, die seiner Ansicht nach nicht realistisch ist: »Mir scheint, Thierse möchte die Öffentlichkeit bewusst nur scheibchenweise über die wahren Kosten informieren. Mit Eisenman scheint es ein stillschweigendes Einvernehmen zu geben, dass Geld eigentlich keine Rolle spielt« (FAZ 21.9.2000). Diese Behauptungen lösen eine scharfe Kontroverse aus. Wolf-gang Thierse weist sie nicht nur öffentlich als »bösartige Verdächtigungen« vehement zurück, sondern fordert auch »Konsequenzen«.[127] Wie er sich diese vorstellt, ist zwei Briefen zu entnehmen, die der Bundestagspräsident noch am Tag der Veröffentlichung der Vorwürfe verschickt. Günter Nooke lässt er wissen: »Hätten Sie einen Funken Anstand, würden Sie Ihr Amt als Kuratoriumsmitglied mit sofortiger Wirkung niederlegen.« Da er dies nicht erwartet, wendet sich Thierse zusätzlich an den Unions-Fraktionsvorsitzenden Friedrich Merz und fordert diesen dazu auf, Nooke aus dem Gremium abzuberufen. Auch Kulturstaatsminister Naumann verwahrt sich gegen die Vorwürfe, konzediert jedoch, dass in dem Budget Folgekosten wie etwa für die Ausstattung der Ausstellung oder Aufwendungen für das Personal nicht enthalten seien. »Dies wird aus meinem Etat zufließen und ist darin ab 2002 auch berücksichtigt.« Ebenso bestätigt die Förderkreisvorsitzende Lea Rosh zwar Thierses Angaben, besteht aber ausdrücklich auf der Einhaltung des Kostenrahmens durch den Architekten. Sollte der von ihm demnächst vorzulegende Kostenplan die vereinbarte Grenze überschreiten, plädiert sie dafür, »teure Details herauszukürzen – wie die auf Wunsch Kanzler Kohls hinzugefügten Bäume und die auf 5 Millionen veranschlagte Beleuchtung jeder einzelnen Stele« (*Tagesspiegel* 22.9.2000). Den Kern des Konfliktes macht offensichtlich die Vorgehensweise des Kuratoriumsvorsitzenden Thierse aus. Obgleich die Angaben zu den Kosten noch ausgesprochen vage sind, besteht er auf die Veranschlagung und Veröffentlichung der Höchstsumme. Plausibel erscheint in diesem Zusammenhang die Annahme, dass dadurch endlich die Vergabe eines Vertrages an den Architekten ermöglicht werden soll (*SZ* 22.9.2000). Unerwartete Schützenhilfe erhält Nooke schließlich von der SPD-Bundestagsabgeordneten Elke Leonhard, die bereits Ende Juni als Vorsitzende des Ausschusses für Kultur und Medien zurückgetreten war – nicht zuletzt wegen Differenzen mit Michael Naumann in Sachen »Holocaust-Mahnmal«.[128] Auch sie beharrt darauf, dass das Verfahren zum Bau des Denkmals »transparent« bleiben müsse (*Berliner Morgenpost* 26.9.2000).

Nachdem Peter Eisenman eine detaillierte Kostenprognose vorlegt, die den geforderten Rahmen von 50 Millionen Mark nicht überschreitet, kommt es Ende Oktober zu einer Einigung der politischen Kontrahenten. Bei einem Treffen der im Kuratorium vertretenen Bundestagsabgeordneten signalisieren diese die Zustimmung der Fraktionen: »Sie werden sich gegenüber dem Haushaltsausschuss des Deutschen Bundestages dafür einsetzen, dass die notwendigen Mittel für Denkmal und Ort der Information bewilligt werden.«[129] Die Begrenzung der Baukosten wird einerseits durch kostensparende Veränderungen ermöglicht, anderseits sind die Ausstellungs- und Mobiliarkosten noch nicht in der Summe enthalten. Auch bezüglich der Realisierung der geplanten Präsentation der Namen von Opfern im »Ort der Information« kann ein Erfolg verkündet werden. Dieses Vorhaben basiert nämlich auf der Bereitschaft der israelischen Holocaust-Gedenkstätte Yad Vashem zur Zusammenarbeit: »Als erste Institution außerhalb Israels wird die Stiftung, die das Berliner Denkmal errichtet, die Liste von mehr als drei Millionen ermordeten Juden erhalten, welche Yad Vashem in den vergangenen Jahrzehnten zusammengestellt hat.« (*FAZ* 28. 10. 2000) Im Gegenzug zur Bereitstellung der betreffenden Daten wird vereinbart, dass Besucher des Holocaust-Mahnmals befragt werden, um weitere Opfernamen insbesondere aus Osteuropa zu erfassen. Diese Form der in Israel nicht unumstrittenen Kooperation kann als besonderer Vertrauensbeweis erachtet werden. Schließlich bewilligt auch der Haushaltsausschuss des Deutschen Bundestages am 16. November 2000 die Summe von 49,5 Millionen Mark für die Errichtung der gesamten Mahnmalsanlage, zuzüglich 4,5 Millionen Mark für die Erstausstattung des »Orts der Information« (vgl. Stiftung o. J., S. 14). Ein kritischer Punkt dieser Kalkulation kommt in der Kuratoriumssitzung vom selben Tag zur Sprache: das Honorar des Architekten. Da der Vertrag noch nicht unterzeichnet wurde, ist Wolfgang Thierse nicht bereit, den Kuratoren über dessen Höhe Auskunft zu geben (*Berliner Morgenpost* 18. 11. 2000). Anfang Dezember ist dies zwar immer noch nicht der Fall, aber die Geschäftsführerin der Stiftung, Sibylle Quack, gibt zumindest hinsichtlich einer der Bedenken Entwarnung: »Sollten die Kosten unvorhersehbar steigen, werde das Architektenhonorar nicht, wie sonst üblich, proportional mit der Bausumme steigen.« (*taz* 6. 12. 2000)[130]

Als Konsequenz aus den Querelen um die Kosten hat die CDU/CSU-Fraktion bereits am 10. Oktober 2000 einen Antrag in den Bundestag eingebracht, mit dem sie mehr Klarheit über die Situation der drei großen erinnerungskulturellen Projekte Berlins erreichen will.[131] Zu diesem Zweck soll die Regierung dazu aufgefordert werden, eine Gesamtkonzeption »über die Verbindung von Jüdischem Museum, Topographie des Terrors und Mahnmal für die ermordeten Juden Europas, die noch zu finanzierenden Investitionskosten sowie die mittel- und langfristigen Aufwendungen für die Arbeit aller drei Institutionen« vorzulegen: »Die Verbindung dieser drei Institutionen kann und muss zugleich ausschließen, dass Dokumentationen, Ausstellungen, Archive, Bibliotheken sowie Seminar- und Vortragsräume ohne zwingende Notwendigkeit mehrfach vorgehalten werden.« Angesichts der finanziellen Belastungen der öffentlichen Haushalte dürfe es in keinem der drei Fälle zu beliebigen Kostenentwicklungen kommen. Darüber hinaus wird eine Auskunft über die beabsichtigten Formen des Gedenkens an andere Opfergruppen des Nationalsozialismus erwartet. Der primäre Bezugspunkt des Antrags ist jedoch die weiterhin offene Frage nach der Finanzierung und Realisierung des Ausstellungsgebäudes für die »Topographie des Terrors«. Am 25. Januar 2001 wird dieser Antrag dann im Parlament beraten und dort benennt der CDU-Bundestagsabgeordnete Norbert Lammert auch die Befürchtungen der Union: »Wir können uns nicht mit einer heimlichen Hierarchie dieser Projekte abfinden, nach denen Kosten an einer Stelle keine Rolle spielen, deswegen aber an anderer Stelle umso sorgfältiger gespart werden müsse.« Dieser Verdacht gewinnt vor allem vor dem Hintergrund des bereits zwischen Bund und Berlin ausgehandelten aber noch nicht unterzeichneten Hauptstadtkulturvertrags Plausibilität. Mit diesem will sich die Bundesregierung zur (Ko-)Finanzierung ausgewählter Einrichtungen in Berlin verpflichten und unter anderem die alleinige institutionelle Förderung des Jüdischen Museums übernehmen. Weitgehende Übereinstimmung besteht zwar darin, dass grundsätzlich eine Auswahl getroffen werden muss, da die finanziellen Probleme der Berliner Kulturpolitik nicht einfach vom Bund durch die Übernahme von Kosten gelöst werden können. Es stellt sich jedoch die Frage, warum die »Topographie des Terrors« dabei nicht berücksichtigt wird. Diese Frage wird in der Debatte von Rednerinnen der

Regierungskoalition unterschiedlich beantwortet. Eher unbefriedigend ist die Auskunft von Antje Vollmer (Bündnis 90/ Die Grünen), dass diese Regelung auf Vorschlag des Landes Berlin getroffen wurde. Überzeugender ist hingegen der Hinweis von Monika Griefahn (SPD) auf ein konzeptionelles Kriterium: Da es sich bei der »Topographie des Terrors« um einen »authentischen Ort« handelt, fällt diese in den Förderungsbereich der Gedenkstättenkonzeption des Bundes. Für sie gilt also im Gegensatz zum Holocaust-Mahnmal und dem Jüdischen Museum bereits die dort vereinbarte hälftige Finanzierung durch Bundesmittel. Ein weitergehendes Engagement des Bundes würde damit eine Ungleichbehandlung gegenüber anderen Gedenkstätten an authentischen Orten bedeuten.[132]

Auch eine andere bundespolitische Debatte betrifft das Denkmal für die ermordeten Juden Europas. Ausgehend von geplanten rechtsextremen Demonstrationen in der Nähe des Mahnmals wird seit dem Sommer 2000 eine Einschränkung des Versammlungsrechts an historisch symbolträchtigen Orten der Hauptstadt diskutiert. Zu den Personen, die dieses Vorhaben offensiv ablehnen, gehört der Architekt des Denkmals, Peter Eisenman. Am 25. Januar, an dem sich auch das Kuratorium der Stiftung mit dem Sicherheitskonzept beschäftigt, äußert er dazu in der *Zeit*: »Wenn es Rechtsradikalismus gibt, dann hat es keinen Zweck ihn zu unterdrücken. Warum sollte das Holocaust-Mahnmal nicht der Ort sein, an dem diese Energie zum Ausdruck kommt und wo sie sichtbar wird? (…) Wir haben deshalb auch abgelehnt, dass auf die Stelen ein Anti-Graffiti-Mittel aufgebracht wird. Man kann doch keinen Stacheldraht um das Gelände ziehen und Wachtürme aufstellen.« Diesem amerikanisch geprägten, liberalen Verständnis des Rechts auf freie Meinungsäußerung will das Kuratorium jedoch nicht folgen und beschließt zumindest passive Sicherheitsvorkehrungen wie die angesprochene Anti-Graffiti-Beschichtung der Stelen. Das Kuratorium einigt sich darüber hinaus auf die Einsetzung einer Arbeitsgruppe »Gestaltung«, die ein Ausstellungskonzept für den Ort der Information entwickeln soll.[133]

Ende März 2001 werden bei einer Kuratoriumssitzung die Ergebnisse bezüglich der Konkretisierung von Gestaltung und inhaltlicher Konzeption des »Orts der Information« präsentiert und grundsätzlich akzeptiert.[134] Die baulichen als auch inhaltlichen Elemente der geplanten Präsentation konvergieren nun stark im Hinblick auf eine intendierte atmosphärische Inszenierung, in einigen Punkten weichen die Vorschläge der jeweils verantwortlichen Arbeitsgruppen aber auch voneinander ab. In der öffentlichen Darstellung des Standes der Beratungen dominieren dabei die gestalterischen Gesichtspunkte die Vorschläge, die vornehmlich von Historikern erarbeitet wurden. So wollen diese im »Raum der Stille« lediglich zwei Texttableaus (alle Informationen sollen auch deutsch und englisch vermittelt werden) anbringen, die als Gedenktafeln gestaltet Grunddaten über den Mord an den europäischen Juden angeben. Der Entwurf der Gestaltungsgruppe sieht hingegen dafür in den Boden eingelassene beschriftete Lichtfelder vor, welche die Grundrisse der oberirdischen Stelen fortsetzen. Daraus resultiert, dass die Informationen von den Besuchern in leicht gebeugter Haltung rezipiert werden – somit wird zusätzlich ein körperlicher Ausdruck der Andacht erzeugt. Für den folgenden »Raum der Schicksale« ist die Präsentation von exemplarischen Biographien jüdischer Familien vorgesehen. Die Historiker schlagen dazu folgende Form der Visualisierung vor: »Es werden Fotos von bis zu zwölf Familien gezeigt, die unterschiedliche nationale, soziale, kulturelle und religiöse Milieus repräsentieren. Die Fotos werden (…) den Eindruck gesicherter Verhältnisse und positiver Zukunftsvorstellungen vermitteln, so dass die Tatsache der unterschiedslosen Verfolgung und Ermordung sich den Besuchern als umso unbegreiflicher und schockierender darstellen wird. (…) Die erste Wirkung des Raumes soll, dem Charakter der Familienfotos entsprechend, freundlich-optimistisch sein.« Diese Intention wird jedoch von den veröffentlichten Vorstellungen zur Gestaltung des Raumes konterkariert: »Er soll erfüllt sein von einem Raster mächtiger Hängepfeiler, die als Fortsetzung der oberirdischen Betonstelen wie die

Stalaktiten einer Höhle bis auf Hüfthöhe herabhängen. In den Durchgängen dazwischen wird jeweils nur eine Person Platz haben.« (*FAZ* 31.3.2001) Durch die als Informationsträger fungierenden Pfeiler wird dadurch eher ein Erlebnis der Enge evoziert.

Der im Rundgang folgende »Raum der Namen« ist übereinstimmend als Gedenkraum konzipiert. Unklarheit besteht lediglich im Hinblick auf die Art der Präsentation der bislang ermittelten Namen der Opfer. Erwogen wird sowohl die Projektion als auch die Lesung in einer Endlosschleife und als Ergänzung die Einrichtung von Computerarbeitsplätzen zur individuellen Recherche. »Auf Schrifttafeln ist über die Zahl der Namen zu informieren und nicht zuletzt auch darüber, wie viele Stunden, Wochen, Monate die Verlesung und die Darstellung aller Namen dauert, weil dadurch eine konkrete Ahnung von der unvorstellbaren Größenordnung des Verbrechens vermittelt wird.« Nüchtern-distanziert soll der »Raum der Orte« angelegt sein, der die europäische Dimension der nationalsozialistischen Vernichtungspolitik veranschaulichen soll. Vorgesehen sind hierfür vor allem »landkartenähnliche Installationen«.

Zur Ergänzung der Ausstellung schlagen die Historiker schließlich eine durch die Stiftung herausgegebene Schriftenreihe vor, in der knappe Darstellungen zu wichtigen Bereichen des gesamten Themenkomplexes erscheinen sollen. Vor dem Hintergrund der Dominanz des Designs lässt sich dieser Vorschlag auch als Kompensation eines Bedeutungswandels deuten, den Konrad Schuller in der *FAZ* vom 31.3.2001 konstatiert: »Der ›Ort‹ in der Tiefe wird trotz seines Namens nicht einer ›der Information‹ sein, sondern einer des Erlebnisses.« Auch die Art des evozierten Erlebnisses charakterisiert Schuller zutreffend: »Dieses Gesamtkonzept setzt die Tendenz der vergangenen Jahre fort, das Gedenken an die Schoa in Formen der religiösen Sammlung zu kleiden.« Und Jörg Lau pflichtet ihm in der *Zeit* (Nr. 11/2004) bei: »Wir haben es beim Mahnmal mit einem zivilreligiösen Bauwerk zu tun. Es scheint unvermeidlich, dass es vielfache Anleihen aus der Kirchenbaukunst enthält – von der Krypta und dem Kreuzweg bis zum Kirchenfenster, dem hier die gestalterische Grundidee entnommen wurde. Die Räume werden wie bei Sakralbauten üblich, durch eine Lichtregie erhellt, die Information und Erleuchtung in eins setzt.« Die Überlegung aber, dass die sakrale Formensprache der Ausstellungsarchitektur oder die Anlehnung an die jüdische Tradition durch die »Anrufung« der Ermordeten problematisch sein könnte, findet zu diesem Zeitpunkt noch keinen öffentlichen Ausdruck.

Nachdem für den »Ort der Information« die wesentlichen Weichenstellungen erfolgt sind, erfährt auch die Gestaltung des Stelenfeldes eine weitere Konkretisierung.[135] Auf seiner Sitzung am 17. Mai 2001 begutachtet das Kuratorium auf dem Baugelände erste Probestelen. Das Gremium folgt dabei der von Peter Eisenman favorisierten Ausführungsvariante der hohlen Betonquader. Auch die Finanzierung des Bauwerks betreffend sei man im Soll: »Die vom Architekten eingereichte Vorplanung (›Haushaltsunterlage Bau‹) wurde inzwischen von der Senatsverwaltung für Stadtentwicklung baufachlich geprüft und im Hinblick auf die Einhaltung des Kostenrahmens bestätigt.« Der Architekt ist sich seiner Sache in dieser Hinsicht so sicher, dass er bei einem Pressetermin auf dem Mahnmalgelände sogar zu Scherzen aufgelegt ist: »›Es bleibt bei 50 Millionen Mark. Wenn nicht‹, sagt Eisenman und deutet auf eine Stele, ›werden Sie mich in einem dieser Steine finden.‹« (SZ 19. 5. 2001)

11. Auf dem Weg zur Realisierung?
Zwischen Kampagnenpolitik und Krisenmanagement

Mitte 2001 scheint das Denkmal für die ermordeten Juden Europas die Phase der teils qualvollen Debatten hinter sich gelassen zu haben. Die fragile politische Konstruktion der Stiftung hat sich trotz vernehmbarer atmosphärischer Störungen in

Fragen der Finanzierung und bei der Ausstellungskonzeption für den Ort der Information als tragfähig erwiesen. Der Baubeginn steht nach Einschätzung der Beteiligten im Herbst des Jahres bevor und Lea Rosh hat auch schon einen ausreichend symbolisch aufgeladenen Termin für die Einweihung des Bauwerks im Auge: »Am 27. Januar 2004 (dem Jahrestag der Befreiung des Konzentrationslagers Auschwitz) wollen wir fertig sein« (*SZ* 19. 5. 2001). Doch gerade der Förderkreis kann mit der Situation nicht vollkommen zufrieden zu sein. Ihm gerät im Prozess der administrativen Abwicklung und bürokratischen Bewältigung der Denkmalsetzung zunehmend die bürgerschaftliche Beteiligung und damit die sich selbst zugeschriebene Rolle als treibende Kraft des Projekts aus dem Blick. Die Bürger*initiative* hat aber nicht nur die Initiative verloren, sondern die Übernahme der finanziellen Verantwortung für das Vorhaben durch den Bund stellt eine wesentliche Funktion des *Förder*kreises in Frage, nämlich das *Fundraising*. Eine finanzielle Beteiligung der Bürger an der Errichtung des Bauwerks ist für dessen Verwirklichung nun nicht mehr essentiell. So haben beispielsweise vom Förderkreis veranstaltete Benefizkonzerte zwar Besucher, finden aber keine große mediale Resonanz. Diese Entwicklung ist für Bürgerinitiativen generell typisch: Wenn das politische System sich des jeweils problematisierten Sachverhalts annimmt oder das artikulierte Anliegen wie im vorliegenden Fall auch noch umsetzt, schwindet das öffentliche Interesse. Hat eine Initiative ihr Ziel erreicht, kann sie sich nur noch auflösen oder muss neue Sachverhalte skandalisieren. Der Förderkreis wählt jedoch einen eher unkonventionellen Weg – seine Arbeit wird selbst zum Skandal.

»den holocaust hat es nie gegeben« –
Eine Provokation und ihre Folgen

Am 17. Juli 2001 kündigt der »Förderkreis zur Errichtung eines Denkmals für die ermordeten Juden Europas e.V.« die Durchführung einer Spendenkampagne an, deren Ziel es ist, »einen

Teil der vom Bund gesicherten Bausumme, nämlich 5 von insgesamt 50 Millionen DM, bei der Deutschen [sic] Bevölkerung einzusammeln«.[136] Zur Motivation dieser Maßnahme lässt sich Lea Rosh in der betreffenden Pressemitteilung wie folgt zitieren: »Dieses Denkmal soll und darf nicht zu einer reinen ›Staatsaktion‹ werden, denn die Idee dazu wurde von Bürgerinnen und Bürgern dieses Landes geboren und diese Bürger-Initiative wird das Bauvorhaben auch bis zu seiner Vollendung begleiten.« Im Mittelpunkt der in einem Medien-Mix kommunizierten Kampagne steht die Hängung von Großflächenplakaten in deutschen Großstädten. »Ganzseitige Anzeigen in überregionalen Tageszeitungen (u. a. *Die Zeit, Der Tagesspiegel, Stern*) begleiten die Plakataktion. Weiterhin wird der Spendenaufruf als Gratispostkarte (…) deutschlandweit in einer Auflage von 500 000 Stück in der Szene-Gastronomie verteilt.« Diese Werbemaßnahmen werden durch die Kooperation mit diversen Sponsoren ermöglicht, die ihre jeweils spezifischen Dienstleistungen unentgeltlich zur Verfügung stellen.

Die visuelle Konzeption der Kampagne wird der breiten Öffentlichkeit am 19. Juli vorgestellt: Unter Anwesenheit des neuen Berliner Bürgermeisters Klaus Wowereit (SPD) und des Vorsitzenden der Jüdischen Gemeinde Berlins, Alexander Brenner, wird am Gebäude der DG-Bank gegenüber des Mahnmalgeländes ein 450 qm großes Plakat enthüllt. Gleichzeitig werden an diesem Tag die ersten Anzeigen geschaltet, die zum Beispiel in der *Zeit* eine Doppelseite einnehmen. Auf allen Werbeträgern ist folgendes zu sehen[137]: Vor dem Hintergrund der fotografischen Abbildung eines von Nadelwald umrahmten Bergsees steht im Zentrum des Motivs in Anführungszeichen und Kleinschrift die Aussage »den holocaust hat es nie gegeben« und darunter in deutlich kleineren Lettern: »Es gibt immer noch viele, die das behaupten. In 20 Jahren könnten es noch mehr sein. Spenden Sie deshalb für das Denkmal für die ermordeten Juden Europas.«

Die Wirkung der Darstellung ist wohl kalkuliert – bereits in den Presseinformationen des Förderkreises zum Start der

Aktion wird ihr Zweck folgendermaßen qualifiziert: »Die provokante Überschrift soll die Gleichgültigen aufrütteln und die Zögernden aktivieren, Geld für das Holocaust-Denkmal zu spenden.« Die Kampagne verfolgt damit die für das *social marketing* klassischen Ziele von Aufklärung und Akquisition. Zunächst soll generell eine Sensibilisierung und Mobilisierung in Bezug auf das Thema erreicht werden. Dazu wird analog zur Katastrophenkommunikation der Umweltbewegung ein *worst-case*-Szenario entworfen. Diese Vorgehensweise impliziert dann die Notwendigkeit zur Aktivierung der Adressaten mit der Absicht, das Eintreten der prognostizierten Entwicklung zu verhindern. Dies kann in Abhängigkeit vom Gegenstand entweder direkt durch eine Veränderung des individuellen Verhaltens oder indirekt durch einen Wandel der öffentlichen Meinung erreicht werden. Im vorliegenden Fall bietet der Förderkreis folgende Lösung an: Um eine weitere Verbreitung der Leugnung des Holocaust zu verhindern, wird appelliert, für das Denkmal für die ermordeten Juden Europas zu spenden. Damit wird das konventionelle Handlungsangebot der Delegation unterbreitet: Ein »moralischer Unternehmer« definiert einen Vorschlag zur Bearbeitung eines – häufig abstrakten – gesellschaftlichen Problems und fordert dazu auf, seine Strategie finanziell zu unterstützen. Zur Realisierung dieses Vorhabens bedarf es in der Regel der radikalen Reduzierung von Komplexität. Hier wird dem zu errichtenden Denkmal deshalb implizit die Funktion zugeordnet, die Erinnerung an den Holocaust in einer Art und Weise zu repräsentieren, die dessen Leugnung dauerhaft unmöglich macht.

Die Inszenierung folgt damit Strategien der vornehmlich kommerziellen Werbung (Stichwort »Benetton«). Im Mittelpunkt steht eine – in diesem Fall sogar strafbewehrte – Provokation, die durch die Illustration mit einer idyllischen Landschaft offensichtlich verstärkt werden soll. Die Verantwortlichen[138] versuchen durch den Kontrast von »hässlicher« Aussage und »schönem« Bild einen Gegensatz zu erzeugen, der die Rezipienten auf die »eigentliche« Botschaft aufmerksam machen soll.

Diese Verbindung von verbaler und visueller Rhetorik steht im Gegensatz zum dokumentarisch-informativen Kommunikationsstil konventioneller Spendenwerbung und hat vor allem die Aufgabe, Aufmerksamkeit auf sich zu ziehen.[139] Denn Kampagnen verfolgen eine kommunikative Doppelstrategie: Sie wenden sich einerseits direkt an die betreffende Zielgruppe und andererseits adressieren sie die Massenmedien, um durch die erzielte Medienresonanz der jeweiligen Kampagne ein größeres Publikum zu erschließen. Zumindest das zweite Ziel wird umgehend erreicht, denn es setzt eine umfangreiche Berichterstattung ein. Die Anschlusskommunikation reagiert dabei in der Regel auf den kalkulierten Reiz der Provokation und problematisiert Motto und Motiv der Kampagne. Die Debatte verschärft sich, als Anfang August bekannt wird, dass ein ehemaliger KZ-Häftling Strafanzeige wegen Volksverhetzung gestellt hat und der Berliner Staatsanwaltschaft, die Ermittlungen gegen den Förderkreis aufgenommen hat, weitere Anzeigen vorliegen.[140] Danach distanziert sich auch die Denkmal-Stiftung von der Aktion. Rosh hat die Kampagne vor ihrem Start nur ausgewählten Kuratoriumsmitgliedern vorgestellt und deren Einverständnis auch signalisiert bekommen – andere fühlen sich jedoch übergangen. Das Kuratoriumsmitglied Korn fordert dann als einer der ersten öffentlich die Plakataktion zu stoppen und ihm folgen vor allem Repräsentanten des Zentralrats der Juden wie Michel Friedman und Paul Spiegel. Während die *Süddeutsche Zeitung* am 4. August 2001 unter Bezugnahme auf den stellvertretenden Vorsitzenden des Förderkreises, Lothar Poll, noch meldet, dass die Kampagne wie geplant bis Ende August fortgeführt wird, kennen die Nutzer von *Spiegel Online* bereits einen neuen Sachstand: Das Online-Magazin berichtet am Vorabend der Veröffentlichung, dass sich Lea Rosh mit dem Präsidenten des Zentralrats der Juden, Spiegel, auf ein Ende der Aktion bis Mitte August verständigt habe. Als Begründung für den Verzicht auf eine zwischenzeitlich erwogene Verlängerung der Kampagne bis zum Ende des Monats äußert Rosh dort: »Uns liegt an einem guten Verhältnis zu

Spiegel und zum Zentralrat. Und wenn er mich um etwas bittet, dann höre ich hin. Wir wollen vor allem die Sache, also das Mahnmal nicht beschädigen.« Doch offensichtlich gibt es ein Missverständnis, denn Spiegel fühlt sich von Lea Rosh getäuscht: »Es hat zwischen uns eine klare Vereinbarung gegeben, die umstrittene Plakataktion diese Woche zu beenden« (*WamS* 5. 8. 2001).

Derweil starten Wissenschaftler eine Gegenkampagne: Am 6. August veröffentlicht die *taz* den entsprechenden Aufruf, mit dem inzwischen über 150 Historiker und Kulturwissenschaftler »den sofortigen Abbruch dieser unsinnigen Kampagne« fordern.[141] Obgleich Lea Rosh diesen Appell nach Angaben der *SZ* (7. 8. 2001) als »denunziatorisch« bezeichnet, lenkt sie ein und kündigt nach einem weiteren Gespräch mit Spiegel das Ende der Aktion im Laufe der Woche an. Dadurch kann ein von vielen Kommentatoren vorhergesagter Schaden jedoch nur begrenzt werden, denn die Wirkmächtigkeit einprägsamer Kampagnenkommunikation erweist sich auch in ihrer Verselbstständigung. Dazu gehört die Aneignung von *brand* und *claim* durch andere Akteure der Mediengesellschaft. Das vor allem durch digitale Technologien popularisierte Zitieren bekannter Erscheinungsbilder im Modus des *cut & paste* erfolgt dabei häufig in ironisierender Absicht. Prekärerweise werden entsprechende Formen der Verfremdung im vorliegenden Fall von Akteuren aus dem rechtsextremen Spektrum hervorgebracht. Insbesondere im World Wide Web erscheinen binnen kurzem Manipulationen von Motto und Motiv, die das Design der Kampagne aufgreifen und für ihre Zwecke missbrauchen.[142] Mögen solche Reaktionen kommerzielle Produktwerbung nur bedingt beeinträchtigen, so gefährden sie einen wesentlichen Bestandteil der Botschaft beim *social marketing*, denn sie sind dazu angetan, das Vertrauen in die moralische Integrität der für das *Fundraising* zuständigen Organisation in Frage zu stellen. Die kommunikative Strategie der Kampagne hat also einen wichtigen Aspekt der *Public Relations* außer Acht gelassen beziehungsweise falsch eingeschätzt, nämlich das Image des Akteurs als Teil des Gesamtprojekts »Holocaust-Mahnmal«. Deshalb kündigt die Geschäftsführerin der Stiftung auch an, bei der nächsten Kuratoriumssitzung müsse über dessen Rolle diskutiert werden (vgl. *taz* 7. 8. 2001).

Trotz allem zeigen sich die Vertreter des Förderkreises uneinsichtig. Obwohl sie noch keine genauen Angaben zum Spendenaufkommen machen kann, überwiegt für Rosh die Öffentlichkeitswirksamkeit sowie die während der Kampagne täglich eingegangenen »paar 1000 Mark« die Kritik. Und selbst diese will sie nur bedingt gelten lassen, weil sie sie vor allem als Ausdruck einer gegen das Mahnmal gerichteten Haltung versteht: »Es wiederholen sich jetzt nicht nur die alten Argumente gegen das Denkmal, sondern es schreiben die gleichen Leute. Die nehmen die Plakat-Aktion auf, um ihre alten Argumente gegen das Denkmal zu wiederholen.« (*FR* 8. 8. 2001) Eine angeblich bereits geplante zweite Stufe der Kampagne führt diese nun ohne spektakuläre Dramatisierung der Kommunikation fort. Unter Verzicht auf eine bildhafte Visualisierung und massiven Medieneinsatz wird nun mit dem Slogan »Zukunft braucht Erinnerung. Beteiligen Sie sich an der Errichtung des Denkmals für die ermordeten Juden Europas« um Spenden geworben. Auch später hat sich an Roshs Position wenig geändert, einzig konzediert sie: »Wir haben einen Fehler gemacht: Wir haben das Zitat zu groß geschrieben und den Text darunter zu klein.«[143] Ausgehend von den Reaktionen, die direkt beim Förderverein eingegangen sind, resümiert sie, dass insbesondere junge Menschen und Besucher aus dem Ausland die Aussage trotzdem nicht missverstanden hätten. Als prominenten Kronzeugen für diese Zielgruppe zitiert sie das deutsche Model Claudia Schiffer, die so begeistert gewesen sei, dass sie dem Förderkreis ihre Mitarbeit angeboten habe: »Sie hat wegen dieser Annonce angerufen und gesagt, Sie sind so toll.«

Intellektuelles Intermezzo

Angesichts des medialen Rummels um die Spendenkampagne des Förderkreises ist die für die Errichtung des Denkmals zuständige Stiftung bemüht, den routinierten Fortgang der Arbeiten am Stelenfeld zu dokumentieren. Da die notwendigen Bauvorbereitungen jedoch wenig spektakulär sind, bedarf es auch in dieser Angelegenheit der Inszenierung. Deshalb setzt sich der Kuratoriumsvorsitzende Wolfgang Thierse am 30. Oktober 2001 auf dem Mahnmalgelände für die Fotografen in einen Bagger und verkündet den Beginn der Bauarbeiten. In der Pressemitteilung der Stiftung zu dieser Aktion liest sich der Sachverhalt schon etwas nüchterner: »Zunächst werden die Altlasten und Reste früherer Bebauung beseitigt und das Gelände nach Munition durchsucht und davon befreit. (...) Nach dem Ende der Frostperiode werden sich die Erdarbeiten für die endgültige Gestaltung des Stelenfeldes und die Betonarbeiten für die Seitenwände des Orts der Information anschließen.« Die Diskrepanz zwischen tatsächlichem Geschehen und der demonstrativen Geste des Bundestagspräsidenten fordert kritische Kommentare heraus. So bemerkt etwa Heinrich Wefing, bei den Sandbewegungen handele »es sich zum wiederholten Male nur um eine Ersatzhandlung« (*FAZ* 31. 10. 2001). Gleichzeitig weist die Stiftung auf eine bevorstehende Konferenz hin, auf dem die architektonische und konzeptionelle Gestaltung des »Orts der Information« diskutiert werden soll. Auch hier scheint also noch Klärungsbedarf zu bestehen.

Die angekündigte Veranstaltung findet vom 1. bis 3. November 2001 in Berlin statt und trägt den Titel »Das Denkmal für die ermordeten Juden Europas und der Ort der Information auf dem Weg zur Realisierung. Architektur und historisches Konzept.« Eingeladen sind vor allem Experten aus Geschichtswissenschaft, Kunstgeschichte und Museumspädagogik, die den Stand des Projekts aus fachlicher Perspektive kommentieren sollen. Grundlage der Beratungen ist ein sogenannter »Drehbuchentwurf zur historischen Präsentation am ›Ort der Information‹«, der in der Geschäftsstelle der Stiftung erarbeitet wurde.[144] Das Papier »fasst die Ergebnisse entsprechend den Entscheidungen des Kuratoriums und den Beratungen in den Arbeitsgruppen zusammen (...). Damit sollen bisher parallel existierende Vorgaben zusammengeführt und der Diskussionsprozess strukturiert werden.« Darüber hinaus werden darin eigene Veränderungsvorschläge vorgetragen. Diese Ausgangslage umreißt somit eine brisante Problematik, nämlich, dass diese Vorlage die Ansichten der verschiedenen beteiligten Gremien zu berücksichtigen und in Einklang zu bringen sucht: Die Vorschläge zur Gestaltung, das inhaltliche Ausstellungskonzept der Historiker sowie die Voten des Kuratoriums. Damit ist auch die für die Veranstalter wünschenswerte Funktion des Symposiums umrissen. Die Zustimmung der eingeladenen Experten zum vorliegenden Entwurf würde diesem eine Legitimität verleihen und seine Durchsetzung erleichtern. Ansonsten stehen dem Vorhaben weitere Abstimmungsprobleme bevor, die im schlimmsten Fall das in Frage stellen, was die Stiftung gerade signalisieren will, nämlich die ungefährdete Realisierung des Projekts im Laufe des Jahres 2004. Der offizielle Charakter der Veranstaltung ist durch die Abfolge von Referaten und Koreferaten sowie die Einrichtung von Arbeitsgruppen zwar dezidiert diskursiv, die tatsächlichen Konsequenzen der Beratungen bleiben im Tagungsprogramm aber unbestimmt: »Ergebnisse und Anregungen der Konferenz sollen als Orientierungshilfe in die weitere Arbeit der Stiftung einfließen.«

Zum Auftakt der Veranstaltung hält Peter Eisenman einen sehr persönlichen Vortrag über »Das Denkmal und die Erinnerung«, der vom Anschlag auf das World Trade Center vom 11. 9. 2001 geprägt ist. Am folgenden Tag beginnt das eigentliche und von etwa 100 Teilnehmern besuchte Symposium nach einem Grußwort des Nachfolgers von Michael Naumann im Amt des Staatsministers für Kultur und Medien, dem Philosophie-Professor Julian Nida-Rümelin (SPD), mit einer architekturtheoretischen Sicht auf das Denkmal und den Ort der Information. Diese Betrachtung wird auch durch die erste öffentliche Präsentation von Modellen zum betreffenden Gestaltungsentwurf der beauftragten Designerin Dagmar von Wilcken befördert. Der Münchner Architektur-Professor Winfried Nerdinger problematisiert in seinem Referat insbesondere die in der Presse bereits konstatierten sakralen Konnotationen bei der Gestaltung der unterirdischen Ausstellungsfläche: »Wird das ›Stelenfeld‹ in die Tiefe ›durchgedrückt‹ oder gar fortgesetzt, entsteht fast zwangsläufig die Assoziation eines Hinabsteigens zu den Gräbern und dann ist natürlich die fatale Assoziation zu Gruft, Krypta und Reliquien nicht mehr weit.« Dagegen plädiert er für eine strikte ästhetische Trennung der beiden Bereiche gemäß der ihnen zugewiesenen unterschiedlichen Funktionen. Bezugnehmend auf das Vorhaben für die Gestaltung der Informationstafeln im »Raum der Stille«, der nach der Geschäftsstelle der Stiftung nun »Raum der Ereignisse« heißen soll, konkretisiert Nerdinger seine Kritik: »Abwegig erscheint mir in diesem Zusammenhang der Vorschlag, Texte so anzuordnen, dass sie in gebückter Haltung gelesen werden müssen. Der »Ort der Information« sollte nicht für erzwungene Demutsgesten missbraucht werden. Nach meinem Verständnis spricht die Information über den Holocaust für sich, ohne jedes überflüssige Design.« Demgegenüber hält sein Koreferent Christoph Stölzl die vorgetragenen Vergleiche mit Sakralbauten für überzogen und die gewählten Gestaltungselemente im Hinblick auf ihre aufmerksamkeitsökonomische Aufgabe für funktional: »Beleuchtete Schriften, beleuchtete Bilder sind etwas sehr Vernünftiges, erfunden in der Welt des Kaufhauses, wo man sehr schnell Menschen anziehen und informieren muss.«

Im folgenden Themenblock beschäftigt sich zunächst der Historiker Ulrich Herbert mit der inhaltlichen Ausstellungskonzeption für den »Ort der Information«. Bleibt sein Beitrag weitgehend unkontrovers, so widerspricht sein Koreferent, der vielfach in das Projekt involvierte Eberhard Jäckel, vehement dem von Nerdinger vorgetragenen Plädoyer für die Gestaltung des »Ortes« als Funktionsbau: »Nach meiner Vorstellung ist das Denkmal ein Kenotaph. Die Ermordeten haben keine Gräber. Während das Stelenfeld gleichsam einem Gräberfeld entspricht, kommt der Präsentation der Namen die Bedeutung einer symbolischen, virtuellen Gräberinschrift zu.« Dadurch entsteht für einige Teilnehmer der Eindruck, dass auf diesem Umweg eine Idee realisiert werden soll, die im Entstehungsprozess bereits gescheitert ist, nämlich die Namen der Opfer direkt auf dem Denkmal festzuhalten. Im »Ort der Information« soll sich also insgesamt die vom Förderkreis stets vertretene Fokussierung auf die Opfer fortsetzen, weshalb Jäckel auch die von der Geschäftsstelle vorgeschlagene Umwidmung des »Raums der Stille« in einen »Raum der Ereignisse« ablehnt. Der Sozialpsychologe Harald Welzer fasst die eingenommene Position zutreffend zusammen: »Nach dieser Konzeption zeigt der ›Ort der Information‹ keine Täter, keine historische Entwicklungsfolge und keine kausalen oder sozial begründeten Handlungszusammenhänge.« Während man in dieser Frage Jäckel also vorwerfen kann, rational rekonstruierende Erklärungsmodelle zu vernachlässigen, besteht er bei einem anderen Punkt auf wissenschaftliche Genauigkeit. So entwickelt sich ein Streit um die Datierung des nationalsozialistischen Völkermords, denn in der Konferenzunterlage ist mehrfach vom Mord an den Juden Europas zwischen 1933 und 1945 die Rede. Dies sei aber im Hinblick auf den Beginn der systematischen Ermordung unzutreffend, da diese frühestens 1939 zu datieren sei.

Ähnlich verläuft die Debatte um die Einordnung des »Orts der Information« im Spektrum der Gedenk- und Erinnerungslandschaft in Deutschland. Nach dem diesbezüglichen Referat des Historikers Peter Steinbach nutzt Reinhard Rürup die Gelegenheit zur Kritik am vorgelegten Konzept. Wie Jäckel hat er in der Arbeitsgruppe des Kuratoriums zur inhaltlichen Ausstellungskonzeption mitgewirkt und ist über die in den Drehbuchentwurf eingegangenen Veränderungen verärgert. Formal sei die Vorgehensweise fragwürdig, dass der Gestaltungsentwurf schon vor der Fertigstellung des Konzepts durch die Historiker vergeben wurde, und das nun vorgelegte Papier weiche darüber hinaus von der bisherigen Beschlusslage im Kuratorium ab. Daraus resultiere eine von den Autoren nicht ausreichend markierte Diskrepanz: »Das Drehbuch ist geradezu ein Gegenmodell zu dem was die Arbeitsgruppe formuliert hat.« Inhaltlich nimmt Rürup insbesondere an der Erweiterung des Informationsangebotes Anstoß, die dort folgendermaßen begründet wird: »Angesichts der besonderen Bedeutung des Denkmals als der zentralen Stätte des Gedenkens an die ermordeten Juden Europas in der Bundesrepublik muss die historische Präsentation im ›Ort der Information‹ den daraus erwachsenden Ansprüchen gerecht werden. Sie muss selbständig Bestand haben, (…) ohne von anderen Informationsangeboten abhängig zu sein. Dies ist umso notwendiger, als die historischen Stätten der Vernichtung nicht in Deutschland lagen, die von Deutschland ausgehende Vernichtung daher auf deutschem Boden nur in eingeschränktem Maße an authentischen Stätten des Gedenkens dargestellt werden kann.« Die in diesem Geist formulierten Gestaltungsvorschläge, die vielfach auf mediale Darstellungsformen und datenbankgestützte Recherchemöglichkeiten rekurrieren, stellen für Rürup eine »ständig weitere Ausdifferenzierung und (…) Anhäufung zusätzlicher bildlicher und textlicher Informationen« dar, die er für disfunktional hält.

Jenseits der inhaltlichen Auseinandersetzungen und der Frage, welche der artikulierten Ansichten dem Grundsatzbeschluss des Bundestages zur Ausrichtung des »Orts der Information« gerecht werden, bestimmen komplizierte Interessenlagen den weiteren Verlauf der Veranstaltung. Wie bereits skizziert, hat die Geschäftsstelle der Stiftung versucht, einen Vorschlag vorzulegen, der die erarbeiteten Elemente bezüglich Gestaltung und Inhalt der geplanten Ausstellung integriert. Dieses Vorgehen mag aus Sicht der Stiftung und insbesondere im Hinblick auf die zeitlichen Vorgaben legitim sein, die öffentliche Präsentation des Papiers weckt jedoch den Verdacht, dass hier im Vorgriff auf noch ausstehende Entscheidungen vollendete Tatsachen geschaffen werden sollen. Aber auch in der Arbeitsgruppe der Historiker werden mehr als nur sachbezogene Interessen zur Geltung gebracht. Eberhard Jäckel fungiert in dieser Hinsicht als Vertreter des Förderkreises und des dort vorherrschenden zivilreligiösen Verständnisses des Denkmals. Reinhard Rürup wiederum muss nicht zuletzt im Interesse der »Topographie des Terrors« agieren, deren wissenschaftlicher Direktor er ist. In dieser Perspektive kann ihm nicht an der Realisierung einer Ausstellungskonzeption gelegen sein, aus der dieser Einrichtung eine Konkurrenz erwächst. Es »entsteht der deprimierende Eindruck, daß sich Denkmal-Lobby (Eberhard Jäckel) und Gedenkstätten-Lobby (Reinhard Rürup) (...) unfruchtbar in Schach halten«, resümiert Thomas Lackmann diese Konstellation im *Tagesspiegel* (5.11.2001). Die Historiker reklamieren aber für sich die Kernkompetenz zur Bestimmung der inhaltlichen Ausrichtung der Ausstellungsangebote und beanspruchen für diese Priorität gegenüber anderen Gesichtspunkten. Darüber hinaus argumentieren die Kontrahenten zur Plausibilisierung ihrer Konzepte stark mit Vermutungen bezüglich der Bedürfnisse der Besucher. Dazu bemerkt Welzer in der Diskussion jedoch zutreffend: »Mir scheint, die bisherigen konzeptionellen Überlegungen gehen von impliziten Annahmen über das Publikum aus, die empirisch wenig fundiert sind.« Und in der Tat stützen sich die betreffenden Aussagen primär auf persönliche Beobachtungen, da brauchbare Ergebnisse einer Besucherforschung in ähnlichen Gedenkstätten bislang nur rudimentär vorhanden sind.

Im zweiten Teil der Tagung verteilen sich die Anwesenden auf drei Arbeitsgruppen, in denen die angesprochenen Themen vertiefend behandelt werden. In ihnen wiederholt sich die Struktur der Plenarveranstaltung: Von weiteren Experten werden noch einmal vorbereitete Thesen vorgetragen und kommentiert. Am folgenden Tag werden die Ergebnisse der Beratungen durch Berichterstatter vorgetragen. Im Fall der Arbeitsgruppe »Architektur und Kunstgeschichte« mündet dieser Bericht sogar in fünf konkrete Empfehlungen, die entschieden für eine Entsakralisierung der Ausstellungsarchitektur eintreten – ein

Votum, das von den anderen Gruppen geteilt wird. Einen wesentlichen Änderungsvorschlag formuliert im Hinblick auf die inhaltliche Präsentation die Arbeitsgruppe »Rezeption und Vermittlung«. Sie plädiert für eine umfassende Flexibilisierung der Angebote, die sich organisatorisch schließlich auch in Räumlichkeiten für Wechselausstellungen manifestieren soll. Damit könne einerseits eine Aktualisierung und damit Anknüpfung an die sich mit der Zeit wandelnden Erfahrungen der Besucher erreicht werden. Andererseits könnten sich andere Gedenkstätten und Institutionen dort präsentieren und damit die »Portalfunktion« des »Orts der Information« gestärkt werden.

Auch im Abschlusspodium, das primär die Perspektive auswärtiger Experten zur Geltung bringt, kommt die Sprache noch einmal auf die konkreten Erträge der Veranstaltung. Der Historiker Norbert Frei thematisiert jedoch gerade die diesbezügliche Problematik: »Ist denn wirklich schon das letzte Wort gesprochen über Formensprache und Gestaltung, nämlich im Sinne der unter die Erde verlagerten Fortsetzung der Konzeption von oben? Oder gibt es noch Veränderungsmöglichkeiten?«, fragt er dringlich, um zu resümieren: »Es sollte nach der Überzeugung der meisten Teilnehmer dieser Konferenz keine Fortsetzung der Symbolsprache des Denkmals nach unten versucht werden. Anzustreben wäre in formaler Hinsicht vielmehr eine möglichst große Neutralität. Wir sollten uns nicht auf starre Zuschreibungen für die einzelnen Räume festlegen (...) bis hin zu Verhaltensvorschriften (›Raum der Stille‹).« Ähnlich äußert Frei sich zur im Drehbuchentwurf vorgesehenen Widmung im Eingangsbereich des »Orts der Information«. Eine einzelne Stele soll dort das bekannte Zitat des Holocaust-Überlebenden Primo Levi tragen: »Es ist geschehen und folglich kann es wieder geschehen; darin liegt der Kern dessen was wir zu sagen haben.« Diesen ebenfalls umstrittenen Vorschlag lehnt er im Hinblick auf Genozide in der zweiten Hälfte des 20. Jahrhunderts ab: »Denn es *kann* nicht nur wieder geschehen, sondern es *ist* seit 1945 wieder geschehen. (...) Insofern ist Primo

Levis Wort, heute verwendet, doch sehr nahe an den leeren Pathosformeln des ›Nie wieder‹, die wir meiden sollten.« Die zutreffend zusammengefasste Grundsatzkritik konterkariert deutlich die Vorstellungen der Veranstalter vom Status der explizit nachgefragten Expertise, denn die von ihnen in der Konferenzunterlage markierten offenen Fragen beziehen sich eher auf Details der adäquaten Umsetzung von für unstrittig gehaltenen konzeptionellen Grundlinien. Die Geschäftsführerin der Stiftung, Sibylle Quack, bemüht sich jedoch nachträglich, die Bedenken bezüglich der Berücksichtigung der vorgetragenen Einwände zu zerstreuen: »In der Tat musste ich an manchen Stellen darauf hinweisen, dass das Projekt nun in der Realisierungsphase ist. Daraus sollte aber auf keinen Fall geschlossen werden, dass es sich bei unserem Gedankenaustausch nur um l'art pour l'art gehandelt habe. Im Gegenteil: Ich werde die vorzüglichen Argumente dem Kuratorium vortragen und dafür Sorge tragen, dass von den guten und nützlichen Vorschlägen, über die auf der Konferenz ein überraschender Konsens bestand, so viel wie möglich in die weitere Realisierung einfließt«, schreibt sie wenige Tage nach der Veranstaltung an die Teilnehmer. Trotz dieser Beschwichtigung kann angesichts der bereits in die Planung investierten Ressourcen und vor dem Hintergrund des gerade in Szene gesetzten Baubeginns eines jedoch ausgeschlossen werden: eine Revision der mehrheitlich für fragwürdig erachteten innenarchitektonischen Inszenierung des »Orts der Information«.

Die Politik der Pause –
Was passiert, wenn nichts passiert

Ende des Jahres kommt die Nachricht aus dem Bundestag, dass tatsächlich alle Voraussetzungen für den Beginn der Baumaßnahmen gegeben sind: Am 12. Dezember 2001 hebt der Haushaltsausschuss die zur Überwachung der Einhaltung der Baukostenobergrenze verfügte Sperre der vorgesehenen Mittel auf. Die dazu eingereichten Unterlagen stellen also für die Verantwortlichen eine realistische Planungsvorgabe dar (vgl. Stiftung o. J., S. 16). Wie leicht jedoch der dadurch beförderte Eindruck eines zügigen Fortgangs der Arbeiten am Denkmal in Frage gestellt werden kann, zeigt sich wenig später. Der *Tagesspiegel* berichtet am 21. Januar 2002, dass der für das Frühjahr geplante Baubeginn in Gefahr sei. Verantwortlich dafür sei der Architekt Peter Eisenman, der erwäge, die Stelen nun nicht mehr aus Beton sondern aus Schiefer anfertigen zu lassen. Diese Überlegung bestätigt auch der Vorsitzende des Stiftungskuratoriums, Wolfgang Thierse. Die mit den Recherchen des *Tagesspiegels* konfrontierten und in das Verfahren involvierten Personen reagieren auf diese Nachricht alarmiert. Die angesprochenen Vertreter des Förderkreises sehen bereits wieder das ganze Projekt in Frage gestellt und die Berliner Bauverwaltung bestätigt für den Fall einer entsprechenden Änderung zumindest eine deutlich Verzögerung des Vorhabens. Übereinstimmend wird davon ausgegangen, dass eine Realisierung der Schiefervariante die gerade bestätigte Kostengrenze sprengen würde. Die im betreffenden Artikel gemachte Angabe, der Architekt habe in diesem Zusammenhang ein bereits laufendes Ausschreibungsverfahren gestoppt, bestätigt die Stiftung in einer noch am selben Tag herausgegebenen Pressemitteilung jedoch nicht: »Aufgrund einiger technischer Optimierungsvorschläge im Hinblick auf die Oberflächenbehandlung der Betonstelen wurde die im Dezember angekündigte Ausschreibung noch nicht abgeschlossen.« Darüber hinaus habe sich Eisenman dazu verpflichtet, seine Überlegungen zur Ausführung der Stelen in Naturstein zurückzustellen, »wenn sich dadurch Kostenüberschreitungen und zeitliche Verzögerungen ergeben sollten«. Einen Tag später folgt dann das definitive Dementi – Eisenman habe gegenüber der Stiftung erklärt, dass er seinen Vorschlag nicht weiter aufrechterhalten wolle. Es handelt sich bei dieser Episode somit um einen Sturm im Wasserglas, dessen publizistische Eskalation jedoch einer Situation in Berlin geschuldet ist, in der fragwürdige Entwicklungen beim Bau von Prestigeobjekten auf der Tagesordnung stehen.

Nachdem diese Debatte damit bereits beendet ist, beginnt aber schon die nächste. Das Kuratoriumsmitglied Günter Nooke (CDU) nutzt die parlamentarischen Beratungen des Antrags seiner Fraktion zur Übernahme der Finanzierung der »Topographie des Terrors« durch den Bund für einige Seitenhiebe in Sachen »Holocaust-Mahnmal«.[145] Zunächst berichtet er vom fortdauernden Ringen um die Gestaltung des »Orts der Information«. Reinhard Rürup habe gerade an die Mitglieder des Kuratoriums geschrieben und davor gewarnt, dass hier entgegen der Intentionen des Bundestags ein Museum entstehe, das sich dann mit den Aufgaben der von ihm vertretenen Einrichtung überschneide. Während in diesem Zusammenhang also auf die Einhaltung des Grundsatzbeschlusses gedrängt wird, möchte Nooke diesen in anderer Hinsicht hinterfragen. Vor dem Hintergrund der Initiativen für weitere Mahnmale, die an andere Opfergruppen des Nationalsozialismus erinnern, fordert er: »Eine Diskussion muss auch darüber geführt werden, ob vielleicht sogar die Widmung für dieses Denkmal noch einmal zu überdenken ist.«

Diese Forderung fällt in Kreisen, die sich entweder grundsätzlich gegen das Holocaust-Mahnmal ausgesprochen oder zumindest die exklusive Widmung kritisiert haben, auf fruchtbaren Boden. Anfang Februar 2002 wird von einer Initiative des CDU-Bundestagsabgeordneten Martin Hohmann berichtet, der das Denkmal »Den Opfern des Nationalsozialismus« gewidmet sehen möchte. Auch nachdem diese Aktion von einer Umfrage flankiert wird, in der sich 72 Prozent der Befragten für diesen Vorschlag aussprechen, kann sie keine größere öffentliche Resonanz entfalten.[146] Die Vorgehensweise ist aber symptomatisch für die Entwicklung der Auseinandersetzung, die sich von der öffentlichen Bühne zunehmend hinter die Kulissen der nun verantwortlichen Bürokratien und Gremien verlagert. Aus diesen dringen dann bei konkreten Problemen primär Durchhalteparolen an die Öffentlichkeit. So charakterisiert die Geschäftsführerin der Stiftung die Lage nach dem Ende des Streits um die Ausführung der Stelen mit »back to normal«

(*taz* 2. 2. 2002). Den Eindruck erfolgreichen Krisenmanagements bestätigt auch Eisenman, der davon ausgeht, dass das Stelenfeld wie geplant am 27. Januar 2004 eröffnet werden kann (*Tagesspiegel* 1. 2. 2002).

In diesem Stil geht es dann im April des Jahres weiter.[147] Die Senatsverwaltung für Stadtentwicklung erteilt zwar die Baugenehmigung, die Ausschreibung des Auftrags ist jedoch noch nicht abgeschlossen. Verantwortlich dafür sind nach Sibylle Quack »Abstimmungsprobleme einerseits mit der sehr restriktiven Bauverwaltung, andererseits mit dem Architekten« (*Berliner Morgenpost* 19. 4. 2004). Dieser sitzt bekanntlich in New York, was die Koordination offensichtlich erschwert. »Die Historikerin betont allerdings, dass der ›Zeitplan immer intakt‹ sei. Jedoch ist mit einer Fertigstellung am Gedenktag der Befreiung von Auschwitz Anfang 2004 ›definitiv nicht zu rechnen‹ sondern eher zum Jahrestag der Pogromnacht am 9. November.« (ebd.) Nach einer Kuratoriumssitzung heißt es dann am nächsten Tag, von Verzögerungen könne keine Rede sein. Auch der Streit um die Gestaltung des »Orts der Information« ist noch nicht endgültig entschieden. Grundsätzlich bestätigt das Kuratorium am 18. April den von Dagmar Wilcken vorgelegten Entwurf und ignoriert damit wesentliche Ergebnisse des Expertensymposiums vom Vorjahr. Trotzdem bedarf es weiterer Beratungen über die Frage des textlichen Umfangs der angebotenen Informationen im bislang als »Raum der Stille« bezeichneten ersten Raum der Ausstellung. Zur Klärung dieses Disputs bilden die beiden Arbeitsgruppen deshalb eine gemeinsame Kommission, die sich aber erst am 18. Juli konstituiert. Diese Angaben lassen ahnen, welche Grabenkämpfe sich in den Gremien in dieser Phase abspielen.

Im Sommer 2002 wird dann endgültig deutlich, dass die bislang vertretenen zeitlichen Vorgaben nicht einhaltbar sind. Zunächst wird Anfang August bekannt, dass der Sozialverband VdK (ehemals »Verband der Kriegsopfer«) beim Berliner Verwaltungsgericht gegen das Land Berlin wegen der Erteilung der Baugenehmigung für das Denkmal klagt.[148] Der Grund für diese Klage ist ein bereits länger schwelender Streit um die Zugänglichkeit der Anlage für Gehbehinderte. Diese werde trotz inzwischen verhandelter Vorkehrungen durch das Gefälle des Stelenfeldes gefährdet. Die Senatsbauverwaltung ist jedoch der Ansicht, dass es sich beim Holocaust-Mahnmal um ein Kunstwerk handelt. Es sei deshalb von den betreffenden Bestimmungen ausgenommen, die vorschreiben, dass bei öffentlichen Neubauten in Berlin Behinderte grundsätzlich ohne fremde Hilfe Zugang haben müssen. Während in dieser Angelegenheit eine außergerichtliche Einigung oder eine gerichtliche Entscheidung im Sinne der Bauherren noch möglich ist, hat eine andere Feststellung direkt aufschiebende Wirkung: Die Vergabekammer des Landes Berlin gibt dem Einspruch eines nicht berücksichtigten Bewerbers Recht, der sich beim Vergabeverfahren benachteiligt sieht.[149] Konkret geht es darum, wer die Betonstelen sowie den Bodenbelag herstellen darf. Darüber hinaus zeigt die Prüfung der vorliegenden Angebote insgesamt eine erhebliche Überschreitung des Budgetrahmens. Diese Leistungen müssen nun also neu ausgeschrieben werden. Als Konsequenz aus diesem Fauxpas wird Kritik am Mahnmals-Management laut. »Der FDP-Bundestagsabgeordnete Hans-Joachim Otto hält die ewigen Verspätungen sogar für eine ›nationale Tragödie‹. Auch die Informationspolitik sei ›völlig lausig‹ (…) Er plädiert dafür, ›dem Senat die Bauausführung zu entziehen und dem Bund zu überantworten‹.« (*Berliner Morgenpost* 30. 10. 2002)

Während die Arbeiten auf der Baustelle weitgehend ruhen, tritt der Förderkreis Ende Oktober 2002 mit einer neuen Spendenkampagne in Aktion und produziert so einen Pausenfüller. Nachdem im Anschluss an die Kampagne im Vorjahr Claudia Schiffer ihre Mitarbeit angeboten hat, setzen die Verantwortlichen[150] nun auf ihre Prominenz als Faktor zur Attraktion von Aufmerksamkeit. Wesentliches Werbemittel ist ein für das Fernsehen vorgesehener 47-sekündiger Spot. »Entgegen der wohl üblichen Erwartungen wird Claudia Schiffer in diesem Spot nur mit ihrer Stimme präsent sein, ihre äußere Erscheinung wurde ausgespart, um die Aufmerksamkeit ganz auf die Botschaft und die Stimme Claudia Schiffers zu konzentrieren.« Die Botschaft, die das Model verkündet, während der Bildschirm zunächst weiß bleibt, lautet: »Zwischen 1941 und 1945 wurden sechs Millionen europäische Juden von Deutschen ermordet. Jetzt, 60 Jahre danach, ist in Berlin mit dem Bau eines Denkmals für die ermordeten Juden Europas begonnen worden.« Am Ende dieses Textes beginnt, untermalt von minimalen Klängen, eine Abfolge schriftlicher Einblendungen, die über die unterschiedlichen Spendenmöglichkeiten informieren. Auch der Förderkreis als Absender dieser Aufforderung wird zwischenzeitlich eingeblendet. Als Intention wird neben dem offensichtlichen Aspekt des *Fundraising* angegeben, dass die öffentliche Akzeptanz des Denkmals gefördert werden soll. »Als Repräsentantin eines jungen, modernen und weltoffenen Deutschlands ist sie eine wunderbare Botschafterin für unser Anliegen.« Wen diese im Stil eines *Testimonials* kommunizierte *message* jedoch erreichen wird, ist zum Zeitpunkt der Präsentation der Kampagne noch völlig unklar. Der Spot wurde zwar an 22 Fernsehsender geschickt, mit der Bitte ihn kostenlos zu zeigen, zu Beginn der Aktion ist die Bilanz jedoch bescheiden: »Die ARD hat bereits abgesagt, MTV auch; die anderen prüfen noch. Die Zusage von RTL ist bisher die einzige.« (*Tagesspiegel* 30. 10. 2002)[151]

Dafür ist die Resonanz in den Printmedien erheblich. Die Quantität der Reaktionen sagt jedoch nur wenig über deren Qualität aus, die dadurch gekennzeichnet ist, dass fast die Hälfte der im Anschluss an die Bekanntgabe der Kooperation in der Presse publizierten Artikel mit einem Bild der Prominenten versehen ist, das in einigen Fällen auch noch deutlich größer als der kurze Text dazu ist. Und auch die Einordnung der Meldung reflektiert eher ungewollt den werblichen Ansatz der Akteure. So findet sich in der Illustrierten *Bunte* (7. 11. 2002) der entsprechende Hinweis in einer Rubrik, die dem Leser kulturelle Neuigkeiten durch die Unterscheidung von »in« und »out« nahe bringen soll: Nach einer Ankündigung des Musicals »Mamma Mia« wird dort das Engagement von Claudia Schiffer ebenfalls als »in« qualifiziert. Aber auch Journalisten jenseits des Boulevards können im Vergleich mit der vorherigen Kampagne wenig anstößiges finden. Thomas Lackmann gibt nur zu bedenken, ob die Richtung des offensichtlich beabsichtigten Image-Transfers vom Model zum Mahnmal auch stimmt: »Oder funktioniert der Transfer umgekehrt – und Deutschlands berühmteste Schönheit benutzt das spektakulärste Bauwerk des Landes für den Karriereschritt zur seriösen Unicef-Botschafterin ...« (*Tagesspiegel* 8.11.2002).

Neben dieser Spekulation bleibt schließlich als Kritikpunkt die im Spot geäußerte Behauptung, mit dem Bau des Denkmals sei bereits begonnen worden. Möglicherweise ist es dieser, nach den gerade eingetretenen Verzögerungen etwas peinlich wirkende Satz, der in der Stiftung wie im Kuratorium Aufregung auslöst. Die Kontroverse dreht sich jedoch offiziell weniger um den Inhalt des Spots, als um die Forderung, der Förderkreis möge sich seine Aktionen vorher absegnen lassen. Lea Rosh beteuert zwar, dass der Inhalt mit dem Kuratoriumsvorsitzenden Thierse abgestimmt sei, dieser fordert sie aber schriftlich dazu auf, die Kampagne vor dem Start erst dem Gremium zu präsentieren.[152] An dieser Vorgabe wird auf der nächsten Kuratoriumssitzung am 14. November 2002 auch für die Zukunft festgehalten. In der betreffenden Pressemitteilung lässt sich Thierse dazu wie folgt zitieren: »Der Förderkreis hat seine eigenen Mittel, um für das Denkmal zu werben. Wichtig ist, dass sie dem Kuratorium bekannt sind und von diesem mitgetragen werden.« Ansonsten hält die Stiftung an ihrer inzwischen fragwürdig gewordenen Ankündigungspolitik fest und gibt bekannt, dass die Vergabe der Aufträge für die wesentlichen Bauleistungen nun Ende Februar 2003 erfolgen kann. »Nach dem Ende der Frostperiode soll dann mit dem Bau des Denkmals begonnen werden. Die für Ende 2004 vorgesehene Fertigstellung des Baus ist auch durch die erneute Ausschreibung der Stelen nach Auskunft des (...) Architekten Prof. Peter Eisenman nicht in Frage gestellt.« Doch auch diese Mitteilung war wieder etwas voreilig, denn im Februar 2003 wird gemeldet, dass die Kostenvoranschläge für das zentrale Element des Denkmals, die

2700 Betonstelen, noch zu hoch sind (*Berliner Morgenpost* 19. 2. 2003). Erst Mitte März kann die Stiftung in dieser Angelegenheit Vollzug melden: die wichtigen Bauleistungen zur Errichtung des Denkmals sind jetzt vergeben.[153]

12. Das Denkmal gewinnt Gestalt

Am Ende der Ankündigungen: Der Bau beginnt (wirklich)

Nach zahlreichen Ankündigungen und symbolischen Ersatzhandlungen ist es im April 2003 soweit und Bagger beginnen mit der Anlage der Terrassen, auf denen die Betonstelen aufgestellt werden sollen.[154] »Insgesamt 80 Prozent des gesamten Bauvolumens wurden inzwischen ausgeschrieben und beauftragt.« Der Stolz auf den tatsächlichen Baubeginn ist so groß, dass am Rande des Geländes eine Plattform errichtet wird, von der aus Interessierte den Verlauf der Bauarbeiten verfolgen können. Und auch ein neuer Eröffnungstermin wird genannt: Das Denkmal für die ermordeten Juden Europas soll nun am 8. Mai 2005, dem 60. Jahrestag des Kriegsendes, eingeweiht werden. Die Zuversicht, dass dieser Termin eingehalten werden kann, wird wenig später sogar juristisch untermauert. Am 30. April weist das Berliner Verwaltungsgericht die Klage des Sozialverbands VdK gegen die nicht vollständig behindertengerechte Ausführung des Stelenfeldes ab. Bei der Abwägung der Interessen entscheidet sich das Gericht für die Integrität der künstlerischen Konzeption des Bauwerks von nationaler Bedeutung. In den folgenden Monaten wird es um die Baustelle am Brandenburger Tor erst einmal ruhig, bis Mitte August der nächste Fortschritt vermeldet werden kann:[155] Die mit der Herstellung der Stelen beauftragte Firma Geithner, die auch für die Weißbetonteile des Kanzleramts verantwortlich ist, hat eine Reihe von Probestelen in unterschiedlicher Ausführung produziert. Die Ergebnisse des komplexen Herstellungsprozesses, der im brandenburgischen Joachimsthal durchgeführt wird, werden am 16. August 2003 dem Architekten präsentiert. Einer der hohlen Betonquader erfüllt die Erwartungen Eisenmans bezüglich Form, Farbe und Konsistenz: »Die Stele hat eine perfekte Oberfläche, die Kanten sind perfekt, die Farbe ist von oben bis unten gleichmäßig. Ich habe in Berlin nie besseren Beton gesehen.« (*BZ* 18. 8. 2003)

Nach dem Urteil des Architekten kann somit die Serienproduktion der Stelen sowie ab September deren Lieferung und Montage beginnen.[156] Insgesamt sollen 2751 Stelen unterschiedlicher Höhe (bis zu fünf Meter) auf den bereits angelegten Terrassen errichtet werden. Zu beachten ist dabei vor allem die spezifische Neigung jeder Stele. Wegen der diversen zu berücksichtigenden Parameter bei Produktion und Montage wird für das Stelenfeld mit einer Bauzeit von etwa einem Jahr gerechnet. Gleichzeitig wird mit dem Rohbau für den »Ort der Information« begonnen, dessen Innenausbau sowie Ausstellungsarchitektur bis zum Frühjahr 2005 abgeschlossen sein soll. Anlässlich der Anwesenheit des Architekten startet auch eine Kommunikationsoffensive. In mehreren Interviews wird Eisenman zu *seinem* Bauwerk befragt.[157] Im Mittelpunkt des Interesses steht dabei die Deutung des Denkmals. Den Fragen danach, was das Stelenfeld symbolisiert, begegnet er reserviert. Er lehnt eine eindeutige Lesart ab und vertritt eine psychologisierende Interpretation. In dieser Perspektive soll das Mahnmal dem Besucher keine Antworten anbieten, vielmehr soll ihn die abweisende Stille des Ortes selbst zum Sprechen bringen. Beabsichtigt ist es, Gefühle der Vereinzelung zu evozieren und damit eine verstörende Wirkung zu erzielen, die quasi als therapeutischer Katalysator wirkt: »Wenn das Denkmal seelische Schwelbrände zum Ausbruch bringt, hat es seinen Zweck erfüllt.« (Peter Eisenman, *FAS* 17. 8. 2003) In diesem Sinne ist für den Architekten jede Reaktion akzeptabel; auch mit den gefürchteten Graffiti hat er kein Problem. Im Hinblick auf die spezielle Oberflächenbehandlung, mit der der Beton nicht nur vor Witterungseinflüssen und Auswaschungen, sondern auch vor Graffiti geschützt werden soll, bemerkt Eisenman: »Die Sprayer werden schon eine Spezialfarbe finden ...« (*Stern* 14. 8. 2003).

Causa Degussa

Während die Bauarbeiten planmäßig in Gang kommen, beginnt eine Episode, die die überwiegend positive öffentliche Resonanz auf die Präsentation der Probestelen wieder in Frage stellt. Im Schweizer *Tages-Anzeiger* erscheint am 14. Oktober 2003 ein Aufmacher, in dem die indirekte Beteiligung der Firma Degussa am Bau des Holocaust-Mahnmals skandalisiert wird. Sie stellt das Produkt »Protectosil« her, das für die Stelen des Denkmals unter anderem als Schutz vor Graffiti fungiert. Die Vorgängergesellschaften der Degussa AG waren auf verschiedene Weise in nationalsozialistische Verbrechen verstrickt. Besonders bekannt ist die Involvierung der Firma in die Herstellung von Zyklon B, mit dem in den Vernichtungslagern Menschen vergast wurden. Dieses wurde von der Firma *Degesch* (Deutsche Gesellschaft für Schädlingsbekämpfung mbH), einer Tochtergesellschaft der Degussa, produziert. Im Rahmen der Recherche wird auch die Geschäftsführerin der Stiftung, Sibylle Quack, mit dieser Angelegenheit konfrontiert. Nach ihrer Auskunft haben sich die Gremien bislang nicht mit der Sache befasst. »Ihre Andeutung, das Imprägnierungsmittel sei – als eine Art informelles Sponsoring – zu einem besonders günstigen Preis geliefert worden«, wird vom Hersteller zunächst nicht bestätigt. Der ebenfalls auf der ersten Seite abgedruckte Kommentar problematisiert den dargestellten Zusammenhang dann vorwiegend in Frageform, hält die Beteiligung aber zumindest für »Taktlos gegenüber den Opfern« (so die Überschrift). Deshalb hätte die Zusammenarbeit vom Stiftungskuratorium verhindert werden müssen. In einem das Thema vertiefenden Artikel wird darüber hinaus der Vorwurf vorgebracht, dass Degussa nun »Zweimal am Holocaust verdient« (so wieder die Überschrift) – erst an der Vernichtung der Juden und jetzt bei der

Erinnerung an das Verbrechen. Der angekündigte Skandal bleibt jedoch erst einmal aus, denn die deutsche Presse greift das Thema zunächst nicht auf.

Erst nachdem sich das Kuratorium am 23. Oktober 2003 mit der Causa Degussa befasst, bricht eine breite Berichterstattung los, deren erster Aufhänger ein vermeintlich verhängter Baustopp am Holocaust-Mahnmal ist: Die Arbeiten würden einstweilen eingestellt bis eine Entscheidung über die Verwendung eines Imprägnierungsmittels anderer Herkunft getroffen wird. Dies sei das Ergebnis der Sitzung auf der die Angelegenheit unter dem Tagesordnungspunkt »Graffiti-Schutz« verhandelt wurde. Die Beratungen werden als turbulent und kontrovers dargestellt. »Maßgeblich für die Entscheidung waren Einwände der Gedenkstättenvertreter im Kuratorium. Sie warfen den Vertretern der Politik vor, nicht verstanden zu haben, dass die Erinnerungskultur in Deutschland darauf beruhe, dass die Politik bewusst zurückhaltend auftrete, dass auf Opfer gehört werde, selbst wenn man ihre Argumente für irrational halte, und dass Symbole verstanden und ernst genommen würden.« (*FAZ* 25. 10. 2003) Dieser Ansicht schließen sich prinzipiell auch der Förderkreis, Vertreter der Jüdischen Gemeinde sowie der Berliner Bausenator Peter Strieder (SPD) an. Demgegenüber bringen die Befürworter einer Beteiligung der Degussa am Bau vor allem zwei Argumente vor. Aus pragmatischer Perspektive gelte es zu bedenken, dass ein rigoroser Ausschluss von Firmen, die in irgendeiner Form in nationalsozialistische Verbrechen verwickelt waren, kaum realisierbar sei. Die daraus resultierende Frage nach einem trennscharfen Kriterium für den Ausschluss beantwortet Lea Rosh[158] unter Bezug auf die symbolische Bedeutung für die Hinterbliebenen der Opfer wie folgt: »Die Grenze ist ganz klar Zyklon B.« (*Welt* 27. 10. 2003) Das andere Argument bezieht sich auf das Verständnis des Projekts im Allgemeinen sowie das inkriminierte Unternehmen im Besonderen. Eine Beteiligung historisch *belasteter* Firmen ist in dieser Perspektive als Ausdruck eines reflektierten Bekenntnisses zur Verstrickung in die Täterschaft eher wünschenswert. »Gerade Degussa verhalte sich ausgesprochen verantwortungsvoll gegenüber seiner Vergangenheit. Das Unternehmen habe sich beispielhaft bei der Entschädigung der Zwangsarbeiter engagiert.« (*FAZ* 25. 10. 2003) Nachdem sich eine Mehrheit jedoch gegen diesen Ansatz ausspricht, wird trotz der konträren Auffassungen bei der Beschlussfassung im Kuratorium auf eine Abstimmung verzichtet, um kein knappes Ergebnis zu riskieren.

Trotzdem kann die Stiftung eine ausführliche öffentliche Auseinandersetzung mit allen Aspekten der Angelegenheit nicht verhindern. Im Anschluss an die Positionierung des Gremiums stellt sich zunächst die Frage nach der Verantwortung für die Vergabe des Auftrags. Lea Rosh siedelt diese am unteren Ende der Hierarchie an: »Die mit der Produktion der Stelen beauftragte Baufirma hat selbständig ein Subunternehmen beauftragt.« (*Welt* 27. 10. 2003) Demgegenüber weist der Kuratoriumsvorsitzende Wolfgang Thierse darauf hin, dass »der Architekt Eisenman, der selbst amerikanischer Jude ist, den Graffitischutz von Degussa ausdrücklich als das beste, kostengünstigste und ästhetisch attraktivste Produkt bezeichnet« (ebd.) hat. Die Ansicht des Architekten vertritt auch der angesprochene Subunternehmer, die Efinger und Albani GmbH (EAG), betont aber: »Über den möglichen Einsatz dieser Produkte wurden alle beteiligten Stellen schriftlich informiert.« (*SZ* 27. 10. 2003) Diese Angabe wird von der Geschäftsführerin der Stiftung, Sibylle Quack, bestätigt und von ihr auch auf Rosh bezogen: »›Dass Degussa im Spiel ist, war schon früher bekannt‹ (…) Gegenüber der technischen und ästhetischen Begeisterung für das Produkt sei ›der politisch-kommunikative Aspekt jedoch ins Hintertreffen geraten‹« (*Spiegel Online* 27. 10. 2003). Auch der Berliner Senatskanzlei für Stadtentwicklung war die Beteiligung bekannt. Sie wurde jedoch nicht als problematisch eingestuft, und deshalb wurde die politische Leitung des Hauses nicht verständigt. (ebd.)

Inzwischen wird eine weitere Dimension des Konflikts deutlich. Spekulationen werden laut, nach denen die problematische

Doppelrolle der Degussa nicht zufällig in der Schweiz aufgedeckt wurde. Dort ist ein Unternehmen ansässig, das ebenfalls ein Imprägnierungsmittel herstellt, dessen Verwendung erwogen wurde (ebd.). Während diese Vermutung für den weiteren Verlauf der Angelegenheit irrelevant ist, könnten die finanziellen Konsequenzen der Stornierung gravierend sein. So kündigt der Geschäftsführer der EAG, Bernd Efinger, für den Fall, dass seine Firma den Auftrag verliert, »obwohl der Stiftung seit einem Jahr bekannt ist, dass Degussa-Produkte verwendet werden« (*Welt* 28.10.2003), eine Schadensersatzklage an. Entschärft wird dieser Konflikt am 28. Oktober durch die Mitteilung der Degussa, die Entscheidung der Stiftung zu respektieren, so dass dem Unternehmer zumindest von dieser Seite keine Forderungen drohen. Eine mögliche Erklärung für das konziliante Verhalten des Konzerns liefert wenig später Hans Leyendecker. Seine Recherchen bestätigen die Version, dass Degussa sein Produkt als eine Art des Sponsoring verbilligt angeboten hat und damit den Schweizer Hersteller aus dem Rennen um den Auftrag geworfen hat (*SZ* 30.10.2003). Jenseits juristischer und ethischer Fragen wirft die Realisierung des geforderten Produktwechsels jedoch vor allem praktische Probleme auf. »Jeder Unternehmer, der auf dieser riesigen Fläche von 56000 Quadratmetern Graffitischutz aufbringt, ohne ausgiebig zu testen, wird später von möglichen Gewährleistungspflichten stranguliert«, betont Efinger und weist damit auf eine wahrscheinliche Verzögerung des Baus hin. Ebenso könnten Folgekosten entstehen: »Manche Mittel müssen regelmäßig erneuert werden – bei diesen Flächen kostet das Unsummen«. Diese Dimension wird jedoch vom für die Abwicklung des Baus zuständigen Senator Strieder schlichtweg negiert: »Wir reden nicht über die Kosten, sondern über das Anliegen dieses Holocaust-Mahnmals. Im Übrigen sind andere Graffitischutzmittel nicht teurer. Wir sind und bleiben im Kostenrahmen.« (*Welt* 29.10.2003)

Der von vielen Verantwortlichen vorgetragene Rigorismus wird in der Presse eher kritisch bewertet. Neben die nüchterne Problematisierung von Sinn und Zweck des nun verfügten »Reinheitsgebots« tritt aber auch Alarmismus. Das Vehikel dieser Fraktion ist vor allem der Vorwurf »politischer Korrektheit«. Bezeichnenderweise führt Peter Eisenman diesen in den Vereinigten Staaten geprägten Kampfbegriff in die Debatte ein und begründet damit seinen vehementen Protest gegen die Entscheidung des Kuratoriums: »Es geht darum, dass wir uns 60 Jahre nach dem Holocaust nicht mehr zu Geiseln der Political Correctness machen lassen dürfen. Wäre das Projekt schon in dem Geist begonnen worden, in dem es nun fortgeführt zu werden droht, hätte ich nie mitgewirkt.« (*Zeit* Nr. 45/2003) Eine radikalisierte Form dieser Argumentation vertritt der jüdische Schriftsteller Rafael Seligman und begründet damit seine bekannte Forderung nach einem Verzicht auf die Errichtung des Monuments: »Es ist die Kundgebung einer oktroyierten politischen Korrektheit des Kuratoriums und einer Reihe von Politikern, die auf die Weltmeinung schielen.« (*Welt* 30. 10. 2003) Damit ist die Debatte in einer Art und Weise eskaliert, die tatsächlich den kulturellen Gesinnungskämpfen US-amerikanischer Provenienz entspricht. So reagiert Lea Rosh auf die Fundamentalkritik ebenfalls mit der Zuspitzung der Forderung nach Rücksichtnahme auf die Gefühle von persönlich Betroffenen und fragt: »Wären Eisenmans Eltern in Auschwitz mit Zyklon B ermordet worden, was hätte er dann gesagt?« (*Tagesspiegel* 31. 10. 2003) Das Presseecho auf diese Äußerung zeigt, dass die Förderkreisvorsitzende mit dieser diskursiven Entgleisung vor allem ihre eigene Person und Position diskreditiert hat: »Lea Rosh ist zur Belastung für das Denkmalsunternehmen geworden«, resümiert Jörg Lau und fordert sowohl die Revision des Anti-Degussa-Beschlusses durch das Kuratorium als auch die Entbindung Roshs von ihrer Funktion in diesem Gremium (*Zeit* Nr. 46/2003).

Um Deeskalation ist inzwischen der Bundestagspräsident bemüht. Wolfgang Thierse trifft sich am 29. Oktober mit dem Vorstandsvorsitzenden der Degussa AG, um ihm die Entscheidung des Kuratoriums zu erläutern. Wenig später rückt Thierse dann öffentlich von der bislang offiziell vertretenen Auffassung ab, dass die Verwendung des von der Degussa hergestellten Produkts »mit dem spezifischen Charakter des Denkmalprojekts nicht vereinbar sei«[159]: »Wer gedacht hat, dass man dieses Denkmal klinisch oder moralisch rein bauen könnte, war auf einem Irrweg.« (WamS 2.11.2003) Diesen Paradigmenwechsel hin zu einer pragmatischeren Argumentation dokumentiert auch die Aussage eines Sprechers der Stiftung, nach der eine eigentliche Entscheidung noch gar nicht gefallen ist: »Das Kuratorium muss zwischen der politischen Sichtweise und den technischen, finanziellen, rechtlichen und zeitlichen Möglichkeiten Konsequenzen bei Verwendung eines anderen Mittels abwägen« (Welt 5.11.2003). Während sich somit eine Neupositionierung in dieser Angelegenheit abzeichnet, wird eine weitere Hiobsbotschaft bekannt: Die *Rheinische Post* berichtet am 5. November 2003, dass ein Teil der Stelen-Fundamente mit einem Betonverflüssiger der Degussa-Tochter Woermann Bauchemie GmbH gegossen wurde.[160] Zunächst hat dieser Hinweis in mehrfacher Hinsicht einen üblen Beigeschmack. So muss der Kuratoriumsvorsitzende Thierse noch am selben Tag gegenüber der »Tagesschau« bestätigen, dass die Degussa »vereinbarungsgemäß« über diese Tatsache informiert habe. Und ebenso, wie die den Skandal auslösende Nachricht über die Beteiligung des Konzerns zuerst in dem Land erschienen ist, aus dem ein Mitbewerber stammt, erscheint die neue Nachricht nun in einer am Konzernsitz der Degussa ansässigen Zeitung. Daraus folgert Hans Leyendecker »Degussa will, koste es was es wolle, den Auftrag für das Mahnmal zum Zwecke der Selbstreinigung bekommen.« (SZ 6.11.2003)

Die sich aufdrängenden Spekulationen sind für den Fortgang der Dinge ebenso nachrangig, wie weitere Details. So seien bereits mehrere hundert Stelen mit dem Degussa-Graffitischutz imprägniert. Bleibe es bei deren Aufstellung und der Verwendung eines anderen Produkts für den Rest des Stelenfeldes, drohe ein »Mahnmal im Mahnmal« – die Stelen würden sich dann erkennbar farblich unterscheiden. Ungeachtet der Frage, ob diese Angaben alle zutreffen, resultiert aus der dargestellten Situation eine paradoxe Konstellation: Je mehr das Mahnmal aus der geschichtspolitischen Perspektive der Degussa-Gegner durch die Produkte des Konzerns symbolisch kontaminiert ist, desto weniger kann auf sie verzichtet werden. Eine konsequente Anwendung des von ihnen verlangten Ausschlusskriteriums würde nämlich auf einen Abriss der bislang errichteten Anlage hinauslaufen und damit die Realisierung des Projekts zumindest gravierend verzögern, wenn nicht gar grundsätzlich in Frage stellen. So konstatiert die *taz* am Tag nach der Nachricht: »Nun scheint sich das Pendel von der ›emotionalen Fraktion‹, wie es intern in der Stiftung heißt, zugunsten der ›rationalen Fraktion‹ verschoben zu haben.« Als Kronzeugen für diese Feststellung zitiert sie den resignierenden Bausenator Strieder: »Man muss zwar weiter sensibel mit dem Thema umgehen. Aber was gebaut ist, ist gebaut.«

Die Forderung nach »Sensibilität« kommt jedoch zu spät, insbesondere was die Informationspolitik der Stiftung angeht. So wird am 7. November 2003 durch Recherchen der *FR* bekannt, dass der Stiftung sowie Mitarbeitern der Berliner Senatsbauverwaltung die Problematik »Degussa« spätestens seit Anfang des Jahres bewusst war. Die Auseinandersetzung mit der Angelegenheit verblieb aber nach Darstellung der Beteiligten auf der Arbeitsebene und führte dort nach Angaben der Geschäftsführerin Sibylle Quack zum Ergebnis, »die Degussa wie andere Firmen an der Auftragsvergabe zu beteiligen« (*FR* 7. 11. 2003). »Weder der Vorstand und das Kuratorium der Stiftung noch der Berliner Bausenator Peter Strieder (SPD) wurden über diese politisch und historisch heikle Entscheidung ihrer Mitarbeiter informiert.« (ebd.) Einen Tag später rückt dann aber wieder Lea Rosh in den Fokus der Aufmerksamkeit. Der *Spiegel* meldet vorab, dass Quack die Vorsitzende des Förderkreises bereits am 13. Oktober telefonisch darüber informiert habe, dass Degussa ein Thema werden könnte: »Einwände habe Rosh damals nicht erhoben. Die sagt nun, der Zusammenhang zwischen Degussa und Degesch sei ihr nicht bewusst gewesen.« Dieses Eingeständnis mag zwar dazu angetan sein, Roshs Rigorismus zu diskreditieren, dokumentiert aber ansonsten nur, dass die Debatte endgültig zur Farce verkommen ist. Neben wechselseitiger Schuldzuweisungen tritt am 10. November nun noch ein als Pressemitteilung der Stiftung verbreiteter Appell Thierses, der in seiner Formel- und Reflexhaftigkeit das Ausmaß der Kommunikationskatastrophe zum Ausdruck bringt: »Vor dem Hintergrund der derzeitigen Debatte in der Presse (...) möchte ich alle Beteiligten zur Sachlichkeit in ihrer Argumentation und zu einer Form der Diskussion aufrufen, die der schnellstmöglichen Fortführung des Projekts dienlich und seiner Bedeutung angemessen ist.«

Am 13. November tritt dann das Kuratorium zusammen, um eine endgültige Entscheidung über die Modalitäten des Weiterbaus zu treffen und befindet, »den Bauprozess mit allen beteiligten Firmen fortzusetzen und entsprechend auch die Produkte der Firma Degussa für den Graffitischutz des Denkmals weiter zu verwenden«. Als wesentliche Begründung für diesen Beschluss wird ein pragmatisches Argument emphatisch aufgeladen: Ausgangspunkt dieser Argumentation ist, dass ein konsequenter Ausschluss von Akteuren, die in welcher Weise auch immer mit dem Nationalsozialismus in Verbindung gebracht werden können, in Deutschland nicht möglich sei. »Die Vergangenheit ragt in unsere Gesellschaft hinein«, lässt sich Wolfgang Thierse in der Pressemitteilung der Stiftung zitieren und: »Mit diesen Spuren müssen wir leben.« Dies erscheint insofern problematisch, da eine in der Debatte ja vorgeschlagene Differenzierung von Verantwortlichkeiten (»Die Grenze ist ganz klar Zyklon B.«) zurückgewiesen wird. Auch der Vorschlag, die vorliegende Problematik zum Gegenstand der Gestaltung zu machen, in dem die bereits errichteten Stelen stehen gelassen werden und dann mit anderen Mitteln weitergebaut wird, wird verworfen. Plausibler ist es deshalb, die pragmatischen Gründe für ausschlaggebend zu erachten. So wurden im Vorfeld der Entscheidung die finanziellen, rechtlichen und technischen Konsequenzen eines Verzichts auf das problematische Produkt geprüft – Ergebnis: »Bei einem Ausschluss der Chemiefirma Degussa vom Bau des Holocaust-Mahnmals würden die Kosten für den Graffiti-Schutz bei den Stelen um 2,34 Millionen Euro steigen.« (*dpa* 13.11.2003) Und weiter: »Wenn man, was vergaberechtlich riskant sei, belastete Firmen ausschließe, werde das Mahnmal wohl nicht gebaut werden.«

Auch aus prozeduraler Perspektive ist das Ergebnis der Beratungen nur bedingt aussagekräftig. Wesentliche Kritiker der nun getroffenen Entscheidung sind zur Sitzung gar nicht erst erschienen. So wird die Abwesenheit der Vertreter des Zentralrats der Juden in Deutschland, Paul Spiegel und Salomon Korn, sowie des Vertreters der »Topographie des Terrors«, Reinhard Rürup, öffentlich bekannt. Um die in der Sitzung insbesondere vom Vertreter der Jüdischen Gemeinde Berlins, Alexander Brenner, markierte ablehnende Position nicht zu marginalisieren, kommt ein weiteres Mal ein informelles Verfahren zur Anwendung: »Kuratoriums-Mitglied Lea Rosh hatte den Antrag gestellt, auf eine Abstimmung zu verzichten: ›Sonst hätten der Zentralrat der Juden, die jüdischen Gemeinden und die Gedenkstätten isoliert dagestanden. Das wäre das falsche Signal gewesen. Die Entscheidung sollte im Konsens fallen.‹« (*Spiegel Online* 13.11.2003) Ein Mehrheitsbeschluss ist jedoch kein Konsens, auch wenn auf eine formale Ermittlung der konkreten Stimmverteilung verzichtet wird. Als Zugeständnis an die Kritiker bleibt so nur die Zusage, dass die gerade geführte Debatte im »Ort der Information« dokumentiert werden soll. Die Botschaft einer solchen Darstellung dürfte jedoch umstritten sein. So nimmt Arno Widmann in der *BZ* vom 14.11.2003 diese Episode der Entstehungsgeschichte als Anlass zu einer Generalabrechnung mit dem Projekt. Konkret kritisiert er die Fixierung auf die finanzielle Dimension: »Wer am Holocaustmahnmal baut, sollte darin seinen Beitrag zum Erinnern an die Judenvernichtung sehen. Er sollte es kostenlos tun.« Unter dieser Bedingung wäre es dann nicht zur fatalen Notwendigkeit einer Abwägung gekommen, die Widmann im Hinblick auf die für einen Verzicht auf Degussa-Produkte errechneten

Mehrkosten wie folgt charakterisiert: »Für 2,3 Millionen war Degussa auschwitzmoralkompatibel. Dieses Lehrstück ist eine Groteske.«

Ähnlich kritisch bewertet Henryk M. Broder in einem offenen Brief an Alexander Brenner die Rolle des organisierten Judentums, dessen Stimmrechte Brenner in der entscheidenden Kuratoriumssitzung wahrgenommen hat, bei der Entscheidung. Er hätte durch das Verlassen der Sitzung wenigstens ein Signal setzen sollen: »Die Juden brauchen das Mahnmal nicht, und sie sind nicht bereit, eine Schweinerei für koscher zu erklären.« (*Tagesspiegel* 15.11.2003)[161] »Zurückblickend ist es eine Riesenschweinerei, wie es abgelaufen ist«, sagt auch Stephan Wagener, Geschäftsführer der PSS Interservice, die sich ebenfalls um den Imprägnierungsauftrag bemüht hat, gegenüber dem Fernsehmagazin »Report«.[162] Er meint damit aber nicht die inhaltliche Dimension der Dezision, sondern thematisiert nach der nun endgültigen Entscheidung die formale Vergabepraxis: »Für uns steht fest, der Mitkonkurrent Degussa hat den Zuschlag für den Graffitischutz der Stelen erst erhalten, nachdem die Firma von der Bauverwaltung von unserem Angebot erfahren hat. Degussa verlangte ursprünglich 812 000 Euro, unser Angebot stand bei 490 000 Euro« (*Welt* 18.11.2003). Degussa habe dann den Preis nach unten korrigiert, während PSS Interservice keine Möglichkeit zur Nachbesserung des Angebots eingeräumt worden sei. Als Grund für die Bereitschaft zu einer verbilligten Abgabe vermutet Wagener die Bedeutung des Auftrags als Referenzobjekt. Der somit im Raum stehende Vorwurf einer illegalen Preisabsprache wird von der Senatsverwaltung für Stadtentwicklung jedoch zurückgewiesen: Da die Gesamtherstellung der Stelen Gegenstand des Vergabeverfahrens war, habe der Generalunternehmer freie Hand, Verträge wie für die Imprägnierung mit Subunternehmen seiner Wahl abzuschließen (*Welt* 19.11.2003). Obgleich in der Presse bereits eine andere Angabe publiziert wurde, nämlich dass der Generalunternehmer solche Entscheidungen nur nach Absprache mit dem Auftraggeber treffen könne (*Tages-*

spiegel 11.11.2003), hat die Causa Degussa letztendlich kein juristisches Nachspiel.

Als personalpolitische Konsequenz der Angelegenheit wird einen Monat später die Nachricht gedeutet, dass die Geschäftsführerin der Stiftung, Sybille Quack, ihren Vertrag, der am 31. März 2004 ausläuft, nicht verlängern will.[163] Die Historikerin widerspricht dieser Deutung jedoch und betont als Begründung, dass die inhaltlich-konzeptionelle Arbeit etwa an der Ausstellungskonzeption für den Ort der Information weitgehend abgeschlossen sei: »In der kommenden Phase aber braucht das Denkmal vor allem Bautechniker und Projektsteuerer.« (*SZ* 17.12.2003) Diese Aussage, die sich wie eine Stellenbeschreibung für die Nachfolge in der Geschäftsführung anhört, wirft jedoch die Frage auf, ob es nicht schon früher eines professionelleren Projektmanagements bedurft hätte. Die Debatte um die Beteiligung der Degussa am Bau des Denkmals hat gerade gezeigt, dass die vorhandene Kompetenz nicht ausreichte, um die Problematik als solche zu erkennen und adäquat damit umzugehen. »Im übertragenen Sinne muss man daraus wohl den Schluss ziehen, dass es keinen Imprägnierschutz gegen eine immer wieder neu und aus unerwarteten Anlässen aufflammende Debatte geben kann«, resümiert Harry Nutt (*FR* 30.10.2003).

Dass diese Einschätzung zutrifft, zeigt sich bereits zu Beginn des folgenden Jahres. Unter der das Tor zum KZ Buchenwald zitierenden Überschrift »Jedem das Seine« problematisiert der *Spiegel* (Nr. 2/2004)[164] das in Berlin entstehende Ensemble von Denkmälern für verschiedene Opfergruppen des Nationalsozialismus. Die Autoren zählen in der Hauptstadt 22 vorhandene sowie geplante beziehungsweise im Bau befindliche Gedenkstätten und machen hinsichtlich ihrer Größe und Lage eine Hierarchie aus, an deren Spitze sie das Denkmal für die ermordeten Juden Europas verorten. Dieses Problem, das vor allem aus der exklusiven Widmung resultiert, wurde bei der Konstruktion der das Denkmal tragenden Stiftung antizipiert und deshalb dessen Beirat damit beauftragt, sich mit dem Andenken an die anderen Opfergruppen zu befassen. In diesem Sinne wurden bereits entsprechende Ausstellungen und Vortragsreihen organisiert, das Interesse an jeweils eigenen Mahnmalen blieb aber bestehen. Pikanterweise charakterisiert gerade der Sprecher dieses Beirats, der Direktor des Zentrums für Antisemitismusforschung an der Technischen Universität Berlin, Wolfgang Benz, die Problematik wie folgt: »Wenn ich zu den Medien gehe und sage, macht was über die Euthanasie-Opfer, dann passiert nichts, überhaupt nichts. Wenn aber der Architekt Peter Eisenman zu einer Sitzung des Kuratoriums anreist, dann sind gleich sechs TV-Teams da (...).« Deshalb wäre es besser gewesen, man hätte »ein Mahnmal für alle Opfer nationalsozialistischer Verfolgung gebaut«, räumt er ein. Da es dafür aber zu spät ist, konkurrieren nun die Vertreter von Verbänden wie etwa dem Zentralrat der Sinti und Roma bei den politischen Entscheidungsträgern um die Errichtung entsprechender Repräsentativbauten. »Opfer-Lobbyismus« nennt dies Bundestagspräsident Thierse und die zuständige Kulturstaatsministerin Weiss resümiert: »Wie wessen gedacht wird, ist keine Frage der moralischen Verpflichtung, sondern des Durchsetzungsvermögens.«

Natürlich entfaltet die Diskussion um die exklusive Widmung des Denkmals zu diesem Zeitpunkt keine Sprengkraft mehr. Statt dessen signalisiert die Stiftung mit der nun anstehenden Personalentscheidung »business as usual«: Auf die öffentliche Ausschreibung der vakanten Position bewarben sich 122 Personen. Unter ihnen wählt das Kuratorium bei seiner Sitzung vom 12. Februar 2004 auf Vorschlag des Vorstands Hans-Erhard Haverkamp einstimmig zum Geschäftsführer. »Die Wahl fiel auf ihn aufgrund seiner besonderen Erfahrung bei der Projektleitung des Neubaus des Bundeskanzleramts in Berlin (1997-2001) sowie bei der Gesamtprojektleitung des Neubaus des Paul-Löbe und des Marie-Elisabeth-Lüders-Hauses für den Deutschen Bundestag (2002-2003)«, heißt es in der betreffenden Pressemitteilung. Was nicht vermeldet wird, ist ein Nachhall der Degussa-Debatte, der dazu führt, dass Alexander Brenner die Sitzung verlässt.[165] Anlass zu diesem Verhalten, das erst vier Wochen später öffentlich wird, gibt eine Äußerung des ebenfalls anwesenden Peter Eisenman: »In dem Gremium habe der Architekt von einem Besuch bei seinem New Yorker Zahnarzt berichtet, an dessen Ende ihn dieser auf die Degussa-Debatte ansprach. ›Er sagte, er habe mir gerade Degussa-Produkte in meine Zähne eingesetzt, und fragte, ob er diese nun wieder herausnehmen solle‹, bestätigte Eisenman.« (Welt 8. 3. 2004)[166] Brenner empfindet diese von Eisenman angeblich mit den Worten »to introduce some humor in this debate«[167] eingeleitete Anekdote als Verunglimpfung der Opfer und fordert ebenso wie das Kuratoriumsmitglied Andreas Nachama, dass der Architekt seine Beteiligung am Projekt überdenken müsse. Noch weiter geht der Vorsitzende der Jüdischen Gemeinde zu Berlin, Albert Meyer: »Der so genannte Witz ist genauso ein Horror wie die Diskussion um die Beteiligung der Degussa am Stelenbau und genauso ein Horror wie das gesamte Mahnmal« (BZ 8. 3. 2004).

Hier zeigt sich aber nicht nur, wie einige Kommentatoren vermuten, die Differenz von deutschem und New Yorker Humor, sondern vor allem die Konsequenz der Entscheidung zur Beteiligung der Degussa am Denkmal. Es sind vor allem die in der Debatte unterlegenen und angesichts der Mehrheitsverhältnisse marginalisierten Exponenten der Ablehnung dieser Zusammenarbeit, die nun vehement protestieren. Insbesondere die bereits von Beginn der Denkmals-Diskussion an zurückhaltende Position deutscher Juden entwickelt sich zur offenen Ablehnung des Projekts. Dies wird nicht nur dadurch dokumentiert, dass der neue Vorsitzende der Berliner Jüdischen Gemeinde, Meyer, den für ihn vorgesehenen Sitz im Kuratorium der Stiftung seinem Vorgänger überlassen hat, sondern etwa auch durch folgende Aussage Nachamas: »Was interessiert die Juden in Deutschland, wenn Nichtjuden ein Denkmal bauen. Sollen sie sich das Ding doch hinsetzen« (Welt 8. 3. 2004). Diese Eskalation ruft wiederum Wolfgang Thierse auf den Plan, der per Pressemitteilung zu Protokoll gibt, dass Eisenman sich längst entschuldigt und ein klärendes Gespräch angeboten habe. Statt über die Aussage des Architekten, zeigt er sich über die Kritik betroffen: »Ich bin erschrocken über die Distanzierung vom Denkmal für die ermordeten Juden, die aus manchen in den Zeitungen dargestellten Äußerungen von Vertretern der Jüdischen Gemeinde vorscheint.« Zwar ist der Anlass der Auseinandersetzung zu geringfügig, um daran eine neue Grundsatzdebatte zu entfachen, er bietet aber die Gelegenheit, eine im Kuratorium institutionalisierte Konfliktlinie öffentlichkeitswirksam zu aktualisieren.

Die deutsche Erinnerungskultur als Dauer-Baustelle

Während es in den folgenden Monaten um die Baustelle in der Nähe des Brandenburger Tores ruhig wird, rüsten sich einige Akteure bereits für die Zeit nach der Fertigstellung des Denkmals für die ermordeten Juden Europas. Den Auftakt für diese neue Runde im Ringen um die geschichtspolitische Positionierung der Berliner Republik macht der wissenschaftliche Direktor der Stiftung »Topographie des Terrors«, Reinhard Rürup. Er tritt zum 30. April 2004 von seinem Amt zurück. Denn während das Holocaust-Mahnmal kurz vor seiner Vollendung steht, ist für das seit Jahren geplante Ausstellungsgebäude des Architekten Peter Zumthor nach wie vor kein Baubeginn in Sicht. Diese Verzögerung hat inzwischen unmittelbare Auswirkungen auf die Arbeit der Stiftung, denn Kulturstaatsministerin Weiss hat im Konflikt mit dem Land Berlin angekündigt, dass zugebilligte Sondermittel für die Ersteinrichtung des Dokumentations- und Besucherzentrums nicht mehr zur Verfügung stehen. Rürup resümiert: »Obwohl das Interesse der nationalen und internationalen Öffentlichkeit unübersehbar ist (...), zeigt der Bund im Vergleich zu seinem großen Engagement beim Denkmal für die ermordeten Juden Europas und beim Jüdischen Museum Berlin, den anderen Großprojekten einer spezifisch hauptstädtischen Erinnerungskultur, ein auffälliges Desinteresse an der ›Topographie des Terrors‹.«[168] Wie beabsichtigt führt diese Eskalation, die auch mit dem Ausscheiden Rürups aus dem Kuratorium der Mahnmals-Stiftung verbunden ist, zu einer Grundsatzentscheidung: Nachdem eine Machbarkeitsstudie des Bundesbauministeriums ergibt, dass der inzwischen bei 38,8 Millionen Euro liegende Kostenrahmen vermutlich nicht eingehalten werden kann, wird der Zumthor-Entwurf am 25. Mai 2004 als unrealisierbar zu den Akten gelegt. Grundsätzlich wird jedoch an dem Projekt festgehalten und nach der Klärung der administrativen, finanziellen und konzeptionellen Voraussetzungen soll der Auftrag neu ausgeschrieben werden. Ein Ende mit Schrecken also, von dem die Verantwortlichen sich die Möglichkeit der Realisierung eines Neubaus bis 2008 erhoffen.

Gleichzeitig eskaliert der Streit um eine geschichtspolitische Initiative der CDU/CSU-Bundestagsfraktion. Am 4. Mai 2004 bringt diese unter Federführung des Berliner Abgeordneten Günter Nooke einen Antrag zur »Förderung von Gedenkstätten zur Diktaturgeschichte in Deutschland« ein, dessen Ziel ein »Gesamtkonzept für ein würdiges Gedenken aller Opfer der beiden deutschen Diktaturen« ist.[169] Dieser Antrag hat bereits eine mehrmonatige Vorgeschichte: Bezugnehmend auf das vom dortigen Landtag am 28. Februar 2003 beschlossene »Gesetz zur Errichtung der Stiftung Sächsische Gedenkstätten zur Erinnerung an die Opfer politischer Gewaltherrschaft« hat die Union bereits Anfang November 2003 einen ähnlichen Antrag vorgelegt. Dieser wird jedoch kurz vor der geplanten Beratung Ende Januar 2004 zurückgezogen, nachdem zu diesem Zeitpunkt alle NS-Opferverbände ihre Mitarbeit im Beirat der sächsischen Gedenkstättenstiftung eingestellt haben.[170] Ihr grundsätzlicher Vorwurf lautet, dass durch die auch organisatorisch zusammengefasste Behandlung der Opfer von Nationalsozialismus und SED-Regime eine Relativierung der NS-Verbrechen drohe. Nach diesem Eklat verzichtet der nun redigierte Antrag zwar auf einen Bezug zum sächsischen Gesetz, behält aber die geschichtspolitische Orientierung daran bei. Ausgangspunkt des Antrags ist folgende in dessen Begründung formulierte Annahme: »Trotz des unmittelbaren Zusammenhangs von NS- und kommunistischer Herrschaft als Bestandteile unserer Nationalgeschichte wird an die Zeit der SED-Diktatur auf nationaler Ebene nur marginal gedacht. (…) Aber diese Gedenkstätten sollten in viel stärkerem Maße in den Fokus nationaler Gedenkkultur gerückt werden.«

Das Vehikel zu einer Realisierung dieser Forderung soll eine verstärkte Förderung entsprechender Projekte durch den Bund sowie die finanzielle Beteiligung von Bundesländern sein, auf deren Territorium keine solchen Gedenkstätten existieren. Damit wird durchaus ein zentrales Problem der vorliegenden Praxis angesprochen: Die Bundesförderung setzt in der Regel eine Komplementärfinanzierung durch das jeweilige Bundesland voraus. Gerade dort, wo sich aber Orte der Erinnerung an Opfer des SED-Regimes befinden, sind vielfach keine Ressourcen vorhanden, um diesen Anteil zu finanzieren. In der Folge kommt es also teilweise gar nicht erst zu einer Antragstellung. Was die Kritiker maßgeblich an diesem Vorhaben monieren, ist die vorgenommene geschichtspolitische Kontextualisierung. Diese ist davon geprägt, dass einerseits Unterschiede zwischen den betreffenden Diktaturen konstatiert werden, um die benannten Differenzen umgehend wieder zu relativieren. So heißt es etwa: »Das Nationalsozialistische Regime hat mit dem millionenfachen Mord an den europäischen Juden ein singuläres Verbrechen begangen, das immer ein spezielles Gedenken erfordern wird. Beide deutsche Diktaturen waren von einer Gewaltherrschaft geprägt, die sich in der systematischen Verfolgung und Unterdrückung ganzer Bevölkerungsgruppen manifestiert hat.« Es kann nicht verwundern, dass vor allem Vertreter von KZ-Gedenkstätten und NS-Opfern auf diese rhetorische Vorgehensweise sensibel reagieren und sie wie die Arbeitsgemeinschaft der KZ-Gedenkstätten in der Bundesrepublik Deutschland als »historische Entkonkretisierung und Entdifferenzierung« skandalisieren. In diesem Zusammenhang wird auch kritisiert, dass in der Begründung des Antrags, der sich explizit auf die »Opfer der beiden deutschen Diktaturen« bezieht, auch die Errichtung von zentralen Gedenkstätten für die »Opfer von Krieg und Vertreibung« sowie die zivilen »Opfer der alliierten Luftangriffe des zweiten Weltkrieges« gefordert wird. Weiteres Gewicht gewinnt die Ablehnung dadurch, dass sie nicht nur durch direkt Betroffene artikuliert wird, sondern sich auch internationale Institutionen und Vertreter ausländischer Gedenkeinrichtungen anschließen.[171]

Die Stoßrichtung der Unions-Initiative wird kurz vor der Debatte des Antrags, die symbolträchtig für den Jahrestag des Aufstands vom 17. Juni angesetzt ist, mehr als deutlich. In der Presse äußert sich Günter Nooke wie folgt: »Es kann nicht richtig sein, dass das Geld die NS-Gedenkstätten erreicht, aber die SBZ/DDR-Gedenkstätten nichts mehr abbekommen. Da wird man über die Mittelverteilung neu nachdenken müssen.« (*Welt* 17.6.2004) Diese Verkürzung insinuiert, dass die Situation der geschichtspolitisch motivierten Privilegierung des Gedenkens an den Nationalsozialismus geschuldet ist. Diese Behauptung ist jedoch angesichts der für beide Komplexe in gleicher Weise Anwendung findenden Förderkriterien nicht nachvollziehbar. Zutreffend stellt die AG der KZ-Gedenkstätten deshalb fest: »Sofern Förderanträge gestellt und nicht befürwortet wurden, sind diese an mangelnder fachlicher Qualität oder fehlender Komplementärfinanzierung, nicht aber an parteiischer Erinnerungspolitik gescheitert.«[172] Damit stehen auch außerhalb des Antrags Vorwürfe im Raum, die zu einer von wechselseitigen Anschuldigungen geprägten Bundestagsdebatte führen.[173] Die Vertreterinnen der Regierungsfraktion sowie der PDS machen sich dabei die dargestellte Kritik am Antrag zu eigen, während Günter Nooke (CDU) sowohl in seiner Rede als auch in zahlreichen Zwischenrufen darauf beharrt, dass sich die Vorwürfe nicht am Antragstext belegen lassen. Inhaltlich werden keine neuen Gesichtspunkte aufgeworfen und es ist absehbar, dass der Antrag auch auf seinem Weg durch die Ausschüsse keine Mehrheit finden wird.

Von diesem Ringen um weitere geschichtspolitische Weichenstellungen bleibt das Holocaust-Mahnmal jedoch unbetroffen. Statt dessen kann dort am 12. Juli 2004 Richtfest gefeiert werden: Der Rohbau des »Orts der Information« ist fertig gestellt und von den Stelen steht bereits über die Hälfte. Das Denkmal liegt somit sowohl im Zeit- als auch im Kostenplan. Angesichts der Probleme auf anderen Baustellen der bundesdeutschen Erinnerungskultur ist dies für die Verantwortlichen eine gute Gelegenheit, um den erfolgreichen Verlauf des bis zuletzt umstrittenen Projekts zu demonstrieren. Aber es ist auch eine Gelegenheit, vor allem die ästhetischen Bewertungen des Bauwerks am fortgeschrittenen Objekt zu überprüfen. So meint Konrad Schuller in der *Frankfurter Allgemeinen Sonntagszeitung* (11.7.2004) zu erkennen: »Hier entsteht nichts geringeres als ein Tempel«. Er sieht in den Stelen nun die Säulen einer Kultstätte der deutschen Zivilreligion, was jedoch im historischen wie internationalen Vergleich niemand beunruhigen müsse. Ähnlich versöhnlich spricht Heinrich Wefing vom »ästhetischen Reiz« der Anlage, die »wenig geschichtspolitische Säure zu besitzen« scheine (*FAZ* 12.7.2004). Kritisch bleibt hingegen Arno Widman: »Es wird gerade nicht das Richtfest für das ›Denkmal für die ermordeten Juden Europas‹ gefeiert, sondern ein von Peter Eisenman gestalteter, vom deutschen Bundestag finanzierter Erlebnisraum, eines der größten Environments der jüngeren Kunstgeschichte, dessen Ästhetik – so viel ist jetzt deutlich geworden – die Monumente der Megalith-Kulturen zitiert, wenn nicht gar kopiert.« (*BZ* 13.7.2004)

Der »Ort der Information«

Seit dem Richtfest sind auch die räumlichen Voraussetzungen für den »Ort der Information« erkennbar geworden, der sich nach Abschluss der Arbeiten am Stelenfeld nahtlos in dieses einfügen soll. Im Rohbau ist vor allem die mehrfach geschwungene Betondecke markant: Sie zitiert mit ihren Kassetten in den Abmessungen der darüber stehenden Stelen die Denkmalsarchitektur. Was die genaue inhaltliche Gestaltung betrifft, besteht weniger als ein Jahr vor der avisierten Einweihung des Ensembles öffentlich noch keine komplette Gewissheit.[174] Man ist in der Stiftung vorsichtig geworden, was die Veröffentlichung entsprechender Informationen angeht, und will nun keinen Konflikt um die Konzeption mehr riskieren. Die Zurückhaltung manifestiert sich nicht zuletzt in der offiziellen Sprachregelung der Stiftung: Im »Ort der Information« wird keine Ausstellung zu sehen sein, sondern eine »historische Präsentation« – schließlich handele es sich nicht um ein Museum.

Die grundlegenden Koordinaten der Präsentation haben sich aber auch nach der Kritik aus der Fachöffentlichkeit nur unwesentlich verändert: Sie ist als Rundgang konzipiert, der in einem langgestreckten Foyer beginnt. Dort befindet sich an der Wand eine historische Überblicksdarstellung über die Zeit des Nationalsozialismus. Verschwunden ist die für den Eingangsbereich vorgesehene Stele mit dem als Widmung umstrittenen Zitat Primo Levis – aus »verkehrlichen Gründen« (Haverkamp), wie es im Hinblick auf die erwarteten Besucherströme heißt. Es folgt der erste Raum, der neben einigen Grundinformationen zum Mord an den europäischen Juden vor allem mit »Zitaten aus Selbstzeugnissen von Verfolgten und Ermordeten« in die »Erlebniswelt der Opfer« einführen soll (vgl. Quack 2003). Präsentiert werden diese Angaben auf hinterleuchteten Bodenvitrinen und mittels eines Wandfrieses. Hier hat sich also auf der Grundlage des Drehbuchentwurfs der Geschäftsführung eine Mischung aus kontemplativen und informativen Elementen durchgesetzt. Der zweite Raum dokumentiert 15 exemplarische Lebensgeschichten, die Familien fokussieren, die insbesondere in Osteuropa zu Opfern des Holocaust wurden. Gleichzeitig sollen aber auch Versuche, dem Verbrechen zu entkommen oder zu widerstehen, thematisiert werden. Um den Eindruck einer »Tat ohne Täter« zu vermeiden, wird an den konkreten Beispielen auch ein Täterbezug hergestellt. Auch hier hat der Gestaltungsentwurf gegen alle Bedenken Bestand und die Informationen sowie bildlichen und textlichen Dokumente befinden sich an von der Decke hängenden Quadern im Format der Stelen. Als »dramaturgischen Höhepunkt« bezeichnet die Stiftung den dritten Raum[175]: »Hier werden kurze biografische Texte zu einzelnen jüdischen Opfern aus ganz Europa in deutscher und englischer Sprache verlesen. Zeitgleich zur Audiopräsentation werden Name, Geburts- und Sterbejahr an alle vier Wände des Raumes projiziert.« Für diese Installation ist vor allem der Förderkreis eingetreten, der die Produktion der Tonaufnahmen auch durch seine Spendeneinnahmen mitfinanziert. Sowohl inhaltlich als auch inszenatorisch basiert dieses Vorhaben auf der Praxis der israelischen Gedenkstätte Yad Vashem. 1955 wurde dort mit der Sammlung von biografischen Angaben zu den Opfern des Holocaust unter dem Titel »Pages of Testimony« begonnen. Ausgefüllt werden die Formulare von Bekannten und Verwandten der Ermordeten. Die Originale werden in der »Hall of Names« verwahrt und fungieren als symbolische Grabsteine. Sie selbst sind nicht öffentlich zugänglich, aber es werden Listen erstellt, die die entsprechenden Informationen erhalten. Zusätzlich werden Angaben aus anderen Quellen erfasst und in dieses Archiv integriert. Auszüge daraus finden seit einiger Zeit auch zum Zweck kollektiver Kommemoration Verwendung. Nach verschiedenen Kriterien kompilierte Namenslisten werden anlässlich des israelischen Holocaust-Gedenktages zeremoniell verlesen. Dieses Gedenkritual wird im Berliner Holocaust-Mahnmal unter Verzicht auf die religiösen Elemente und mittels technischer Vorkehrungen statt der Rezitation durch anwesende Personen auf Dauer gestellt[176]: »Historiker der Stiftung recherchieren die Kurzbiografien – auf Grundlage einer Datenbank von fast vier Millionen Namen ermordeter Juden, über die die Gedenkstätte Yad Vashem in Jerusalem verfügt. Die enge Kooperation zwischen Yad Vashem und der Stiftung macht es möglich, dass diese Datenbank erstmalig außerhalb Israels im Foyer 3 des Orts der Information für Besucher zugänglich sein wird.« Was bereits bei Bekanntgabe der Zusammenarbeit als besondere Geste und gleichzeitig als Alleinstellungsmerkmal der Berliner Gedenkstätte gewürdigt wurde, lässt sich jedoch noch vor deren Eröffnung auch ortsunabhängig realisieren: Yad Vashem ermöglicht seit dem 22. November 2004 über seine Webseite (www.yad-vashem.org) den Zugriff auf den betreffenden Datensatz.

Der vierte und letzte Raum befasst sich mit den Orten des nationalsozialistischen Völkermords in ganz Europa. Hier werden auf Projektionsflächen zunächst 125, später 200 der Mordstätten dargestellt, und es wird auf die unterschiedlichen Arten der Verfolgung und Vernichtung hingewiesen. Vertiefende Informationen, die vor allem die Perspektive der Opfer reflektieren sollen, werden über individuell zugängliche Audiostationen vermittelt. Am Ende des Rundgangs öffnet sich die Präsentation dann sowohl inhaltlich als auch zeitlich: Das Foyer 4 fungiert als *Portal* zu Stätten des Gedenkens an alle Opfergruppen.[177] Zunächst treffen die Besucher auf eine Glaswand, auf der sich eine Europakarte befindet. »Auf dieser Karte sind die Namen einer Vielzahl von Gedenkstätten jeweils in der Landessprache eingetragen.« Die Grafik wird von großformatigen Farbfotografien ergänzt, die den gegenwärtigen Zustand sowie typische Nutzungssituationen ausgewählter Orte zeigen. Sie zeigen etwa Gedenkveranstaltungen oder bekannte architektonische Ensembles, aber auch, dass an einigen historischen Orten keine Gedenkstätten existieren. Ein ähnliches Gestaltungselement markiert den Übergang zur Lobby. Dort sind »70 bis 80 DIN A4-große Farbfotos von europäischen Gedenkstätten zu zwei raumhohen Paneelen arrangiert«. Das eigentliche Verweissystem existiert virtuell zwischen diesen ikonischen Visualisierungen. Dort ist an sieben Touch-Screens eine Datenbank zugänglich, die Informationen und Illustrationen zu den betreffenden Gedenkstätten, aber auch zu thematisch einschlägigen Forschungseinrichtungen und Museen beinhaltet. Diese Datenbank wird eigens erstellt, ist aber ebenso wie die Sammlung von Namen jüdischer Holocaust-Opfer nicht exklusiv. Die Erhebung der Angaben erfolgt in Kooperation mit dem Gedenkstättenreferat der »Topographie des Terrors«, deren Präsentation dann über die Webseite des Gedenkstättenforums (www.gedenkstaettenforum.de) zugänglich sein soll. Ebenso datenbankgestützt und über die Webseite der Denkmalstiftung (www.holocaust-mahnmal.de) auch online verfügbar werden schließlich die Debatten über das Holocaust-Mahnmal dokumentiert und etwa einschlägige Presseartikel und Wettbewerbsunterlagen präsentiert.

Kurz vor Weihnachten 2004 wird der (nicht ganz) »letzte Steinquader« auf dem Baugelände eingelassen und der Presse Gelegenheit zur Begehung des nunmehr fast fertigen Mahnmals gegeben. Und, oh Wunder, die Kommentarlage ist fast einhellig positiv. Was hat man dem »Denkmal für die ermordeten Juden Europas« nicht alles prophezeit und nachgesagt, so gut wie alles daran ist ätzend und vernichtend kritisiert worden: Größe, Standort, Widmung, Gestaltung, Kosten, seine Existenz an sich. Manche sind vom Scheitern der plastischen Erinnerung an die Shoah – im allgemeinen wie im besonderen – so überzeugt gewesen, dass sie die über mehr als anderthalb Jahrzehnte geführte Debatte und Auseinandersetzung selbst zum Denkmal der unmöglichen ästhetischen und architektonischen Bearbeitung einer immer noch unbegreiflichen Tat der Deutschen erklären wollten. Und nun wird Peter Eisenman in höchsten Tönen gelobt und ihm ein »advance praise« geliefert, der das Werk des New Yorker Architekten auch bis zur Eröffnung im Mai 2005 kaum noch schmähbar macht.

Warum auch? Wer ohne vorgefasste Meinung durch das Mahnmal geht und sich auf die Vereinzelung einlässt, die es erzwingt, wer also auf den eigenen Verstand und das eigene Gefühl baut, der wird sich der Kraft dieses Mahnmals kaum entziehen können – und der wird auch Kanzler Schröders saloppe Bemerkung verzeihen und verstehen: Es ist ein Ort, an dem jeder, der selbst denkt und fühlt, nicht ungern sein wird. Kein Zeichen, kein Symbol gibt in dieser rationalen Stadtgeometrie die Interpretation vor, nie wird auf etwas Drittes verwiesen, bis man an den Ort der Information stößt. Hier wird nichts Monumentales durchschritten (selbst von außen und aus der Luft wirkt das Areal nicht überdimensioniert), es wird keinem ein Schuldgefühl eingetrichtert und niemand soll sich gar in die Opfer der Shoah »einfühlen«. Der Ort eignet sich nicht zum Staatsakt und sperrt sich auch gegen die Bedeutung, die ihm wohl zugemessen werden wird, eine Art Nationaldenkmal ex negativo zu sein. Eisenman enthebt »das Denkmal einem eindeutigen Erinnerungshabitus. Er bringt historische Verantwortung zum Ausdruck, aber er bereitet keiner symbolpolitischen Selbstentsühnung den Weg«, bescheinigt die *NZZ* (18. 12. 2004), und der Architekturkritiker der *Zeit* (16. 12. 2004) meint, Kunst sei hier ihrem ewigen, aber meist verfehlten Ziel nahe gekommen, historische Zeit zu überbrücken und die Menschen zu verändern.

Halten wir bei so viel übereinstimmender Zufriedenheit auch fest, dass einige Fragen an das Mahnmal beantwortet sind, die meisten durch die verstrichene Zeit und den historischen Wandel von der Bonner zur Berliner Republik. Monumentalität und Kitsch, einst aus der peinlich teutonischen Megalomanie der »Vergangenheitsbewältigung« geboren und von allzu großen Egos unter den Denkmalsstiftern befördert, sind vermieden worden, und damit auch, dass sich Berlin mit diesem Mahnmal schlicht blamiert hat. Die Stadt hat gewonnen, aber das Land, über lange Zeit der große Bremser, ist heute der große Verlierer des langen Prozesses, weil alle Unkenrufe widerlegt und vielmehr die Berliner Baupolitik ihrer Zähigkeit und Korruptheit überführt worden ist. Auch die Standortdebatte hat sich erledigt, denn das Mahnmal ist faktisch eingepasst in eine Stadtlandschaft, die es per se relativiert, und eine Erinnerungslandschaft, die alle hier vernachlässigten Aspekte bereithält und dabei auch die Widmung – allein den europäischen Juden – in einen nicht relativierenden und nichts verharmlosenden Kontext mit den vielen Opfern des 20. Jahrhunderts versetzt.

Bleiben zum einen die Kosten, die eine Zeit lang keine Rolle spielen sollten und tatsächlich nicht so aus dem Ruder gelaufen sind, wie andernorts geschehen und auch hier zu befürchten war. Dazu hat nicht zuletzt die wichtige und notwendige parlamentarische Legitimation des Verfahrens durch den Bundestag beigetragen. Bleibt zum anderen der wesentliche Kosten- und Risikofaktor, der Ort der Information, der als Appendix der Aufklärung und Aktualität gedacht war und in dieser Hinsicht einmal das Mahnmal zu überflügeln drohte. Zielte man seinerzeit darauf, diesen Ort als Korrektur möglicher Mahnmalsdefekte einzubauen, ist am Schluss eher die Frage, ob er sich überhaupt in das tatsächlich für sich sprechende Stelenfeld einpassen kann. Die Ansprüche an diesen Ort sind jedenfalls gewachsen.

Das Bauwerk bleibt also deutungsoffen, aber die Mehrzahl der Beobachter geht offensichtlich davon aus, dass es tatsächlich ein Ort wird, zu dem man – wenn auch aus unterschiedlichen Gründen – gerne geht, wie es sich einst Bundeskanzler Schröder gewünscht hat. Wann er selbst hingegen zur Einweihung des Denkmals gehen wird, ist lange unklar geblieben. Der ursprünglich projektierte Termin am 8. Mai 2005 erwies sich als ungünstig, denn an ihm findet im Bundestag die Gedenkfeier zum 60. Jahrestag der deutschen Kapitulation statt. Am 9. Mai, für den der Förderkreis bereits ein Eröffnungskonzert initiiert hatte, weilt Gerhard Schröder bei den russischen Feierlichkeiten zum Kriegsende in Moskau (*Berliner Morgenpost* 13.7.2004). Somit blieb also für die offizielle Eröffnung des Denkmals für die ermordeten Juden Europas der 10. Mai 2005.

Kapitel III
Paradoxien und Perspektiven

1. Lokal denken ...

Deutsche (auch) als Opfer

Wo steht, möchten wir nach der detaillierten Darstellung eines langwierigen und herausragenden geschichtspolitischen Entscheidungsprozesses abschließend und resümierend fragen, Deutschland sechzig Jahre nach dem Ende des Zweiten Weltkriegs?

Hannes Heer, einer der verantwortlichen Leiter der ersten Wehrmachtsausstellung, erkennt einen Rollback, in dem die Deutschen von Tätern, die gewesen zu sein sie ohnehin niemals zugeben wollten, zu Opfern mutieren – Opfer des Bombenterrors der »Angloamerikaner«, von Vergewaltigung und Vertreibung im Gefolge der Roten Armee, auch einer von der Sowjetunion installierten kommunistischen Diktatur. Seit 1990 nähmen sie sich die Freiheit, vor allem von den eigenen Bedrängnissen und Niederlagen im »deutschen Jahrhundert« (Jäckel) zu sprechen, und sie genössen es dabei, ohne schlechtes Gewissen vom ersten Sieg zu schwärmen, dem »Wunder von Bern« und der 1954 gewonnenen Fußball-WM. Die Provokation der Wehrmachtsausstellung, die das *Tätervolk* auf der ganzen Linie entlarven sollte, ist im zornigen Rückblick des geschassten Heeres gescheitert, und zwar unter maßgeblichem Anteil des ursprünglichen Initiators und Sponsors Jan Philipp Reemtsma.[1]

Während die antifaschistische Linke meint, eine Niederlage registrieren zu müssen, hat für andere Beobachter die Linke geschichtspolitisch auf ganzer Linie gesiegt, indem sie ein wirksames Tabu gegen den Antisemitismus aufgerichtet und alle Versuche der kollektiven Entsorgung und Geschichtsklitterung vereitelt habe. Stefan Reinecke, der nicht mehr zu den »68ern«

gehört, sieht deren Diskurshoheit beendet und die Erinnerungskultur der Berliner Republik pluraler, offener auch für Widersprüche. Zu verdanken sei das nicht zuletzt der zweiten Wehrmachtsausstellung, die den Furor der ersten überwand, zur methodischen Selbstkritik fähig war und, wie Reemtsma es ausgedrückt hat, die Ausstellung deutscher Verbrechen zu einem Erfolg werden ließ, ohne an der Grundaussage – der Mitwirkung der Wehrmachtssoldaten – ein Jota zu ändern (*taz* 27. 1. 2004).

Solche konträren Bewertungen beschäftigen nicht nur Kreise der radikalen Linken, wo eine für Außenstehende kaum noch nachvollziehbare Debatte zwischen »Antideutschen« und »Anti-Amerikanern« tobt.[2] Sie fließen auch ein in Richtungsentscheidungen der deutschen Außenpolitik, in welcher der grüne Außenminister den Dreh- und Angelpunkt der bundesdeutschen Staatsräson, die Wiedergutmachung von Auschwitz, gegen ein weniger skrupulöses, auch in der rot-grünen Regierung vertretenes Geschichtsbild verteidigt, das Außenpolitik nach Kassenlage und Gelegenheit treibt. Wiederum die *tageszeitung* ließ dazu einen Deutsch-Türken zu Wort kommen, mit der kürzlich noch verpönten Aufforderung, Deutschland werde »in naher Zukunft auf der Weltbühne eine bedeutendere Rolle einnehmen müssen als in der jüngsten Vergangenheit« (*taz* 7. 2. 2004). Als solche gilt dem Autor dieses Aufrufs, Zafer Senocak, einem 1961 in Ankara geborenen und in Deutschland aufgewachsenen Schriftsteller, nicht mehr die zwölf Jahre NS-Diktatur, sondern die Geschichte der Bonner Republik. Ihre historisch bedingte Zurückhaltung sei »keine tragfähige Grundlage mehr, um europäische Sicherheit und auch nationale außenpolitische Interessen, die offener formuliert werden müssen, zu garantieren«. Die zwingende Schlussfolgerung: »Deutschland kann nicht ewig dem eigenen Gewicht ausweichen« – ein Satz, der vor zehn Jahren für Entrüstung sorgte und für Entrüstungsstürme, wenn ihn ein »Nicht-Rechter« auszusprechen wagte, was noch einmal unterstreicht, dass Geschichtspolitik es weniger mit dem Referenzobjekt, der jeweiligen Vergangenheit, zu tun hat als mit der Gegenwart und projizierten Zukunft.

Narrative der Pluralisierung haben wir bereits festgestellt: Martin Walser beschwerte sich 1998 über das Schwingen der Moralkeule und die Ausstellung deutscher Schuld, später rückte Jörg Friedrich die Opfer des alliierten Bombenkriegs in ein grelles Licht und erzählte Günter Grass von deutscher Vertreibung. Dieser will man mittlerweile wahlweise nationale oder europäische Zentren widmen, was das Verhältnis zu Polen und der Tschechischen Republik ernsthaft belastet hat, während die jüngste Vervielfachung der Gedenkstätten in Berlin (resp. der Wünsche danach) zu satirischen Auslassungen Anlass gab.[3] Was die »zweite deutsche Vergangenheit« betrifft, die der DDR, stellte die sächsische CDU-Regierung die SED-Diktaktur fast schon mit der NS-Diktatur gleich, während Ostalgie-Serien im Fernsehen eine viel harmlosere Vergangenheit ausmalen und die frühere Gauck-, jetzt Birthler-Behörde ihr an der Aufarbeitung der NS-Vergangenheit geschärftes Know-how dem Irak zur Aufarbeitung der Verbrechen Saddam Husseins zur Verfügung stellt.[4]

Dieser Export deutscher Bewältigungsinstitute belegt den Wandel des internationalen geschichtspolitischen Kontexts, deutlich geworden auch im *Stockholm International Forum on the Holocaust* und einer dazu gehörigen Task Force, die den Tag der Befreiung des Vernichtungslagers Auschwitz im Januar 2000 für einen forschen Vorstoß gegen rechtsextreme Bewegungen und rechtspopulistische Regierungen nutzte und dabei gleich ein Exempel an Österreich statuierte, wo die Österreichische Volkspartei (ÖVP) mit den Freiheitlichen (FPÖ) des Rechtspopulisten Jörg Haider in Koalitionsverhandlungen stand (und später eine schwarz-blaue Regierung bildete). Der Vorgang, der namens der Holocaust-Prävention eine massive Einmischung in die Innenpolitik eines EU-Landes darstellte, hat sich seither so nicht wiederholt, bleibt aber als Indiz einer zugespitzten Aktualisierung des Holocaust im europäischen Gedächtnis.[5] Während der 1990er Jahre haben sich dann auch justiziell die Landesgrenzen geöffnet, das lang gehütete Institut der »inneren Angelegenheiten« wird angegriffen durch Einrichtungen internationaler Strafverfolgung und humanitäre Interventionen. Völkermorde, die vor allem in Ruanda Hunderttausende das Leben gekostet haben (und selbst die Terroranschläge vom Elften September, hinter denen die Bedrohung buchstäblich aller durch ABC-Waffen steht), rücken den Holocaust *nolens volens* in eine historische Perspektive, nachdem schon die aus dem Amerikanischen entlehnte Begrifflichkeit und die damit verbundene Praxis der Kommemoration den Mord an den Juden aus seinem raum-zeitlichen Zusammenhang herausgenommen hatte.

Dieser Standardisierung fügen sich wiederum Narrative der Pluralisierung an: die Einwanderung von Immigranten in die Katastrophengeschichte ihrer neuen »Heimat« genau wie die lange verdrängte oder heruntergespielte Geschichte der Kollaboration mit der deutschen Besatzungsherrschaft. Kanzler Schröder kann mittlerweile an der Seite der Sieger zum Gedenken an den D-Day in die Normandie eingeladen werden, sein Außenminister mit Entschiedenheit für einen ständigen Sitz und ein Veto-Recht des vereinten Deutschland im UN-Sicherheitsrat werben.

All diesen Tendenzen gemeinsam ist die – in der Regel ungewollte – Relativierung deutscher Schuld. Von der Singularität der Shoah waren Ankläger wie Heer zu Recht überzeugt, doch schon indem man den Zivilisationsbruch der industriellen Vernichtung von Millionen Juden aus dem funktionalen Zusammenhang einer arbeitsteiligen Nazi-Diktatur heraushob und, etwa mit der ersten Wehrmachtsausstellung und der wüsten Attacke von Daniel Goldhagen, jeden Soldaten der Wehrmacht und jeden älteren Deutschen quasi persönlich haftbar machte, war der dialektische Umschlag, die Karriere vom Tätervolk zur *Opfergemeinschaft* nur eine Frage der Zeit.

Das bestätigt die Gegenthese vom geschichtspolitischen Rollback aber nur scheinbar. Denn eine dritte Entwicklung, das unaufhaltsame Voranschreiten der geschichtlichen Zeit und das

Dahinscheiden der Zeitzeugen, bewirkt eine heilsame Differenzierung des Gedenkens. Dabei regt das kulturelle Gedächtnis, das sich in Gedenkstätten und Mahnmalen manifestiert, wieder das kommunikative Gedächtnis der Nachgeborenen an – sie können das »Wunder von Bern« heute nacherleben, *ohne* damit zwangsläufig die Erinnerung an die Ermordeten auszulöschen. Man ist in eine Gemengelage von Einsichten und Gefühlen zurückgekehrt, die schon die frühen Fünfziger Jahre gekennzeichnet haben, als die sehr wohl bewusste, doch selten eingestandene Schuld der Verantwortlichen und die Scham der Mitläufer eine rabiate Verleugnung und das sprichwörtlich gewordene »kollektive Beschweigen« (Hermann Lübbe) bewirkte – und jene Kommunikationsverweigerung mit den Kindern der Täter wie der Opfer, die den Prozess der »Vergangenheitsbewältigung« mit ihren bekannten Schematisierungen und unvermeidlichen Überzeichnungen auslöste.

Der Holocaust als Familiengeschichte

Immer auffälliger wurde im Lauf der Jahre die Diskrepanz zwischen der Sphäre privaten Erinnerns und öffentlicher Kommemoration. Letztere stellt die NS-Verbrechen und insbesondere den Holocaust ins Zentrum, erstere kreist um das Leiden der Deutschen im und am Krieg (Welzer u. a. 2002). Ein Sozialpsychologe hat diesbezüglich von der »gefühlten Geschichte der Bundesbürger« geschrieben und ebenfalls einen Paradigmenwechsel in der Erinnerungskultur der Bundesrepublik annonciert (Welzer 2004, S. 53). Denn solche Erzählungen bleiben mittlerweile nicht mehr privat und peripher, vielmehr dringen sie über auflagenstarke Publikationen auch in die offizielle und mediale Erinnerungskultur vor.

Ein erster großer Publikumserfolg war 1997 der (sogar in die Büchershow von Oprah Winfrey und amerikanische Bestsellerlisten vorgedrungene) Roman *Der Vorleser* von Bernhard Schlink, einem renommierten Juristen und Gelegenheitsautor, der die erotische Beziehung eines Angehörigen der 68er-Generation mit einer KZ-Wächterin, ihr Schuldeingeständnis und die Aussöhnung zwischen den Generationen behandelt.

Es folgte die zumindest im Feuilleton ähnlich Aufsehen erregende These des in England lebenden Schriftstellers W. G. Sebald, der Luftkrieg sei in der deutschen Literatur kein Thema gewesen, worauf der (»nicht-zünftige«) Historiker und Sachbuchautor Jörg Friedrich mit zwei Büchern ein gewaltiges Echo auslöste (Friedrich 2002, 2003).

Sind diese Tabubrüche mehr im Essayistischen anzusiedeln, folgten nun eine auffällige Menge von Familien- und Generationsromanen in ähnlichem Tenor: Ulla Hahns Roman *Unscharfe Bilder* (2003), in dem eine Tochter ihren Frieden schließt mit dem in der NS-Zeit schuldlos schuldig gewordenen Vater; Reinhard Jirgls Roman *Die Unvollendeten* (2003), eine über Generationen hinweg traumatisch empfundene Vertreibungsgeschichte aus dem Sudetenland; Stephan Wackwitz' Roman *Ein unsichtbares Land* (2003), der seinen (wirklichen) Großvater als Projektionsfigur eines zerstörerischen Jahrhunderts imaginiert, und vor allem der in der populären Büchersendung von Elke Heidenreich durch Außenminister Fischer persönlich gelobte Roman von Uwe Timm *Am Beispiel meines Bruders* (2003), der bei aller mentalen Distanz zu dem im Osten gefallenen, an Verbrechen beteiligten Bruder die Verstrickung in die Familiengeschichte als ganze akzeptiert. Ähnliches gilt für Wibke Bruhns viel gelesene und überwiegend positiv begrüßte Familiengeschichte *Meines Vaters Land* (2004).

Wir haben hier keine literarische Einzelkritik vorzunehmen, sondern wollen nur herausstellen, was dieser halbfiktionalen Literatur gemeinsam ist und was sie gewissermaßen als Subtext zur offiziellen Kommemoration liefert: Familienangehörige gelten nicht mehr, wie in früheren Bewältigungsversuchen[6], als Repräsentanten oder Platzhalter einer historischen Epoche oder Gruppierung. Wird diese epochale Rahmung bewusst unscharf gehalten, werden dafür die komplizierten Lebensumstände der Handelnden schärfer fokussiert, meist in dem Bestreben, ihnen (endlich) besser gerecht zu werden. Je nach literarischem

Talent und historischem Reflexionsvermögen der Autoren (die ja keine Geschichtsschreibung im eigentlichen Sinne betreiben) schwanken diese literarischen Versuche zwischen einer Verwischung der Verantwortlichkeit der Täter für ihre Taten (so auch die Interviewreportagen von Amend 2003) und dem Bestreben, das innerfamiliäre und intergenerationelle Verhältnis nun so detailliert wie möglich auszuloten. Man will weder in Hasstiraden und Abrechnungen verfallen, noch in ein *right or wrong, my family* regredieren. So stellen sich gewissermaßen unter dem Radar der großen geschichtspolitischen Debatten familienbiografische Präzisierungen ein, welche die Geschichte zwischen 1933 und 1945 plastischer und komplexer erscheinen lassen. Das Politische ist hier privat geworden – wie im Pendelschlag der 1960er und 1970er Jahre, als das Private für politisch erklärt wurde.

Steht eine »wirkliche« Auseinandersetzung mit dem Nationalsozialismus, die weder erinnerungskulturell reguliert noch familiensolidarisch manipuliert ist, erst noch bevor? Die Ambiguität der im »Historikerstreit« postulierten Historisierung des Nationalsozialismus entfaltet sich in einem Erinnerungsprozess, den wir zwischen Familienintimität und politischer Öffentlichkeit ansiedeln und als Meso-Ebene kennzeichnen möchten. Egal aber, ob eine differenzierte Familiengeschichte apologetisch getönt ist oder nicht, immer nimmt sie mit der ihr eigenen alltäglichen und intimen Perspektive eine »deutsche Sicht« ein, während der Holocaust nach Überzeugung einer kritischen Geschichtsschreibung allein aus der Sicht der Opfer zu verstehen und erklären ist. Doch auch ihre Sichtweise wird neuerdings in einer familiären Nah- und Alltagsperspektive rekonstruiert, um am Besonderen das Typisch-Allgemeine erfassen zu können. Der Bericht über das »kurze Leben der Marion Samuel 1931-1943« (Aly 2004) ist ein Beleg für eine parallele Ausdifferenzierung der jüdischen Leidensgeschichte, die sich in Israel wie in der Diaspora spiegelbildlich bemüht, offizielle geschichtspolitische Setzungen von oben in den Niederungen der Familiengeschichten und Generationskonflikte zu erden.

Für unseren Zusammenhang wichtig ist die an den vermeintlichen Privatgeschichten sichtbare Umkehrung des erinnerungskulturellen Axioms, wonach Erinnerung im Lauf der Zeit aus dem kommunikativen Gedächtnis der Mitlebenden und Zeitgenossen in das kulturelle Gedächtnis der Gesellschaft wandert. Das bleibt sicher so, doch der umgekehrte Prozess vollzieht sich ebenfalls: die machtvolle Reaktivierung des kommunikativen Gedächtnisses im retroaktiven Gespräch mit »Untoten«: Tätern, Opfern und Mitläufern.

Hitler als Mensch

Möglich ist das nachholende, zwischen Mitleid und Anklage schwankende Gespräch aber nur noch medienvermittelt, wobei die zitierten Bücher in der öffentlichen Wahrnehmung durch Film und Fernsehen übertrumpft werden, deren Produktionen als Medienereignisse inszeniert werden. Exemplarisch gilt das für die History-Channels, die sich in den USA und Großbritannien großen Interesses erfreuen, und für die umfangreichen, in Dutzende von Länder exportierten Arbeiten von Guido Knopp im ZDF, bei denen die zwölf Jahre NS-Geschichte einen Schwerpunkt bilden und ein viel kritisiertes Faszinosum darstellen. Knopps Doku-Dramen bewegen sich jenseits des Spezialistentums, beziehen wissenschaftliche Expertise aber selektiv ein und reklamieren sie nicht zuletzt für Knopp selbst; er erhob den »Zeitzeugen« (nach einem gängigen Bonmot der schlimmste Feind der Wissenschaft) zum Hauptdarsteller, der auf dem Bildschirm eine besondere, autoritative Ausstrahlung hat. Geschichte im Fernsehen konstituiert damit eine kaum noch zu umgehende Öffentlichkeit, die das private Erinnern leitet und öffentliche Kommemoration dirigiert. Gedenkstätten stehen im Bann dieser Medienentwicklung, auf welche sie sich mit gezielter Öffentlichkeitsarbeit einstellen und in ihren eigenen Präsentationsformaten reagieren.

Während sich NS-Geschichtsserien in das Programm des »Tagesbegleitmediums« Fernsehen recht nahtlos eingefügt haben, war der im Herbst 2004 mit großem Aplomb aufgeführte Film »Der Untergang« (Regie: Oliver Hirschbiegel, Drehbuch und Produktion: Bernd Eichinger, 2004, Hauptdarsteller: Bruno Ganz) als Zentralereignis und Blockbuster inszeniert. Der Streifen wurde ungewöhnlich aggressiv beworben und vermarktet, und dass er vom Hitler-Biografen Joachim Fest instruiert wurde, beim Deutschen Historikertag 2004 in Kiel (wie auch in der Bundestagsfraktion der CDU/CSU) eine Sondervorstellung bekam und die *FAZ* eine ganzseitige Rezension durch den führenden Hitlerforscher Ian Kershaw druckte, unterstreicht den Anspruch. Intendiert war nach den Worten Eichingers eine authentische, moral- und wertungsfreie Darstellung, die nur auf verifizierten Bild- und Textquellen aufbaut und somit zu zeigen beabsichtigt, »wie es wirklich war«, namentlich den »Menschen Hitler«.

Der Film führt allerdings ein hundertfach durchgenommenes Sujet vor: Hitlers letzte Tage im Führerbunker, die zwölf Tage und Nächte bis zum Selbstmord am 2. Mai 1945, während Berlin im Inferno untergeht. Dass er dies unbedingt erzählen *musste*, hat Eichinger in unzähligen Talkshows als Anliegen von höchster Dringlichkeit und mit der Notwendigkeit des Tabubruchs begründet, als habe man das Thema bisher umgangen und als unterläge ausgerechnet Hitler, der längst als multiple Popikone gehandelt wird, einem Bilderverbot. Das Wertungsfreie, das einem Text über Hitler und den Nationalsozialismus aus der Feder eines Joachim Fest eigen sein mag, hat auch der schon aufgeben müssen, als seine Hitler-Biografie verfilmt wurde. Die Erzählökonomie des Kinos ist eine ganz andere: Eine Kamera wertet bei jeder Fahrt und Einstellung. Ein Film muss sich auch auf Episoden konzentrieren, hier *finis Germaniae* als Sujet des Katastrophenfilms. Dieser beruht wieder auf Zeitzeugenschaft und Privaterinnerung, nämlich der bis zuletzt im Bunker tätigen Sekretärin Traudl Junge, die in diesem Doku-Drama als Darstellerin und Zeitzeugin medial verdoppelt wird, ohne dass die in ihrem Erinnerungsbuch geleistete Erkenntnis erreicht und die Dichte des über sie gedrehten Dokumentarfilms gehalten werden kann. Die Perspektive des Films ist die der – wie auch immer reflektierten – Sekretärin gegenüber einem Arbeitgeber, der einerseits irdisch wie alle Chefs ist und andererseits überirdisch enttäuschend. Welzer hat beobachtet, was dann geschieht:

»(Es) rückt ›das Menschliche‹ der Akteure plötzlich in den Vordergrund – und nicht mehr das, was sie getan haben. Und dann finden wir uns als Betrachter vor einer Bühne, auf der ›die Menschen‹, wie Ganz-Hitler, in all ihrer Zerrissenheit, Zerquältheit, in ihrem Glauben, Hoffen und Scheitern auftreten, und wir denken das ›Dritte Reich‹ plötzlich noch einmal ganz neu. Hätten wir gedacht, dass der Führer beim Selbstmord des Schäferhundes Blondie mitleidig das Gesicht abwendet, hätten wir für möglich gehalten, dass seine Eva dieses Tier gehasst hat? Wer von uns wäre darauf gekommen, dass Hitler selbst bei seinem finalen Eheschluss vom Standesbeamten nach seinem Ariernachweis gefragt wird? Im Kino lacht an dieser Stelle niemand; wahrscheinlich fühlen die Zuschauer die tiefe Demütigung des Führers noch in dieser feierlichen Stunde nach.« (*FR* 18.9.2004)

FAZ-Herausgeber Frank Schirrmacher sah den »Untergang« hingegen als »großes Kunstwerk« und adelte ihn als »wichtiges Datum unserer Verarbeitungsgeschichte«, womöglich von höherem Rang als Mahnmale. Wie kann das sein, da die Zuschauer das Ende des Dritten Reiches ganz aus der Perspektive nicht-jüdischer Deutscher miterleben, was, wie man aus guten und schlechten Alltagsgeschichten des Nationalsozialismus weiß, vielleicht einen unilateralen »Akt der Normalisierung« (Schirrmacher) erlaubt, das Kapitalverbrechen der Nazis aber nicht den Heutigen erklärt? »Der Untergang«, so dokumentarisch er sich gibt, ist als Tragödie inszeniert – und das ist von Ende bis Anfang der Nazidiktatur die eindeutig falsch gewählte Form. Eine Tragödie erlebte, wen Hitler und die von ihm in Gang gesetzte Maschinerie für lebensunwert erklärte, eine Tragödie erlebten auch Widerstandskämpfer, denen die Beseitigung des Diktators misslang, aber tragisch kann man nicht einmal das Schicksal des deutschen Volkes nennen und erst recht nicht Hitlers Ende, für das selbst die Zigarrenkiste zu groß ist, in der seine sterblichen Überreste 1945 nach Russland transportiert worden sind. Beim Schlüssellochblick in den Führerbunker endet ein historiografischer Irrweg, der die Causa Nationalsozialismus auf die Persona Hitlers zurückführt. Und da diese nun auf Zelluloid gebannt ist, kann sie auch nicht untergehen, wie Schirrmachers rätselhafter Schlusssatz verrät: »... man glaube nicht, dass jetzt irgendetwas leichter geworden ist. Es ist unheimlicher geworden um uns herum. Näher gerückt ist es auch« – und das als conclusio eines Film, der Hitler angeblich »erstmals kontrollierbar« macht (*FAZ* 15. 9. 2004).

Das große mediale Interesse am »Untergang« scheint den Gemeinplatz zu bestätigen, dass »Bilder mehr sagen als tausend Worte«, die über Hitler geschrieben und gesagt worden sind. Von den Tücken der Visualisierung war in den Lobeshymnen und Verrissen kaum die Rede. Der Hauptgrund für das Misslingen dieses *Untergangs* ist jedoch ein visueller, indem er nämlich unbewusst der Selbstinszenierung des Faschismus aufgesessen ist: »Auch Gespenster haben ihre Vor-Bilder. Der Hitler auf der Leinwand kann sich nur zusammensetzen aus der Selbstinszenierung des Führers durch seine Fotografen und die Wochenschau, durch den Riefenstahl-Blick in ›Triumph des Willens‹, aus den ›privaten‹ Bildern, die die manische Bilderfabrikation des deutschen Faschismus produzierte, Hitler-Kitsch mit Lederhose und Schäferhund, und schließlich aus den propagandistischen Verzerrungen« (Georg Seeßlen, BZ 7. 9. 2004) Erst im Vergleich der zu verschiedenen Zeiten gelieferten Hitler-Bilder ließe sich (das Bild von) Hitler »kontrollieren«. Eichinger, der von ihm Abschied nehmen wollte, bewirkt nur seine mediale Allgegenwart, wie noch einmal Seeßlen betont: »›Der Untergang‹, der das Monster als Mensch sterben lässt, ohne ihm seine Monstrosität zu nehmen, verspricht in seiner symbolischen Repräsentation eine Art von endgültigem Abschiednehmen. Hitler ist tot, sagt er, wir können ihn, gerade weil wir ihn so weit wie möglich als Mensch sterben ließen, nun wirklich als Geschichte begreifen. Aber als Medienereignis (und

Beginn einer neuen Welle von Nazi-Filmen, die ihre Medien-Schatten voraus werfen) sagt er gerade das Gegenteil. Das Gespenst ist wieder da.« (ebd.)

Bis Ende 2004 haben über vier Millionen Deutsche den Film gesehen. Kinobetreiber berichteten, viele Leute wären nach dem Abspann minutenlang sitzen geblieben, was zuvor nur bei »Schindlers Liste« (Steven Spielberg, 1993) der Fall gewesen sei. Wie auch immer man beide »Kinoereignisse« bewertet, sie bestätigten die These, dass man in einer medialen Erlebnisgesellschaft auch ein Aufklärungsinteresse, das auf die Breite der Bevölkerung zielt, in massenkulturell attraktive Unterhaltungsformate kleiden muss. Allerdings ist den hier exemplarisch behandelten Veranstaltungen von Bernd Eichinger und Guido Knopp die von ihnen so emphatisch reklamierte Aufklärungsabsicht nicht ohne weiteres abzunehmen, und ebenso wenig kann man ihre Produkte ohne weiteres als unterhaltsam einstufen, bloß weil sie Mit-Gefühle ausgelöst haben und Millionen vor Leinwand und Bildschirm irgendwie ergriffen sind. Aufklärung erschöpft sich nicht in Faktentreue, und Unterhaltung hat andere Kriterien als die Einschaltquote.

2. ... und global handeln

Gegen Vertreibung:
Deutsches Zentrum oder europäisches Netzwerk?

Deutschen ist in den 1940er Jahren, während die eigene Vernichtungsmaschinerie auf Hochtouren lief, unbestreitbar Unrecht geschehen: Wie die Bombenangriffe auf militärisch unbedeutende Wohngebiete lässt sich auch die Deportation von Millionen Menschen und sexuelle Gewalt beim Vormarsch der sowjetischen Armee weder völkerrechtlich, moralisch noch auch nur militärstrategisch rechtfertigen. Motive der Rache und Mittel des Terrors können hier kritisch untersucht werden, wenn man nicht vergisst, dass sie einem Volk zugedacht waren, das zuvor ähnliche und schlimmere Verbrechen verübt und geduldet hatte. Das Bewusstsein davon sollte verhindern, dass Deutsche nun ihrerseits auf Revanche und Restitution dringen und sich Forderungen zu eigen machen können, wie sie der Interessenverband »Preußische Treuhand« in Bezug auf enteignetes Eigentum in Polen geltend macht. Davon distanzierte sich auch der *Bund der Vertriebenen* (BdV), dem ein Teil der Anspruchsteller dieser Interessenvereinigung freilich angehört, so dass man auch von einer »Doppelstrategie« sprechen könnte. Die Vorsitzende des BdV, Erika Steinbach, fordert eine symbolische Kompensation:

»Die Vertreibungsopfer mit oft traumatischen Erinnerungen wollen spüren, dass ein guter Wille vorhanden ist. Und dieser gute Wille fehlt sowohl in Polen wie in der Tschechischen Republik. Er ist leider Gottes auch in Deutschland in weiten Teilen nicht erkennbar«.

Die der hessischen CDU angehörige Bundestagsabgeordnete verlangt deshalb in ultimativem Ton von der Bundesregierung: »Die Nachkriegszeit ist nicht vorbei, solange es noch Menschen gibt, die den Krieg und seine Folgen miterlebt haben. Davon gibt es noch Millionen, in allen Ländern. Sie alle tragen ihre Erinnerungen mit sich. Ich wünsche und will aber zum 60. Jahrestag des Kriegsendes im Mai 2005 Rechtsfrieden in den noch offenen materiellen Fragen. Es wäre ein großer Segen für alle, wenn das gelänge« (*Spiegel* 20. 9. 2004).

Auch hier zeigt sich eine unintendierte, nur paradox zu nennende Wirkung der Mahnmal-Debatte: Ein Hauptvorhaben des Vertriebenen-Bundes ist die spiegelbildliche Ergänzung des Holocaust-Mahnmals durch ein *Zentrum gegen Vertreibung*, das primär deutschen Opfern gewidmet ist und ebenfalls in Berlin angesiedelt werden soll. Dafür mobilisiert, ebenfalls im Stil einer »offiziösen« Bürgerinitiative, ein im November 2000 in Wiesbaden gegründeter Verein, der mit dem Sozialdemokraten Peter Glotz als stellvertretendem Vorsitzenden sowie unabhängiger Prominenz im Beirat überparteilich zusammengesetzt ist. Standort und Begründung des Projekts dokumentieren die gewünschte hervorgehobene Stellung der deutschen Vertreibungsopfer (einschließlich ihrer Nachkommen bis ins xte Glied), auch wenn, ähnlich wie beim Mahnmal, wieder ein universalisierbarer Mahn- und Lerneffekt gegen Vertreibungen aller Art erwünscht ist, also ein aktueller Bezug hergestellt und die supranationale oder globale Dimension einbezogen wird – ethnische Säuberungen werden heute überall stigmatisiert. Die Stiftung wurde ihrer Selbstdarstellung zufolge

»geboren aus der Erkenntnis des Bundes der Vertriebenen, dass es nötig ist, nicht im eigenen Leide, in persönlichen traumatischen Erinnerungen zu verharren, sondern ein Instrument zu schaffen, das dazu beiträgt, Vertreibung und Genozid grundsätzlich als Mittel von Politik zu ächten. (...) Ziel ist es, Völkervertreibungen weltweit entgegenzuwirken, sie zu ächten und zu verhindern und dadurch der Völkerverständigung, der Versöhnung und der friedlichen Nachbarschaft der Völker zu dienen.«

In diese Richtung zielen Ausstellungsprojekte, mit denen sich die Zentrumsinitiative bis 2006 bekannt machen will, ferner die Stiftung des nach dem in Prag geborenen, deutschsprachigen Schriftsteller Franz Werfel benannten Menschenrechtspreises[7] und eine in Polen für Irritation, aber auch Anerkennung sorgende Veranstaltung zum Warschauer Aufstand. Wichtig ist allerdings der politische Kontext: Konnten die Vertriebenenverbände bei unionsgeführten Regierungen und noch in Edmund Stoibers Wahlkampf 2002 stets auf Verständnis rechnen, haben Kanzler und Außenminister der rot-günen Regierung dem Zentrums-Projekt ein klare Absage erteilt. Joschka Fischer, der aus einer ungarndeutschen Vertriebenenfamilie stammt, stellte die historische Perspektive klar:

»Die gegenwärtige Debatte über Deutsche als Opfer, die vor allem mit dem deutschen Rückzug und dem Vormarsch der Roten Armee beginnt, halte ich für völlig verkürzt. Ich sage das auch vor dem Hintergrund des Schicksals meiner eigenen Familie. Wenn wir über Vertreibung sprechen, kann man das, was vorher war, nicht außen vor lassen. Sonst kommt man zu einer völlig falschen Debatte, die da lautet: Die Deutschen waren auch Opfer. Damit relativiert man die historische Schuld und kommt in die unheilvolle Konfrontation einer verzerrten Geschichtswahrnehmung, die weder der Wirklichkeit entspricht noch unseren europäischen Interessen. Die Debatte, die noch offen ist, heißt: Was haben wir uns selbst angetan? Was haben wir dadurch verloren? (...) Wir haben offenbar noch nicht wirklich debattiert, was wir verloren haben mit der Selbstzerstörung. Den Schmerz über das Verlorene kann ich gut verstehen. Aber es muss der Schmerz darüber sein, was wir uns selbst angetan haben, und nicht darüber, was andere uns angetan haben.«

Als besonderen (und für die »68er-Generation« angeblich typischen) Affront dürften Vertriebenen-Sprecher empfinden, dass Fischer anfügte, die Vertriebenen von 1945, sofern sie überlebt haben, hätten im Verhältnis zu den am Ort Gebliebenen »das bessere Los« gehabt, und im übrigen wolle niemand in die alte Heimat zurück. Damit reanimiert Fischer den von ihm bestrittenen Generationskonflikt, der, wie Sprecher der Vertriebenen herausstellen, darin bestanden haben soll, dass die 68er und die von der Linken betriebene Aufarbeitung der Vergangenheit die Vertreibungsverbrechen bewusst ignoriert und tabuisiert habe. Zum Zentrums-Projekt äußerte Fischer dann zweierlei:

»Wenn man das Thema der Vertreibung national erinnern will, dann geht es nicht um eine Gedenkstätte zur Erinnerung an die Vertriebenen, sondern dann muss es ein Projekt sein, das die deutsche Selbstzerstörung thematisiert.« Und: »Wenn man beim Aspekt ›gegen die Vertreibung‹ ansetzen will, dann muss das in einem europäischen Kontext stehen, darf es also kein nationales Projekt sein. Denn sonst besteht der begründete Verdacht, dass es letztlich auf das Umschreiben von Geschichte hinausläuft, also eine Täter-Opfer-Verkehrung.« (*Zeit* 28.8.2003)

Konsequenz dieser aus innerer Überzeugung genau wie außenpolitischen Rücksichten begründeten Ablehnung war das Engagement der Bundesregierung, vertreten durch die Kultur-

Staatsministerin Christina Weiss, für ein alternatives »Europäisches Netzwerk über Vertreibung«, das die Kulturminister aus Deutschland, Polen, Tschechien, Slowakei, Ungarn und Österreich am 22. und 23. April 2004 in Warschau gegründet haben. Dort wurde mittlerweile das Sekretariat des Netzwerks angesiedelt, das ebenfalls die »Dokumentation und wissenschaftliche Aufarbeitung von Zwangsemigration und Vertreibung im 20. Jahrhundert« bezweckt, aber von vornherein auf gesamteuropäischer Grundlage agiert. Als Standorte wurden bisher Orte wie Görlitz, Aussig und Breslau genannt, aber auch Straßburg, Lausanne oder Sarajewo. Thematisch soll allgemein an Zwangsmigrationen im 20. Jahrhundert erinnert werden, die bisher dominierende nationale Sicht (und exklusiv auf die eigene Volksgruppe) soll einer durchgängigen Vergleichsperspektive weichen, die Geschichtswissenschaftler im bi- und multilateralen Austausch schon seit längerem pflegen (Danyel/ Ther 2003, Urban 2004).

Die Europäisierung wie die mit dem Netzwerkgedanken angelegte Verbindung bestehender nationaler Zentren wissenschaftlicher und pädagogischer Art unterscheidet dieses Projekt von der Zentrums-Idee, die von den Vertriebenen weiter vorangetrieben und je nach Sichtweise als Gegenstück oder Ergänzung des Holocaust-Mahnmals angesehen wird. Es wäre nicht nur eine weitere Gedenkstätte im viel ironisierten Berliner »Museumspark«, sondern eine, die gleichrangig den deutschen Vertreibungsopfern gewidmet ist – ein Eindruck, den auch Befürworter des Vorhabens vermeiden wollen. Wie bei der Neugestaltung der Gedenkstätten in Buchenwald und Sachsenhausen müsste also eine Lösung gefunden werden, die die Opferverbände der Vertriebenen zufrieden stellt, ohne eine Relativierung der NS-Verbrechen zu betreiben (Danyel 2003). Auch die europäische Alternativlösung ist nicht unproblematisch, wie Auseinandersetzungen bei den östlichen Nachbarn gezeigt haben.

Renationalisierung der Geschichtspolitik?

Die außenpolitische Brisanz des Themas Zwangsmigration zeigte sich im Herbst 2004, als der Sejm einstimmig und feierlich (die Parlamentarier erhoben sich von ihren Sitzen) eine Resolution an die polnische Regierung verabschiedete, deren Kernsatz lautet: »Polen hat keine angemessenen finanziellen Entschädigungen und Kriegsreparationen für die ungeheuren Zerstörungen und materiellen wie immateriellen Verluste erhalten, die die deutsche Aggression, Besatzung, der Völkermord und der Verlust der polnischen Unabhängigkeit verursacht haben.« Das war eine schallende Ohrfeige für alle vollmundigen und subkutanen Ansprüche aus Deutschland, deren Folgen für das deutsch-polnische Verhältnis von beiden Regierungen sogleich heruntergespielt wurden: Die Resolution sei symbolische Politik und habe keine Bindewirkung für die Regierung, Reparationen seien auch völkerrechtlich gar nicht mehr möglich, Deutschland und Polen blieben Partner und Vorreiter im Prozess der Europäisierung, die durch solche Querschüsse nicht aufzuhalten sei. Man bewertete den überraschenden Vorstoß des Parlaments als rein innenpolitisches Manöver – die regierenden Sozialdemokraten hätten sich dem Druck der nationalistischen und katholisch-integristischen Parteien gebeugt.

Symbolisch oder nicht: Der Vorfall belegt das rasche Wachsen einer revisionistischen Strömung in der polnischen Gesellschaft, die mit der Leugnung des polnischen Antisemitismus beginnt (Gross 2001), die vor 1989 geschlossene Verträge Polens annullieren will, weil sie von einer sowjetischen Marionetten-Regierung abgeschlossen wurden, die generell eine oft schon konspirationistische Aversion gegen Berlin pflegt und jede Kooperation zwischen Deutschen und Russen als Alarmzeichen wertet. In diesem Geist wurde das »patriotischste Wochenende« (NZZ 1. 8. 2004) zum Gedenken an den Warschauer Aufstand am 1. August 2004 begangen und ein Museum eingeweiht, das zusammen mit einem »Park der Freiheit« und einer »Mauer des Gedenkens« mit den Namen von Tausenden Gefallenen ein

Zentrum patriotischer Erbauung werden soll, in einer, wie der Initiator Lech Kaczyski es ausdrückte, »Zeit ohne Ideale«. Den überbordenden Patriotismus kann man als Reaktion auf den Beitritt Polens zur Europäischen Union bewerten, der nicht allein sozialpolitische Befürchtungen, sondern auch Angst vor einem Identitätsverlust und Enttäuschung über die nach 1989 eingeleitete politische Transformation hervorgerufen hat.

Die Parallele zu (Ost-)Deutschland liegt auf der Hand: Wieder sind die »beiden Vergangenheiten«, die Erinnerung an die deutsche Okkupation (mit der düsteren Kehrseite des autochthonen Judenhasses) und die Erinnerung an die durch Moskau oktroyierte Volksdemokratie (mit dem polnischen Beitrag dazu) eng miteinander verwoben. Wenn Mahnmale wie in Berlin und selbst Zentren und/oder Netzwerke gegen Vertreibung eine gesamteuropäische Orientierung und Dimension haben sollen, zeigt sich daran die seit dem EU-Beitritt 2004 eher zugespitzte Problematik der allseits postulierten »europäischen Erinnerungskultur«. Der Holocaust kann hier kaum die kollektive Identitätsleistung erbringen, die er im ausdrücklich postnationalen Nachkriegsdeutschland zugewiesen bekam, vielmehr tritt die Konfliktgeschichte der 1940er Jahre und früher ans Licht.

Diese zeigt sich, wenn auch Russland wenigstens kurz Erwähnung findet und damit die im polnisch-russischen Verhältnis brisante Aufarbeitung des Massenmordes von Katyn. In der Nähe dieses russischen Dorfes hatte der sowjetische Geheimdienst NKWD im Frühjahr 1940 auf Anordnung Stalins Tausende polnischer Offiziere massakriert; die Massengräber wurden von der vorrückenden Wehrmacht entdeckt und zur antibolschewistischen Propaganda genutzt. Nach dem Krieg wurde das Verbrechen in der Sowjetunion den Nationalsozialisten angelastet und in Polen tabuisiert, und in den Propagandaschlachten des Kalten Krieges riefen Antikommunisten stets »Katyn!«, wenn vom Vernichtungskrieg im Osten und den Verbrechen deutscher Soldaten die Rede war, während der stalinistische Massenmord in anti-antikommunistischer Absicht und zur Pflege der friedlichen Koexistenz ignoriert wurde. Nach 1991 wurde eine russisch-polnische Historikerkommission mit der Wahrheitsfindung beauftragt; die russische Seite räumt in der Jelzin-Ära die Tat ein, erklärt sie heute aber für verjährt und verfolgt lebende Verantwortliche nicht (*SZ* 17. 9. 2004). Während die polnische Seite Katyn und andere Massentötungen polnischer Offiziere nun als Völkermord einstuft und strafrechtliche Konsequenzen verlangt, werden in Moskau Gedenktafeln für Geheimdienstchefs enthüllt und von Putin ein Herrschaftssystem revitalisiert, das auf tradierte Einrichtungen des NKWD/KGB zurückgreift und viele an die kommunistische Diktatur erinnert. Da erscheint es nur konsequent, wenn Abgeordnete des Sejm Entschädigung auch von Moskau fordern: nicht nur für die Massenmorde, sondern auch für die Verschleppung von Zwangsarbeitern in den Gulag und den Gebietsverlust Ostpolens.

Zurück zum deutsch-polnischen Verhältnis, das schlaglichtartig die »Veraltung« eines Mahnmals-Projektes klassischen Typs illustriert. Die Differenzierung des Geschichtsbildes, das Deutsche wie Polen als Täter *und* Opfer wahrnimmt, hat selbst liberale Kreise verunsichert, so dass die Schraube der wechselseitigen Vorwürfe und Forderungen angezogen wurde. Wider besseres Wissen behaupten polnische Publikationen, die Henker wollten sich neuerdings ausschließlich als Opfer darstellen und Polen werde zugemutet, die Vertriebenen einseitig um Verzeihung zu bitten, mit anderen Worten: in Deutschland werde die Geschichte umgeschrieben. Zusammen mit Anflügen einer politischen »Achse« Berlin-Moskau, ruft das massive historische Traumata auf. Die erneute Absage von Bundeskanzler Schröder an die Forderungen der *Preußischen Treuhand* und der von ihm am 1. August 2004 in Warschau erneut ausgesprochene Verzicht auf alle Entschädigungsforderungen konnten die Diskussion kaum versachlichen, was zeigt, dass die Nachkriegszeit genau wie in Deutschland nicht für alle »beendet« ist. Eine im September 2004 eingesetzte deutsch-polnische Juristenkommission soll nun definitiv deutsche Entschädigungsforderungen ebenso zurückweisen wie polnische Reparationsansinnen.

Die Delegation an die im »modernen Regieren« beliebten Kommissionen wurde flankiert durch symbolische Politik: eine Erklärung von 70 deutschen Intellektuellen und Politikern, initiiert durch die Publizistin Helga Hirsch (die sich zugleich für das Zentrum gegen Vertreibung einsetzt), fordert den Verzicht auf jegliche Entschädigungsforderungen. Interessant ist die von Hirsch gewählte Einordnung.

»Materielle Entschädigungen als Form der Wiedergutmachung sind in Mode gekommen, seit amerikanische Juden erfolgreich von Schweizer Banken Ausgleichszahlungen für Gelder einklagten, die verfolgte Juden in der NS-Zeit auf Schweizer Konten deponiert hatten. Bei diesen Forderungen, so erklärte der jüdisch-amerikanische Professor Arthur Hertzberg, sei es ›im Wesentlichen nicht um Geld, nicht einmal um Gerechtigkeit, sondern um Würde‹ gegangen. Um die Würde, nicht hintergangen, nicht betrogen zu werden. Aber auch um die Gerechtigkeit, mit der das Unrecht des Völkermords zumindest partiell wieder gutgemacht werden sollte. Die augenblickliche Entwicklung zwischen Deutschen und Polen erinnert aber immer mehr an den Mechanismus ›Auge um Auge, Zahn um Zahn‹. Statt uns im vereinten Europa auf Grund gemeinsamer Werte endlich anzunähern, streben wir nach Begleichung alter Rechnungen. Tief sitzende Vorbehalte werden wachgerufen, jeder wälzt die Schuld für das Anheizen der Stimmung auf den anderen ab.«

Ebenso zitierenswert ist Hirschs Absage an die Vertriebenen-Funktionäre:

»Viele Vertriebene dürften nicht zuletzt deshalb zur Forderung nach materieller Entschädigung greifen, weil sie auf andere Weise für ihr Schicksal keine Aufmerksamkeit erreichten. Das eigentliche Trauma ist der Verlust von Heimat. Sich mit diesem Verlust abzufinden, weil 60 Jahre danach andere Menschen in einst deutschen Häusern und Regionen ihre Heimat gefunden haben, gebietet die politische Vernunft. Diese Kränkung zu integrieren ist eine bittere, aber unerlässliche Aufgabe eines jeden Betroffenen, wenn ihn der Groll nicht bis zum Ende seines Lebens begleiten soll. Solange die Entschädigungsforderungen aber eingesetzt werden, um von den Nachbarn ein Schuldeingeständnis zu erpressen, nähren wir das Ressentiment. Solange Polen und Tschechen in Vorleistung treten sollen, damit sich deutsche Vertriebene – vielleicht – mit dem Verlust von Besitz und Heimat abfinden, gärt in unserer Gesellschaft der Gedanke an eine problematische Form der Gerechtigkeit.« (*Welt* 14. 9. 2004)

Dieser in Polen viel beachtete Aufruf wird an der deutsch-polnischen Entfremdung wenig ändern, während das Zentrums-Projekt, so inklusiv es formuliert sein mag, die Lunte an ein Pulverfass legt: Alle nationalen Rivalitäten und Spannungen werden wiederbelebt, die unter dem Eispanzer des Kalten Krieges eingefroren waren, auf der Basis von Ethnos und Geographie (Diner 2003). Die Nationalisierung der offiziellen Kommemoration im Sinne des privaten Erinnerns und Gedenkens, also die jeweilige und sich wechselseitig verstärkende Konzentration auf »unsere« Toten, unterminiert damit alle politischen Integrationsprojekte, zu denen selbst die Konstellation des Kalten Krieges zählte, indem sie ethnische und regionalistische Separatismen auf das Niveau von Folklore reduzierte und einen sozialpolitisch bestimmten Antagonismus pflegte. Das inklusive Projekt der europäischen Demokratie, das sich dagegen nur auf verfassungspatriotische Aspekte wie Demokratie, Menschenrechte und Grundfreiheiten stützen kann, verlor an Unterstützung, seit sich Europa nicht mehr als Insel von Wohlstand und Sicherheit fühlt, und es macht, wie die Beispiele diesseits und jenseits der Oder belegen, vergangenheitsbezogenen Regressionen Platz, die Europa auf seine nationalen oder tribalen Mythen zurückwirft.

Nachdem 1989 zunächst eine allseitige Verständigung nach dem Motto »Alle sitzen im Glashaus, jeder kehre vor seiner eigenen Tür« und wechselseitiges Mitleid möglich schien, werden alte Stereotypen und neue Verdächtigungen gerade mit der EU-Erweiterung (und die dadurch erleichterten zivilrechtlichen Entschädigungsklagen) virulent. Auch die polnische Geschichtswissenschaft hat sich von akribischer Quellenarbeit und Dokumentation wieder auf nationalpolitische Sinnstiftung verlegt und setzt diese auf vermintem Terrain als Waffe der Deutungsmacht ein, die im parteipolitischen Kleinkrieg wie in den zwischenstaatlichen Beziehungen eingesetzt wird (Kraft 2003).

Die zurückgetretene Geschäftsführerin der Stiftung Holocaust-Mahnmal, Sibylle Quack, verlangt eine gemeinsame europäische Erinnerungskultur (*SZ* 14. 4. 2004) und fasst die am deutsch-polnischen Beispiel verdeutlichte Problematik der »vielen Vergangenheiten« zu dem Postulat (oder Desiderat) zusammen: »Es muss beides gelernt werden: das eigene Leid zu artikulieren und an das fremde zu erinnern«, wozu man die Unterschiede der totalitären Regime erkennen und die jeweilige Kollaboration reflektieren müsse. Diese Balance ist anscheinend allein in privater Kommunikation, in der Begegnung mit einer leidenden Person, möglich und scheitert bei öffentlicher Kommemoration allzu oft an diplomatischen Kompromissen und politisch-korrekter Sprache. Die Nationalgeschichten Europas sind noch viel zu stark, eine transnationale Öffentlichkeit hingegen kaum entwickelt, und das Thema Holocaust als »europäischer Gründungsmythos« offenbar schwer zu vermitteln. Den Hiatus hat die tschechische Schriftstellerin Alena Wagnerová am analogen Problem der deutsch-tschechischen Beziehungen dargelegt (*NZZ* 4. 9. 2004): Mit einer sudetendeutschen Freundin verbindet sie vieles: »… die gleiche Mentalität bis tief in die Mikrostrukturen unserer Lebensstile, der gleiche Humor, die Liebe zu der tschechischen Musik, die Kochrezepte und andere Fertigkeiten, der gleiche Zungenschlag meines und ihres Deutsch, einfach unsere gemeinsame böhmische Identität, unsere Wurzeln und die Prägung durch den gleichen geographischen Raum und Alltag«, aber das durchkreuzten geschichtspolitische Aufrechnungsmanöver und Forderungen. »Es ist eine Tragödie, der man nur mit tiefer Einsicht in die eigenen Verfehlungen und das eigene Versagen gerecht werden kann und mit Reue über die durch eigene Torheit und Verblendung verdorbene Geschichte.«

Hülfe ansonsten nur heilsames Vergessen, oder die Hinwendung auf Gegenwartsprobleme, deren Entstehung und Brisanz der global ausgreifende Diskurs über den Holocaust nicht verhindern konnte?

Ruanda als Menetekel

Einer der Vorschläge, wie man ein zentrales Holocaust-Mahnmal nutzen und zugleich über ein reines Denkmal hinausgehen könne, war seinerzeit ein Zentrum zur Beobachtung und Verhütung von Genoziden *(genocide watch)*. Dieses sollte historische und laufende Völkermorde dokumentieren, sie wissenschaftlich analysieren und auch ihre strafrechtliche Verfolgung vorbereiten. Angestrebt war damit eine Aktualisierung der Aufgabenstellung von Gedenkstätten, und der Holocaust wurde vergleichend eingeordnet in die lange Geschichte der Vertreibungen und Völkermorde. Der Vorschlag fand bekanntlich wenig Zustimmung – die Stifter des Mahnmals wollten den historischen Mord an den Juden ins kollektive Gedächtnis künftiger Generationen heben, nicht Gegenwartsinspektion betreiben.

Diese Wendung ist aber nicht ausgeschlossen: Dabei, wie die Planer des »Orts der Information« dessen Aufgaben mittlerweile beschreiben, ist der aktuelle Bezug, die vergleichende Analyse von Diktaturen weltweit und auch die globale Verhütung von ethnischen Säuberungen und Genoziden nicht zu überhören. Da mit der Fertigstellung des Mahnmals die Mitarbeiter der Stiftung ihre Aufgabe verlieren und Institutionen an Kontinuität interessiert sind, wird über Entwicklungsmöglichkeiten der Stiftung nachgedacht, wobei erneut die Vokabel »genocide watch« gefallen ist.

Spätestens am Südostende des Mahnmals ist man also in der Gegenwart angekommen. Es war ja auch keine Abschweifung, bei der langen Mahnmal-Diskussion die Genozide der Gegenwart in den Blick zu nehmen. Denn keineswegs ist die Zeit der Völkermorde zu Ende: »Ethnische Säuberungen« ereignen sich seit 1945 an vielen Stellen der Welt, von der Amazonas-Region bis nach Ost-Timor, aber auch an der europäischen Peripherie und im jugoslawischen Krieg eine gute Flugstunde von Berlin (Naimark 2004). Zugrunde liegt diesen Säuberungen die Wahnidee, nur ein ethnisch homogener Nationalstaat könne überleben, und die destruktiven Mittel, die moderne Gesellschaften zur Verwirklichung dieser Idee einsetzen können, beschränken sich eben nicht mehr auf Mistgabel und Machete.

Die Machete ist ein bevorzugtes Tötungsinstrument in Zentralafrika. 1994 schlachteten in Ruanda binnen weniger Wochen Hutu-Milizen rund 800 000 Tutsi und gemäßigte Hutus ab (Des Forges 2002), und das warf die Frage auf, ob sich dort wieder ein Verbrechen von der unfassbaren Dimension des Judenmordes ereignete. Vor den Augen der ganzen Welt wurden Menschen vertrieben, verstümmelt, vergewaltigt und ermordet aus dem einzigen Grund, dass sie einer verhassten, für vogelfrei erklärten Volksgruppe angehörten, die man angeblich schon an ihrem Äußeren erkennt – hoch gewachsen und dünn, mit einer langen Nase. Dieses an die angeblich krumme Judennase erinnernde Stereotyp ist in ganz Zentralafrika verbreitet, ebenso das im Antisemitismus einschlägige Vorurteil, Tutsi würden alle Führungspositionen besetzen. Die Tutsi sind unser Problem, heißt es vielerorts, obwohl die Grenzen zu anderen Ethnien durch Heirat und Mobilität so verwischt sind, dass das Label längst bedeutungslos sein müsste. Aber der mörderische Narzißmus der kleiner werdenden Differenz hält an. Massaker an Tutsi (und im Gegenzug an Hutus) gibt es seit 1959, und die Lage in Burundi und im Ost-Kongo ist erneut außer Kontrolle geraten.

Heute muss die »zivilisierte Welt« beschämt eingestehen, dass sie diesen Völkermord geschehen ließ, dass die »Schutzmacht Frankreich« sogar Hilfestellung leistete und dass die Vereinten Nationen zwar in Bosnien, aber nicht wirksam in Zentralafrika intervenierten. Auch wenn afrikanische Staaten sich ebenso wenig aufraffen konnten einzugreifen, äußern schwarze Autoren den Vorwurf, die Weißen würden Auschwitz als ethnozentrische Metapher einsetzen, also allein auf Vorgänge in der westlichen Hemisphäre anwenden, nicht auf Verbrechen ähnlichen Ausmaßes in der ehemals kolonisierten Welt. Die Entschuldigung des früheren US-Präsidenten Clinton bestätigte indirekt diesen Vorwurf.

Die Intervention im Kosovo 1999 wurde von Außenminister Fischer ausdrücklich mit Bezug auf den Judenmord legitimiert. Das Postulat »Nie wieder Auschwitz« überlagerte das Postulat »Nie wieder Krieg« – warum also nicht in Ruanda, oder im Sudan? Seit Anfang 2003 ereignet sich, wie mittlerweile jeder Fernsehzuschauer weiß, in der Region Darfur ein neuer Massenmord; arabische Reitermilizen vertreiben afrikanische Muslime aus ihren Dörfern, zünden diese an, metzeln Tausende nieder. Mehr als ein Fünftel der Bevölkerung der Region lebt in Flüchtlingslagern, auch setzen die Verfolger systematisch Massenvergewaltigung ein, mit der einsetzenden Regenzeit droht eine Katastrophe. Wieder bestätigt sich, wie wenig die hoch gehaltene Erinnerung an den Holocaust systematische Vertreibungen und Rassenmord heute zu verhindern vermag. Nach dem Holocaust ist – vor dem nächsten Völkermord.

Die Vorgänge in Afrika werfen die keineswegs akademische Frage auf, wie Völkermord heute zu definieren ist und, verbunden damit, wie die Völkergemeinschaft darauf reagieren soll. Genozid definiert man seit der einschlägigen UN-Konvention von 1948 als gezielte Beseitigung einer nationalen, ethnischen, rassischen oder religiösen Gruppe;[8] der Mord an den Juden war, auch wenn nicht direkt auf ihn Bezug genommen wurde, Anlass und zeitgenössisches Beispiel für diese neue rechtspolitische Figur. Völkermord wurde als Verbrechen gegen die Menschheit gesehen und von Kriegsverbrechen unterschieden, also von Delikten im Zusammenhang mit Kriegshandlungen. Genozid zielt nämlich nicht auf die Beeinträchtigung oder Beseitigung eines Kriegsgegners, beabsichtigt ist die summarische Vernichtung einer Gruppe, ohne dass diese jemals aggressive Absichten gegen ihre Verfolger bekundet oder ausgeführt hätte.[9]

Genau das geschieht derzeit in den afrikanischen Regionen, doch bleibt umstritten und unklar, ob es sich dabei um einen Völkermord handelt. Während der US-Senat im Juli 2004 die »atrocities« in Darfur so einstufte, hielt sich die Europäische Union zurück, ebenso *amnesty international* und *Human Rights Watch*. Auch die Afrikanische Union konnte noch nicht genügend Hinweise dafür erkennen, ob die kritische Schwelle überschritten sei. Obwohl das Ausmaß der Zerstörungen und Morde nicht zu bestreiten ist, geben viele NGO's zu bedenken, im Westsudan könne man nicht ohne weiteres von einem Rassenkonflikt reden und noch weniger von einem Religionskonflikt, wie er den Süden des Landes verwüstet hat.

Völkermord ist ein großes Wort, und wer es vorschnell verwendet, banalisiert den Tatbestand zum rhetorischen Propagandamittel im globalen Kampf um mediale Aufmerksamkeit und monetäre Hilfeleistungen. Viele *termini technici*, die wir in der Diskussion zugrunde legen – Ethnizität und Rasse als Beispiele – sind schwammig und entstammen einer europäischen Geschichte und Debatte. In der Geschichte der so genannten ethnischen Säuberungen ragt der Mord an den Juden zweifellos heraus, weniger der Zahl der Opfer nach als durch die Systematik der Planung und Durchführung der Mordaktion und die Heranziehung modernster technisch-wissenschaftlicher Mittel. Im Bezug darauf wird der Mord an den Juden wie gesagt als singulärer Zivilisationsbruch gekennzeichnet, da mit ihm das Tötungstabu außer Kraft gesetzt und elementare Grundlagen des Zusammenlebens in Frage gestellt wurden. Aber wer möchte behaupten, Massentötungen und systematische Vertreibungen in Afrika stellten kein solches Verbrechen dar, und damit unterstellen, in der »afrikanischen Zivilisation« seien sie an der Tagesordnung, also gewissermaßen normal und nicht geeignet für ein Weltgericht? (Kieser/Schaller 2002, Plumelle-Uribe 2004) Das *US Holocaust Memorial* in Washington hat dagegen erstmals in seiner Geschichte den »Genocide Emergency« ausgelöst.

Der deutsche Fall des Mordes (nicht nur) an den europäischen Juden ist damit weder ausgeklammert noch relativiert, er steht vielmehr in seiner ganzen Extremität vor Augen, denn erst in vergleichender Perspektive ist zu erkennen, dass hier Eliten einer entwickelten bürgerlichen Gesellschaft und Demokratie Völkermord von langer Hand geplant und kalt-bürokratisch, eben nicht per Machete und als spontanes Massaker oder lokales Pogrom ausgeführt haben. Aber diese Qualifizierung darf nicht in eurozentrische Überheblichkeit münden, die Afrika dergleichen auf Grund seiner Rückständigkeit ohne weiteres zutraut.

In diesen Zusammenhang gehört, dass die Nachfahren der Opfer kolonialer Massaker in Analogie zu den Opfern des Holocaust nun energischer auf Anerkennung ihres Leids und materielle Entschädigung pochen. Auftakt und Vorbild des von Deutschen begangenen Völkermords war ja weniger der armenische Fall als die brutale Niederschlagung des Herero-Aufstandes 1904, dem Zehntausende zum Opfer fielen. Dass die Bundesregierung hundert Jahre später die »besondere politische und moralische Verantwortung Deutschlands« dafür einräumte, aber Forderungen nach Entschädigung zurückwies, erscheint den Nachfahren der Opfer als Mangel an Respekt, wenn nicht als rassistische Haltung gegenüber Schwarzen. Denn auch die deutsche Politik in Südwestafrika erfüllte die Kriterien des Genozids: die in der Eskalation eines kolonialen Aufstandes radikalisierte Idee der summarischen Ausrottung der Nama und Herero, in vollem Bewusstsein der politischen und militärischen Führung und unter Einsatz von Konzentrationslagern zur Umsetzung dieses Plans.[10]

Ein Mahnmal für die schwarzen Opfer der deutschen Kolonialherrschaft gibt es nicht, wohl aber Stadtviertel, deren Straßenzüge noch immer nach den Urhebern dieses Genozids benannt sind. Und Sammelklagen in den USA wird so lange wenig Aussicht auf Erfolg beschieden, wie Namibier nicht zu ähnlichen Methoden greifen wie die Regierung in Zimbabwe, die weiße Siedler enteignen, vertreiben und ermorden ließ.[11] Nicht erst dieses Erpressungsmanöver einer postkolonialen Diktatur sollte das Ansinnen einer nicht auf Europa beschränkten Geschichtspolitik plausibel machen, die afrikanische Dimension zeigt aber auch die Grenzen und Fallstricke einer Globalisierung des Gedenkens und Erinnerns unter dem Siegel eines raumzeitlich entrückten Holocaust. Weder darf die These von der Singularität des Judenmordes den Blick verengen und eine letztlich rassistische Stereotypen übernehmende Hierarchie der Opfer unterstützen, noch soll eine allseitige und pauschale »Viktimisierung« Differenzen zwischen den historischen und aktuellen Vorgängen verwischen.[12]

Entschädigungsansprüche der durch Sklavendeportation und koloniale Verfolgung betroffenen Schwarzen sind bisher nicht erfüllt worden und wohl auch schwer zu erfüllen, aber anachronistisch ist ein eurozentrisches Deutungsmuster von Ursachen und Wirkungen von Völkermorden, das sich auf die Singularitätsthese bezieht und dabei auch den kulturellen Pluralismus moderner Gesellschaften verkennt.

3. Die Zukunft der Erinnerung

Gedenken transnational

Zu den Besuchern des Holocaust-Mahnmals und anderer Gedenkstätten werden auch Kinder und Enkel von »Gastarbeitern« und anderen Einwanderern zählen, nicht zuletzt im Rahmen von Schulausflügen. Allerdings wird bei einigen Unterrichtsfächern (wie Sport und Sexualkunde) sehr wohl »kulturell« differenziert, und Exkursionen ins Ausland gestalten sich beispielsweise für Türken wegen der Visumspflicht immer noch schwierig. Unterdessen sind »Ausländerkinder« der zweiten und dritten Generation in großer Zahl eingebürgert, in Unterricht und Alltag werden sie aber oft weiter wie Nicht-Deutsche behandelt. Vor diesem Hintergrund fragt sich, wie stark das Geschichtsbewusstsein jüngerer Deutscher ethnisch differenziert ist und ob Immigranten nicht nur in die heutige Lebenswelt, sondern auch in die Geschichte und Vergangenheit ihres Aufnahmelandes eingewandert sind.

Diese Facette kultureller Integration wurde bisher selten analysiert, von Sprechern der zweiten Generation aber ausdrücklich thematisiert. Der bereits erwähnte Zafer Senocak hat bei einer hochrangig besetzten Gedenkveranstaltung zum 8. Mai im Jahr 1995 (Sauzay u. a. 1995) entsprechende Gedanken geäußert; dabei hat er die Pathologien deutscher »Vergangenheitsbewältigung« herausgearbeitet und mehr »Normalität« gefordert. Es wäre eine überaus ironische Pointe deutscher Geschichtspolitik, wenn die Kinder von Einwanderern der deutschen Erinnerungs- und Verantwortungsgemeinschaft beitreten und dieser zugleich Entlastung verschaffen würden. Viola Georgi hat in ihrer Untersuchung des multikulturellen Geschichtsbewusstseins von Schülern wesentliche Fragen aufgeworfen (Georgi 2001, 2003), die man folgendermaßen systematisieren kann:

- Wie unterscheidet sich die Wahrnehmung des Nationalsozialismus bei einheimischen und eingewanderten Schülern und Schülerinnen?
- Gibt es eigenständige Formen der Auseinandersetzung junger Einwanderer mit dieser fremden Vergangenheit? Welche Rolle spielt der Bezug auf die (ebenso fremde) Vergangenheit der eigenen Gruppe und des (imaginären) Herkunftslandes, hier vor allem deren »dunkle Seiten«?
- Wie werden in einer allgemein genozidalen Perspektive Verbrechen wie die Vertreibung von Armeniern, Griechen und Juden zu Beginn des 20. Jahrhunderts interpretiert? Wie werden Menschenrechtsverhältnisse in der Herkunftsgesellschaft im Licht der deutschen Geschichte beurteilt und bewertet?
- Beeinflusst die NS-Vergangenheit die Entscheidung, die Staatsbürgerschaft zu erwerben oder zu verweigern? Bedeutet dies automatisch, auch Mitverantwortung übernehmen zu müssen?
- Oder erlaubt die Vergangenheit, sich von den Einheimischen zu distanzieren und eventuelle Unterlegenheitsgefühle zu

kompensieren? Wie werden Gegenstände des Geschichtsunterrichts mit eigenen oder vermittelten Erfahrungen von Auswanderung und Exil, von Diskriminierung und rassistischen Angriffen verbunden?
- Welche Möglichkeiten bieten Diskurse der Einwandererkinder für die Neuinterpretation der deutschen Geschichte, etwa im Hinblick auf die Singularität des Holocaust, auf die Entlastung der Täternachfahren und die Relativierung der NS-Verbrechen? Bewirkt die Erarbeitung einer fremden National- und Kulturgeschichte ein generell gesteigertes Geschichtsinteresse?
- Wie erfährt man in der Wahrnehmung der vergangenen Geschichte Gemeinsamkeiten der eigenen, oft multikulturell zusammengesetzten *Peer group*?

Auf der Grundlage von Interviews mit 15 bis 20jährigen Migranten hat Georgi vier Typen von Geschichtsbewusstsein und besonders der Verarbeitung dessen herausgearbeitet, was junge Einwanderer im Unterricht, bei Gedenkstättenbesuchen und in Medien vom Holocaust erfahren. Typ eins neigt zur Identifikation mit den verfolgten Juden und sagt, wie ein junger Inder: »Meine Hautfarbe ist wie ein Davidstern« oder hat wie ein junges Mädchen Angst, »... dass mir als muslimische Deutsche das gleiche passieren könnte wie den jüdischen Deutschen« (Georgi 1997, S. 42 ff.). Ein zweiter Typ europäischer Einwandererkinder rückt die heutige Diskriminierungserfahrung der eigenen Familie in die historische Verfolgungsgeschichte unter deutscher Besatzung ein. Umgekehrt sucht ein dritter Typ die Chance zur Identifikation mit den Deutschen (und Tätern) und nimmt sie dabei, zum Teil emphatisch, gegen Bezichtigungen in Schutz.

Ein vierter Typ schließlich interpretiert den Holocaust als universale, die Nationen (wie Täter und Opfer) übergreifende Menschheitserfahrung und fühlt sich verpflichtet, eine Wiederholung an jedem Ort der Erde zu verhindern, als Teil einer moralischen Erinnerungsgemeinschaft, die das vorherrschende Parameter der nationalen Schicksalsgemeinschaft überschreitet. Auch wenn die meisten Migranten (genau wie ihre autochthonen Altersgenossen) die NS-Vergangenheit eher indifferent und desinteressiert betrachten dürften, ist die jüngere deutsche Geschichte für emotional und kognitiv damit befasste Jugendliche ein Kernthema der Verhandlung von Identität und Zugehörigkeit in der deutschen Einwanderungsgesellschaft geworden. Gut informierte Migrantenkinder tendieren dazu, sich die deutsche Vergangenheit zu »leihen«, und zwar mit unterschiedlichen, für die Bewältigung der Gegenwart nützlichen Absichten. Der Mord an den Juden wird so zwangsläufig historisiert, relationiert und aktualisiert, was freilich keine Besonderheit seiner Wahrnehmung durch Einwanderer darstellt, sondern einen allgemeinen Trend antizipiert und unterstreicht.

Den Ausschlag für die jeweilige Beurteilung des Holocaust gibt weniger die historische Faktenlage als das Maß der Ausgrenzung, das Migranten im Alltag erfahren. Doch auch unter negativen Vorzeichen wird die Auseinandersetzung mit der fremden Geschichte zum Vehikel der kulturellen Integration. Aufschlussreich ist das von Georgi zitierte Beispiel eines jungen Deutsch-Türken, dem bei einem Besuch der Gedenkstätte im KZ Theresienstadt die Zugehörigkeit zum »Tätervolk« klar wurde und in Reaktion darauf »den Türken in (sich) vergessen« habe. Identifikation mit der deutschen Geschichte gilt offenbar als eine Art »Eintrittsbillet« für die deutsche Gegenwartsgesellschaft. Deren »jüngste Vergangenheit« ist allerdings nicht mehr das »Dritte Reich«, sondern die Bonner Republik, die, je nach persönlichem Erfahrungshintergrund, als Erfolgsgeschichte gedeutet wird.

Die notwendige Verbindung von mehreren National- und Einwanderungsgeschichten mit zivilreligiösem Verfassungspatriotismus, von Nahwelterfahrung mit Fremdverstehen (Borries 2004) ist, wie man an dieser strategischen Gruppe von Jugendlichen erkennt, eine politisch-pädagogische Herausforderung für den Geschichts-, Politik- und Religionsunterricht, für Schulbücher und andere Medienprodukte und eben auch für die Gedenkstättenpädagogik. Bisher haben sich die meisten zu wenig auf diese Zielgruppe eingestellt, obwohl diese keineswegs mehr in der Minderheit ist; eine Ausnahme stellt die Anne-Frank-Ausstellung ab 2003 in Frankfurt/Main (und im Internet) dar.

Die Gretchenfrage lautet, ob man sich in Gedenkstätten und speziell am Berliner »Ort der Information« ohne weiteres von Migranten führen lassen würde. In einem verwandten und aktuell viel stärker belasteten Kontext wurde diese Frage mit »Ja« beantwortet: Im Memorial für die Kämpfer im Warschauer Ghetto *Beit Lochamei HaGetaot* zwischen Haifa und Tel Aviv haben junge israelische Araber (die sich zunehmend als Palästinenser wahrnehmen und bezeichnen) solche Führungen übernommen und Besuchern die Geschichte des Holocaust vermittelt. Es wird jüdische Gedenkstätten-Besucher irritieren, dass ihnen Angehörige einer Gruppe, die viele pauschal als »Terroristen« geißeln, eine besonders tragische Epoche »ihrer« jüdischen Geschichte darlegen sollen.

Das ist nur ein extremes Beispiel dafür, wie in einem transkulturellen Kontext Geschichte und Gedenken nicht mehr Eigentum einer ethnisch-nationalen Gruppe bleiben und folglich Geschichtsbewusstsein nicht mehr, wie es eine (auch kritische) Nationalerziehung seit Jahrhunderten behauptet, stets von der (eigenen) Gemeinschaft her entworfen wird. Anders als die Erinnerung von Ethnien, die sich als Schicksalsgemeinschaften betrachten, müssen transkulturelle Erinnerungskulturen per se multi-perspektivisch und offen-kontrovers angelegt sein. Damit werden sich auch Charakter und kollektive Identität der Europäischen Union ändern, wenn dereinst die Türkei beitreten sollte.

Für Europa wird der Ereigniszusammenhang, der den Zweiten Weltkrieg und die Shoah umfasst, als eine Art negatives Gründungsereignis interpretiert. Wie aber sollen Millionen von Muslimen und andere Religionsgemeinschaften dazu stehen, wenn ein gesamteuropäischer Gedächtnisraum derart (oder im christlich-jüdischen Dialog) abgesteckt wird und sich Teilhabe an einer »Wertegemeinschaft« vor allem darüber vermitteln soll? Der politisch-moralische Auftrag für die Nachlebenden kann eine Exklusion für Neuankömmlinge darstellen. Anschlussfähig ist er höchstens insofern, als der Holocaust unterdessen als globale Erinnerungsfigur eingeführt ist, der sich vom Kontext der Opfer- und Tätergesellschaften (Israel und Deutschland) löst und als Adressat einer transnationalen Erinnerungskultur das »gesamte Menschengeschlecht« anspricht – darunter einheimische wie eingewanderte Kinder. *Holocaust Education* bringt neue Herausforderungen für die Integrations- und Bildungspolitik, Vergleiche und Relationierungen werden akut, wenn etwa der Genozid am armenischen Politik zum Unterrichtsstoff an europäischen Schulen würde oder seine verbindliche Anerkennung direkt oder mittelbar zur Voraussetzung des EU-Beitritts der Türkei gemacht würde. Insofern ist Geschichtspolitik heute auch außenpolitisch erheblich bedeutsamer geworden – im Verkehr der Staaten untereinander, für die supranationale Integration und eine transnationale Gemeinschaftsbildung.

Agenda 2005 – Geschichtspolitik von Kohl zu Schröder

Bundeskanzler Schröder hat das Holocaust-Mahnmal von seinem Vorgänger »geerbt« wie das Kanzleramt und andere Gebäude im Regierungsviertel. Vor 1998 hielt er sich mit Äußerungen zum Mahnmal zurück und ließ seinen designierten Kulturminister Michael Naumann gewähren, der seine Abneigung deutlich kundtat. Nach dem Regierungswechsel gehörte die jüngste Vergangenheit nie zu Schröders berühmten Chefsachen. Geschichtspolitik war seine Sache nicht, weder die antifaschistische Emphase seiner Generation noch die Art seines Vorgängers, deutsche Normalität mit symbolischen Auftritten zu insinuieren. Schröder wollte als Zukunftsmacher agieren, nicht wie Helmut Kohl in die Geschichte eingehen. Sein Attribut war höchstens der »Autokanzler«, und so wies er auch das Ansinnen von sich, die Ballung von Jahrestagen 2004 und 2005 zur Profilierung als Geschichtskanzler zu nutzen.

Da von ihm niemand rhetorische Großtaten erwartete, registrierte die Öffentlichkeit umso erstaunter, wie er auf diesem Gebiet Talent entwickelte.[13] Es begann mit seinem als souverän bewerteten Auftritt bei der 60. Wiederkehr des D-Day, der alliierten Landung in der Normandie im Juni 1944 und setzte sich fort mit einer ebenso beachtlichen Ansprache zum 20. Juli. Schröders Rede war »state of the art« und nicht abgelesen wie ein unverstandener Schulbuchtext. Und mit Bezügen zum polnischen, holländischen und französischen Widerstand eröffnete er eine europäische Perspektive, ohne die Grenzen und Ambivalenzen der Verschwörung des 20. Juli zu leugnen und auszulassen, wie isoliert sie im deutschen Volk waren, das den Nazis bis zum Ende die Treue hielt.[14] Von Anstalten zu einer Entsorgung der deutschen Geschichte kann auch bei Schröder keine Rede sein, wohl aber ist sein Anspruch unverblümter, Deutschland als politische Macht aufzuwerten. In diesem Sinne hat er weitere Stationen der Geschichtspolitik besprochen – die alliierten Bombenangriffe ebenso wie die »deutsche Schande«, die mit dem Namen Auschwitz verbunden ist und mit dem Vernichtungskrieg im Osten. Zu den einschlägigen Gedenktagen bis Mai 2005 wurden von ihm weitere große Reden in Berlin, Dresden und Moskau erwartet.

Der fast selbstverständliche Auftritt eines deutschen Kanzlers unter den Siegermächten des Zweiten Weltkrieges unterstreicht die Zeitenwende, die mit dem Fall der Mauer und dem Ende des Kalten Krieges eingetreten ist. Weder für die Russen noch für die westliche Allianz ist es sinnvoll, Deutschland weiter in die Tradition des Deutschen und vor allem des »Dritten Reiches« zu stellen. Eher wollen Amerikaner und Briten den Deutschen historisch bedingte Hemmungen nehmen, sich der »Allianz gegen den Terror« anzuschließen, und somit an Aufgaben beteiligen, die der Welt nach dem Ost-West-Konflikt zugewachsen sind.

Dabei will Deutschland auf Augenhöhe agieren, was sich in den »wild entschlossenen« Bestrebungen von Kanzler und Außenminister spiegelt, einen permanenten Sitz im UN-Sicherheitsrat zu ergattern. Die Vereinten Nationen hatten Deutschlands Paria-Rolle seinerzeit mit der Feindstaatenklausel festgeschrieben, eben dort geriert sich der gründlich gewendete Nachfolgestaat des Dritten Reiches nun als Vorkämpfer eines prinzipiengeleiteten Multilateralismus. Das hindert Deutschland nicht am Alleingang gegenüber den europäischen Nachbarn, unter denen sich besonders Italien über deutsche Ansprüche pikiert zeigte und Polen wiederum nicht erfreut war. Und es macht klar, dass deutsche Soldaten für Friedenseinsätze »out of area« verlangt und rund um den Globus willkommen sind.

Die kollegiale Zelebrierung des militärgeprägten D-Day schloss diese Rehabilitierung nur noch symbolisch ab, genau wie der für den 9. Mai 2005 vorgesehene Auftritt Schröders zur Feier des Kriegsendes in Moskau[15], auch wenn die Präsenz eines deutschen Kanzlers Veteranen des »Großen Vaterländischen Krieges« stärker irritieren wird als ergraute GIs an der Atlantikküste. Kanzler Kohl war diese Genugtuung bekanntlich nicht vergönnt, er musste sich mit Ersatzritualen über Soldatengräbern begnügen. Schröder ist endgültig eingereiht ins Protokoll der Neuen Weltordnung, die andere Feinde und Feindbilder kennt als Hitlerdeutschland. Man sieht, welche Wirkung Adenauers Westbindung und Brandts Ostpolitik noch entfalten, wobei die demonstrative Männerfreundschaft zwischen Schröder und Chirac und die Auftritte dieses »Tandems« in der EU und gegenüber den USA kritisiert werden.

»Gern hätte der deutsche Präsident Horst Köhler am 27. Januar, zum 60. Jahrestag der Befreiung von Auschwitz, das Wort ergriffen beim gemeinsamen Erinnern an der Gedenkstätte. Wie die Präsidenten Israels, Polens und Russlands auch«, berichtete Gunter Hofmann zum 60. Jahrestag der Befreiung von Auschwitz. Aber dazu kam es – noch – nicht. Denn: »Es gibt Unterschiede, die sich nicht verwischen lassen.« (*Zeit* 21. 1. 2005) Gleichwohl: Die forcierte Aktualisierung und Globalisierung des Holocaust streicht die Singularität von Auschwitz zwar noch rhetorisch heraus, sie wird den Mord an den Juden aber zwangsläufig relationieren und begründet – das ist die wenig thematisierte außenpolitische Konklusion – zum Staat Israel kein Sonderverhältnis mehr. Auch damit betritt Schröder heikles Terrain, doch weniger als frühere Regierungschefs, die in den deutsch-israelischen Beziehungen wie auf Eiern gingen. Auch hiermit kommt ein Generationsprojekt zum Abschluss, das sich aus der zunächst ohnmächtigen Position der Anklage »brauner« Institutionen und Machtfiguren entwickelte und die darüber generierte Protestenergie in eigene Machtansprüche und seit 1998 auch in Machtpolitik zu verwandeln verstand.

Schröder umging auch nicht den Dissens zu prominenten jüdischen Repräsentanten in Deutschland, wo er ihn für angebracht hielt. Obwohl sie die Semi-Offizialisierung der F. C. Flick Collection in Berlin zum Skandal machten, weil dieser Flick-Erbe (im Unterschied zu seiner Schwester) nie in den Entschädigungstopf für Zwangsarbeiter eingezahlt hatte und das Projekt im Verdacht der Reinwaschung des Großvaters Friedrich wie auch des Enkels Friedrich Christian stand,[16] ließ es sich der Kanzler nicht nehmen, die Ausstellung im Hamburger Bahnhof im September 2004 persönlich mitzueröffnen. »Kunst lässt sich nicht als Geisel nehmen. Kunst spricht für sich«, beschied Kulturstaatsministerin Weiss den Protest Salomon Korns dagegen, dass Deutschland eine in der Schweiz abgelehnte Museumsidee aufgegriffen hat und ein Brief israelischer Zwangsarbeiter mit der Bitte wenigstens um angemessene Kommentierung der Ausstellung gar nicht beantwortet wurde. Der Bundeskanzler äußerte sich dazu folgendermaßen:

»Kunst ist kein Mahnmal. Man würde die Menschen bestrafen, wenn man diese herrliche Sammlung nicht zeigen wollte. Kunst lenkt nicht von der Geschichte, vom Unrecht der NS-Zeit oder von den Verstrickungen Einzelner ab. Sie eignet sich auch nicht zum ›Reinwaschen‹. Die Besucher, die in diese Ausstellung kommen werden, sollen die Chance erhalten, sich mit der Kunst von Bruce Nauman oder Martin Kippenberger auseinander zu setzen – ohne vorher die Geschichte der Familie Flick studieren zu müssen. (…) Kunst steht für sich – und dass sie einige Sprengkraft enthält, kann man unter anderem in dieser Ausstellung besichtigen. Es ist brisante Kunst, die hier zu sehen ist – keine leichte Kost und nicht geeignet zur Dekoration. Es sind Bilder, Installationen, Skulpturen, die vom Betrachter einiges verlangen, die Stellung beziehen und die zum Nach- und Weiterdenken bringen – auch über Geschichte, über Krieg und Moral. Und doch ist eine Kunstausstellung nicht geeignet, darüber deutsche Geschichte zu verhandeln. Dafür gibt es andere Foren.« (*Welt* 22. 9. 2004)

Das kulturpolitische Renommierprojekt, Muster einer *private-public-partnership*, wie sie im finanziell ausgelaugten Kulturbetrieb allerorts propagiert wird, wurde gleichwohl unverblümt als Anstrengung gefeiert, »einen Teil der Wunde (zu) schließen, die die Nazizeit gerissen hat« (Weiss) – gerade die Installation dieser prominenten Sammlung erlaube, über die Geschichte des Flick-Konzerns und die Verbrechen der Zwangsarbeit zu reden (*Zeit* 23. 9. 2004). Auch langjährige Befürworter einer solchen Normalisierung konnten sich der Assoziation mit dem Mahnmal nicht erwehren: »Flick plus Hauptstadt plus riesengroß – das hat zwangsweise etwas von einem Exempel, einer Machtdemonstration zur Zähmung der Widerspenstigen«, und monierten den »vulgären Ingrimm« solcher Hauptstadtauftritte, der die (ansonsten willkommene) Unbefangenheit stilistisch charakterisiere (Thomas Schmid, *FAS* 26. 9. 2004).

Schlusspunkt der geschichtspolitischen Kanzlerkampagne wird die auf den 10. Mai 2005 angesetzte Einweihung des Holocaust-Mahnmals sein, zu dem sich Schröder bisher nur beiläufig mit dem schon thematisierten Kommentar geäußert hat, man solle gerne dorthin gehen. Schröder liegt historische Emphase weniger als dem deklarierten Geschichtskanzler Kohl, doch genau wie dieser verfolgt er beharrlich die Ambition, ein anderes Deutschland auf Augenhöhe mit den Verbündeten zu etablieren. Die gründlich aufgearbeitete Vergangenheit ist eine Rückversicherung für Schröders burschikose, oft brachiale Herausstellung deutscher Interessen, etwa wenn es um EU-Zahlungen oder das Verhältnis zu Washington geht. Der Kanzler strebt Statusgewinne gegenüber den EU-Partnern an und bildet eine Achse mit Paris, Moskau und manchmal auch China.

Die Übernahme historischer Verantwortung erlaubt in seinen Augen eine neue Rolle in der Weltpolitik, wofür Militäreinsätze unabdingbar sind. Dass man 1999 – wohlgemerkt: nicht trotz, sondern wegen Auschwitz – an der Seite der NATO im Kosovo intervenieren *musste*, wie der frühere Verteidigungsminister Scharping kundtat, und dass Deutschland nach 2001 auch am Hindukusch verteidigt wird, wie dessen Nachfolger Struck den Zeitenwandel plastisch formulierte, ist eine politische Volte, die an Ereignisse wie die Beendigung des Algerienkriegs durch den erklärten Verfechter der *Algérie française*, Charles de Gaulle, und die China-Reise des in der Wolle gefärbten Kommunistenfressers Richard Nixon erinnert. Auch der nüchterne Struck schloss weitere Einsätze an anderen Stellen der Welt wie in Afrika zukünftig nicht aus: »… für mich gibt es keinen Zweifel, dass auch wir Deutsche für diesen Kontinent Verantwortung tragen. Wir können nicht einfach zusehen, wenn es an irgendeiner Stelle des Kontinents zu Völkermorden kommt« (*SZ* 18. 9. 2004). Als er in Aussicht stellte, dass »irgendwann« die Bundeswehr auch im Irak eingesetzt werden könnte, wurde er vom Kanzler und Kabinett zurückgepfiffen; die Nicht-Intervention im Zweistromland sollte ein Distinktionsmerkmal von der amerikanischen Sicherheitsstrategie bleiben.

Eine liberal-konservative Regierung wäre kaum in der Lage gewesen, die deutsche Öffentlichkeit bei all diesen Lockerungen mitzunehmen, weil ihr die Schatten der Vergangenheit angehangen hätten. Links-liberale Realpolitik hingegen kann ein Programm verwirklichen, vor dem Joschka Fischer 1994 als Außenminister in spe noch inständig gewarnt hat: nationale Machtpolitik und internationale Militäreinsätze werden heute auch vom ökopazifistischen Flügel durchgewunken, während die Opposition die Wirksamkeit der Bundeswehr in Kosovo und Kundus bestreitet und eine den deutschen Interessen abträgliche »Renationalisierung der Außenpolitik« (Wolfgang Schäuble) ausmalt.[17]

Thomas Schmid, der dem rot-grünen Milieu entsprungen und zugleich entwachsen ist, begrüßt den Paradigmenwechsel der deutschen Außen- und Innenpolitik und den Einbruch geschichtspolitischer Dogmen. Er äußert allerdings einen Verdacht, der zitiert werden soll, weil er zum Ausgangspunkt der politischen Geschichte des Mahnmals zurückführt und den völligen Einsturz der Singularitätsthese konstatiert:

»Die deutsche Erinnerungspolitik ... pflegte den mentalen Ausnahmezustand, sie hatte das Leben nicht auf der Rechnung. Im Historikerstreit vor zwanzig Jahren verwandten große Geister viel Kraft darauf, sich der Wirklichkeit entgegenzustemmen. Auf keinen Fall dürfe der Nationalsozialismus historisiert, auf keinen Fall dürften die in seinem Namen begangenen Verbrechen mit anderen Verbrechen verglichen werden.«

Schmid sieht in der Aufarbeitung der Vergangenheit nur »ein Ritual, eine Inszenierung, ... Theater – ... eine verregelte Bußübung, die dem Gesetz einer auf äußerliche Wirkung angelegten Religiosität folgte. Es zählt die Korrektheit, in der die Übung vollzogen wurde – nicht die Anteilnahme.« Und er fährt (mit Gehlen und Lübbe als Kritikern der deutscher »Hypermoral« im Kopf) fort, »dass Vergleichen, Historisieren, ja sogar Relativieren eine allgemein akzeptierte Übung geworden ist. Das ist gut so.« Wirkt dies wie eine Übernahme von rechtsgerichteten Sottisen gegen deutsche Bußfertigkeit und eine Frontalattacke auf die Singularitätsthese, die nationalkonservative und rechtspopulistische Kreise seit Jahren ausbringen, setzt Schmid einen anderen Schlussakzent:

»Doch wird man den Verdacht nicht los, dass diese nötige Normalisierung keiner fortentwickelten Einsicht zu verdanken ist. Sie könnte vielmehr die pure Folge des Umstands sein, dass ein hybrider Spannungsbogen, der nur moral-politisch gewollt war, ganz schlicht zerbrochen ist. Das hinterlässt Leere, nicht Fülle.« (*FAS* 26.9.2004)

Zeitgenossenschaft

Unsere jüngste Geschichte, bedeutet dies, sei nicht mehr Weimar oder Hitler, es ist die alte Bundesrepublik, die eine neue Rolle finden muss, darin eine östliche Teilgesellschaft, für die das in besonderem Maße gilt. Nachdem im September 2004 Neonazis in das sächsische Landesparlament eingezogen waren, schrillten wieder einmal die Alarmglocken, der Innen- und Verfassungsminister Otto Schily rügte sogar das Bundesverfassungsgericht dafür, die NPD nicht rechtzeitig verboten zu haben. Das ist aber nur ein Beispiel für die Fehlsichtigkeit der politischen Klasse, die an Bodenhaftung verloren hat, was viel mehr noch für die Begründung der »Hartz I-IV« titulierten Sozialpolitik gilt. Die verbreitete Skepsis, ob die repräsentative Demokratie Vorhaben wie den Umbau des Sozialstaates noch leisten könne, zusammen mit der NS-Nostalgie bei gleichzeitigen Wahlerfolgen einer unverschämt revisionistischen Partei, beunruhigte auch einen führenden Erinnerungsforscher:

»Das Vermitteln von Zukunftsorientierungen und gestaltbaren Hoffnungen war – man denke nur an die Ära Brandt – ein essentieller Bestandteil der Erfolgsgeschichte der Bundesrepublik; nun wird das Aufgreifen von Wünschen und Hoffnungen jenen Parteien überlassen, deren eigene Utopien alles andere als demokratisch sind. Zwischen Hartz und Hitler geht die Demokratie aus einem stabilen in einen labilen Zustand über.« (Harald Welzer, SZ 13. 9. 2004)

Ironischerweise sorgt sich nunmehr Harald Welzer um mögliche Handlungsblockaden, die aus einer Fixierung auf die Vergangenheit erwachsen können:

»Wenn Orientierungen in der Gegenwart sich zum Zweck der Sicherung von Handlungsoptionen für die Zukunft herstellen lassen, dann wird sich um so weniger Zukunft herstellen lassen, je desorientierender solches Erinnern an einer Vergangenheit haftet, auf die ohne Unterlass zurückgeblickt wird. Kann es sein, dass die Nachkommen der Kriegsgeneration umso fester in einer kollektiven Fixierung ge-

fangen sind, je weniger Überlebende diese Geschichte zurücklässt?«
(Welzer 2004, S. 64)

Das reklamiert eine überraschend radikale Zeitgenossenschaft und erinnert an die 1950er Jahre. Damals herrschte unter der »skeptischen Generation« (Helmut Schelsky) ein Horror vor der Vergangenheit und ein ebenso entschiedener Utopieverzicht, der im Pendelausschlag durch die forcierte Aufarbeitung des Beschwiegenen und einen wahren Boom sozialer Utopien und politischer Planung abgelöst wurde. In den 1970er Jahren wurde dieser Impuls durch soziale Bewegungen geerdet und eingebaut in Alltagsroutinen, auch mit der Geschichtspolitik »von unten«. In dieser Konjunktur wurde das Mahnmal-Projekt lanciert, das einen von Rechtsaußen betriebenen, in die Mitte der Gesellschaft hineinragenden Revisionsversuch kontern sollte. In den 1990er Jahren kehrte mit dem Fall der Mauer und der Vereinigungskrise das Realitätsprinzip wieder ein, das nun unter radikal umgewälzten geostrategischen Verhältnissen Wirkung zeitigt.

Man kann diese Geschichte auch als diachrones Generationsprojekt deuten: Die nach 1940 geborenen sahen »späte Geburt« durchaus auch als eine Last, und sie übernahmen stellvertretend für die Täter und Mitläufer, die dazu selten bereit waren, Scham und Verantwortung. Dabei kam es zu einer Überidentifikation mit den Opfern und zur oftmals philosemitischen Wahrnehmung eines Verlustes von »deutsch-jüdischer Kultur« und einem oft karikierten »Schuldstolz«, jedoch auch zu einem praktischen Versuch der Wiedergutmachung. Die Ohnmachtserfahrung gegenüber der fatal empfundenen Kontinuität der Personen und Institutionen, mit denen diese Altersgruppe im Rahmen eines nicht auf Deutschland begrenzten Wertewandels in Schulen, Universitäten, Gerichten, Verwaltungen und Unternehmen selbst in Konflikt gerieten, ließ bisweilen ein hermetisches Weltbild entstehen, das beispielsweise in der Notstandsgesetzgebung der 1960er Jahre neue »Ermächtigungsgesetze« erblickte und die zweite deutsche Republik unter den Verdacht eines jederzeit möglichen Rückfalls in den Faschismus stellte. Aus der Radikalisierung dieser Wahrnehmung, befördert durch Gewaltreaktionen des Staates, kam es zu einer Selbstermächtigung in Form der nicht mehr bloß rhetorischen Bestrafung der Vätergeneration, am extremsten in der »Hinrichtung« des Managers und Arbeitgeberfunktionärs Horst-Eberhard Schleyer durch Mitglieder der RAF. In der erschrockenen Reflexion dieser selber totalitären Verirrung verfolgten dann andere Sprecher dieser politischen Generation ein ziviles Projekt des Machterwerbs, das eine bis dahin außerparlamentarische Opposition den Marsch durch die Institutionen gehen und schließlich in den 1990er Jahren in die politischen Herrschaftseliten aufsteigen ließ.

Wir haben in diesem Buch Beispiele in Fülle gegeben, wo diese Generation die NS-Vergangenheit nur noch instrumentell zur Sicherung nationaler Macht heranzieht, und wo sie an einem moralischen Pathos und Anspruch festhält. Ein allerletztes Beispiel dafür ist, wie der deutsche Außenminister Fischer auch den möglichen Beitritt der Türkei zur EU durch eine auf die 1940er Jahre zurückführende Geschichtserzählung symbolisch einrahmt. In einem BBC-Interview erklärte er: »Ein islamisches Land auf Grundlage der gemeinsamen Werte Europas zu modernisieren, wäre fast ein D-Day im Krieg gegen den Terror.« (SZ 21.10.2004)

Aus dieser Perspektive können auch Waffenlieferungen an die Türkei gerechtfertigt werden, die bisher im Blick auf die Unterdrückung der kurdischen Minderheit durch die Armee der Türkei stets abgelehnt wurden. Während dem Beitrittskurs der Regierungen in Berlin und Paris einige Politiker der Opposition pragmatische Argumente entgegenhalten, die auf eine »privilegierte Partnerschaft« zielen, haben andere den Ball Fischers aufgenommen und ihrerseits historische Vergleiche gezogen: CSU-Landesgruppenchef Michael Glos sprach zur Türkei-Frage, als wollte er ein Postscriptum zur Mahnmalsdebatte liefern und die neu ausgelegte Singularitätsthese einem Plebiszit unterbreiten:

»Diejenigen, die derzeit Deutschland führen, haben mit Deutschland überhaupt nichts am Hut. Man macht Deutschland für einmalige Verbrechen in der Vergangenheit als Land verantwortlich. Daher rührt auch so eine Art Deutschenhass in manchen Kreisen, weshalb man in Teilen der Linken hofft, dass es Deutschland nicht mehr gibt. Allerdings weiß ich nicht, ob das die Mehrheit der deutschen Bevölkerung genauso sieht. Deswegen bin ich der Meinung, dass die deutsche Bevölkerung schon ein Stück dazu gefragt werden muss, wo das Ganze hingeht und wo das Ganze hintreibt.« (*FAZ* 27.10.2004)

Für das, was die Deutschen »Erinnern und Gedenken« zu nennen sich angewöhnt haben, dürfte diese doppelte Banalisierung erhebliche Konsequenzen haben, an denen sich das Berliner Mahnmal und alle übrigen Gedenkstätten in Deutschland und den Nachbarländern bewähren müssen. Man kann diesen Stätten, in denen sich Dokumentation und Anklage, Trauer und Läuterung mischen, keinen fest definierten Auftrag mitgeben, den sie abzuarbeiten hätten. Jedenfalls soll man sie nicht mit pompösen Zielsetzungen überfrachten, die meistens auf eine »Jugend« zielen, die von solchen Zumutungen zu Recht genervt ist, weil sie in Gedenkstätten und Zeitzeugenberichten zum Objekt einer Belehrung über Dinge gemacht wird, die sie vollständig intus hat (»Morde nicht!«).

Wenn frei schwebende »Erinnerungsarbeit« oft nur kolossaler Kitsch ist und die NS-Vergangenheit als solche, genau wie jede andere Vergangenheit, keinen Gegen-Sinn bereithält, der gefühls- oder verstandesmäßig nicht selbstevident ist, wenn Gedenkstätten also unklare, widersprüchliche und peinliche Botschaften weiterreichen, die angewandte Historiographie per se nicht belehren kann, dann entscheidet zum einen der souveräne Nutzer, welchen Nutzwert sie aus Stätten des Erinnerns und Gedenkens künftig ziehen, und zum anderen bestimmen wieder Rahmungen der Geschichtspolitik, wie dies künftig noch möglich und sinnvoll sein wird (vgl. Reemtsma 2004a).

Geschichtspolitik und Geschichtsbewusstsein werden stets im Hinblick auf die Gegenwart und nahe Zukunft, also auf die Zeitgenossenschaft hin erwogen und formuliert. Wenn der singuläre Mord an den Juden, der andere Vernichtungsakte nicht hat verhindern können, für die Zeitgenossen gleichwohl eine Bedeutung besitzt, dann liegt er in dem wachen und geschärften Bewusstsein dafür, wie gefährdet eine Zivilisation weiterhin ist, die das Tötungsverbot hoch aufgerichtet und zugleich mit Füßen getreten hat. Wenn Gedenkstätten Scham und Erschrecken über die Leichtigkeit auslösen, mit der Vorfahren und Zeitgenossen die Grenzen des Tötungstabus überschritten haben, werden sie auch in den kommenden Jahren und Jahrzehnten noch sinnvoll sein.

Anhang

Anmerkungen

Einleitung

1 Das Mahnmal mit seinen 2751 rasterförmig angeordneten Betonpfeilern unterschiedlicher Höhe wird »Stelenfeld« genannt, weil sein Grundelement, der freistehende Steinpfeiler, auf den in allen Hochkulturen verbreiteten, Stele genannten Grabstein zurückgeht. Im antiken Griechenland waren dies schlanke Steinplatten mit Namensinschrift und Reliefbild des Toten, der in der Blüte seines Lebens erinnert wurde. So sehr die Stele auf Friedhöfen verbreitet ist, so auffällig ist ihre durchgängige Verwendung in ganz verschiedenen Gedenkstätten im Umkreis des Berliner Mahnmals: Ein Stelenfeld befindet sich vor dem von Daniel Libeskind entworfenen Jüdischen Museum, Metallstelen findet man an der neu konzipierten Gedenkstätte Buchenwald zur Erinnerung an die Opfer des sowjetischen Speziallagers, am Denkmal für die ermordeten Sinti und Roma ist eine »versenkbare Stele« vorgesehen, und auch der nicht realisierte Entwurf eines Mahnmals für die Opfer des Stalinismus in Jena sah Glasstelen vor. Ergänzt werden diese bekannten Beispiele durch eine kaum überschaubare Zahl von Stelenmotiven in lokalen Zusammenhängen, vgl. etwa www.stele-wiesbaden.de. Das Berliner Mahnmal ist nicht zwingend als *Stelen*feld zu erkennen; erste Entwürfe wurden als »Pfeileroder Wandscheibenwald« charakterisiert (*FAZ* 3. 2. 1998).

2 Eine Vorstellung davon gab der Vorsitzende der im Herbst 2004 erstarkten Nationaldemokratischen Partei Deutschlands (NPD); in einem Fernsehinterview erklärte er, die Stelen könnten die »Fundamente einer neuen Reichskanzlei« bilden, wenn die alte Bundesrepublik »abgewickelt« worden sei (ARD, Bericht aus Berlin vom 8. 10. 2004).

3 Schon häufig war vom »vermutlich letzten NS-Verfahren« die Rede, zuletzt bei dem Verfahren vor dem Schwurgericht in München gegen den 86jährigen Ladislav Niznansky, der wegen Mordes an 146 Menschen angeklagt ist. Der Kommandeur der deutschen Partisanen-Abwehrgruppe Edelweiss soll im Januar und Februar 1945 an Massakern in der Slowakei beteiligt gewesen sein. Für Ende 2004

wurde die Eröffnung eines Prozesses gegen die Verantwortlichen des Massakers der Waffen-SS im toskanischen Bergdorf Sant'Anna di Stazzema angekündigt, dem mehr als 500 Italiener zum Opfer fielen, vgl. Christiane Kohl, *SZ* 20. 4. 2004.

4 Direkter an die Metaphorik des »Stolperns über« schließt die Aktion des Künstlers Gunter Demnig an, der vor Grundstücken und Häusern, in denen vertriebene und ermordete Juden gelebt haben, pflastersteingroße Metallwürfel einlässt; zur Bearbeitung des Holocaust mit künstlerischen Mitteln Young (2002) und die Ausstellung »After Images – Kunst als soziales Gedächtnis«, Neues Museum Weserburg, Bremen 2004.

5 Ausländische Beispiele verdeutlichen das: Architektur und Gedenkstätte an Ground Zero, auf dem Grundstück des am 11. September 2001 durch Terrorattacken zerstörten World Trade Center, sind gegenwärtig ebenso umstritten wie das vor einigen Jahren eröffnete Museum for Jewish Heritage weiter südlich, ähnliches gilt für das von Friedrich St. Florian entworfene Weltkriegsdenkmal auf der Mall in Washington D.C., dazu Hans-Peter Riese, *FAZ* 28. 5. 2004.

6 Wir danken den Mitgliedern dieses Forschungsbereichs, die erheblich zum Teilprojekt »Erinnerungskulturen im politischen Konflikt. Geschichtspolitische Debatten im vereinten Deutschland« beigetragen haben, vor allem unseren Mitarbeitern Neill Busse, Karina Klier, Julia Schotte, Angela Sumner und Sven Weinhold. Ein ganz besonderer Dank gilt Jens Kroh.

7 Vgl. dazu die Publikationen in der Reihe »Formen der Erinnerung« (Göttingen 2000 ff.), für einen Überblick über Forschungsgegenstände und Zugänge vgl. Oesterle (2005). Ansätze zu einer wissenssoziologischen Theorie der Erinnerung legt auf der Basis von Berger/Luckmann (1980) Zifonun (2004) vor, vgl. auch Hahn (2003).

8 Als Deliberation bezeichnen wir die Erörterung öffentlicher Angelegenheiten in der und durch die Öffentlichkeit, gegenüber Prozessen der Dezision, die nur zum Teil publik werden. Idealerweise können Deliberation und Dezision in einem nach John Locke »Regierung durch Diskussion« genannten Prozess zusammenfließen, wodurch Mehrheitsentscheidungen erst nach gründlicher Argumentation und Verhandlung erfolgen, dazu grundlegend Macedo (1999) und Leggewie (2005). Zu dem von uns gewählten wissenspolitologischen Ansatz »interpretativer Politikforschung« Yanow (1996) und Nullmeier (2004), welcher an der Schnittfläche zwischen Politikwissenschaft und

cultural studies liegt (dazu Schwelling 2004 und Soeffner/Tänzler 2002), wobei unser Standbein die klassische Politikfeldanalyse bleibt. Wir wenden auf der Basis von offiziellen Dokumenten, Expertenstatements und Presseberichten ein hermeneutisch-rekonstruktives Verfahren an.

9 Zur Terminologie und den diversen »Denkschulen« Wolfrum (1999), Reichel (2001) sowie Helmut König, Review Bergem (2003), in: H-Net Reviews, Februar 2004. www.h-net.org/reviews/showrev.cgi?path=323791081402716.

10 Zum Politikzyklus s. von Beyme (1997, S. 12).

11 Analoge Fallstudien haben Reichel (1995), Zifonun (2004) und Haß (2002) vorgelegt, eine Inhaltsanalyse geschichtspolitischer Debatten leisten Dubiel (1999) und Reichel (2001), Jeismann (2001), Wolfrum (2002), Bergem (2003) und Sabrow/Jessen/Kracht (2003), im internationalen Vergleich König (1998) und Bock/Wolfrum (1999). Die Entstehung des Berliner Mahnmals bis 1999 ist analysiert worden durch Stavginski (2002) und Kirsch (2002) sowie Thünemann, auf deren gründliche Arbeiten wir Bezug nehmen (dazu Meyer 2003a), genau wie auf die Dokumentationen im Literaturverzeichnis. Unsere Darstellung unterscheidet sich erstens durch eine im engeren Sinne geschichtspolitische Analyse, die zweitens bis Ende 2004 weitergeführt und drittens durch Kontextualisierung anderer geschichts- und außenpolitischer Prozesse eingeordnet worden ist.

12 Die Darstellung des Denkmalsetzungsprozesses beruht primär auf der Auswertung von Presseartikeln und Dokumenten der beteiligten Akteure. Auszüge aus Presseartikeln werden in der Regel im Text durch den Verweis auf die betreffende Zeitung sowie das Erscheinungsdatum belegt. In gleicher Weise wird verfahren, wenn Aussagen von Akteuren aus einem Artikel zitiert und wenn Angaben sinngemäß aus einem Artikel übernommen werden. Auf verwendete Dokumente wird aus Gründen der besseren Lesbarkeit in den Anmerkungen verwiesen. In der Regel erfolgt dies am Anfang eines Abschnitts. Zitate, die im auf eine solche Anmerkung folgenden Text nicht anders belegt sind, entstammen den dort genannten Dokumenten. Die verwendeten Dokumente liegen zum Großteil in publizierten Quellensammlungen vor, die wie sonstige Literatur zitiert werden. Insofern parlamentarische Drucksachen (Drs.) und Protokolle darin nicht enthalten sind, werden sie in den Anmerkungen so ausführlich aufgeführt, dass sie in den Publikationen der betreffenden

Institutionen oder online (vor allem unter http://dip.bundestag.de/ parfors/parfors.htm) aufgefunden werden können. Die neue Rechtschreibung wird auch auf Zitate angewendet.

Kapitel I: Personen und Positionen

1 Die (immer latent gewusste) Verstrickung einfacher Soldaten in den Holocaust kam Anfang der 1990er Jahre durch die Fallstudie von Browning (1992) ins allgemeine Bewusstsein, dazu auch Müller/Volkmann (1999).

2 Zu verweisen ist hier auf die grundlegenden Texte in Flagge/ Stock (1992) und die Arbeiten von Beymes (1998).

3 Eine Übersicht geben Bundesministerium für Verkehr, Bau- und Wohnungswesen (Hg.), *Demokratie als Bauherr. Die Bauten des Bundes in Berlin 1991-2000*, Hamburg 2000 und die Beiträge in *Aus Politik und Zeitgeschichte*, B 31-32/2001.

4 Erster Spatenstich war dann am 6. Oktober 2004, das vom Architekturbüro Moore Ruble Yudell aus Santa Monica/Kalifornien realisierte Gebäude soll 2007/08 fertig gestellt sein.

5 Zit. nach www.faz.net 26.10.2004.

6 Die Beiträge Beaucamps und der folgenden Personen findet man in Jeismann (1999), Cullen (1999) sowie Heimrod u.a. (1999).

7 Das Theorem geht auf den 1936 von Robert K. Merton veröffentlichten Aufsatz »The Unanticipated Consequences of Purposive Social Action« zurück, wieder abgedruckt in ders., *Sociological Ambivalence and Other Essays*, New York 1976.

8 www.bundestag.de/parlament/geschichte/parlhist/dok26.html.

9 Ernst Nolte, »Vergangenheit, die nicht vergehen will«, *FAZ* 6.6.1986, dokumentiert in Augstein u.a. (1987), weitere Literatur, Verlaufsdarstellung und Bewertung der Gründe und Folgen jetzt bei Herbert (2003).

10 Hillgruber (1986), dagegen am entschiedensten Diner (1987) und Brumlik in Augstein u.a. (1987).

11 Zit. nach *BZ* 24.5.2002 und *Jungle World* 24.12.2002.

12 Erst im Jahr 2000 erfolgte die überfällige Reform des Staatsangehörigkeitsrechts mit der Einführung des (optionalen) Territorialprinzips für in Deutschland geborene Einwandererkinder.

13 Dazu Lorscheid (2003).

14 Dazu Reemtsma (2004b) und der Hinweis des Historikers Ulrich Herbert auf dem Aachener Historikertag 2000, man müsse kein Mahnmal aufsuchen, um zu lernen, dass man Menschen nicht anzündet, *SZ* 29.9.2000.

15 Vgl. etwa Wildt (2002) und Seibel/Raab (2003) zu rank & file im Reichssicherheitshauptamt.

16 Deutscher Bundestag, Plenarprotokoll 14/48, S. 4090.

17 Zur Verinnerlichung der negativen Identität vgl. Westle (1999), dort auch die konkurrierenden Identitätsfiguren der bundesdeutschen Bevölkerung, die sich auch in anderen Geschichtsdiskursen niederschlagen: Schlussstrich und eigene Betroffenheit, vgl. Zifonun (2004, S. 133 ff.).

18 Es gibt kein einzelnes Werk, in dem die Singularitätsthese ausgeführt worden ist, eher handelt es sich um eine emergente Begrifflichkeit, die sich in Abwehr revisionistischer und relativierender Thesen entwickelt hat und etwa im Untertitel von Augstein u.a. (1987) auftaucht.

19 Die Schätzungen der Zahl der ermordeten Sinti und Roma schwanken zwischen 35 000 und 500 000. Zur Zigeunerverfolgung im »Dritten Reich« vgl. Zimmermann (1996), zur Behandlung der Sinti und Roma nach dem Krieg Margalit (2001), zur Position der Sinti und Roma Rose (2004).

20 *Tagesspiegel* 22.8.1997. Laut Kirsch ist die Entscheidung, die Sicht des Förderkreises zu übernehmen und allein an die jüdischen Mordopfer zu erinnern, bereits im April 1992 bei einer Übereinkunft von Bundesregierung, Berliner Senat und Förderkreis gefallen (Kirsch 2003, S. 177).

21 Danyel (1995), Kleßmann u.a. (1999). Der nach 1990 erforschte Umgang ostdeutscher Familien mit der NS-Vergangenheit zeigt, dass die Abwehr des verordneten Antifaschismus in vierzig Jahren DDR apologetische Haltungen zum Nationalsozialismus förderte, die sich nach 1990 deutlicher artikulieren konnten und zum Teil eine empathische Bezugnahme der Nach-Wende-Generation auf ihre Großeltern erlaubte, dazu Moller (2003).

22 Eine Ausnahme bildet der Beitrag des Bürgerrechtlers Joachim Gauck, Gauck/Neubert (1998).

23 Die folgenden Angaben zur Vorgeschichte orientieren sich an der Darstellung von Stein (1999). Für eine ausführliche Darstellung des hier angesprochenen Umgestaltungsprozesses siehe Zimmer (1999).

Ferner: Gedenkstätte Buchenwald (1992, 2001), Meyer (1993), Knigge (2001 a + b).

24 Für den Text siehe Stein (1999, S. 898).

25 Zitiert nach einem Schreiben vom 7.10.1990, das den Verfassern vorliegt.

26 Für die Einbeziehung der KZ-Gedenkstätte »Mittelbau-Dora« können verschiedene Gründe angenommen werden. Historisch handelte es sich um einen Außenlagerkomplex, der sich schließlich vom Stammlager Buchenwald organisatorisch verselbstständigte. Somit ist eine Einbeziehung der entsprechenden Gedenkstätte sachlich gerechtfertigt und auch das IKBD dokumentiert diesen Zusammenhang durch seine Organisationsform. Zur Organisation und personellen Zusammensetzung der Stiftungsgremien vgl. Gedenkstätte Buchenwald (2001, S. 88 ff.).

27 Die institutionalisierte Mitfinanzierung der Gedenkstätte Buchenwald durch den Bund ist ein Ergebnis der Verhandlungen zur Vereinigung der beiden deutschen Staaten, in deren Kontext die Bundesregierung der Gedenkstätte den Status einer Institution von gesamtstaatlicher Bedeutung verleiht.

28 Obwohl weitergehende personelle Konsequenzen unterbleiben, kann durch die Konstruktion der Stiftung eine Entlastung der Gedenkstättenmitarbeiter von der fachlichen Verantwortung für die in Arbeit befindliche Ausstellung erreicht werden. Gleichzeitig erscheint eine erste Edition mit Auszügen aus den für die Auseinandersetzung einschlägigen Akten (Niethammer 1994) und ermöglicht die Überprüfbarkeit der Aussagen.

29 Für eine zusammenfassende Charakterisierung der Häftlingsgesellschaft vgl. Knigge (2001 a, S. 10).

30 Wie eine Gerechtigkeitslücke empfunden und artikuliert wird, zeigen Publikationen zum 50. Jahrestag des Volksaufstandes in der DDR am 17. Juni 1953, den einige Autoren als vergessenes und verdrängtes Ereignis ins Gedächtnis rufen, das in die Traditionslinie der nationalen und demokratischen Erhebungen von 1848 bis 1989 gehöre, als solches aber in einem vom Westen geprägten (und von Postkommunisten verzerrten) Geschichtsdiskurs nicht entfernt gewürdigt werde Neubert u.a. (2004).

Kapitel II: Projekte und Prozesse

1 Für eine ausführliche Darstellung dieses Prozesses vgl. Stavginski (2002, S. 42 ff.).

2 Dazu Scharpf (1985, 1999). Artikel 20 des Grundgesetzes legt den föderalen Aufbau der Bundesrepublik Deutschland fest, also nach Lehrbuchdefinition ein Ordnungsprinzip, das auf der weitgehenden Unabhängigkeit einzelner Einheiten beruht, die zusammen ein Ganzes bilden. Gesamtstaat und Einzelstaaten teilen sich Aufgaben, und mit dieser Gewaltenteilung wirken stets mehrere Ebenen der politischen Teilhabe und Einflussmöglichkeiten zusammen, sie lernen voneinander und treten in einen fruchtbaren Wettbewerb.

3 Vgl. die auszugsweise Dokumentation der Ausschreibungsunterlagen in Heimrod u.a. (1999, S. 169 ff.).

4 Dieses Konzept ist dokumentiert in Heimrod u.a. (1999, S. 74 ff.).

5 Für den Sitzungsverlauf vgl. das in Heimrod u.a. (1999, S. 249 ff.) publizierte Protokoll der Preisgerichtssitzungen.

6 Für die folgenden Angaben siehe die betreffenden Pressemitteilungen sowie die Kurzdokumentation der Entwürfe, wie sie in Heimrod u.a. (1999, S. 269) wiedergegeben sind.

7 Für eine eingehendere Interpretation einiger Entwürfe vgl. Wenk (1996), Wenk (1997) sowie Kirsch (2003, S. 207 ff.).

8 Siehe Heimrod u.a. (1999, S. 440 ff.).

9 Dazu Jäckel (1985, 1988) sowie Mommsen (1983), zusammenfassend Berg (2003).

10 Sowohl Simon Wiesenthal, unter anderem Vorsitzender des Bundes Jüdischer Verfolgter des Nazi-Regimes, als auch der angeblich für die betreffenden Angaben verantwortliche Direktor der Gedenkstätte Yad Vashem, Avner Shalev, kritisieren die in der Diskussion befindliche Zahl von 4,2 Millionen vorhandener Namen von jüdischen Opfern als unseriös, da insbesondere die Auswertung der osteuropäischen Archive noch andauere (vgl. *Tagesspiegel* 6.7.1995). Wenige Tage später wird dann der Widerstand prominenter jüdischer Intellektueller gegen die Verwendung der Namen ihrer Familienangehörigen publik: »Der Historiker Julius Schoeps, Professor an der Universität Potsdam und Direktor des dortigen Moses-Mendelssohn-Zentrums, hat (...) die Auflistung ›das Absurdeste, was ich seit langem gehört habe‹, genannt. Wie schon Arno Lustiger will er, wenn seine Angehörigen genannt werden sollten, gerichtlich dagegen vorgehen. (...) Der

Datenschutzbeauftragte des Bundes, Joachim Jacobs, bestätigte das Recht zum Veto.« (*FAZ* 18.7.1995) Zu weiteren Details dieser Kontroverse vgl. Stavginski (2002, S. 120f.) und zum vorliegenden Problem des postmortalen Persönlichkeitsschutzes aus juristischer Perspektive Petersdorff (1998).

11 Young ist der Fachöffentlichkeit zu diesem Zeitpunkt vor allem durch einen von ihm herausgegebenen Sammelband zur auch in Deutschland gezeigten Ausstellung »The Art of Memory: Holocaust Memorials in History« (Young 1994) bekannt.

12 Vgl. das grundlegende Werk Loewy (1992).

13 Zur Ausstellung zusammenfassend Thamer (2003) sowie Hamburger Institut (1996 und 2002). Zum »Bilderstreit« Musial, Ungváry, Schmidt-Neuhaus (alle 1999).

14 Dagegen jetzt auch der 2003 von Stefan Schmitz herausgegebene Bericht des 23jährigen, 1944 gefallenen Wehrmachtssoldaten Willy Peter Reese, »*Mir selber seltsam fremd*«. *Die Unmenschlichkeit des Krieges. Russland 1941-1944*, München 2003.

15 Dazu Hartmann (2004), wonach nur ein Bruchteil der Wehrmachtssoldaten an Kriegsverbrechen und Verbrechen gegen die Menschheit beteiligt waren.

16 Deutscher Bundestag, Drs. 13/3723 (neu) vom 14.2.1996. Zur Vorbereitung des Antrags vgl. Stavginski (2002, S. 153f.).

17 Siehe die betreffende Pressemitteilung, wie sie in Heimrod u.a. (1999, S. 546) dokumentiert ist.

18 Deutscher Bundestag, Drs. 13/4544. Die Debatte ist dokumentiert in Deutscher Bundestag, Plenarprotokoll 13/104, S. 9062-9079.

19 Zum Einstellungswandel bezüglich dieser Problematik vgl. Wette (1995).

20 Vgl. zu diesen Angaben auch Stavginski (2002, S. 156f.). Für eine erste ausführlichere Auseinandersetzung mit der Bundestagsdebatte vom 9.5.1996 vgl. Reichel (1996).

21 Vgl. dessen Dokumentation in Staffa/Spielmann (1998, S. 218ff.).

22 Vgl. die Dokumentation der betreffenden Pressemitteilung in Heimrod u.a. (1999, S. 549).

23 Die Angaben zu den Sitzungen des Informellen Gremiums beziehen sich auf die dazu erstellten Protokolle, die den Verfassern in Kopie vorliegen.

24 Vgl. die Dokumentation der betreffenden Pressemitteilung in Heimrod u.a. (1999, S. 592f.).

25 Siehe die Dokumentation des Schreibens vom 9.1.1997 in Heimrod u.a. (1999, S. 598 f.). Eine Kopie des Schreibens geht an die beiden Moderatoren.

26 Vgl. zu den folgenden Ausführungen das Protokoll der Veranstaltung, wie es in Heimrod u.a. (1999, S. 606 ff.) dokumentiert ist.

27 Vgl. die Dokumentation des von Max Bächer, Stefanie Endlich, Walter Grasskamp, Kathrin Hoffmann-Curtius, Salomon Korn, Reinhart Koselleck, Christian Meier, Ansgar Nierhoff, Rachel Salamander, Michael Schoenholtz, Julius H. Schoeps und Jochen Spielmann unterzeichneten Textes in Heimrod u.a. (1999, S. 649).

28 Diesen Vorschlag, der auch auf die Bearbeitung von Folgekonflikten abzielt, verbindet er mit der Forderung nach einem neuen Standort und einer zweiten Wettbewerbsstufe. Vgl. Informationsbrief vom 12. März 1997, dokumentiert in Heimrod u.a. (1999, S. 697 ff.).

29 Die Erklärung vom 21.2.1997 ist dokumentiert in Heimrod u.a. (1999, S. 695). Darin finden sich auch Angaben zum Unterstützerkreis eines entsprechenden Aufrufs, der im Juni 1993 vom Institut für kulturelle Friedens- und Konfliktforschung (Hannover) an politische Repräsentanten gerichtet wurde. Zu den Unterstützern gehören u.a. Museumsdirektoren, Ministerpräsidenten, Bürgermeister und andere Politiker sowie Intellektuelle. Im Kuratorium der Initiative ist auch Lea Rosh vertreten.

30 Vgl. deren Erklärung zur Zukunft der Gedenkstätten, die vom 9.4.1997 datiert und in Heimrod u.a. (1999, S. 705 ff.) dokumentiert ist.

31 Vgl. deren Dokumentation in Heimrod u.a. (1999, S. 801 ff.).

32 So ist Bernhard Schneider bspw. Mitglied der Lenkungsgruppe der Kolloquien. Vgl. dazu sowie für eine Zusammenfassung der Untersuchung die Darstellung von Stavginski (2002, S. 177 f.).

33 Diese Angaben beruhen auf seinem Informationsbrief vom 26.5. 1997, die Zahlen wurden teilweise bereits am 15.4.1997 im *Tagesspiegel* publiziert.

34 Vgl. die Dokumentation der betreffenden Pressemitteilung vom gleichen Datum in Heimrod u.a. (1999, S. 744).

35 Die Angaben zum Anschreiben beziehen sich auf die Einleitung der in Heimrod u.a. (1999, S. 749 ff.) dokumentierten Antworten sowie den diesbezüglichen Artikel von Michael S. Cullen (*Tagesspiegel* 31.5.1997). Laut Cullen wurden Ina Albowitz, Volker Beck, Peter Conradi, Gregor Gysi, Rupert Scholz, Tilmann Buddensieg, Hartmut

von Hentig, Robert Kudielka, Reinhard Rürup, James E. Young, Max Bächer, Ansgar Nierhoff, Edvard Jahn und Urs Kohlbrenner angeschrieben. Dokumentiert sind hingegen die Antworten von Conradi, von Hentig, Kudielka, Rürup, Young, Bächer, Nierhoff und Kohlbrenner sowie Stellungnahmen von Cornelius Hertling, Arie Rahamimoff und Siegfried Vergin.

36 Vgl. die Dokumentation der Untersuchung in Heimrod u.a. (1999, S. 814ff.).

37 Die Angaben zur Vorbereitung des engeren Auswahlverfahrens beruhen daher auf dem Protokoll zur 4. Sitzung des Informellen Gremiums vom 26. 6. 1997 sowie dem Informationsbrief Peter Conradis vom 22. 7. 1997. Vgl. auch die Chronologie in Deutscher Bundestag 1999, S. 21ff.

38 Vgl. dessen Dokumentation in Heimrod u.a. (1999, S. 827ff.).

39 Vgl. dessen Dokumentation in Heimrod u.a. (1999, S. 833ff.).

40 Vgl. die Dokumentation des Schreibens vom 29. 7. 1997 sowie weitere Korrespondenz in Heimrod u.a. (1999, S. 854ff.).

41 Vgl. die Dokumentation des Schreibens vom 1. 9. 1997 in Heimrod u.a. (1999, S. 869f.). Die Unterzeichner sind Max Bächer, Walter Grasskamp, Salomon Korn, Reinhart Koselleck, Christian Meier, Ansgar Nierhoff, Rachel Salamander, Michael Schoenholtz, Julius Schoeps und Jochen Spielmann.

42 Die diesbezüglichen Angaben beruhen auf dem Protokoll der Sitzung des Informellen Gremiums sowie des Schreibens des Senators. Beide Dokumente liegen den Verfassern in Kopie vor. Zur Antwort an den Senator vgl. *FAZ* vom 15. 10. 1997.

43 Die Angaben zu den Entwürfen und dem Entscheidungsverfahren beziehen sich soweit nicht anders vermerkt auf die Dokumentation der betreffenden Erläuterungstexte und Protokolle in Heimrod u.a. (1999, S. 881ff.).

44 In Mailand ist nach dem Vorbild von Yad Vashem ein »Garten der Gerechten« eingerichtet worden, der nicht der Opfer gedenkt und auch nicht die Täter anklagt, sondern diejenigen ehrt, die in der Zeit des europäischen Faschismus Juden das Leben gerettet haben.

45 Zur Darstellung von Exposition und Erörterung der Entwürfe vgl. Stavginski (2002, S. 197ff.).

46 Vgl. dazu auch die Angaben von Rosh (1999, S. 95ff.).

47 Diese Frage ist nicht nur rhetorisch zu verstehen, lässt sich aber auch quantitativ nur annäherungsweise beantworten: Bei den sechs

Terminen waren zwischen 100 und 200 Zuhörer anwesend, darüber hinaus hat der Fernsehkanal »Phoenix« die Diskussionen übertragen. »Ungefähr 8000 Menschen haben sich die Ausstellung angesehen.« (SZ 28.1.1998) Ein Teil davon hat seine Reaktionen im ausliegenden Besucherbuch eingetragen.

48 Da der Aufschub bereits im Anschluss an den Besuch des Bundeskanzlers in der Ausstellung verkündet wurde, hat er auch nichts mit einem Ende Januar bekannt werdenden Fund auf dem für das Denkmal vorgesehenen Gelände zu tun. Bei Erdarbeiten wird dort ein Bunker entdeckt, der der ehemaligen Dienstvilla von Joseph Goebbels zugeordnet wird. Aufkommende Forderungen nach einem Erhalt des Überrests werden jedoch umgehend und einmütig zurückgewiesen (taz 3.2.1998).

49 Der offene Brief wurde außer von den genannten Personen von Klaus Bölling, Peter von Becker, Ernst Cramer, Marion Gräfin Dönhoff, Hellmuth Karasek, György Konrád, Wolf Lepenies, Dieter Sauberzweig, Peter Schneider, Gerhard Schoenberger, Wolf Jobst Siedler, Georg Tabori und Siegfried Unseld unterschrieben.

50 Kirsch weist zu Recht auf folgende Relativierung dieser Aussage hin: »Falls der anekdotisch anmutende Handel tatsächlich stattgefunden hat (Bubis berichtet von einem Gespräch im März 1993), so traf Kohl dabei keinen neuartigen Entschluß, denn das Bundesministerium des Innern und der Förderkreis hatten sich ja bereits 1992 auf das Vorhaben geeinigt.« (Kirsch 2003, S. 159, Fußnote 300)

51 Vgl. die Dokumentation von Anzeige und einer Erklärung der Künstler vom 15.5.1998 in Heimrod u.a. (1999, S. 1051).

52 Diese Angaben beziehen sich auf die betreffende Presseerklärung, die in Heimrod u.a. (1999, S. 1052) dokumentiert ist.

53 Der Wortlaut ist in Heimrod u.a. (1999, S. 1075f.) dokumentiert.

54 Für die Zitate vgl. *Tagesspiegel* vom 5., 16. und 18.8.1998.

55 Vgl. die in Heimrod u.a. (1999, S. 1119) dokumentierten Presseerklärungen.

56 Der Antrag der Fraktion Bündnis 90/Die Grünen vom 25.8.1998 sowie der diesbzgl. Änderungsantrag der Fraktionen von CDU und SPD vom 3.9.1998 sind in Heimrod u.a. (1999, S. 1132f.) dokumentiert.

57 Auch an ihrem Stil, dazu nur zwei besonders scharfe Auslassungen: »Walsers Rede war eine Ansammlung von Plattitüden und

Banalitäten, zusammengehalten durch Wehleidigkeit und Koketterie, eine intellektuelle Fehlleistung der Spitzenklasse, die es verdiente, in Rhetorik-Seminaren als abschreckendes Beispiel vorgeführt zu werden.« (Henryk M. Broder, *Tagesspiegel* 24.11.1998) und J. P. Reemtsma: »Walsers Rede hat die Struktur diffuser Appelle, sie sagt sehr wenig, es gibt bemerkenswert viele unvollständige Sätze. Das ist Stammtisch- beziehungsweise Insider-Rhetorik, wo jemand etwas anfängt und dann in die Runde guckt: Ihr wisst schon, was ich meine. Darum kommt die Rede bei der Nationalzeitung so gut an.« (*SZ* 24.11.1998)

58 Vgl. für den Wortlaut: »Aufbruch und Erneuerung – Deutschlands Weg ins 21. Jahrhundert«, Koalitionsvereinbarung zwischen der Sozialdemokratischen Partei Deutschlands und Bündnis 90 / Die Grünen, Bonn, 20. Oktober 1998, Kap. X, »Neue Offenheit von Politik und Kultur«.

59 Der Wortlaut des Schreibens vom 29.10.1998 ist in Heimrod u.a. (1999, S. 1151 f.) dokumentiert.

60 Für die Äußerung Schröders siehe Deutscher Bundestag, Plenarprotokoll 14/3, S. 62; für die Rede Naumanns vom 12.11.1998 vgl. Deutscher Bundestag, Plenarprotokoll 14/5, S. 254-256.

61 Spätestens damit ist Geschichtspolitik zum Politikfeld avanciert, wobei der Ausschuss bis heute keine klare Kontur erlangt hat und in der Prestigehierarchie des Bundestages nicht weit vorne rangiert; zur Ausschussebene des Gesetzgebungsprozesses vgl. Beyme (1997, 188 ff.).

62 Vgl. Deutscher Bundestag 1999, S. 24.

63 Der an Kanzleramtsminister Bodo Hombach adressierte und in Kopie an Eberhard Diepgen und Michael Naumann gegangene Brief vom 1.12.1998 ist dokumentiert in Heimrod u.a. (1999, S. 1176).

64 Vgl. für die folgenden Angaben die auszugsweise Mitschrift der Erklärung Michael Naumanns vor der Bundespressekonferenz in Heimrod u.a. (1999, S. 1181 ff.) sowie Angaben aus einem Artikel des *Tagesspiegels* vom 14.12.1998.

65 Das Leo Baeck Institut wurde 1995 mit Zweigstellen in Jerusalem, London und New York vom *Council of Jews from Germany* gegründet. Ziel der Institution ist die Erforschung der Geschichte der Juden im deutschsprachigen Raum seit der Zeit der Aufklärung sowie die Sammlung betreffender Materialien. Leo Baeck (1873-1956) war ein führender Repräsentant des deutschen Judentums und amtierte als Rabbiner u.a. über 30 Jahre lang in Berlin. Im September 2001 wird

im Jüdischen Museum Berlin eine Dependance des Archivs des New Yorker Leo Baeck Instituts eröffnet.

66 Die Einholung externer Expertise dient offensichtlich der Absicht, seinem Vorschlag die notwendige Legitimation zu verschaffen. Im Zusammenhang mit einem seiner Referenzprojekte, dem *United States Holocaust Memorial Museum*, verweist Naumann darüber hinaus darauf, dass in Washington zunächst auch ein Denkmal geplant war, bevor dort die Einsicht eintrat, dass ein Museum besser in der Lage sei, die Erinnerung an die Ereignisse wachzuhalten. Diese Argumentation verkennt jedoch die strukturelle Differenz, dass dort nicht an von den USA begangenes Unrecht erinnert wird und auch keine konkreten historischen Orte vorhanden sind.

67 Der Wortlaut des Schreibens ist in Heimrod u.a. (1999, S. 1185) dokumentiert.

68 Zitiert nach Rosh (1999, S. 102), für die Angaben zum Treffen der Gruppe vgl. *taz* vom 21. 12. 1998.

69 Die *BZ* vom 19. 1. 1999 meldet darüber hinaus die Anwesenheit von Christoph Stölzl, Wolfgang Thierse, Peter Radunski sowie György Konrád und weist auf die Abwesenheit von Elke Leonhard hin, die laut Lea Rosh aus Solidarität mit dem nicht eingeladenen Förderkreis abgesagt hat (vgl. Rosh 1999, S. 103).

70 Vgl. zu den folgenden Angaben *FAZ*, *SZ* und *taz* vom 21. 1. 1999.

71 Die in diesen Aussagen zum Ausdruck kommende Haltung Hohmanns wird in der Sitzung vom Fraktionsvorsitzenden Wolfgang Schäuble kritisiert. Trotz vieler Stimmen der Ablehnung des neuen Entwurfs wird in der Presse kolportiert, dass quer durch die Fraktionen vor allem jüngere Abgeordnete Sympathie für das neue Konzept haben.

72 Die *Woche* hebt verständlicherweise hervor, dass damit der von ihrem Verleger Thomas Ganske am 9. 10. 1998 veröffentlichte Vorschlag zur Einrichtung einer Gedenkbibliothek aufgegriffen wird. Auf der Titelseite feiert Hans-Ulrich Jörges zudem das neue Konzept nicht nur inhaltlich als gelungene Synthese und »Bollwerk gegen das Entrücken der Erinnerung bei den nachfolgenden Generationen«, sondern auch als Musterbeispiel »für das Gelingen von Politik, für die intellektuellen und kommunikativen Qualitäten des anfangs vielfach so herablassend beäugten Kultur-Statthalters im Kanzleramt« (*Woche* 22. 1. 1999).

73 Zitiert nach einem Konzeptpapier des Kulturbeauftragten vom 19. 1. 1999, das in Heimrod u.a. (1999, S. 1201 f.) dokumentiert ist.

74 So Naumann wieder im bereits zitierten Konzeptpapier. Die fragwürdige Vorgehensweise, zunächst einen spektakulären Bau zu errichten und sich erst später über die konkrete Ausgestaltung der darin zu zeigenden Ausstellung Gedanken zu machen, gleicht den Gegebenheiten beim Jüdischen Museum Berlin. Dieses wird am Ende dieser Woche, in der *Eisenman III* präsentiert wird, der Öffentlichkeit zeitweise zugänglich gemacht. So haben bis zur offiziellen Eröffnung am 9. September 2001 bereits 350 000 Menschen das von Daniel Libeskind entworfene Gebäude auf dem Grundriss eines aufgesprengten Davidsterns besichtigt. Während die Architektur allgemein Anerkennung findet, ist die Konzeption der Ausstellung »Zwei Jahrtausende deutsch-jüdische Geschichte« unter Fachleuten umstritten. Ungeachtet dessen entwickelt sich das Museum zu einem Publikumsmagneten und verzeichnet im Juli 2004 den zweimillionsten Besucher.

75 »Die Einigung zwischen Naumann und Eisenman mag man zwar ästhetisch kritisieren, denn die künstlerische Intention des ursprünglichen Entwurfs wird entstellt. Politisch allerdings ist der Kompromiss zwischen Architekt und Staatsminister zu begrüßen.« (*Zeit* 21.1.1999)

76 Das Schreiben ist in Heimrod u.a. (1999, S. 1243 f.) dokumentiert.

77 Der Brief der »Arbeitsgemeinschaft Gedenkstätten in Berlin und Brandenburg« ist in Heimrod u.a. (1999, S. 1244 ff.) und die Erklärung der »Arbeitsgemeinschaft KZ-Gedenkstätten« ebd. (S. 1249 ff.) dokumentiert.

78 Vgl. dazu Meyer (2003 b).

79 Vgl. Vertrag zwischen der Bundesrepublik Deutschland und der Deutschen Demokratischen Republik über die Herstellung der Einheit Deutschlands vom 31. August 1990, Art. 35, Abs. 4 sowie Abs. 7.

80 Vgl. Deutscher Bundestag, Plenarprotokoll 12/205, S. 17 722- 17 727.

81 Vgl. Deutscher Bundestag 1995b, S. 221-573.

82 Vgl. Deutscher Bundestag, Drs. 12/7884.

83 Vgl. Deutscher Bundestag 1995a, S. 647.

84 Vgl. dazu und für die folgenden Angaben Deutscher Bundestag, Drs. 13/11 000, S. 226-256.

85 Das Wortprotokoll der Anhörung sowie die eingeholten schriftlichen Stellungnahmen der Sachverständigen sind dokumentiert in Deutscher Bundestag 1999, S. 53-199.

86 Detailliert dazu der Beitrag von Eberhard Jäckel in der *FAZ* vom 23.6.1999, in dem auch die wettbewerbsrechtlichen Folgen einer Verwirklichung des Entwurfes diskutiert werden.

87 Zur Diskussion des Vorschlags, der die Dokumente und Datenbestände des Internationalen Suchdienstes in Bad Arolsen betrifft, vgl. den Artikel von Ulrich Raulff in der *FAZ* vom 4.3.1999.

88 Zwar meldet der *Spiegel* eine konzertierte Kampagne, die Liste derer, die sich auch öffentlich zu Wort melden, ist aber einigermaßen unübersichtlich. So gilt der SPD-Politiker Johannes Rau zwar als ein Vertreter des Vorschlags, äußert sich aber als Kandidat für die Wahl zum Bundespräsidenten nicht dazu. Für einen Überblick über individuelle und institutionelle Unterstützer vgl. die Darstellung von Stavginski (2002, S. 265 f.).

89 Das Wortprotokoll dieser Sitzung sowie vorliegende schriftliche Stellungnahmen sind dokumentiert in Deutscher Bundestag 1999, hier S. 201-295.

90 Außer den namentlich genannten sind folgende Personen vertreten: Peter Jahn (Deutsch-Russisches Museum), Johannes Tuchel (Gedenkstätte Deutscher Widerstand), Günter Morsch (Gedenkstätte Sachsenhausen), Markus Ohlhauser (Stiftung Brandenburgische Gedenkstätten), Volkhard Knigge (Gedenkstätte Buchenwald und Arbeitsgemeinschaft der KZ-Gedenkstätten), Reinhard Rürup (Topographie des Terrors), Norbert Kampe (Haus der Wannsee-Konferenz) und Sigrid Jacobeit (Gedenkstätte Ravensbrück).

91 Deutscher Bundestag, Drs. 14/656. Die Fraktionen von SPD und Bündnis 90 / Die Grünen bringen dazu am 20.4.1999 einen eigenen Antrag ein (Deutscher Bundestag, Drs. 14/796). Für die Debatte vgl. Deutscher Bundestag, Plenarprotokoll 14/35, S. 3-2875.

92 Vgl. Deutscher Bundestag, Drs. 14/941. Die Anträge werden hier in der Reihenfolge ihrer Nummerierung als Bundestags-Drucksachen vorgestellt. Die ersten vier datieren vom 4.5.1999, der vorletzte vom 5.5.1999 und der letzte Antrag vom 6.5.1999. Die Anträge sind auch dokumentiert in Deutscher Bundestag 1999, S. 11-20. Stavginski nimmt eine Typisierung vor (2002, S. 284 f.).

93 Vgl. Deutscher Bundestag, Drs. 14/942. Aus der Perspektive dieses Antrags ist die Einrichtung einer Stiftung nicht nötig.

94 Vgl. Deutscher Bundestag, Drs. 14/943.

95 Vgl. Deutscher Bundestag, Drs. 14/944.

96 Vgl. Deutscher Bundestag, Drs. 14/965.

97 Vgl. Deutscher Bundestag, Drs. 14/981. Der prominenteste Unterstützer dieser Position ist Horst Seehofer. Konsequenterweise hat auch Martin Hohmann, der sich bereits einschlägig geäußert hat, diesen Antrag mitunterzeichnet.

98 Die Ausarbeitung ist in Deutscher Bundestag 1999, S. 297-322, dokumentiert.

99 Die folgenden Ausführungen beziehen sich auf das Wortprotokoll der 13. Sitzung, das den Verfassern vorliegt.

100 Die Details dieser Episode sind wiederum selbst Gegenstand einer publizistischen Auseinandersetzung, deren Inhalt Stavginski (2002, S. 289f.) referiert.

101 Die folgenden Ausführungen beziehen sich auf das Protokoll der 15. Sitzung, das den Verfassern vorliegt, sowie auf »Beschlussempfehlung und Bericht des Ausschusses für Kultur und Medien« (Deutscher Bundestag 1999, Drs. 14/1238).

102 Vgl. Deutscher Bundestag, Drs. 14/1241.

103 Vgl. Deutscher Bundestag, Drs. 14/1569. Die Drucksache trägt zwar das Datum vom 27. Juli 1999, aber auch den Vermerk »Zugeleitet mit Schreiben des Bundeskanzleramtes vom 21. Juli 1999«. Vgl. auch die betreffende Berichterstattung in der Presse (z. B. *Welt* 24.6.1999).

104 Vgl. Deutscher Bundestag, Plenarprotokoll 14/48.

105 Im Juli 1999 äußert Bubis im letzten Interview vor seinem Tod im *Stern*, er habe als Zentralratsvorsitzender »fast nichts« erreicht, jüdische und nichtjüdische Deutsche seien sich fremd geblieben. Auf seinen Wunsch wird Bubis in Israel beigesetzt, damit sein Grab nicht wie das seines Vorgängers Galinski geschändet würde.

106 Vgl. Deutscher Bundestag, Drs. 14/1996 und *taz* vom 5.11.1999.

107 Vgl. Deutscher Bundestag, Drs. 14/2013 (Gesetzentwurf) und Deutscher Bundestag, Drs. 14/2014 (Antrag).

108 Vgl. Deutscher Bundestag, Plenarprotokoll 14/69, S. 6211-6227.

109 Vgl. die Anzeige in der *Zeit* vom 2.12.1999. Die Bewerbungen sollen bereits am 15.12.1999 vorliegen.

110 So die Zusammenfassung der Beratungen im betreffenden Bericht in Deutscher Bundestag, Drs. 14/2349. Die FDP-Fraktion argumentiert ähnlich und moniert zusätzlich, dass kein einziger Vertreter des Berliner Abgeordnetenhauses berücksichtigt wird.

111 Vgl. Deutscher Bundestag, Plenarprotokoll 14/78, S. 7168-7175

sowie Deutscher Bundestag, Drs. 14/2349 (Beschlussempfehlung und Bericht des Ausschusses für Kultur und Medien).

112 Vgl. Deutscher Bundestag, Drs. 14/2357. Dieser Antrag wird mit den Stimmen der Koalitionsfraktion bei Enthaltung der PDS abgelehnt.

113 Für die folgenden Angaben vgl. *FAZ* vom 18.12.1999.

114 Kirsch (2003, S. 117) kommentiert die konkrete Zusammensetzung des Gremiums unter folgenden Gesichtspunkten. Er interpretiert die Vergabe von lediglich drei Sitzen an den Förderkreis als Einflussverlust, weist darauf hin, dass sich dort außer dem Architekten Salomon Korn keine Experten für Architektur und Kunst finden und konstatiert: »Im Vergleich mit ähnlichen Kuratorien der KZ-Gedenkstätten ist ungewöhnlich, dass das Gremium von Politikern dominiert wird.«

115 Abgeordnetenhaus von Berlin, Drs. 14/140. Dieser Antrag wird ebenso wie eine entsprechende mündliche Anfrage eines Abgeordneten der Fraktion der Grünen in der Sitzung des Abgeordnetenhauses vom 20.1.2000 erörtert, aber bei Enthaltung der SPD-Fraktion abgelehnt (vgl. Abgeordnetenhaus von Berlin, Plenarprotokoll 14/3).

116 Vgl. etwa *Das Parlament*, Nr. 6/2000.

117 Für eine Charakterisierung der Ausrichter und des Aufrufs vgl. *Junge Welt* vom 27.1.2000. Die Problematik des Umgangs mit rechtsextremen Demonstrationen in räumlicher Nähe des Holocaust-Mahnmals stellt sich erneut im Sommer 2000, als die NPD dort eine Demonstration für den 27. Januar 2001 ankündigt. Dies führt zu massiven öffentlichen Protesten, nach denen die NPD ihr Vorhaben wieder aufgibt. In diesem Zusammenhang wird von Politikern auch die Einschränkung des Versammlungsrechts in diesem Bereich erörtert. Der letzte hier zu berücksichtigende Stand der kontroversen Diskussion darüber ist, dass Bundesinnenminister Otto Schily (SPD) den noch nicht veröffentlichten Entwurf für ein neues Versammlungsgesetz vorgelegt hat, der ortsbezogene Versammlungsbeschränkungen und -verbote vorsieht. Laut *Spiegel Online* vom 21.6.2004 wird dies in der Begründung der betreffenden Klausel wie folgt konkretisiert: »Es kommen nur Orte mit eindeutiger Symbolwirkung und nationaler Bedeutung in Betracht, sofern das Symbolisierte mindestens gleich schutzwürdig ist wie die Versammlungsfreiheit. Von eindeutigem Symbolgehalt dürfte beispielsweise das Mahnmal für die ermordeten Juden Europas sein.«

118 Vgl. für die folgenden Angaben *SZ* vom 26. 2. 2000.

119 Zitiert nach dem Tätigkeitsbericht (2000-2002) der Stiftung, S. 19 (im Folgenden abgekürzt als »Stiftung o. J.«).

120 In diesem Zusammenhang ist auch die so genannte »Hohmann-Affäre« zu sehen. Der Fuldaer CDU-Abgeordnete, der als vehementester Gegner eines Holocaust-Mahnmals aufgefallen war, ansonsten aber im Hohen Haus und im Innenausschuss eine eher unauffällige Parlamentarier-Existenz geführt hatte, hielt am Nationalfeiertag 2003 eine Rede, in der er in verklausulierter Form die Juden als »Tätervolk« überführte, um die Deutschen als ebensolches zu entlasten. Hohmann wurde aus Fraktion und Partei ausgeschlossen. Ähnlich argumentierte der FDP-Abgeordnete Jürgen W. Möllemann in seinem umstrittenen »antizionistischen« Landtagswahlkampf in Nordrhein-Westfalen 2002. Beide Politiker nahmen für sich in Anspruch, mit ihrer Kritik an Juden bzw. dem Staat Israel mit einem Tabu gebrochen und Volkes Stimme zu Gehör gebracht zu haben.

121 Ein Ausweg aus diesem Dilemma stand im Februar kurzzeitig im Raum, als Bundespräsident Johannes Rau vorschlägt, einen Teil des Strafgeldes von 41 Millionen Mark, das die CDU im Zusammenhang mit ihrer Parteispendenaffäre zu zahlen hat, für den Bau des Holocaust-Mahnmals zu verwenden (vgl. z. B. *FAZ* 22. 1. 2000).

122 Vgl. Deutscher Bundestag, Drs. 14/3126.

123 Bei der vorentscheidenden Abstimmung am 8. 11. 2000 im federführenden Ausschuss für Kultur und Medien wird der Antrag mit den Stimmen der Fraktionen der SPD und der PDS gegen die Stimmen der Fraktionen der CDU/CSU und der FDP bei Abwesenheit der Fraktion von Bündnis 90 / Die Grünen abgelehnt (vgl. Deutscher Bundestag, Drs. 14/7209).

124 Der Neubau der US-Botschaft in Berlin stellt ebenfalls ein eigenes städtebauliches Problem dar. Die als Konsequenz aus Anschlägen auf US-Vertretungen verschärften Sicherheitsvorschriften für deren Errichtung konfligieren mit dem ursprünglichen Plan zur originalgetreuen Bebauung des Pariser Platzes. Eine avisierte Abweichung von dieser Vorgabe ermöglicht nun eine nur noch geringfügige Beanspruchung der für das Denkmal vorgesehenen Fläche (für den damaligen Diskussionsstand vgl. *SZ* 2. 6. 2000, für die folgenden Angaben vgl. *SZ* und *taz* vom 13. 5. 2000). Das Sicherheitsproblem stellt sich aber auch in umgekehrter Richtung, das heißt, ein Anschlag auf die US-Botschaft würde auch die Mahnmalsanlage in Mitleidenschaft ziehen.

125 Zitiert nach Deutscher Bundestag, Plenarprotokoll 14/113, S. 10672.

126 Die betreffende Vorlage für die Kuratoriumssitzung, aus der die folgenden Angaben zitiert werden, ist dokumentiert in Quack (2002, S. 249ff.). Die Pressemitteilung der Stiftung vom 7.7.2000 beschränkt sich auf die Benennung der Räume und Angaben zur Größe der Einrichtung. Genauere Inhalte der Vorlage werden erst durch einen Artikel der *FAZ* vom 26.7.2000 öffentlich gemacht. Dort wird auch problematisierend darauf hingewiesen, »dass in der Grundkonzeption die anderen Opfergruppen des nationalsozialistischen Terrors mit keinem Wort erwähnt werden«.

127 Soweit nicht anders angegeben stammen die folgenden Zitate und Angaben aus der *FAZ* vom 22.9.2000. Die im Folgenden auszugsweise zitierten Schreiben des Bundestagspräsidenten vom 21.9.2000 sind unter www.nooke.de/Brief_Thierse_Nooke.pdf sowie www.nooke.de/Brief_Thierse_Merz.pdf dokumentiert.

128 Ihren Platz als Ausschussvorsitzende und Kuratoriumsmitglied nimmt Monika Griefahn (SPD) ein.

129 So die Pressemitteilung der Stiftung vom 27.4.2000. Vgl. für die folgenden Angaben auch *FAZ*, *FR*, *SZ* und *taz* vom 28.10.2000.

130 Zu Beginn des Jahres 2001 schließt die Berliner Senatsverwaltung für Stadtentwicklung im Auftrag der Stiftung mit Peter Eisenman einen Vertrag nach der Honorarverordnung für Architekten und Ingenieure ab (vgl. Stiftung o.J., S. 15).

131 Vgl. Deutscher Bundestag, Drs. 14/4249. Für die Angaben zur Bundestagsdebatte vgl. Deutscher Bundestag, Plenarprotokoll 14/146, S. 14327-14334.

132 Der Antrag wird in die Ausschüsse überwiesen, aber erst ein Jahr später mit den Stimmen der Fraktionen von SPD, Bündnis 90 / Die Grünen und FDP gegen die Stimmen der Fraktionen der CDU/CSU und PDS abgelehnt (für den Gang der Beratungen vgl. Deutscher Bundestag, Drs. 14/7451 und Deutscher Bundestag, Plenarprotokoll 14/213, S. 21129-21136).

133 Neben der externen Ausstellungsdesignerin Dagmar von Wilcken gehören der Gruppe der Architekt, die Geschäftsführerin der Stiftung sowie das Kuratoriumsmitglied Korn an. Vgl. dazu und zu den anderen Angaben die Pressemitteilung der Stiftung vom 26.1.2001. Die Hinzuziehung von Dagmar von Wilcken ist das Ergebnis eines beschränkten Auswahlverfahrens durch Vorstand und Geschäfts-

stelle der Stiftung, an dem im Herbst 2000 neben der Designerin drei andere Ausstellungsmacher teilnehmen (vgl. Stiftung o. J., S. 21).

134 Vgl. zu den folgenden Angaben die Pressemitteilung der Stiftung vom 30. 3. 2001, die *FAZ* vom 31. 3. 2001 sowie den in Quack (2002, S. 253 ff.) dokumentierten Bericht zur inhaltlichen Konzeption der Arbeitsgruppe »Ort der Information« vom 7. 3. 2001, dessen Inhalte zunächst nicht veröffentlicht werden.

135 Vgl. für die folgenden Angaben die Pressemitteilung der Stiftung vom 18. 5. 2001 sowie die *SZ* vom 19. 5. 2001.

136 Zitiert nach der undatierten Pressemitteilung zur Kampagne, der soweit nicht anders angegeben auch die folgenden Informationen entnommen wurden. Für eine Einordnung des Themas siehe auch Claus Leggewie / Erik Meyer, »Schalten Sie nicht ab! Gedenkstätten in der Ökonomie der Aufmerksamkeit« (*NZZ* 9. 8. 2001) sowie Georg Seeßlen, »Tautologie und Tapete« (*Konkret*, Nr. 9/2001). Zur Kampagne als Fallbeispiel für Geschichtspolitik in der Mediengesellschaft vgl. Leggewie/Meyer (2005).

137 Eine gestalterische Ausnahme stellen die Gratis-Postkarten dar. Dort finden sich die über den Slogan »den holocaust hat es nie gegeben« hinausgehenden Angaben aus Platzgründen auf der Rückseite des Motivs.

138 Verantwortlich für die Konzeption und Produktion der Kampagne ist eine Gruppe von jungen Werbefachleuten, die informell mit dem Förderkreis in Kontakt kommen. Sie arbeiten unentgeltlich, sie aber die Ressourcen der Agenturen nutzen, in denen sie beschäftigt sind (nämlich »im stall«, TBWA Berlin und »Zufallsproduktion«), ist am Rand des Motivs auch klein »zufallsproduktion im stall« zu lesen.

139 Vgl. Krzeminski (2001). Zur Bedeutung einer »Ökonomie der Aufmerksamkeit« (Franck 1998) für die Werbung vgl. Schmidt (2001) und zu PR-Kampagnen vgl. Röttger (1997).

140 Vgl. dazu und zu den folgenden Angaben *FAZ, SZ* und *taz* vom 2. 8. 2001. Die Berliner Staatsanwaltschaft stellt das Verfahren später ein, da eine vorsätzliche Leugnung des Holocaust nicht vorliege (*SZ* 24. 8. 2001).

141 Am Abend des 8. 8. 2001 sind nach Auskunft der Initiatoren zu den veröffentlichten 156 Namen 112 weitere hinzugekommen, so die Mitteilung in der Mailingliste der Online-Plattform »http://hsozkult.geschichte.hu-berlin.de«.

142 Während diese Darstellungen in der Regel nur durch aktive Suche oder Zugehörigkeit zu entsprechenden Netzwerken wahrnehmbar werden, wird eine Variante prominenter platziert: Die NPD integriert den Slogan »den holocaust hat es nie gegeben« in ein Plakat zur Senatswahl in Berlin und versieht ihn mit der Aussage »Wir sagen: Stoppt das Denkmal! 76 Mio. für's Volk!«. Dagegen leitet der Förderkreis rechtliche Schritte ein und das Landgericht Berlin untersagt der NPD, mit dem unvollständigen Zitat aus der Spendenkampagne zu werben. Diese Episode ist inzwischen sogar musealisiert worden, nämlich durch die Aufnahme des Dokuments in die Ausstellung »Holocaust. Der nationalsozialistische Völkermord und die Motive seiner Erinnerung« des Deutschen Historischen Museums in Berlin vom 17. Januar bis zum 16. April 2002. Eine Pointe am Rande besteht darin, dass das Plakat von einem inzwischen enttarnten V-Mann des Verfassungsschutzes verantwortet wird (*Zeit*, Nr. 11/2002).

143 Diese und die folgende Aussage entstammen einem moderierten Chat der Online-Angebote von *politik-digital* und *Stern* im Oktober 2001. Dort gibt Lea Rosh als vorläufige Bilanz der Kampagne ein geschätztes Spendenaufkommen von 100-120 000 DM an. Das Transkript ist unter www.politik-digital.de/text/salon/transcripte/lrosh_transcript.shtml dokumentiert.

144 Dieser Drehbuchentwurf, für den die Geschäftsführerin Sibylle Quack und die wissenschaftliche Mitarbeiterin Eva Brücker verantwortlich sind, sowie die Vorträge und Auszüge aus den Beratungen sind dokumentiert in Quack (2002).

145 Vgl. für die Angaben zur betreffenden Bundestagsdebatte Deutscher Bundestag, Plenarprotokoll 14/213, S. 21 129-21 136.

146 Vgl. für eine zusammenfassende Darstellung dieser Aktivitäten den Bonner *General-Anzeiger* vom 24. 5. 2002.

147 Vgl. für die folgenden Angaben *Berliner Morgenpost* 19. 4. 2004 und *Welt* 20. 4. 2004 sowie Stiftung o. J., S. 18.

148 Vgl. für die folgenden Angaben *taz* 7. 8. 2002.

149 Vgl. für die betreffenden Angaben *BZ* 15. 8. 2002 sowie Stiftung o. J., S. 18.

150 Koordiniert wird die Kampagne von den Personen, die bereits für die umstrittene Plakatkampagne verantwortlich waren. Sie firmieren jetzt als »kakoii«, nach Selbstbeschreibung ein »Verein für Kommunikationsprojekte und Mediendramaturgien«, der mit dem Förderkreis unentgeltlich zusammenarbeitet. Darüber hinaus existiert

aber auch eine kommerzielle Agentur gleichen Namens. Auch für die folgenden Angaben vgl. die undatierte Pressemitteilung zum Projekt.

151 Später schließen sich nach Auskunft der Organisatoren noch RTL II, Deutsche Welle, Kabel 1 und n-tv bei der Ausstrahlung an.

152 Vgl. *Tagesspiegel* 30. 10. 2002 und *BZ* 31. 10. 2002.

153 Vgl. dazu die Pressemitteilung der Stiftung vom 18. 3. 2003.

154 Für die folgenden Angaben vgl. die Pressemitteilung der Stiftung vom 4. 4. 2003 sowie *SZ* 5. 4. 2003.

155 Vgl. für die folgenden Angaben *Welt* 13. und 18. 8. 2003 und *FAZ* 16. 8. 2003.

156 Vgl. für die folgenden Angaben die Pressemitteilung der Stiftung vom 28. 8. 2003.

157 Vgl. *Stern* 14. 8. 2003, *taz* 16. 8. 2003, *FAS* 17. 8. 2003 und *Welt* 18. 8. 2003.

158 Rosh hatte den Imprägnierschutz durchgesetzt, gegen das Votum des Architekten Eisenman, der auf eine ungeschützte Wirkung des Mahnmals setzte.

159 So die Formulierung in den von der Stiftung zu dieser Angelegenheit verbreiteten Pressemitteilungen vom 27. und 30. 10. 2003.

160 Harry Nutt beharrt in diesem Zusammenhang zu Recht auf der Notwendigkeit der Differenzierung: »Ehe jetzt die ganze Implikationsdynamik dieser Information auf Touren gebracht wird, sollte zumindest der Hinweis zur Kenntnis genommen werden, dass die ostwestfälische Woermann Bauchemie GmbH 1949 gegründet und von der Degussa erst in diesem Jahr übernommen worden ist.« (*FR* 7. 11. 2003)

161 Brenner antwortet am 19. 11. 2003 im *Tagesspiegel* auf die Polemik Broders und gibt ihm »größtenteils Recht«. Offensichtlich auch bezogen auf das Abstimmungsverhalten des Direktors des Jüdischen Museums Berlin, Michael Blumenthal, der für eine Beteiligung der Degussa votierte, beklagt er: »Am bedrückendsten war für mich, während der Sitzung des Mahnmal-Kuratoriums zu erleben, in welch kleiner Minderheit die Gegner der Degussa-Beteiligung waren; es bildete sich fast eine ›unheilige Allianz‹ der Befürworter!« Demgegenüber würdigt Konrad Schuller die Rolle Blumenthals: »Der jüdische Amerikaner streckt die Hand aus, die Konfrontation ist abgewendet, die Fronten aufgelöst.« (*FAS* 16. 11. 2003) Und Blumenthal selbst sagt: »Es ist schade, dass sich ein paar Juden mit der Entscheidung nicht abfinden können.« (*Welt* 20. 11. 2003)

162 Zitiert nach dem Manuskript zur Sendung vom 17.11.2003, das unter www.swr.de/report/archiv/sendungen/031117/03111705.rtf dokumentiert ist.

163 Vgl. dazu die Meldung von *Spiegel Online* vom 12.12.2003 sowie die Pressemitteilung der Stiftung vom 15.12.2003.

164 Soweit nicht anders angegeben, entstammen die folgenden Zitate aus diesem von Stefan Berg und Henryk M. Broder verfassten Artikel. Zum Holocaust-Gedenktag folgt unter der Überschrift »Im Gedenken sollte man von einer Selektion absehen« ein Artikel mit gleicher Tendenz von Rafael Seligman (*taz* 27.1.2004).

165 Ihm folgen Lea Rosh und Peter Strieder, die jedoch nach Angaben von Wolfgang Benz später wieder an der Sitzung teilnehmen (*taz* 9.3.2004).

166 In der Presse werden noch andere Versionen der Bemerkung kolportiert, die den Zusammenhang zur Verwertung von Zahngold im KZ ermordeter Juden durch die Degussa noch expliziter erscheinen lassen (z.B. *FAZ* 8.3.2004). Ursächlich für diese Diskrepanzen könnte die Übersetzung der Diskussionsbeiträge Eisenmans aus dem Englischen sein. Ungeachtet dessen gibt der Architekt zu, dass seine Äußerung durch den Ärger über den Diskussionsverlauf motiviert war: »Sie müssen verstehen, ich war extra aus New York nach Berlin gekommen, nur um wieder zwei Stunden über das gleiche Problem zu reden. Irgendwann hat es mir gereicht.« (*BZ* 8.5.2004)

167 Vgl. die Darstellung von Wolfgang Benz in einem Interview (*taz* 9.3.2004).

168 Zitiert nach der betreffenden Pressemitteilung vom 25.3.2004. Zu den folgenden Angaben vgl. *Tagesspiegel* vom 26.5.2004 und *FR* vom 11.7.2004.

169 Vgl. Deutscher Bundestag, Drs. 15/3048; zur Vorgeschichte vgl. Deutscher Bundestag, Drs. 15/1874.

170 Dabei handelt es sich um den Zentralrat der Juden in Deutschland, den Zentralrat deutscher Sinti und Roma, die Bundesvereinigung Opfer der NS-Militärjustiz sowie die Vereinigung der Verfolgten des Nazi-Regimes. Zu den Gründen des Rückzugs vgl. *FAZ* und *SZ* vom 23.1.2004.

171 Bereits im Januar 2004 hat sich das *International Committee for Memorial Museums for the Remembrance of Victims of Public Crimes* (IC MEMO) ablehnend geäußert, nun schließt sich auch die *International Task Force for Holocaust Education, Remembrance and*

Research an. Ähnliche, vor allem an die Fraktionsvorsitzenden der im Bundestag vertretenen Parteien gerichtete Stellungnahmen kommen etwa von den Direktoren der Gedenkstätten Yad Vashem und Theresienstadt. Dokumentiert wurden die Reaktionen unter www.gedenkstaettenforum.de.

172 Ein berechtigter Vorwurf könnte also bestenfalls lauten, dass die Praxis der Vergabe von Fördermitteln intransparent sei. Diese Vermutung verfolgt die Unionsfraktion parallel zu ihrem umstrittenen Antrag mittels einer »Kleinen Anfrage« zur »Projektförderung im Rahmen der Gedenkstättenförderung des Bundes« vom 15.6.2004 (Deutscher Bundestag, Drs. 15/3363).

173 Vgl. Deutscher Bundestag, Plenarprotokoll 15/114, S. 10455-10465.

174 Die folgenden Angaben repräsentieren somit den Stand vom September 2004 und basieren auf den Verlautbarungen der Stiftung sowie einem Gespräch mit deren Geschäftsführer.

175 Die folgenden Angaben und Zitate entstammen dem von der Stiftung herausgegebenen *Denkmalinfo* Nr. 2/Oktober 2003. Die Angaben zu den Aktivitäten von Yad Vashem orientieren sich an den unter www.yad-vashem.org verfügbaren Informationen.

176 Auch diese Form der Kommemoration wird bereits in Yad Vashem praktiziert, nämlich in einer den jüngsten Opfern des Holocaust gewidmeten Gedenkeinrichtung.

177 Die folgenden Angaben und Zitate entstammen dem *Denkinfo* Nr. 4/Juni 2004.

Kapitel III: Paradoxien und Perspektiven

1 Heer (2004) gegen Reemtsma (2004b).

2 Als Antideutsche bezeichnet sich eine Strömung der autonom-antifaschistischen Linken in Reaktion auf die so wahrgenommene Renaissance des deutschen Nationalismus nach der Wiedervereinigung und einen auch in der Linken spürbaren Antisemitismus. Im Unterschied zum »antizionistischen« und globalisierungskritischen Mainstream zeichnet sich die Gruppe durch eine Israel- und Amerika-freundliche Haltung aus. Flaggen dieser Staaten werden bei Demonstrationen mitgeführt. Publikationsorgane sind die Zeitschriften *Bahamas, Jungle World* und *Konkret*.

3 Vgl. Henryk M. Broder, »Jedem das Seine«, in *Spiegel* 5.1.2004 und schon ders. 1996, S. 207ff.

4 *SZ* 27.1.2004 aus Anlass eines Besuchs des Gründers der Iraq Memory Foundation, Kanan Makiya, bei der »Bundesbeauftragten für die Unterlagen des Staatssicherheitsdienstes der ehemaligen DDR« (BStU). Im Jahr 2003 waren TV-Sendungen wie die *Ostshow* (Sat 1), die *Ostalgie-Show* (ZDF) und *Die große DDR-Show* (RTL) zu sehen und fanden große Einschaltquoten.

5 S. den Bericht der unabhängigen Kommission von Marti Ahtisaari, Jochen Frowein und Marcelino Oreja im Auftrag des Europäischen Menschenrechtsgerichtshofes zum »Eintreten für die gemeinsamen europäischen Werte« und zur »politischen Natur der FPÖ«, www.virtual-institute.de/de/Bericht-EU/bericht.pdf.

6 Z.B. der Bericht von Niklas Frank, Sohn des »Generalgouverneurs« von Polen, Hans Frank, unter dem Titel *Der Vater*, München 1987, oder auch den Roman von Bernward Vesper, Sohn eines NS-Dichters, *Die Reise*, von 1977.

7 Der 1938 aus Österreich emigrierte Schriftsteller hat 1933 eine romanhafte Aufarbeitung des Genozids am armenischen Volk veröffentlich *(Die Vierzig Tage des Musa Dagh)*, um »das unfassbare Schicksal des armenischen Volkes dem Totenreich alles Geschehenen zu entreißen«.

8 Artikel 2 der Konvention definiert Völkermord als »any of the following acts committed with the intent to destroy, in whole or in part, a national, ethnical, racial or religious group, as such: Killing members of the group; Causing serious bodily or mental harm to members of the group; Deliberately inflicting on the group conditions of life calculated to bring about its physical destruction in whole or in part; Imposing measures intended to prevent births within the group; Forcibly transferring children of the group to another group«, vgl. jetzt Schabas (2003).

9 Vgl. die Literaturberichte von Brumlik (2004) und Zimmerer (2004) sowie den internationalen Überblick bei www.preventgenocide.org.

10 Reiter (2004), Zimmerer/Zeller (2003).

11 Siehe das Interview mit dem Herero Chief Kuaima Riruako, Vorsitzender der Demokratischen Union der Nationalen Einheit (*Junge Welt* 14.1.2004).

12 Für einen »unverkrampften« Angriff auf die Singularitätsthese

als Beispiel vgl. jetzt den Meinungsbeitrag von Andreas Krause, *BZ* 18.10.2004. In der »Berichterstattung« über das 4. Potsdamer Gespräch zur Kulturpolitik der Konrad-Adenauer-Stiftung polemisiert der Autor: »Das jüdische Volk ist das von Gott erwählte, einzigartige Volk. Der Mord an ihm stellt ein einzigartiges Verbrechen dar. Über das heiße Eisen, das nichtjüdische Deutsche schmieden, die mit Hilfe der Schuld an jener Auserwähltheit partizipieren oder mit ihr konkurrieren wollen, spricht man nicht.«

13 Dabei wurde er unterstützt vom Redenschreiber im Kanzleramt, Reinhard Hesse, der im Oktober 2004 verstorben ist (*SZ* 14.10.2004).

14 Dagegen hatte Klaus von Dohnanyi bei der Geschwister-Scholl-Gedächtnisvorlesung 1999 von einer »Nation des Widerstands« gesprochen (*SZ* 20.9.1999).

15 Die Eröffnung des Holocaust-Mahnmals musste aus diesem Grund um einen Tag auf den 10. Mai 2005 verschoben werden.

16 Dagegen bemerkt Thomas Medicus aber: »An der Tätigkeit seiner Potsdamer ›F. C. Flick Stiftung gegen Fremdenfeindlichkeit, Rassismus und Intoleranz‹ gibt es (…) nichts auszusetzen. Im Übrigen sind Aufarbeitung der Familiengeschichte und Thematisierung des nationalsozialistischen Hintergrundes integrale Bestandteile des Begleitprogramms der Bilderschau des Flick-Enkels.« (*FR* 18.9.2004)

17 Exemplarisch der kritische Kommentar des außenpolitischen Ressortchefs der *FAZ*, Klaus Frankenberger (*FAZ* 18.10.2004) und auch des Genf-Korrespondenten der *taz*, Andreas Zumach (*taz* 20.10.2004).

Literaturverzeichnis

Abkürzungen

BZ: *Berliner Zeitung*
dpa: Deutsche Presseagentur
FAS: *Frankfurter Allgemeine Sonntagszeitung*
FAZ: *Frankfurter Allgemeine Zeitung*
FR: *Frankfurter Rundschau*
NZZ: *Neue Zürcher Zeitung*
SZ: *Süddeutsche Zeitung*
taz: *die tageszeitung*
WamS: *Welt am Sonntag*

Quellensammlungen

Cullen, Michael S. (Hg.) (1999): *Das Holocaust-Mahnmal. Dokumentation einer Debatte*. Zürich.

Deutscher Bundestag (Hg.) (1995a): *Materialien der Enquete-Kommission »Aufarbeitung von Geschichte und Folgen der SED-Diktatur in Deutschland«, Band I: »Die Enquete-Kommission ›Aufarbeitung von Geschichte und Folgen der SED-Diktatur in Deutschland‹ im Deutschen Bundestag«*. Frankfurt a. M.

Deutscher Bundestag (Hg.) (1995b): *Materialien der Enquete-Kommission »Aufarbeitung von Geschichte und Folgen der SED-Diktatur in Deutschland«, Band IX: »Formen und Ziele der Auseinandersetzung mit den beiden Diktaturen in Deutschland«*. Frankfurt a. M.

Deutscher Bundestag, Referat Öffentlichkeitsarbeit (Hg.) (1999): *Denkmal für die ermordeten Juden Europas. Gesellschaftliche Diskussion und parlamentarisches Verfahren*. Bonn.

Gedenkstätte Buchenwald (Hg.) (1992): *Zur Neuorientierung der Gedenkstätte Buchenwald. Die Empfehlungen der vom Minister für Wissenschaft und Kunst des Landes Thüringen berufenen Historikerkommission*. Weimar-Buchenwald.

Gedenkstätte Buchenwald (Hg.) (2001): *Die Neukonzeption der Gedenkstätte Buchenwald.* Weimar.

Heimrod, Ute u.a. (Hg.) (1999): *Der Denkmalsstreit – das Denkmal? Die Debatte um das »Denkmal für die ermordeten Juden Europas«. Eine Dokumentation.* Berlin.

Jeismann, Michael (Hg.) (1999): *Mahnmal Mitte. Eine Kontroverse.* Köln.

Ministerium für Wissenschaft, Forschung und Kultur des Landes Brandenburg in Zusammenarbeit mit der Brandenburgischen Landeszentrale für Politische Bildung (Hg.) (1992): *Brandenburgische Gedenkstätten für die Verfolgten des NS-Regimes.* Berlin.

Neue Gesellschaft für Bildende Kunst (Hg.) (1995): *Der Wettbewerb für das »Denkmal für die ermordeten Juden Europas«. Eine Streitschrift.* Berlin.

Perspektive Berlin (Hg.) (1995): *Ein Denkmal für die ermordeten Juden Europas. Dokumentation 1988-1995.* Berlin.

Stiftung Denkmal für die ermordeten Juden Europas (o. J.): *Tätigkeitsbericht 2000-2002.* Berlin.

Literatur

Aly, Götz (2004): *Im Tunnel. Das kurze Leben der Marion Samuel 1931-1943.* Frankfurt a. M.

Amend, Christoph (2003): *Morgen tanzt die ganze Welt (2003). Die Jungen, die Alten, der Krieg.* München.

Arndt, Adolf (1984): *Demokratie als Bauherr.* Berlin.

Assmann, Aleida / Frevert, Ute (1999): *Geschichtsvergessenheit, Geschichtsversessenheit. Vom Umgang mit deutschen Vergangenheiten nach 1945.* Stuttgart.

Assmann, Jan (1992): *Das kulturelle Gedächtnis. Schrift, Erinnerung und politische Identität in frühen Hochkulturen.* München.

Augstein, Rudolf u.a. (1987): *Historikerstreit. Die Dokumentation der Kontroverse um die Einzigartigkeit der nationalsozialistischen Judenvernichtung.* München.

Bauer, Yehuda (2001): *Die dunkle Seite der Geschichte. Die Shoah in historischer Sicht. Interpretationen und Re-Interpretationen*, Frankfurt a. M.

Behrens, Heidi / Moller, Sabine (2004): »›Opa war kein Nazi‹ und die Folgen – Zurück an den Anfang der Gedenkstättenpädagogik?« In: *GedenkstättenRundbrief* 121, S. 18-29.

Behrens-Cobet, Heidi (Hg.) (1998): *Bilden und Gedenken. Erwachsenenbildung in Gedenkstätten und an Gedächtnisorten.* Essen.

Berg, Nicolas (2003): *Der Holocaust und die westdeutschen Historiker. Erforschung und Erinnerung.* Göttingen.

Bergem, Wolfgang (2003) (Hg.): *Die NS-Diktatur im deutschen Erinnerungsdiskurs.* Opladen.

Berger, Peter L. / Luckmann, Thomas (1980): *Die gesellschaftliche Konstruktion der Wirklichkeit. Eine Theorie der Wissenssoziologie.* Frankfurt a. M.

Beyme, Klaus von (1997): *Der Gesetzgeber. Der Bundestag als Entscheidungszentrum.* Opladen.

Ders. (1998): *Die Kunst der Macht und die Gegenmacht der Kunst. Studien zum Spannungsverhältnis von Kunst und Politik.* Frankfurt a. M.

Bock, Petra (1995): »Von der Tribunal-Idee zur Enquete-Kommission. Zur Vorgeschichte der Enquete-Kommission des Bundestages ›Aufarbeitung von Geschichte und Folgen der SED-Diktatur in Deutschland‹«. In: *Deutschland Archiv*, Jg. 28, H. 11, S. 1171-1183.

Dies. / Wolfrum, Edgar (Hg.) (1999): *Geschichtsbilder, Erinnerung und Vergangenheitspolitik im internationalen Vergleich.* Göttingen.

Bora, Alfons / Epp, Astrid (2000): »Die imaginäre Einheit der Diskurse. Zur Funktion von Verfahrensgerechtigkeit«. In: *Kölner Zeitschrift für Soziologie und Sozialpsychologie,* Jg. 52, H. 1, S. 1-35.

Borries, Bodo von (2004): »›Was geht uns eure Geschichte an?‹ Geschichtsunterricht in einer Einwanderungsgesellschaft«. In: *SOWI* 2, S. 62-73.

Broder, Henryk M. (1996): *Volk und Wahn.* Hamburg.

Browning, Christopher R. (1992): *Ordinary Men: Reserve Police Battalion 101 and the Final Solution in Poland.* New York.

Ders. (1996): »Daniel Goldhagen's Willing Executioners«. In: *History & Memory,* Bd. 8, H. 1, S. 88-108.

Ders. (2003): *Die Entfesselung der »Endlösung«. Nationalsozialistische Judenpolitik 1939-1942.* Mit einem Beitrag von Jürgen Matthäus. Berlin/München.

Brozat, Martin (1985): »Plädoyer für eine Historisierung des Nationalsozialismus«. In: *Merkur* 39, S. 373-385.

Brumlik, Micha (2000): »Der Sinn des Holocaustdenkmals zu Berlin. Überlegungen zum Mahnmal«. In: Ders. / Funke, Hajo / Rensmann, Lars: *Umkämpftes Vergessen. Walser-Debatte, Holocaust-Mahnmal und neuere deutsche Geschichtspolitik*. Berlin, S. 174-177.

Ders. (2004): »Zu einer Theorie des Völkermordes«. In: *Blätter für deutsche und internationale Politik* 8, S. 923-932.

Bundesministerium für Verkehr-, Bau- und Wohnungswesen (Hg.) (2000): *Demokratie als Bauherr. Die Bauten des Bundes in Berlin 1991-2000*. Hamburg.

Chalk, Frank / Jonassohn, Kurt (1990): *The History and Sociology of Genocide: Analyses and Case Studies*. New Haven.

Danyel, Jürgen (Hg.) (1995): *Die geteilte Vergangenheit. Zum Umgang mit Nationalsozialismus und Widerstand in beiden deutschen Staaten*. Berlin.

Ders. (2003): *Deutscher Opferdiskurs und europäische Erinnerung. Die Debatte um das »Zentrum gegen Vertreibungen«*. Ms. (www.zeitgeschichte-online.de).

Ders. / Ther, Philipp (Hg.) (2003): *Flucht und Vertreibung in europäischer Perspektive*. Berlin.

Des Forges, Alison (2002): *Kein Zeuge darf überleben. Der Genozid in Ruanda*. Hamburg.

Diner, Dan (1987): »Zwischen Aporie und Apologie. Über Grenzen der Historisierbarkeit der Massenvernichtung«. In: *Babylon* 2, S. 23-33.

Ders. (Hg.) (1988): *Zivilisationsbruch. Denken nach Auschwitz*. Frankfurt a. M.

Ders. (2003): *Gedächtniszeiten. Über jüdische und andere Geschichten*. München.

Dubiel, Helmut (1994): »Über moralische Souveränität, Erinnerung und Nation«. In: *Merkur* 48, S. 884-897.

Ders. (1999): *Niemand ist frei von der Geschichte. Die nationalsozialistische Herrschaft in den Debatten des deutschen Bundestages*. München/Wien.

Eley, Geoff (Hg.) (2000): *The »Goldhagen Effect«. History, Memory, Nazism – Facing the German Past*. Ann Arbor/MI.

Endlich, Stefanie u. a. (1999): *Gedenkstätten für die Opfer des Nationalsozialismus. Eine Dokumentation*. Bd. II. Bonn.

Fein, Helen (1993): *Genocide: A Sociological Perspektive*. London.

Fessmann, Jörg (Red.) (1993): *Streit um die Neue Wache. Zur Gestaltung einer zentralen Gedenkstätte*. Berlin.

Finkelstein, Norman G. (2001): *Die Holocaust-Industrie. Wie das Leid der Juden ausgebeutet wird*. München/Zürich.

Flagge, Ingeborg / Stock, Wolfgang Jean (Hg.) (1992): *Architektur und Demokratie. Bauen für die Politik von der amerikanischen Revolution bis zur Gegenwart*. Ostfildern.

Franck, Georg (1998): *Ökonomie der Aufmerksamkeit. Ein Entwurf*. Wien.

Frei, Norbert (1996): *Vergangenheitspolitik. Die Anfänge der Bundesrepublik und die NS-Vergangenheit*. München.

Ders. / Volkhard Knigge (Hg.) (2002): *Verbrechen erinnern. Die Auseinandersetzung mit Holocaust und Völkermord*. München.

Friedrich, Jörg (1988): *Die kalte Amnestie. NS-Täter in der Bundesrepublik*. Frankfurt a. M.

Ders. (2002): *Der Brand. Deutschland im Bombenkrieg*. Berlin.

Ders. (2003): *Brandstätten. Der Anblick des Bombenkrieges*. Berlin.

Frölich, Margrit / Lapid, Yariv / Schneider, Christian (Hg.) (2004): *Repräsentationen des Holocaust im Gedächtnis der Generationen. Zur Gegenwartsbedeutung des Holocaust in Israel und Deutschland*. Frankfurt a. M.

Funke, Hajo (Hg.) (1988): *Von der Gnade der geschenkten Nation. Zur politischen Moral der Bonner Republik*. Berlin.

Garton Ash, Timothy (2002): »Mesomnesie – Plädoyer für mittleres Erinnern«. In: *Transit* 22, S. 32-48.

Gauck, Joachim / Neubert, Erhart (Hg.) (1998): *Das Schwarzbuch des Kommunismus. Unterdrückung, Verbrechen und Terror*. München.

Georgi, Viola (2001): »Wem gehört deutsche Geschichte? Bikulturelle Jugendliche und die Geschichte des Nationalsozialismus«. In: Fechler, Bernd / Kößler, Gottfried / Liebertz-Groß, Till (Hg.): *Erziehung nach Auschwitz in der multikulturellen Gesellschaft*. Weinheim.

Dies. (2003): *Entliehene Erinnerung. Geschichtsbilder junger Migranten in Deutschland*. Hamburg.

Giesen, Bernhard (2005): *Triumph and Trauma*. New Haven (i.E.).

Ders. / Rauer, Valentin / Schneider, Christoph (Hg.) (2004): *Tätertrauma. Nationale Erinnerung im öffentlichen Diskurs. Analysen zu Deutschland, Frankreich, Italien und Japan*. Konstanz.

Goldhagen, Daniel Jonah (1996): *Hitlers willige Vollstrecker. Ganz gewöhnliche Deutsche und der Holocaust*. Berlin.

Gross, Jan (2001): *Nachbarn. Der Mord an den Juden von Jedwadne*. München.

Haardt, Miriam (2001): *Zwischen Schandmal und nationaler Sinnstiftung. Die Debatte um das Holocaust Mahnmal in Berlin*. Bremen (Volkskunde & Hist. Anthropologie X, Bd. 4).

Habermas, Jürgen (1985): »Entsorgung der Vergangenheit«. In: Ders.: *Die neue Unübersichtlichkeit*. Frankfurt a. M., S. 261-269.

Hahn, Alois (2003): *Erinnerung und Prognose: Zur Vergegenwärtigung von Vergangenheit und Zukunft*. Opladen.

Hamburger Institut für Sozialforschung (Hg.) (1996): *Vernichtungskrieg. Verbrechen der Wehrmacht 1941-1944*. Hamburg.

Hamburger Institut für Sozialforschung (Hg.) (2002): *Verbrechen der Wehrmacht. Dimensionen des Vernichtungskrieges 1941-1944*. Hamburg.

Hartmann, Christian (2004): »Verbrecherischer Krieg – verbrecherische Wehrmacht?« In: *Vierteljahrshefte für Zeitgeschichte*, H. 52, S. 1-75.

Haß, Matthias (2002): *Gestaltetes Gedenken. Yad Vashem, das U.S. Holocaust Memorial Museum und die Stiftung Topographie des Terrors*. Frankfurt a. M./New York.

Heer, Hannes (2004): *Vom Verschwinden der Täter. Der Vernichtungskrieg fand statt, aber keiner war dabei*. Berlin.

Heil, Johannes (Hg.) (1998): *Geschichtswissenschaft und Öffentlichkeit. Der Streit um Daniel J. Goldhagen*. Frankfurt a. M.

Herbert, Ulrich (2003): »Der Historikerstreit. Politische, wissenschaftliche, biographische Aspekte«. In: Sabrow u.a.: S. 94-113.

Herz, Thomas / Schwab-Trapp, Michael (1997): *Umkämpfte Vergangenheit. Diskurse über den Nationalsozialismus seit 1945*. Opladen.

Hillgruber, Andreas (1986): *Zweierlei Untergang: die Zerschlagung des Deutschen Reiches und das Ende des europäischen Judentums*. Berlin.

Hoffmann, Detlef (Hg.) (1998): *Das Gedächtnis der Dinge. KZ-Relikte und KZ-Denkmäler 1945-1995*. Frankfurt a. M./New York (Wiss. Reihe des Fritz Bauer Instituts, Bd. 4).

Jäckel, Eberhard (1985): *Der Mord an den Juden im Zweiten Weltkrieg. Entschlussbildung und Verwirklichung*. Stuttgart.

Ders. (1988): *Hitlers Herrschaft: Vollzug einer Weltanschauung*. Stuttgart.

Jäger, Herbert (1997): »Die Widerlegung des funktionalistischen Täterbildes: Daniel Goldhagens Beitrag zur Kriminologie des Völkermords«. In: *Mittelweg 36*, 1, S. 73-85.

Jeismann, Michael (2001): *Auf Wiedersehen Gestern. Die deutsche Vergangenheit und die Politik von morgen.* Stuttgart/München.

Jureit, Ulrike (2004): »›Zeigen heißt verschweigen‹. Die Ausstellungen über die Verbrechen der Wehrmacht«. In: *Mittelweg 36*, 1, S. 3-27.

Katz, Steven J. (1994): *The Holocaust in Historical Context: The Holocaust and Mass Death Before the Modern Age.* Bd.1. New York.

Kieser, Hans-Lukas / Schaller, Dominik J. (Hg.) (2002): *Der Völkermord an den Armeniern und die Shoah.* Zürich.

Kirsch, Jan-Holger (2000): »›Die Zukunft hat eine lange Vergangenheit‹. Gedenkdebatten um den Nationalsozialismus im ersten Jahrzehnt der Berliner Republik«. In: Bruendel, Steffen / Grochowina, Nicole (Hg.): *Kulturelle Identität.* Berlin, S. 136-162.

Ders. (2003): *Nationaler Mythos oder historische Trauer? Der Streit um ein zentrales »Holocaust-Mahnmal« für die Berliner Republik.* Köln/Weimar/Wien.

Kleßmann, Christoph / Misselwitz, Hans / Wichert, Günter (1999): *Deutsche Vergangenheiten - eine gemeinsame Herausforderung. Der schwierige Umgang mit der doppelten Nachkriegsgeschichte.* Berlin.

Knigge, Volkhard / Pietsch, Jürgen M. / Seidel, Thomas A. (Hg.) (1997): *Versteinertes Gedenken. Das Buchenwalder Mahnmal von 1958.* Bd. 1 und 2. Spröda.

Ders. (2001a): »Die Gedenkstätte Buchenwald seit 1989/90«. In: *Gedenkstätte Buchenwald: Die Neukonzeption der Gedenkstätte Buchenwald.* Weimar, S. 5-12.

Ders. (2001b): »Zur Eröffnung der Ausstellung ›Die Geschichte der Gedenkstätte Buchenwald‹ am 24. Oktober 1999«. In: *Gedenkstätte Buchenwald: Die Neukonzeption der Gedenkstätte Buchenwald.* Weimar, S. 49-51.

Ders. (2002): »Statt eines Nachworts: Abschied der Erinnerung. Anmerkungen zum notwendigen Wandel der Gedenkkultur in Deutschland«. In: Ders. / Frei, Norbert (Hg.): *Verbrechen erinnern. Die Auseinandersetzung mit Holocaust und Völkermord.* München, S. 423-440.

König, Helmut (2003): »*Die Zukunft der Vergangenheit*«. *Der Nationalsozialismus im politischen Bewusstsein der Bundesrepublik.* Frankfurt a. M.

Ders. (Hg.) (1998): *Vergangenheitsbewältigung am Ende des zwanzigsten Jahrhunderts*. Opladen. (*Leviathan*-Sonderheft 18)

Kohlstruck, Michael (2004): »Erinnerungspolitik: Kollektive Identität, Neue Ordnung, Diskurshegemonie«. In: Schwelling, Birgit (Hg.): *Politikwissenschaft als Kulturwissenschaft*. Wiesbaden, S. 173-194.

Korn, Salomon (2001): *Geteilte Erinnerungen. Beiträge zur deutschjüdischen Gegenwart*. Berlin.

Koselleck, Reinhart (2002): »Die Transformation der politischen Totenmale im 20. Jahrhundert«. In: *Transit* 22, S. 59-86.

Ders./Jeismann, Michael (Hg.) (1994): *Der politische Totenkult. Kriegerdenkmäler in der Moderne*. München.

Kraft, Claudia (2003): *Die aktuelle Diskussion über Flucht und Vertreibung in der polnischen Historiographie und Öffentlichkeit*, Ms. (www.zeitgeschichte-online.de).

Krzeminski, Michael (2001): »Bildkommunikation in der Spendenwerbung. Eine empirische Analyse der Werbemittel im Spannungsfeld von Akquisitions- und Aufklärungszielen«. In: Müller, Marion G./ Knieper, Thomas (Hg.): *Kommunikation visuell*. Köln, S. 176-192.

Leggewie, Claus (1999): »Generationsschichten und Erinnerungskulturen – Zur Historisierung der alten Bundesrepublik«. In: *Tel Aviver Jahrbuch für deutsche Geschichte* 28, S. 211-235.

Ders. (2005): »Deliberative Politik. Modebegriff oder neuer Regierungsstil?« In: Kamps, Klaus / Nieland, Jörg-Uwe (Hg.): *Regieren und Kommunikation*. Wiesbaden (i. E.).

Ders./Lenz, Ulrike/Stengel, Eckhard (Hg.) (1990): *Von Türen und Toren oder: Wie kritisch darf Kunst am Bau sein. Der Streit ums Göttinger Ratspastoral*. Göttingen.

Ders./Meyer, Erik (2005): »Geschichtspolitik in der Mediengesellschaft«. In: Oesterle, Günter (Hg.): *Erinnerungskulturen interdisziplinär*. Göttingen (i. E.).

Lehrke, Gisela (1988): *Gedenkstätten für Opfer des Nationalsozialismus. Historisch-politische Bildung an Orten des Widerstandes und der Verfolgung*. Frankfurt a. M./New York.

Levy, Daniel/Sznaider, Natan (2001): *Erinnerung im globalen Zeitalter: Der Holocaust*. Frankfurt a. M.

Loewy, Hanno (Hg.) (1992): *Holocaust: Die Grenzen des Verstehens. Eine Debatte über die Besetzung der Geschichte*. Reinbek bei Hamburg.

Lorscheid, Helmut (2003): »Volksbund Deutsche Kriegsgräberfürsorge. Tätern zu Opfern gemacht – Heldengedenken auf ewig«. In: *telepolis* 16. 11. 2003 (www.heise.de).

Lübbe, Hermann (1983): »Der Nationalsozialismus im deutschen Nachkriegsbewusstsein«. In: *Historische Zeitschrift* 236, S. 579-600.

Macedo, Stephen (Hg.) (1999): *Deliberative Politics*. New York/Oxford.

Marchetta, Maria (2001): *Erinnerung und Demokratie. Holocaust-Mahnmale und ihre Erinnerungspolitik: Das Beispiel Ravensbrück*. Berlin.

Margalit, Gilad (2001): *Die Nachkriegsdeutschen und »ihre Zigeuner«*. Berlin.

Mayntz, Renate (1993): »Policy-Netzwerke und die Logik von Verhandlungssystemen«. In: *Politische Vierteljahresschrift*, Sonderheft 23, S. 39-56.

Merton, Robert King (1976): *Sociological Ambivalence and Other Essays*. New York/London.

Meyer, Erik (1993): »Erinnerungskultur der Einheit. Zur Reorganisation der Gedenkstätte Buchenwald«. In: *Blätter für deutsche und internationale Politik*, H. 10, S. 1251-1260.

Ders. (2003a): »Rezension von Jan-Holger Kirsch. Nationaler Mythos oder historische Trauer? Der Streit um ein zentrales ›Holocaust-Mahnmal‹ für die Berliner Republik; Hans-Georg Stavginski. Das Holocaust-Denkmal. Der Streit um das ›Denkmal für die ermordeten Juden Europas‹ in Berlin (1988-1999)«. In: *Politische Vierteljahresschrift*, H. 3, S. 425-426.

Ders. (2003b): »Erinnerungskultur als Politikfeld. Geschichtspolitische Deliberation und Dezision in der Berliner Republik«. In: Bergem, Wolfgang (Hg.): *Die NS-Diktatur im deutschen Erinnerungsdiskurs*. Opladen, S. 121-136.

Moller, Sabine (1998): *Die Entkonkretisierung der NS-Herrschaft in der Ära Kohl. Die neue Wache – Das Denkmal für die ermordeten Juden in Europas – Das Haus der Geschichte der Bundesrepublik Deutschland*. Hannover.

Dies. (2003): *Vielfache Vergangenheit. Öffentliche Erinnerungskulturen und Familienerinnerungen an die NS-Zeit in Ostdeutschland*. Tübingen.

Mommsen, Hans (1983): »Die Realisierung des Utopischen: ›Die Endlösung der Judenfrage‹ im Dritten Reich«. In: *Geschichte und Gesellschaft* 9, S. 381-420.

Müller, Rolf Dieter / Volkmann, Hans Erich (Hg.) (1999): *Die Wehrmacht. Mythos und Realität*. München.

Musial, Bogdan (1999): »Bilder einer Ausstellung. Kritische Anmerkungen zur Wanderausstellung ›Vernichtungskrieg. Verbrechen der Wehrmacht 1941 bis 1944‹«. In: *Vierteljahreshefte für Zeitgeschichte 47*, S. 563-591.

Naimark, Norman M. (2004): *Flammender Hass. Ethnische Säuberungen im 20. Jahrhundert*. München.

Neubert, Ehrhart / Eisenfeld, Bernd / Kowalczuk, Ilko-Sascha (2004): *Die verdrängte Revolution. Der Platz des 17. Juni in der deutschen Geschichte*. Bremen.

Neumann, Klaus (2001): »Mahnmale«. In: François, Etienne / Schulze, Hagen (Hg.): *Deutsche Erinnerungsorte*. Bd. 1. München, S. 622-637.

Niethammer, Lutz (Hg.) (1994): *Der »gesäuberte« Antifaschismus. Die SED und die roten Kapos von Buchenwald*. Berlin.

Nipperdey, Thomas (1968): »Nationalidee und Nationaldenkmal in Deutschland im 19. Jahrhundert«. In: *Historische Zeitschrift 206*, S. 529-585.

Nolte, Ernst (1987): *Der europäische Bürgerkrieg 1917-1945. Nationalsozialismus und Bolschewismus*. Frankfurt a. M.

Ders. (1993): *Streitpunkte. Heutige und künftige Kontroversen um den Nationalsozialismus*. Berlin.

Ders. (2002): *Der kausale Nexus. Über Revisionen und Revisionismen in der Geschichtswissenschaft. Studien, Artikel und Vorträge 1990-2000*. München.

Nullmeier, Frank (2004): »Methodenfragen einer kulturwissenschaftlichen Politologie«. In: Jäger, Friedrich / Straub, Jürgen (Hg.): *Handbuch der Kulturwissenschaften*, Bd. 2, Stuttgart, S. 486-501.

Oesterle, Günter (Hg.) (2005): *Erinnerungskulturen interdisziplinär*. Göttingen (i. E.).

Petersdorff, Ulrich von (1998): »Das Berliner Holocaustdenkmal. Zur Namensnennung der NS-Opfer auf Denkmälern«. In: *Geschichte in Wissenschaft und Unterricht*, H. 2, S. 115-118.

Petrovic, Drazen (1994): »Ethnic Cleansing – An Attempt at Methodology«. In: *American Journal of International Law*, S. 342 ff.

Plumelle-Uribe, Rosa Amelia (2004): *Weiße Barbarei. Vom Kolonialrassismus zur Rassenpolitik der Nazis*. Zürich.

Pollack, Martin (2004): *Der Tote im Bunker. Bericht über meinen Vater*. Wien / München.

Puvogel, Ulrike (1995): *Gedenkstätten für die Opfer des Nationalsozialismus.* Bonn.

Pyper, Jens Fabian (Hg.) (2002): *Uns hat keiner gefragt. Positionen der dritten Generation zur Bedeutung des Holocaust.* Berlin.

Quack, Sibylle (Hg.) (2002): *Auf dem Weg zur Realisierung. Das Denkmal für die ermordeten Juden Europas und der Ort der Information. Architektur und historisches Konzept.* Stuttgart/München.

Dies. (2003): »Das Denkmal für die ermordeten Juden Europas und der Ort der Information im Kontext der Gedenk- und Erinnerungskultur«. In: Erler, Hans (Hg.): *Der Völkermord an den Juden im politischen Gedächtnis der Deutschen.* Frankfurt a. M./New York, S. 294-304.

Reemtsma, Jan Philipp (2004a): »Wozu Gedenkstätten«. In: *Mittelweg 36*, 2, S. 49-63.

Ders. (2004b): »Zwei Ausstellungen«. In: *Mittelweg 36*, 3, S. 53-70.

Reichel, Peter (1995): *Politik mit der Erinnerung. Gedächtnisorte im Streit um die nationalsozialistische Vergangenheit.* München/Wien.

Ders. (1996): »Nationale Pietät – ein deutsches Politikum. Zum Streit um das zentrale Holocaust-Mahnmal in Berlin«. In: *Universitas* 51, Heft 9, S. 867-875.

Ders. (2001): *Vergangenheitsbewältigung in Deutschland. Die Auseinandersetzung mit der NS-Diktatur von 1945 bis heute.* München.

Reiter, Margit (2004): »Der Völkermord in Deutsch-Südwestafrika«. In: *Mittelweg 36*, 6, S. 41-51.

Rensmann, Lars (2000): »Baustein der Erinnerungspolitik. Die politische Textur der Bundestagsdebatte über ein zentrales ›Holocaust-Mahnmal‹«. In: Brumlik, Micha / Funke, Hajo / Rensmann, Lars: *Umkämpftes Vergessen. Walser-Debatte, Holocaust-Mahnmal und neuere deutsche Geschichtspolitik.* Berlin, S. 135-167.

Ders. (2004): *Demokratie und Judenbild: Antisemitismus in der politischen Kultur der Bundesrepublik Deutschland.* Wiesbaden.

Röttger, Ulrike (1997): »Campaigns (f)or a better world?« In: Dies. (Hg.), *PR-Kampagnen. Über die Inszenierung von Öffentlichkeit.* Opladen, S. 13-34.

Rose, Romani (2004): »Schreie, Tränen, Gas«. In: *Zeit* 34, S. 11.

Rosh, Lea (1999): *Die Juden, das sind doch die anderen. Der Streit um ein deutsches Denkmal.* Mit Beiträgen von Eberhard Jäckel, Tilman Fichter, Jakob Schulze-Rohr, Wolfgang Ullmann und einem Geleitwort von Michel Friedmann. Berlin.

Roth, Roland (2003): *Bürgernetzwerke gegen Rechts. Evaluierung von Aktionsprogrammen und Maßnahmen gegen Rechtsextremismus und Fremdenfeindlichkeit*. Ms. Bonn.

Rürup, Reinhard (Hg.) (1987): *Topographie des Terrors. Gestapo, SS und Reichsicherheitshauptamt auf dem »Prinz-Albrecht-Gelände«. Eine Dokumentation*. Berlin.

Rüsen, Jörn / Jaeger, Friedrich (2001): »Erinnerungskultur«. In: Korte, Karl-Rudolf / Weidenfeld, Werner (Hg.): *Deutschland-TrendBuch. Fakten und Orientierung*. Opladen, S. 397-428.

Sabrow, Martin / Jessen, Ralph / Große Kracht, Klaus (Hg.) (2003): *Zeitgeschichte als Streitgeschichte. Große Kontroversen nach 1945*. München.

Sauzay, Brigitte / Arnold, Heinz Ludwig / von Thadden, Rudolf (Hg.) (1995): *Vom Vergessen vom Gedenken. Erinnerungen und Erwartungen in Europa zum 8. Mai 1945*. Göttingen.

Schabas, William A. (2003): *Genozid im Völkerrecht*. Hamburg.

Scharpf, Fritz W. (1985): »Die Politikverflechtungsfalle: Europäische Integration und deutscher Föderalismus im Vergleich«. In: *PVS* 26, H. 4, S. 323-356.

Ders. (1999): *Föderale Politikverflechtung: Was muss man ertragen – was kann man ändern?* (MPIfG Working Paper 99/3). Köln.

Schirrmacher, Frank (Hg.) (1999): *Die Walser-Bubis-Debatte. Eine Dokumentation*. Frankfurt a. M.

Schmidt, Siegfried J. (2001): »Aufmerksamkeit: die Währung der Medien«. In: Assmann, Aleida / Assmann, Jan (Hg): *Aufmerksamkeiten*. München, S. 183-226.

Schmidt, Thomas E. (Hg.) (1995): *Nationaler Totenkult: Die Neue Wache. Eine Streitschrift zur zentralen deutschen Gedenkstätte*. Berlin.

Schmidt-Neuhaus, Dieter (1999): »Die Tarnopol-Stellwand der Wanderausstellung ›Vernichtungskrieg – Verbrechen der Wehrmacht 1941 bis 1944‹. Eine Falluntersuchung zur Verwendung von Bildquellen«. In: *Geschichte in Wissenschaft und Unterricht* 50, S. 596-603.

Schneider, Michael (1997): »Die ›Goldhagen-Debatte‹. Ein Historikerstreit in der Mediengesellschaft«. In: *Archiv für Sozialgeschichte*, Bd. 37, S. 460-481.

Schoeps, Julius (Hg.) (1996): *Ein Volk von Mördern? Die Dokumentation zur Goldhagen-Kontroverse um die Rolle der Deutschen im Holocaust*. Hamburg.

Schwelling, Birgit (Hg.) (2004): *Politikwissenschaft als Kulturwissenschaft: Theorien, Methoden, Problemstellungen.* Wiesbaden.

Seibel, Wolfgang (1996): »Successful Failure. An Alternative View on Organizational Coping«. In: *American Behavioral Scientist* 8, S. 1011-1024.

Ders. / Raab, Jörg (2003): »Verfolgungsnetzwerke. Zur Messung von Arbeitsteilung und Machtdifferenzierung in den Verfolgungsapparaten des Holocaust«. In: *Kölner Zeitschrift für Soziologie und Sozialpsychologie* 55, S. 197-230.

Seuthe, Rupert (2001): *Geistig-moralische Wende? Der politische Umgang mit der NS-Vergangenheit in der Ära Kohl am Beispiel von Gedenktagen, Museums- und Denkmalprojekten.* Bern u.a.

Soeffner, Hans-Georg / Tänzler, Dirk (Hg.) (2002): *Figurative Politik. Zur Performanz der Macht in der modernen Gesellschaft.* Opladen.

Sofsky, Wolfgang (2003): »Die halbierte Erinnerung an den Bombenkrieg«. In: *Kulturchronik* 1, S. 33-34.

Staffa, Christian / Spielmann, Jochen (Hg.) (1998): *Nachträgliche Wirksamkeit. Vom Aufheben der Taten im Gedenken.* Berlin.

Stavginski, Hans-Georg (2002): *Das Holocaust-Denkmal. Der Streit um das »Denkmal für die ermordeten Juden Europas« in Berlin (1988-1999).* Paderborn.

Stein, Harry (1999): »Gedenkstätte Buchenwald, Weimar«. In: Endlich, Stefanie u.a.: *Gedenkstätten für die Opfer des Nationalsozialismus. Eine Dokumentation.* Bd. 2. Bonn, S. 892-903.

Süß, Dietmar (2004): »›Heimatfront‹ und ›People's War‹: Neue Literatur zur Geschichte des Luftkrieges«. In: *sehepunkte* 4, Nr. 7/8. www.sehepunkte.historicum.net/2004/07/6714.html.

Thamer, Hans-Ulrich (2003): »Vom Tabubruch zur Historisierung? Die Auseinandersetzung um die ›Wehrmachtsausstellung‹«. In: Sabrow u.a.: S. 171-186.

Thünemann, Holger (2003): *Das Denkmal für die ermordeten Juden Europas. Dechiffrierung einer Kontroverse.* Münster u.a.

Ungváry, Krisztián (1999): »Echte Bilder – problematische Aussagen. Eine quantitative und qualitative Fotoanalyse der Ausstellung ›Vernichtungskrieg – Verbrechen der Wehrmacht 1941 bis 1944‹«. In: *Geschichte in Wissenschaft und Unterricht* 50, S. 584-595.

Urban, Thomas (2004): *Der Verlust. Die Vertreibung der Deutschen und Polen im 20. Jahrhundert.* München.

Walser, Martin (1998): *Erfahrungen beim Verfassen einer Sonntagsrede. Friedenspreis des Deutschen Buchhandels.* Mit der Laudatio von Frank Schirrmacher. Frankfurt a. M.

Weinrich, Harald (2000): *Lethe. Kunst und Kritik des Vergessens.* München.

Welzer, Harald / Moller, Sabine / Tschuggnall, Karoline (Hg.) (2002): *»Opa war kein Nazi«. Nationalsozialismus und Holocaust im Familiengedächtnis.* Frankfurt a. M.

Welzer, Harald (Hg.) (2001): *Das soziale Gedächtnis. Geschichte, Erinnerung, Tradierung.* Hamburg.

Ders. (2004): »Schön unscharf. Über die Konjunktur der Familien- und Generationsromane«. In: *Mittelweg 36,* 1, S. 53-64.

Wenk, Silke (1996): *Ein »Altar des Vaterlandes« für die neue Hauptstadt? Zur Kontroverse um das »Denkmal für die ermordeten Juden Europas«.* Frankfurt a. M. (Fritz Bauer Institut, Materialien, Bd. 14).

Dies. (1997): »Identifikation mit den Opfern und Sakralisierung des Mordes. Symptomatische Fehlleistungen des Berliner Denkmalsprojekts für die ermordeten Juden«. In: Fritz-Bauer-Institut (Hg.): *Überlebt und unterwegs. Jüdische Displaced Persons im Nachkriegsdeutschland* (Jahrbuch 1997 zur Geschichte und Wirkung des Holocaust). Frankfurt a. M. / New York, S. 341-369.

Westle, Bettina (1999): *Kollektive Identität im vereinten Deutschland: Nation und Demokratie in der Wahrnehmung der Deutschen.* Opladen.

Wette, Wolfram (1995): *Deserteure der Wehrmacht: Feiglinge – Opfer – Hoffnungsträger? Dokumentation eines Meinungswandels.* Essen.

Wildt, Michael (2003): *Generation des Unbedingten.* Hamburg.

Wolfrum, Edgar (1999): *Geschichtspolitik in der Bundesrepublik Deutschland. Der Weg zur bundesrepublikanischen Erinnerung 1948-1990.* Darmstadt.

Ders. (2002): *Geschichte als Waffe. Vom Kaiserreich zur Wiedervereinigung.* Göttingen.

Yanow, Dvora (1996): *How Does a Policy Mean? Interpreting Policy and Organizational Actions.* Washington, D. C.

Young, James E. (1992): *Beschreiben des Holocaust. Darstellung und Folgen der Interpretation.* Frankfurt. a. M.

Ders. (1994): *Mahnmale des Holocaust. Motive, Rituale und Stätten des Gedenkens.* München.

Ders. (1997): *Formen des Erinnerns. Gedenkstätten des Holocaust.* Wien.

Ders. (2002): *Nach-Bilder des Holocaust in zeitgenössischer Kunst und Architektur.* Hamburg.

Zifonun, Darius (2004): *Gedenken und Identität. Der deutsche Erinnerungsdiskurs.* Frankfurt a. M. / New York.

Zimmer, Hasko (1999): *Der Buchenwald-Konflikt. Zum Streit um Geschichte und Erinnerung im Kontext der deutschen Vereinigung.* Münster.

Zimmerer, Jürgen (2004): »Das lange, das nicht beendete Jahrhundert der Völkermorde«. In: *FAZ* 16, S. 38.

Ders. / Zeller, Joachim (Hg.) (2003): *Völkermord in Deutsch-Südwestafrika. Der Kolonialkrieg (1904-1908) in Namibia und seine Folgen.* Berlin.

Zimmermann, Michael (1996): *Rassenutopie und Genozid: die nationalsozialistische »Lösung der Zigeunerfrage«.* Hamburg.